U0547575

字
文　　照　未
　烛　　来

TopBook

民族学文化人类学文库

ETHNOLOGY AND
CULTURAL ANTHROPOLOGY
SERIES

远古文化基因的通与变

比较视野下的海南黎族 原始宗教专题论稿

智宇晖 – 著

陕西新华出版 陕西人民出版社

图书在版编目（CIP）数据

远古文化基因的通与变：比较视野下的海南黎族原始宗教专题论稿/智宇晖著. —西安：陕西人民出版社，2023.5
（民族学文化人类学文库/杨超主编）
ISBN 978-7-224-14897-8

Ⅰ.①远… Ⅱ.①智… Ⅲ.①黎族—原始宗教—宗教文化—研究—海南 Ⅳ.①B933

中国国家版本馆 CIP 数据核字（2023）第 060209 号

责任编辑：王　凌　凌伊君
封面设计：哲　峰

远古文化基因的通与变——比较视野下的海南黎族原始宗教专题论稿
YUANGU WENHUA JIYIN DE TONGYUBIAN
——BIJIAO SHIYE XIA DE HAINAN LIZU YUANSHI ZONGJIAO ZHUANTI LUNGAO

作　者	智宇晖
出版发行	陕西人民出版社
	（西安市北大街 147 号　邮编：710003）
印　刷	陕西隆昌印刷有限公司
开　本	787 毫米×1092 毫米　1/16
印　张	20.75
字　数	302 千字
版　次	2023 年 5 月第 1 版
印　次	2023 年 5 月第 1 次印刷
书　号	ISBN 978-7-224-14897-8
定　价	98.00 元

海南省特色重点学科
《民族学文化人类学文库》学术顾问

（按姓氏笔画排序）

尹绍亭　李永宪　张建林　杨圣敏　巫新华
陈兆复　吴楚克　林日举　段　超　彭兆荣

海南省特色重点学科
《民族学文化人类学文库》编委会

主　任：杨兹举
主　编：杨　超
副主编：宁　波
委　员：谢国先　宁　波　李景新　高泽强　张艳军
　　　　张万杰　杨　超　李纪岩　查干姗登　余　杰
　　　　智宇晖　王　彩　方礼刚　邢　蕾　梁　子
　　　　柯继红　吴　艳　于　华　肖　玮

目 录

绪论 / 1

  第一节 研究缘起及思路 / 1

  第二节 原始宗教的一般问题 / 3

  第三节 黎族族源概说 / 8

第一章 图腾崇拜 / 13

  第一节 图腾之起源 / 14

  第二节 图腾之类型 / 17

  第三节 图腾禁忌 / 153

  第四节 图腾与姓氏 / 157

第二章 天体崇拜 / 163

  第一节 日月崇拜 / 163

  第二节 星座崇拜 / 177

第三章 宗教祭祀与仪式 / 183

  第一节 食人传说简述 / 183

  第二节 杀婴祭祀考辨 / 188

  第三节 食老风俗考辨 / 203

  第四节 食敌之俗 / 215

第五节　拔牙的宗教意义　/ 217

第四章　巫术与禁忌　/ 228

　　第一节　巫术的广泛性　/ 228

　　第二节　"早发的神箭"中的巫术内涵及其历史意蕴　/ 251

　　第三节　禁母、禁公与琵琶鬼　/ 267

参考文献　/ 310

后记　/ 324

绪论

第一节　研究缘起及思路

　　黎族与壮族、侗族、布依族、傣族、水族、京族、毛南族、仡佬族、仫佬族及台湾之高山族，皆与远古之百越有复杂的渊源关系。在这些民族之中，黎族之人口数量100多万，居于中等；其自然地理环境与台湾高山族基本相同，都属于海岛民族。虽然没有自己民族的文字，黎族人民在漫长的历史进程之中，也同样创造了灿烂的独具特色的民族文化，这其中就包括原始宗教文化。原始宗教属于一个民族最底层的文化，通过比较，考察其特征及其渊源，能够更加清晰深入地认识黎族文化的特点，给予更为准确的定位，能够从原始宗教的角度阐明百越后裔民族之间的深远关系。

　　由于同属于百越后裔的南方民族，有着极为近似的自然地理条件与民族文化传统，因此，黎族原始宗教与百越其他民族之间有着众多的相似性。孤立地看，黎族某一类宗教现象、某一个宗教仪式都具有鲜明的民族特色，但如果不联系百越的古老传统，不与其他民族展开比较，则不可能说明这些独特性之由来。同样也不可能发现，到底哪些宗教特质是黎族特有的，哪些是黎族与百越后裔其他民族所共有的，黎族原始宗教在哪些方面受到了周边民族的影响，又有哪些原始宗教文化形式传播到了周边民族，它们之间的交融到底呈现怎样的一个状态。所以，比较的方法，或者说视野，是展开本专题研究的一个基本方法，贯穿于问题的始终。

就比较的具体内容而言，本论题专注于图腾崇拜、天体崇拜、原始宗教祭祀、巫术与禁忌等四个方面。各个原始宗教因素彼此融合交叉，因此，在论述中，不可能彼此完全孤立地展开。本论题以比较的视野展开研究，只选取原始宗教中民族特点表现最鲜明、比较的题材最为丰厚的部分进行考察。

图腾崇拜的比较则着重于追溯民族的族源、民间信仰等因素，通过对这些积淀在民族心理底层的根本性内核的发掘，审视民族源流变迁，不仅仅与百越后裔其他民族展开比较，也把触角伸向华夏族的形成历史，以此窥探黎族在华夏族形成过程中的特殊地位。对植物图腾、动物图腾、非生物图腾都进行了全面考察，衍化的黎族姓氏及其图腾故事也是比较的内容。

宗教祭祀的比较主要集中于具有百越鲜明特征的杀婴与食老、拔牙风俗，展开全面深入的考证，就原始的宗教心理和生命意识，不仅与百越后裔诸民族比较，而且与具有同类现象的世界民族展开比较。如此，虽然越出了论题限定的范围，但为了说明或者突出黎族宗教祭祀文化所具有的独特性，非展开广泛的比较不能实现。

巫术与禁忌的比较主要集中于禁母鬼、民族起源神话、农业生产、狩猎及三月三节日的考察。

研究展开之条件是颇为有利的。作者工作于海南岛，就近便利可以获得有关黎族文化的原始文献，前辈学者们筚路蓝缕，对黎族文化的各个方面做了大量的田野调查，留下了丰富的田野记录，这就为作者的研究省却了艰难的田野调查之劳，提供了坚实的文献基础。同样，《中国各民族原始宗教资料集成》的编纂也为作者获得百越后裔其他民族的原始宗教资料提供了极大的便利。

就研究方法而言，除前面提到的比较之外，跨学科也是本课题必须采用的研究方法。宗教学、历史学、民族学、人类学、考古学、民俗学、民间文学等学科，必将是在追寻黎族原始宗教源流及其文化意蕴的时候要涉及的领域，相关学科的研究成果为论题的展开提供了有力的支撑。

第二节 原始宗教的一般问题

本论题展开原始宗教的比较研究,有必要对相关范畴做一简要的交代。此处论述的相关问题,主要参考吕大吉、于锦绣之研究成果①。综合于锦绣之相关论述,结合本课题所要研究的范畴,原始宗教的概念,就其内涵说,原始宗教是浑然一体的原始社会意识形态及其残余的一个居于主导和支配地位的因素,是人类社会血缘和地域血缘小群体(氏族、村社、宗教、家庭、村寨)为自身现实生存和发展而自然引起的对"超自然力"的集体信念和相应实践活动的统一体。就其外延说,原始宗教是指自发产生于原始社会并继续流传于阶级社会的各种宗教形式(如自然崇拜、祖先崇拜)和宗教系统(如所谓"萨教""东巴教"等)的总称。综合而言,原始宗教作为人类血缘和地域小群体对"超自然力"的集体观念和相应实践活动的统一体在原始社会意识形态中居于主导和支配地位,是自发产生于原始社会并继续流传于阶级社会的各种宗教形式和宗教系统的总称②。

原始宗教的特点,体现在它的自动性、血缘和地域小群体性、集体制度性、现实功利性、突出的巫术控制性、显明的时空性(时代和地区性)等方面。其中血缘和地域小群体性是它的本质属性③。就海南黎族而言,其原始宗教是符合上述特征的,其原始宗教形式从来就是自发的,其系统性是内在的无意识的,从来就没有上升到理论的层面;在黎族的不同支系,其原始宗教形式表现出大同小异的特点,一个支系由一个个小的血缘氏族组合而成,其政治结构是松散的,宗教的表现形式具有犬牙交错的特点;在每一个小的血缘氏族内部,宗教内容表现出高度的一致性,代代传承;黎族原始宗教的

---

① 吕大吉:《宗教学通论新编》,中国社会科学出版社 2010 年版;于锦绣:《简论原始宗教的形式、内容和分类》,《世界宗教研究》1998 年第 4 期;于锦绣:《论原始宗教的基本概念》,《贵州民族研究》1998 年第 1 期;于锦绣:《论原始宗教的发展》,《贵州民族研究》1998 年第 2 期。
② 于锦绣:《原始宗教的几个问题》,《云南社会科学》1993 年第 5 期,第 53 页。
③ 于锦绣:《原始宗教的几个问题》,《云南社会科学》1993 年第 5 期,第 53 页。

每一个形式都指向现实生活的需求,农业生产和人的生产、人的生命的保障是其核心要素,超功利的宗教活动是不存在的;巫术信仰是黎族原始宗教的主要形式,无论是图腾崇拜、自然崇拜,还是祭祀仪式、宗教禁忌,都常常表现为巫术的外壳;黎族的原始宗教也不是一成不变的,汉族的道教、佛教,西方的基督教,在历史的各个阶段渗入了黎族人民的生活,其原始宗教已经无法保持最纯粹的形式,它是一个混合体,总是处在不断的变化之中,尽管这种变化是缓慢的。

原始宗教的基本范畴,表现为各种宗教形式,是指以某一种"超自然力"为崇拜对象并结合有关信念和相应崇拜活动、崇拜方式的统一体,是原始宗教现象的历史性发展层次的单一形式,如图腾崇拜、祖先崇拜、自然崇拜、天神崇拜、山神崇拜、水神崇拜等。这种形式分别作为主要形式或中心形式先后出现在人类历史的各个阶段[①]。于锦绣先生把原始宗教历史进程分为三大发展阶段和八个历史分期。

第一期(距今 100 万—25 万年),旧石器中期和晚前期,母系氏族早期;早期图腾崇拜。

第二期(距今 25 万—10 万年),旧石器晚后期至中石器,母系中期;图腾女始祖、灵魂石、图腾圣地。

第三期(距今 10 万—5.5 万年),新石器中早期,母系晚期;母系氏族祖先崇拜(女性巫师)、母系氏族自然崇拜。

第四期(距今 5.5 万—4.6 万年),新石器晚期前段,父系氏族;父系祖先崇拜(男女祖先神、男女巫师)、父系氏族自然崇拜。

第五期(距今 4.6 万—4 万年),新石器晚后期,稳固性村社、部落联盟;父系大家庭祖先崇拜、等级化男女祖先神、等级化男女巫师、早期天神、祖先化社神、等级化神灵。

第六期,青铜时代夏商周,奴隶制社会、封建领主制——宗族。

第七期,铁器时代,封建地主制——家族。

[①] 于锦绣:《原始宗教的几个问题》,《云南社会科学》1993 年第 5 期,第 53—54 页。

第八期，半殖民地半封建——家庭。

黎族之原始宗教在第四期以前，后来受到汉族道教之影响，发生了一些变化。本书所要讨论的黎族原始宗教，主要是在外来宗教影响之前历史时期的内容。

本书在论述过程中贯穿宗教形式结构的四个要素：超自然力、宗教信念、宗教仪式、灵物与灵物崇拜。

超自然力是指所有崇拜对象。人们所崇拜的不是现实的力量，而是现实力量背后隐隐莫测的超现实、超自然法则的神秘力量，这种力量不能也不需要再分析。因为它本身是虚幻的、根本不存在的，是社会异己力量和自然异己的歪曲反映。图腾、天体、自然、祖先的崇拜都属于这种形式。黎族的超自然力崇拜中，受到汉族影响比较深刻的，主要是祖先崇拜，这与长期的移民活动密切相关。因此，本书中不专门论述这一部分，而是在图腾崇拜的部分附带论及。

宗教信念即"崇拜、控制信念"，是指对崇拜对象超自然性能的认识，以及随之产生的感情、经验和不断杜撰的有关神话等。就其结构功能说，是宗教形式的思想基础和内核[①]。黎族神话传说之中，记录了许多远古时期的原始宗教形式，也体现了丰富的原始宗教观念，特别是图腾崇拜，神话资料非常多，而且与百越后裔其他民族之间的相似性程度很高，具有同源性。

宗教仪式，即"崇拜祈求、控制使令活动"，是指信仰主体在宗教信念支配之下以言语和身体动作为祈福免祸而对付"超自然力"的一种行为表现，是宗教形式结构层次的外在因素之一。一般说来，以祭献祈求手段为本而进行的程式、规范化的宗教活动称作"祭祀仪式"，以控制使令手段为本而进行的程式、规范化的宗教活动称作"巫术仪式"，即相辅相成的软硬两种仪式。在海南黎族的生产和生活中，以上两种仪式的发生具有普遍性。生育与死亡，疾病与健康，农业与狩猎，旅行与战争，这些人类活动都深深打上了宗教仪式的烙印。在原始宗教仪式方面，黎族受到了来自道教祭祀仪式的强烈影

[①] 于锦绣：《原始宗教的几个问题》，《云南社会科学》1993年第5期，第54页。

响，黎族的巫师也受到汉族道士的影响，剥离其中的原始因素存在一定的困难。

灵物崇拜，表面上似为一种"宗教形式"，即以"灵物"为崇拜对象。实际上，人们真正崇拜的是灵物所代表的象征的、内含的"超自然力"，即"灵物"的"灵性"，而不是灵物的实物。它实质上是超自然力观念的物化形态，又是人们与超自然力交往的物质媒介和工具，如灵魂石、女阴石、灵牌、偶像、岩画、护身符、巫师及法器、礼器、石棚、墓地及其建筑、卜甲、卜骨、玉器、器物纹饰、祭坛、祖祠、祖宗岩洞、灵塔、寺庙等等①。

图腾崇拜，实质上是原始宗教初始阶段的自然崇拜和祖先崇拜形式。所谓天神崇拜，实际上是原始社会晚期阶段自然崇拜和祖先崇拜在更高程度上再次的结合崇拜形式②。早期天神崇拜是稳固性村社部落联盟长和至高天神及其下属的结合崇拜形式，一般认为出现于我国传说时代的所谓"五帝"时期。由于缺乏可信的文献资料，这个至高天神究竟指什么很难断定，可能是抽象的"天帝"，也可能是日神、月神、星神、雷神、风神等，这个神统的组织情况更无可信的文献资料可据。所谓"结合"主要表现在部落联盟长垄断了祭天上至高神的大权，如《国语·楚语》有颛顼"绝地天通"的传说③。黎族之天神崇拜并未与首领崇拜相结合，而是从人神不分到人神分离之后的结果。这一宗教现象是与华夏古民族不相同的。

图腾崇拜是与氏族同时产生的最早宗教形式。其特点是：认为每个氏族都起源于某种动植物、无生物或自然现象。这些动植物就是他们的图腾，也就是他们的祖先，并以之作为氏族的名称和标志；把作为图腾的现存动植物视作亲属不准杀食；同一图腾的人不准结婚，也就是外婚制的标志，相信图腾祖先是氏族的保护者，认为现存图腾动植物的兴衰象征氏族的兴衰，所以要保护图腾、崇拜图腾等等。迄今为止，考古学和人类学资料还没有提供早

---

① 于锦绣：《原始宗教的几个问题》，《云南社会科学》1993年第5期，第54页。
② 于锦绣：《原始宗教的几个问题》，《云南社会科学》1993年第5期，第57页。
③ 于锦绣：《原始宗教的几个问题》，《云南社会科学》1993年第5期，第59页。

于图腾崇拜而存在的任何宗教形式的可信证据①。

图腾崇拜发展的下一个崇拜形式是女始祖崇拜,是生产力进一步发展的产物。进入氏族社会以后,原始人支配自然的能力比氏族形成以前提高得快多了。妇女在氏族经济生活中的重要地位自然受到尊敬,而子女是父母所生育的这一生理现象也是有目共睹的,原始人并不是完全陷于宗教幻想,而是在不断地提高实践认识;所以他们开始注意母性在繁衍氏族中的作用,从而幻想出女始祖与图腾动植物感触或婚配而繁衍人类的神话②。黎族在始祖母信仰方面最突出的神话遗迹就是黎母的传说,此外在不同支系也有女始祖崇拜的一些证据,但已与父系崇拜混合,表现出零散的特点。一般认为,送魂归祖宗故地而不转化为图腾是女性祖先崇拜与图腾崇拜的分水岭,是女性祖先崇拜形成的主要标志③。关于黎族女性始祖的崇拜问题,本书不设专门章节,而是附于图腾崇拜的相关部分予以讨论。

随着女性祖先崇拜、女阴崇拜、鬼魂崇拜的形成和发展,氏族的宗教活动日益频繁和重要起来。于是出现了执行仪式活动的专门人物,这便是巫师④。在海南黎族这里,由氏族长带头完成的原始宗教仪式主要限于与生产活动相关的活动,驱邪除病仪式常由非专职巫师担任,或者家为巫师。《国语·楚语》记载上古时期有过人人为巫师的现象,文中说:"及少皞之衰也,九黎乱德,民神杂糅,不可方物。夫人作享,家为巫史,无有要质。民匮于祀,而不知其福。烝享无度,民神同位。民渎齐盟,无有严威。神狎民则,不蠲其为。嘉生不降,无物以享。祸灾荐臻,莫尽其气。颛顼受之,乃命南正重司天以属神,命火正黎司地以属民,使复旧常,无相侵渎,是谓绝地天通。"黎族在近现代的某些村落还保持着人人为巫的状态,在这些村庄里,还没有专业半专业的巫师,每个人都自为巫师,自行施展简单的巫术,来应对现实生活中的困难和危险。黎族大部分地区的巫师都是非专职的,兼职巫师

---

① 于锦绣:《原始宗教观念的发展及其表现形式》,《思想战线》1985年第5期,第74—75页。
② 于锦绣:《原始宗教观念的发展及其表现形式》,《思想战线》1985年第5期,第75页。
③ 于锦绣:《原始宗教观念的发展及其表现形式》,《思想战线》1985年第5期,第77页。
④ 于锦绣:《原始宗教观念的发展及其表现形式》,《思想战线》1985年第5期,第77页。

本质上的身份是农民，象征性的报酬作为生活资料的补充；这些巫师也没有特殊的社会政治地位，在黎族社区中也没有形成一种神权的统治结构。黎族巫师有一特异之处，在去世以后需穿包卵布（祖先的装束），暗示着他与祖先神灵存在神秘的交流关系，具有特殊的沟通能力。黎族还产生了一种掌握黑巫术的女巫师——禁母，具有原始的无意识特征，与那些可以操控黑巫术的巫师是有别的，与傣族的琵琶鬼也存在深厚的渊源关系。

第三节 黎族族源概说

黎族是海南岛人口最多的世居少数民族。我们要比较黎族与百越其他民族之原始宗教，考察其民族的来源是必要的，这样，许多共有的和不同的文化现象才能得到合理的解释。此节之概述皆综合前人之研究梳理之[1]。

黎族的"黎"的民族称谓，原来并不是黎族的自称，而是后来汉族对黎族的称呼。"黎"作为一个族称最早见于唐代文献《岭表录异》。在宋代以后"黎"普遍作为黎族的专用族称。在此以前，文献上记载居住在海南岛的黎族有着许多不同的称谓，如西汉时称为"骆越"；在东汉时称为"里""蛮"；六朝至隋时是"俚""僚"；但是这些称谓并不是专指黎族。隋唐时被称为"俚""僚"的少数民族，其主要活动地区是在现今广东、广西一带；而西汉时称为"骆越"的民族所居住的地区，其范围大致包括目前广西西部、广东西南部和越南北部的地区。海南岛黎族，经过学者调查，民委确认，现有五个支系，润黎、哈黎、杞黎、美孚黎、赛黎，主要分布于海南岛中南部地区。

海南的黎族族源是比较复杂的。20世纪30年代以来，中外学者们就黎族族源问题进行了不懈研究。主要有三种观点：南来说、北来说、多元说。

第一，南来说。

此说代表人物是史图博和岑家梧。这一观点认为海南黎族主要源于南太

---

[1] 此处主要参考练铭志：《关于海南黎族族源之研究》，《广东技术师范学院学报》2003年第5期；高泽强：《黎族族源族称探讨综述》，《琼州学院学报》2008年第1期。

平洋地区的岛屿民族。德国人史图博认为,在黎族的支系中,有三个支系是从东南亚一带来的,明确提出黎族部分族体南来的观点。他认为,原来不是土著的黎族——美孚黎、杞黎、哈黎等是从海南岛的南方绕过崖州,也就是今天的三亚市而到岛内来的。他们与印度尼西亚古代马来族关系密切①。岑家梧是海南籍著名学者,他也主张南来说,认为"南来说比较可信"。他在《海南岛黎人来源考略》中认为,史前时代的海南岛黎人,确是属于南方系统之民族,其迁来岛上,不由亚洲北部大陆,而是由亚洲南部诸多海岛迁移而来。他认为,史前时期,海南岛与马来群岛,印度支那半岛,也就是中南半岛,以及雷州半岛,香港附近岛屿是连成一片的,生活在这一区域的人类被称为亚洲古生人种。岑家梧认为,当今南洋群岛的土人,印度支那半岛的泰人,以及海南黎族,都是这一地域古人类的共同后裔。

第二,北来说。

20世纪30年代,人类学家林惠祥首先提出黎族族源与古越族有关的观点。稍后,罗香林经过详细论证,也得出黎族与古越族中的骆越有关的结论。他认为,骆越原先居住在今越南、广西及粤西高、雷一带,自殷周至春秋战国,才开始向南渡过琼州海峡进入海南岛。这一观点得到国内众多学者的赞同,成为黎族族源研究的主流观点。20世纪50年代以后,包括刘耀荃、练铭志在内的许多学者根据历史文献、语言学和民族学的资料,以及考古的新发现,在前人研究的基础上对黎族族源进行了持续的研究,使得北来说的结论更具有说服力。这里简要概述其证据。

语言学的证据。黎族有统一的语言——黎语,它属于汉藏语系壮侗语族黎语支,与壮语、布依语、傣语、侗语、水语等有较密切的亲属关系。这表现在语音、语法和词汇等方面的一系列共同特征。比如,声母简单,韵母复

---

①这里,有一个名词需要解释一下:马来人。马来人与马来西亚人并不是一回事。马来人也称马来族,有广义、狭义两种。广义马来人指分布在太平洋和印度洋各岛国各民族的总称,通用南岛语系(又称马来—波利尼西亚语系)诸语言。狭义马来人系指居住在东南亚的马来西亚、印度尼西亚、新加坡等国仍以"马来人"为族称的居民,使用马来语,属南岛语系印度尼西亚语族。狭义马来人也称正马来人、正马来族或印度尼西亚族。一般所说的马来人或古马来人、马来民族系指广义马来人。

杂；每一个音节都一定有一个辅音起头的声母，没有真正元音起头的音节；声调和声母的关系比较密切等。语法方面，合成词中一般中心词在前，修饰成分在后。黎语与百越其他民族同源词甚多。

考古学的证据。20世纪新中国成立后，海南岛发现大量新石器时代至青铜文化时期的文化遗址和遗物。石器以有肩石斧和有段石锛为主，以及一定数量的大型石铲；陶器有夹砂粗陶、泥质陶，陶器纹饰有对角线、米字纹等几何印纹。这些原始文化，与广东和东南沿海地区所发现的新石器时代文化，同属一个文化系统且具有较大的地区特色。这一考古学的区域分布，与文献记载的古代越族的分布大致是相符合的。

地名学的证据。广东的西南部和海南岛，有着许多相同而罕见的地名，如那某、罗某、多某、扶某、过某、牙某、获某、陀某、打某等，都是从壮侗语族各语言音译或意译过来的，如壮语称田为"那"，黎语称村子为"抱""番"，称水为"湳"，称溪水合流的地方为"牙"等，而且这些地名不仅在少数民族地区存在，同时在两广广大的汉族地区尚有大量保留。

民族文化的证据。这一点的证据最为丰富。如断发文身、干栏建筑、鸡卜、铜鼓、不落夫家等，在黎族和百越后裔其他民族之中都具有悠久的传统。特别是洪水神话中"洪水过后，兄妹成婚"的情节，在西南的壮侗语族各民族中也普遍流传。

体质人类学的证据。2001年，《人民日报》海外版报道了一个基因研究结果。国家"863"计划——中华民族基因课题组通过采血基因分析，发现海南岛的黎族和台湾的阿美人、泰雅人、布农人、排湾人与浙江河姆渡古代百越人的祖先的Y染色体类型一致，而不同于南太平洋各族的复杂类型。这一科学研究成果有力证明了黎族与古百越的血缘关系。

第三，多源说。

刘咸认为，黎族的族源除部分为南来的之外，还有部分是从北方来的，刘咸把汉族也算一源。刘咸在其《海南黎族起源之初步探讨》中说："现今黎族之来源，似非一源而为多源，至少有两个主要来源。"这两个主要来源，一个是上述的哈黎、润黎源于东南亚的正马来人，另一个是杞黎和美孚黎源自大陆的掸族。此外，黎族还源于汉族和南洋群岛各族，甚至有矮黑人（Pygmy俾格米人）。

多源论者的问题在于，把黎族形成过程中的源流、主次没有分开。在黎族文化的形成过程中，不断地吸收了其他民族的因素，使其文化表现出融合性与丰富性，而后来的因素，并不能视为黎族之源头。

黎族源于古越族的一支，但在长期的历史发展过程中曾先后吸纳或融合了其他民族乃至种族的成分。

汉族。宋、元以后，汉族入海南岛人数颇众，宋以商人、农民为主，元以戍守或屯田的士卒居多。他们当中不少人深入黎地，与黎杂居，最后融合于黎族。汉族宗教文化的内容形式通过这个渠道传入黎族地区。

壮族。宋元时期，在今海南岛北部的临高县全县和儋州、澄迈等市县及海口市郊等部分地区聚居着相当数量的壮族，约于元末明初，逐渐融合于汉族，成为汉族的一个族群"临高人"。"临高话"属于汉藏语系壮侗语族，学者们通过研究之后认定临高人为壮族之后裔。

回族。据20世纪80年代的调查，海南回族融合于黎族者有如下实例：陵水县英州镇加卜村有蒲姓回族31户，其中17户改为符姓（当地黎族的大姓），与黎族认同。由三亚市荔枝沟镇迁至陵水县林旺镇吉田村的80余户蒲姓居民，民族成分全部由回族改为黎族。

马来人。人类学家林惠祥根据马来人的语言、文化、体质特征和史前遗物等，论证史前时期就已到达东南亚地区的古越族先民与马来人有同源关系。再后来，新加坡学者以东南亚、太平洋岛屿的人种成分和文化特质与中国南方人种和文化多处契合，也得出与林惠祥相似的结论：东南亚、太平洋诸岛史前人类来源于中国大陆。

矮黑人。在距今约4500年前，华南古越族到达东南亚之前，东南亚一带普遍居住着属海洋尼格罗种的矮黑人。矮黑人具有矮小、卷发、身黑、鼻宽和体毛发达等体质特征。古代典籍多有关于广东昆仑奴或鬼奴的记载，就是矮黑人。黎族许多地方流传有关"族栈"（有的记载叫卓占）的故事。"族栈"样子像人，但容貌丑陋，身材矮小。他们聚族而居，住在岩洞里，不识耕稼，靠采集和狩猎为生。他们孔武有力，常把黎族的小孩掳去吃其脑浆。后来黎人不堪其扰，便用火把他们全部烧死在岩洞里。这一传说与台湾高山族相似，应该不是偶然的。这可能是矮黑人在黎区生活过的心理记忆。20世纪有人类学学者从事黎族指掌纹的研究，结论是：历史上存在着黎族和某些黑色人种混血的可能性。

　　族源的复杂性，造成了黎族原始宗教文化的复杂性。

第一章　图腾崇拜

图腾崇拜是与氏族同时产生的最早宗教形式。其特点是，认为每个氏族都起源于某种动植物、无生物或自然现象，这些动植物就是他们的图腾，也就是他们的祖先，并以之作为氏族的名称和标志；把作为图腾的现存动植物视作亲属，不准宰杀食用；同一图腾的人不准结婚，也就是外婚制的标志；相信图腾祖先是氏族的保护者，认为现存图腾动植物的兴衰象征民族的兴衰，所以要保护图腾，崇拜图腾等等[1]。图腾崇拜是原始宗教诞生期的核心形式，因此，欲讨论黎族之原始宗教，图腾崇拜为首要因素。

严格地说，我们要研究的并不是保留完整、发展充分的图腾崇拜。尽管在20世纪40年代，黎族的核心区还保留着父系氏族公社的残余社会组织形式，但已受到中华古代国家文化和制度的长期影响，其图腾信仰的制度、仪式、类型皆模糊不清。处在黎区外围的支系，其图腾之消亡速度更快，企图完整清晰地复活其图腾崇拜的图景是完全不可能的。但图腾文化作为人类历史上最早、最奇特的文化现象之一，与文学艺术、祭祀仪式、法律、姓氏、农业、狩猎等都具有密切之关系。黎族图腾现象在上述各种精神活动、物质活动中留下了鲜明的印迹，因此，通过考证的方法在一定程度上还原黎族图腾信仰的面貌，在比较中发现其特征，是可能的，也是研究所必需的。

---

[1] 于锦绣：《原始宗教观念的发展及其表现形式》，《思想战线》1985年第5期，第74—82页。

第一节　图腾之起源

　　研究一种原始文化现象，必先探求其源头。图腾之起源，是图腾文化诸问题中最困难、最复杂的问题①。对于只留存图腾遗迹的黎族而言，追溯起源头是不可能的，而图腾的起源与发展，在全世界范围内却有其一般规律，黎族亦不能例外。何星亮教授在《图腾的起源》一文中，通过讨论世界上各派学者关于图腾起源的十种代表性理论，提出了自己的观点。我们认为，他的研究成果可以借用来从理论上认识黎族图腾的起源。

　　其论述撮要节录如下：图腾文化丛系由多种文化元素组成。如图腾观念、图腾名称、图腾标志、图腾禁忌、图腾外婚、图腾仪式、图腾圣地、图腾圣物、图腾魂、图腾文学和图腾艺术等。通常，每一种文化丛都有一个中心观念，它使得文化丛的其他元素具有一种内聚力。在图腾文化丛中，这个中心观念就是图腾观念。它不仅是核心的元素，而且是最初的元素，其他观念都是由这一观念衍生的。图腾观念又分图腾亲属观念、图腾祖先观念和图腾神观念三种。而最早、最根本的是图腾亲属观念，后两种都是在前一种的基础上产生的。印第安语 totem 一词源于 ototeman，其义是"我的亲属"，近现代以来大量的民族依然把图腾作为群体的血缘亲属，并用"父母""祖父母""兄弟姐妹"的称谓称呼图腾。后来，随着社会和思维的发展，原始人开始寻找自己的来源。于是，他们误以为图腾就是自己的祖先，便产生了图腾祖先观念。至原始社会后期，人的思维进一步发展，意识到人与动物、植物有很大的差别，它们既不是自己的亲属，也不是自己的祖先。但由于原来的图腾亲属和祖先观念根深蒂固，图腾便演变为氏族、部落或家庭的保护神。因此探讨图腾的起源，就要从探讨图腾亲属观念的起源入手。

　　何星亮教授认为，从考古学、民族学和历史学的资料来看，它发生的基础是社会生产力的低下和人们对自然的无知，其中主要有社会和思维两方面

---

①何星亮：《图腾的起源》，《中国社会科学》1989 年第 5 期，第 31 页。

的因素。学术界普遍认为，最早的图腾是动物，这表明图腾发生于原始狩猎的经济基础之上，其观念发生的另一社会因素是原始集体主义。早期图腾崇拜的特征之一，即某一群体的所有成员把某一种动物的所有个体都作为亲属，并像对待亲属一样对待他们①。黎族在20世纪40年代之合亩制生产方式和生产关系完全是集体主义的，共有土地、共有主要生产资料以及生活资料平均分配，生产和社会实践活动在亩头组织下统一进行。这是符合图腾产生的这一社会基础的。

图腾的第二基础为思想基础，图腾信仰的重要特征之一是把人和动物混同起来。人类早期的低级思维，法国的列维·布留尔称其为"先逻辑思维"。这一思维的总规律是相互交织的"混沌律"，其基本特点是主观和客观混同为一，幻想和现实不加区分，这正是图腾观念发生的思维基础。混沌律首先表现为原始人不能区分人类社会和自然界，把人类群体和动物群体混同起来。基于这种认识，他们认为，人可以与周围的某种动物结成友好联盟。而在当时的条件下，原始人只可能把这种联盟的性质解释为血缘关系。其次，相互交织的混沌律还表现在人与动物的混同。原始人之所以把动物当作自己的血缘亲属，一是因为人与动物在形体上、生理上近似，二是因为人和动物都有鲜血。

在图腾产生的基础上，何星亮教授进一步探讨了图腾发生的直接动因。他认为，图腾发生的原因是原始人出于求安的心理动机。在洪荒远古时期，原始人的生存条件极为险恶，他们除了时常受到饥饿的困扰外，猛兽、疾病、产妇分娩、灾害等都会轻易地吞噬他们的生命。原始社会高出生率、高死亡率、极低的增长率的人口生产模式，就从一个侧面反映了原始人生存条件的严酷。面对随处存在的死亡威胁，特别是猛兽的侵袭，为了在生存斗争中幸免于难，原始人除了采用积极的方法来抵御各种威胁之外，还采用一种消极的方法来求安。这种方式不是跪拜祈求，而是认亲。黎族所处的自然环境又是怎样呢？有些论者认为，热带雨林的丰富物产一年四季源源不断，为

---

① 何星亮：《图腾的起源》，《中国社会科学》1989年第5期，第37—38页。

海南岛的先民们提供了持续的食物来源，而且气候舒适，他们的生活是自由安逸的。这是一种想当然的武断，相对于寒带、干旱荒漠地区的原始民族而言，黎族先民的生存环境是相对优越的，但不可估计过高。从 19 世纪末到 20 世纪上半叶，中外学者、旅行家陆续进入海南，对黎族进行了多次的调查研究。据他们的描述，其生活是相当贫苦的，各种疾病严重困扰着他们，食品之单调与匮乏也是惊人的。注意，这是人类进入现代社会之后的状况。试想，几千年以前，生存环境更为严酷。与比邻的动物结为亲属，寻求生命的保护与生活的保障，当然也会成为黎族先民的选择。

原始社会亲属关系不受血缘关系的限制。不管是否有血缘关系，不管是否认识，也不管是哪一个民族或部落的人，只要双方情愿，便可缔结亲属关系，把他列入与群内成员相应的亲属范畴，并以相应的称谓称呼。基于此一结亲原则，原始人相信，与动物缔结亲属关系，同与其他民族或部落的人结为亲属，同样是可能的，而且可以获得同样的益处。他们以幻想的、一厢情愿的方式与某种动物缔结亲属关系，相信这种关系一经确定，自己便可受到他们的保护或获得他们超人的力量。关于原始社会亲属关系不受血缘限制的习俗，在海南黎族合亩制地区也有残留，即"龙公"与"龙子"，其他合亩的人由于种种原因可以拜另一合亩之长者为"父亲"，并享有亲属的权利与义务。需要说明的是，受阶级社会之影响，其关系已经具有了半奴役之性质。再例如毛道乡之黎族，视猫为祖先，称猫为"祖父""祖母"，猫去世需要举行葬礼。与此同时，原始人由图腾亲属观念滋生了图腾同体化现象。图腾民族或以图腾皮毛制作衣服，或拿羽毛、树叶等装扮成图腾姿态，或用布和其他材料制成图腾形状的头饰和鞋等，或模仿图腾体肤而断发文身，或把头发结成各种形状以象征图腾，或模仿图腾动物的唇齿而镶唇或毁齿。所有这些都是表示自己与图腾同类，都是为了使图腾易于辨认，以确保自身安全。黎族文身中的蛙、蛇、鸟等图案即是图腾的寓意，但还有许多曾经的图腾没有被表现出来。

图腾禁忌也是认动物为亲属的一种表现。在原始公社中，亲属之间的权利和义务是相互的，父母有抚养、保护儿女的义务，而子女则有尊敬、赡养父母的责任,并不得以任何方式伤害父母,同时也不准别人加害于父母。在这种亲属观念的基础上,原始人既然把图腾视为自己的亲属,希望图腾履行父母或兄弟的职责,那么作为"儿女"或"兄弟"的图腾成员就自然像对待父母或兄弟一样尊重图腾动物,不但自己不能伤害、杀死他们,而且还应尽力保护,防止被他人杀害。这样便产生了图腾禁忌,黎族的图腾禁忌主要是食用禁忌,如对蛇、犬之食用禁忌。

不同地域的不同民族选择不同的图腾,由其生活的自然环境所限制决定。但选择何种生物和非生物为图腾,又有其直接动因,主要是基于求安的三方面的感情:因威胁而恐惧,因受益而感激,因惊叹而羡慕。第一是因恐惧而选猛兽恶虫为图腾,如黄帝部落各氏族分别以熊、豹、虎为图腾,西北各族多以狼为图腾,西南以虎、豹、蛇为图腾。黎族选择蛇、豹为图腾,当以此情感为动因。第二是因感激而选择,当某种动物或植物有功于人,人们就会对它产生感激之情,认为它像自己的亲属一样,于是便把它认作亲属或祖先,希望它永远帮助自己,保护自己,此动植物由此成为图腾。黎族有些支系的蛇图腾是因蛇救护民族祖先而产生,葫芦瓜则在大洪水之后成为人类的救生工具而被视为图腾。第三是羡慕,某些动物具有人类所不具备的特殊能力,比如飞翔的鸟,游动的鱼,能够感知天气变化的青蛙,日、月、风、云和永恒的石头都是人们钦羡的对象,人们希望自己能够获得这些非凡的能力,故奉其为图腾。黎族的蛙、葫芦瓜、鸟、风、石头、番薯、竹等图腾皆属此类。

总之,黎族图腾之起源与世界上其他民族所遵循的基本规律是一致的,其所处的热带亚热带海岛环境,使得其图腾信仰具有一定的地域特点。

第二节 图腾之类型

图腾之类型,按其社会属性划分,一般分为氏族图腾、胞族图腾、部落图腾、民族图腾、性别图腾、家庭图腾和个人图腾等七种类型。

对黎族图腾的社会文化类型划分充满困难,其主要原因是,原始社会自然发展充分的部落组织早已解体。黎族尽管有父系氏族公社的遗留形态，但这一依据异常有限。故此处只能就七种类型，并结合黎族图腾实际情况做一初步分析，重点从自然类型方面展开比较研究。

氏族图腾，这是全体氏族成员共同尊奉的图腾，它是各种图腾类型中最普遍、最主要的图腾，是延续时间最长、作用最大、最为稳定的图腾。黎族之图腾大多数属于这一类。氏族图腾分为母系和父系传承两类，黎族已为父系社会，其图腾之遗传主要是以父系代代传递的。但从其若干图腾神话看，早期应是按照母系传递的。如白沙润黎的"纳加西拉鸟"的传说，琼中杞黎蛇卵孵化黎母的传说，乐东哈黎竹丛生人的传说，其图腾均与女性祖先直接关联，留下了母系文化的影子。氏族通常只有一个图腾，但在较晚的时期，出现了一个氏族崇奉多个图腾的现象。在黎族中，一个氏族多个图腾的现象不明显，但一个支系有多个图腾则为普遍现象。就民族调查的资料看，假设一个合亩为一个氏族公社，他们对于其图腾已不甚了然。但也并非没有，三亚市哈方言的台楼村，其祖先传说中就有关于蛇、鸟、石等图腾的因素，如此而言，黎族一个氏族拥有多个图腾是存在过的。同一氏族图腾的成员之间严禁通婚，黎族保留着图腾名号的族群尚严格遵循了这一图腾制度。可以说，这是黎族图腾文化衰落之后，遗留下来的部分尚持续发挥其社会功能。

胞族图腾，根据民族学资料，一个部落往往分为两个胞族或半族，两胞族之间互为婚姻①。在世界范围内的近现代各原始民族中，胞族图腾大多只保留了图腾名称和图腾神话。在黎族中，胞族图腾难觅其踪。但我国古代有胞族图腾，据《左传·昭公十七年》郯子所述，鸟为少昊氏部落集团的图腾，其下分为五鸟（凤鸟、玄鸟、百赵、首鸟、丹鸟）、五鸠（祝鸠、鴡鸠、鸤鸠、爽鸠、鹘鸠）、五雉和九扈四部分。从其上有部落，下有氏族来看，此

---

① 胞族之来源有三，一是在原始群末期，由于生产和生活的需要，一个原始群一分为二，新分出的两个小群体之间互婚，并禁止群内通婚。这种胞族图腾是最原始的氏族图腾。胞族的第二个来源是两个无血缘关系的彼此孤立的原始游群经过长期接触，逐渐结为互相通婚、互相合作的两合群组织。通过这种方式形成的胞族是比较少见的。胞族的第三个来源，是在母系氏族公社之后，由于人口的增多，一个母系氏族分裂出两个或两个以上的儿女氏族。由于社会需要，这些儿女氏族也各以某种有生物或无生物为图腾，而原有的母系氏族图腾演变成为胞族图腾。

四部分为四个胞族组织。

　　部落图腾是全体部落成员共同尊奉的图腾。黎族原始社会时期当存在部落组织。在近古以地域和血缘结合存在的"峒",近似于部落,大峒下有若干小峒,小峒下有若干村,但这已经是古代国家统治下进入行政管理体系的组织,当由部落演化而来。部落图腾似乎可与黎族之五大方言对应,在各支系较为普遍的图腾种类似乎可认为是部落图腾,比如雷、蛇、犬、鱼、鸟,出现频率高,分布较广,获得的认同度高。

　　民族图腾,是全民族共同尊奉的图腾,它是民族的标志和象征。如狼为突厥图腾,白天鹅为哈萨克族图腾,虎为彝族之图腾,龙为汉族之图腾。黎族之图腾,无论在汉籍古文献中,还是在口头传说中,似乎未见有各个支系共同尊奉的图腾。如依据汉籍最早记载,当以蛇为是;如以神话传说流传之广,当以犬为主;如以尊崇之普遍,当以牛为主;如以神之地位论,雷神为是;文身中普遍存在蛙图案,亦可奉蛙为主。梁庭望认为蛙为壮族先民部落图腾,当西瓯人统一岭西各部后,他们的图腾也就上升为民族保护神,成为全民族共同尊奉的图腾。民族图腾是历史地形成的,如人为指定民族图腾,必难久存。20世纪90年代,在位于杞黎腹地的五指山市,一位雕塑家在市内塑一犬形人像,以作为黎族图腾文化标志,结果招致黎族群众的激烈反对,后终被拆除。杞黎聚居的五指山地区流传人犬婚之神话,但当地人民依然不能接受以犬为图腾祖先的观念。因受汉文化之影响,犬在人们看来,摇尾乞怜、仰人鼻息,作为祖先而崇拜是难以接受的。

　　性别图腾,或称两性图腾,即部落成员崇奉各自的氏族图腾之外,男女分别以某种动物或植物作为本性的图腾,性别图腾主要存在于澳大利亚的原始部落中间,我国各民族中,性别图腾尚无明确之发现。黎族也未见明确之记载。

　　家庭图腾,每个家庭除了尊崇氏族图腾等公共图腾外,还以某种动物、植物或非生物作为自己的家庭图腾。这一图腾的产生当晚于氏族图腾。三亚台楼村黎族之图腾可作为家族图腾的类型。四百多年前,黄姓始祖创立本村,后因发生重大灾祸,在蛇的帮助下,其种族得到了繁衍,故奉其为恩人，代代禁食①。

个人图腾，是个人所尊奉的图腾，它与氏族图腾的差别表现在两个方面：一是氏族图腾是公共的，而个人图腾是私有的；二是氏族图腾代代相传，而个人图腾一般不传给后代。黎族没有个人图腾之印迹。汉族的十二生肖有个人图腾的烙印，可以说是个人图腾和民族集体图腾在历史发展过程中融合的产物。

何星亮教授云："许多民族或部落只有氏族图腾而无其他图腾，或历史上曾存在多种图腾，但遗存下来的只有氏族图腾，其他图腾或由于历史的原因而踪迹全无，或仅仅是局部地区所独有。因此，在近现代残存图腾文化的民族中，大多只存在一种或若干种图腾的类型。"②

按图腾之自然属性划分，海南黎族有动物图腾、植物图腾、非生物图腾三大类。此部分重点展开比较研究。

一、动物图腾

按照自然科学的规律，世界的演进顺序是宇宙、星球形成在前，自然界的动植物在后，人类最后产生。而按照人类思维的特点，首先思考的是自身及与自身的生存密切相关的事物。他们首先要追问的绝不是大地的形成和星球的运行等遥远的神秘现象，而是人类自身的来源。图腾是原始初民思考自身来源和族属的标志，图腾神话自然也随之产生，是比创世神开天辟地还要古老的神话。

"图腾神话是由图腾观念衍生的。先有图腾观念，然后才有图腾神话。它是解释某种生物或非生物之所以成为图腾的神话。它主要以口传或笔传的形式，把某种有生物或无生物说成是亲属、祖先或保护神；或把它们说成是祖先的恩人；或把它们说成是人类和万物的创造者。"③图腾是原始初民对自身身份的本质性认同，与人的生命、生活具有最亲密的关系。并且对原始宗

---

①刘书敏、萧烟：《三亚河上游台楼村的黎族传说》，《现代青年》2016年第12期，第89页。
②何星亮：《图腾的类型》，《内蒙古社会科学》1990年第1期，第84页。
③何星亮：《中国各民族的图腾神话》，《西藏民族学院学报》1991年第3期，第21页。

教、巫术、习俗、艺术等产生重大影响,其力量渗透到初民生活的方方面面,与他们的农业、狩猎也发生神秘的关联。随着文明之发展,图腾的原始形式逐渐消亡,代之以祖先崇拜。但由图腾观念所衍生的一切物质和精神现象,依然在延续,以另一种宗教习俗、人生礼仪、生产仪式的样态而存在。同时图腾神话在衍化的过程中也以地方传说的形式变幻出种种面目而传播,它的生命力也是最为长久的。在部落、部族、氏族等不同层级的血缘关系上有不同层级的图腾以区别,相应的图腾神话极为丰富。

就黎族而言,图腾之余绪尚有二十余种,相关的或简或详,或原始或变异的神话也有相当之数量。就百越后裔诸民族中来看,黎族图腾的丰富性是较为突出的。花、草、风、灶、羊、猿猴、龙、蛇、牛、鸟、鱼、鹿、蛙、芭蕉、椰子、陶、猫、犬、薯、竹、葫芦瓜、木棉、大地、石头,有生命的无生命的,动物植物,具多样性也具复杂性。有学者把图腾神话根据内容分为三个类型:祖先恩人神话,始祖创神神话,创造者神话①。黎族之图腾神话具备这三种类型,而且衍生出许多复杂的形式。

黎族作为骆越之一支,其图腾与百越后裔其他民族有着共同的血脉关系,但如同海南岛在与大陆分离之后形成许多独有物种,地处热带海岛的黎族,其图腾及其神话也具有民族的独特性。因为图腾现象逐渐消失,图腾神话逐渐变异,在比较之中,不限于具有原始风貌的故事版本,后世衍化的某些传说故事也保留了图腾之内涵,因此也纳入考察的范围。为便于说明黎族图腾神话与百越其他民族之渊源,与图腾相关之宗教、风俗、艺术等也纳入考察之范围。

为便于比较,不以神话类型逐次讨论,而是以某一图腾神话为核心结合多种变异形式,一个一个展开讨论,在追溯与百越文化相通因素的同时,力求挖掘黎族图腾神话之特色。

(一) 蛇图腾

黎族蛇图腾神话有祖先恩人神话和始祖创生神话。所谓祖先恩人神话,

---

① 何星亮:《中国各民族的图腾神话》,《西藏民族学院学报》1991年第3期,第21页。

即把某种物象说成是祖先的恩人，或说祖先在危险之际受到某种动物、植物或其他物象的帮助而脱离险境；或说某种动物造福于人类，帮助人们获得难以得到的东西；因而，人们感激它，崇拜它，把它奉为图腾[①]。从前在三亚和乐东地区属哈方言博（侾应）土语中黄姓和罗姓黎族有一个传说：远古时候，他们的祖先带着自己才几个月的孩子一起去劳动，劳动时父母将孩子放在筒裙里挂在大树下睡觉，然后下地干活。一天，孩子由于饥饿大哭起来，惊动了山上的一条大蛇。大蛇爬过来，一边用尾巴轻轻摇起筒裙，一边用口涎喂饱了小孩，小孩又睡了。大蛇所做的这一切，被父母看见了，他们心里十分感激，由此大蛇便成了黄姓和罗姓祖先的保护神，从此禁吃蛇肉[②]。此则故事还不足以解释图腾之产生，当是蛇图腾崇拜产生以后黎族人民根据偶发的奇异事件创作而成，却有利于助成图腾之神秘力量。

另一则卵生神话则直接说明了蛇作为黎族图腾神的性质。此故事古籍多有记载。陆次云《峒溪纤志》："相传太古之时，雷摄一卵至山中，遂生一女。岁久，有交趾蛮过海采香者，与之结合，遂生子女，是为黎人之祖。"刘谊《平黎记》："故老相传，雷摄一蛇卵在此山中，生一女，号为黎母，食山果为粮，巢林木为居。岁久，交趾蛮过海采香，与之结婚，子孙众多，亦开山种粮。"此神话颇为古老，至今仍在黎族腹地琼中县流传，而内容较之古籍文字记载更为丰富。神话大意是：

在海南岛的中部有一座高山，常年云雾缠绕，看不清它的真面目。在远古的时候，海南岛没有人类，山上只有各种飞禽走兽。有一天主宰天地的雷公经过此地，看到海南岛上鸟语花香，是繁殖人种之好地方。于是他就找来一颗蛇卵，藏在山中，让山上的五色雀精心照护。经过九千九百九十九个日夜，蛇卵破裂，里面跳出一个女孩子。天鸟将她喂养大，雷公为其取名黎母。她在动物们的陪伴下生活于黎母山中。后来，一位从外地来海南岛采沉香的小伙子为山神所囚禁，黎母发现，央求雷公救援。雷公拔牙赠黎母，发

[①]何星亮：《中国各民族的图腾神话》，《西藏民族学院学报》1991年第3期，第21页。
[②]高泽强、潘先锷：《祭祀与避邪——黎族民间信仰文化初探》，云南民族出版社2007年版，第191页。

大洪水淹没山神等恶魔，黎母与青年乘坐雷牙所化之船，生存下来。雷公命他们结为夫妻，刀耕火种，繁衍了许多子孙，就是后来的黎族百姓。此则神话与洪水结合在一起，产生了新的形式。黎母称谓之核心即是蛇卵生女子，黎母即黎族人民之祖先。在乐东县志仲镇保雅乡一带流传《蚺蛇公》的传说，相传当地董姓黎族认为蚺蛇是他们的祖公，所以族人都不能吃蚺蛇①。有些地区的黎族，如在墓地周围发现蛇，就认为是祖先灵魂的显现，他们对蛇之崇敬到了神圣不可侵犯的地步。万一无意中伤害了它，就必须举行赎罪仪式。如东方县（今名东方市）之黎族冒犯或伤害蟒蛇时，肇事者杀猪备酒菜，到肇事地点请祭，还要架锅升火，熬煮中药，以藤条代蛇，为蛇涂药疗伤，祈求祖先不要怪罪②。在黎族的宗教、艺术中也有蛇图腾崇拜之遗迹，黎族巫师的"师鞭"带有蛇形木柄③。另外，操美孚方言的黎族，其妇女的脸、手腿上均刺有许多花纹，像蚺蛇一样，故当地操其他方言之黎族称其为"蚺蛇美孚"。蚺蛇即蟒蛇，这是幻想与蛇同类，不受其伤害，而刺于身上奉为图腾的反映④。黎族织锦中之"龙被"五联幅是由五幅彩锦连缀而成，以白色、黑色和咖啡色或棕色的人纹、蟒蛇纹为主题纹样，黎族称之为"鬼纹"，这是祖先崇拜之表现。这是从哈方言的抱怀、佯应土语区收集到的古老龙被之一⑤。

人们认为图腾具有神秘而巨大的力量，决定着族人的福祸盛衰，具有神奇的创造力，于是衍生出蛇神造万物的传说。在乐东福报乡流传"汉人穿衣服，黎人穿包卵布的传说"，在远古时候，树木禽兽也和人一样会讲话。那时深山里有一条大蛇，口中能吐万物；若是去求它，想要什么就能得到什么。汉人最先知道这件事，便跑进山里向大蛇请求了许多东西，吃的用的都有，从此汉人便有衣服；黎人后来才知道，等到再去请求时，大蛇只吐出一

---

① 王养民、马姿燕：《黎族文化初探》，广西民族出版社1992年版，第170页。
② 梅伟兰：《试论黎族的蛇图腾崇拜》，《广东民族学院学报》1990年第2期，第62—65页。
③ 冈田谦、尾高邦雄：《海南岛黎族的社会组织和经济组织》，金山等译，海南出版社2016年版，第78页。
④ 王养民、马姿燕：《黎族文化初探》，广西民族出版社1992年版，第171页。
⑤ 罗文雄：《崖州龙被艺术鉴赏》，《东南文化》2002年第12期，第53页。

点点棉花和麻，黎人得到这一点东西不够做裤子，只好穿包卵布①。深山里的大蛇不就是"黎母"之化身吗？只不过此际黎母之子孙已经不限于黎族了。

蛇还产生辨别善恶之特异功能。在崖县曾经流传关于蛇判的传说。从前在崖县城里有一蛇洞，藏一大蛇。它能够分辨好坏忠奸。崖县之衙门便用此蛇辨别是非，凡是遇到双方争执不下、难以判决之案件时，便叫双方当事人跑进蛇洞，被咬死的一方便理亏。显然，这是一则神判故事，看似荒唐，其中选择蛇神作为判决之主神，当与图腾信仰相关。

海南岛黎族产生蛇图腾之神话与热带海岛丛林中生存大量爬行类动物有关，其中蟒蛇即热带所常见。更为主要的是，黎族作为百越后裔的一支，与古代越人之蛇图腾有很深之渊源。《说文解字·虫部》："南蛮，蛇种。"②又云："闽，东南越，蛇种。"③《淮南子·原道训》说越人"劗发文身，以像鳞虫"。高诱注："文其身刻画其体，内墨其中，如蛟龙之状，以入水，蛟龙不害也，故曰以象鳞虫也。"④刘向《说苑·奉使》说越人"剪发文身，烂然成章以像龙子者，将避水神也"⑤。屈大均《广东新语·鳞语》云："南海，龙之都会，古时入水采贝者皆绣身面为龙子，使龙以为己类，不吞噬。"⑥越王勾践曾献龙蛇之木给吴王，《吴越春秋》云："越王乃使木工三千余人入山伐木，一年，师无所幸，作士思归，皆有怨望之心，而歌木客之吟。一夜天生神木一双，大二十围，长五十寻。阳为文梓，阴为楩柟，巧工施校，制以规绳，雕治圆转，刻削磨砻，分以丹青，错画文章，婴以白璧，镂以黄金，状类龙蛇，文彩生光。乃使大夫种献之于吴王，曰：'东海役臣臣孤勾践使臣种敢因下吏闻于左右，赖大王之力，窃为小殿，有余材，谨再拜献之。'"⑦同书亦载吴国筑城处处以蛇像越国以制之，文中云："子胥乃使相土尝水，象天

---

①中南民族学院编辑组：《海南岛黎族社会调查》下册，广西民族出版社1992年版，第105页。
②许慎撰：《说文解字注》，段玉裁注，万献初整理，中华书局2014年版。
③许慎撰：《说文解字注》，段玉裁注，万献初整理，中华书局2014年版。
④刘文典：《淮南鸿烈集解》，中华书局1997年版。
⑤刘向：《说苑校证》，向宗鲁校证，中华书局1987年版。
⑥屈大均：《广东新语》，中华书局1997年版。
⑦张觉：《吴越春秋校注》，岳麓书社2006年版。

法地，造筑大城。周回四十七里，陆门八，以象天八风，水门八，以法地八聪。筑小城，周十里，陵门三，不开东面者，欲以绝越明也。立阊门者，以象天门通阊阖风也。立蛇门者，以象地户也。阖闾欲西破楚，楚在西北，故立阊门以通天气，因复名之破楚门。欲东并大越，越在东南，故立蛇门以制敌国。吴在辰，其位龙也，故小城南门上反羽为两鲵鱙以象龙角。越在巳地，其位蛇也，故南大门上有木蛇，北向首内，示越属于吴也。"①龙蛇无疑为吴越之图腾。另古越族分布的东南一带出土之陶器纹饰，多数为与蛇的形状和花纹相似的几何形纹样，主要是出于古越人对蛇图腾的崇拜②。从大量的考古发现可以得知，蛇图腾为南方土著民族的原始动物图腾的核心之一。华南土著民族最古老的崇蛇现象出现于新石器时代以来的陶器装饰、青铜纹样与雕塑、岩画艺术中的蛇形图像，从大陆的江苏、浙江、江西、湖南、福建、广东、广西到台湾，以及中南半岛都有发现，大致分布于汉文史籍所记载的"南蛮""百越"地带，反映了远古时代南蛮蛇种的文化起源③。

百越后裔诸民族皆有蛇图腾崇拜之遗风。傣族古代之部落神为人身蛇尾，表现在众多的蛇纹文身形态④。侗族神话《松桑与松恩》中男女二人结合生下了众多动物，其中包括蛇郎公⑤。侗家人认为信奉蛇神的人就是"登随"（即蛇种），而"登随"只存在于母系，女子是"登随"流传的渠道。每年元宵节期间，侗族都要以隆重的蛇舞来纪念蛇祖"萨堂"。跳蛇舞时，侗族民众身穿织有蛇头、蛇尾、鳞身的蛇形服饰，在侗寨神坛前的石板上围成圆圈，模仿蛇匍匐而行的步态⑥。有些地方的侗族在清明节扫墓时，如动土垒坟时发

---

① 张觉：《吴越春秋校注》，岳麓书社2006年版。
② 陈文华：《几何印陶纹与古越族的蛇图腾崇拜——试论几何印纹陶纹饰的起源》，《考古与文物》1981年第2期。
③ 吴春明、王樱：《"南蛮蛇种"文化史》，《南方文物》2010年第2期，第89页。
④ 李子泉：《西双版纳傣族文身调查》，《傣族社会历史调查》（西双版纳之十），民族出版社2009年版。
⑤《中国各民族宗教与神话大词典》，学苑出版社1999年版，第116页。
⑥ 陈维刚：《广西侗族的蛇图腾崇拜》，《广西民族学院学报》1982年第4期。

现了蛇，便认为这是祖先的化身，不得伤害①。湖南省通道县侗族将蛇奉为神明，村寨建设神庙，称为"蛇神爷爷"②。水族始祖神牙巫生下的12个仙蛋之中有蛇③。壮族曾出土了春秋时代的铜尊，上面铸有蛇纹，是其图腾之艺术表现④。部分壮族因其先民以蛇为图腾，故有忌食蛇肉之风俗⑤。与百越有密切关系之台湾高山族也有广泛的蛇图腾信仰，泰雅人的perugdawan社传说，他们文身的花纹，都是模仿蛇纹而来。鲁凯人之文身，其中折线为百步蛇之意，百步蛇在鲁凯人的许多器物上都有装饰。蛇图腾信仰以排湾人为最，文身之蛇纹多种多样，据说其文身为纪念祖先为蛇生而产生⑥。另外，排湾人之木雕饰品也多刻以蛇形，如木枕、木箱、木臼、木梳、烟斗、配刀、长枪等，随处可见，而排湾人之蛇图腾神话在诸民族之中较为突出，可与黎族神话做一比较。

据研究，排湾人蛇生人的神话主要有三种类型。"一种是两条巨大灵蛇产下两颗卵，两颗卵化生排湾始祖；另一种是太阳生下两颗彩色卵，由蛇卵孵化出男女二神，滋生人类；第三种是青竹开裂，生下四颗卵，几天后化成四个蛇形男女，他们自相婚配，繁衍了排湾人。"⑦另外还有较为复杂的繁衍类型，其核心是太阳图腾与蛇图腾的联合，不同于黎族的雷神协助，蛇女与一人间男子结合繁衍后代，排湾人蛇图腾之神话，相配之男女，同为图腾物所化，或直接或辗转，无尘俗之气，似较黎族神话更为古老。赛夏族之蛇图腾则以特殊的方式供奉。Karang是古代夏姓老太婆饲养的妖蛇之名，现在其

---

① 王进：《中国西南少数民族图腾研究》，上海三联书店2016年版，第282页。
② 吴嵘：《贵州侗族民间信仰调查研究》，人民出版社2014年版，第35页。
③ 范禹：《水族文学史》，贵州人民出版社1987年版，第48页。
④ 黄达武：《壮族古代蛇图腾崇拜初探》，《广西民族研究》1991年第1期，第108—111页。
⑤ 玉时阶：《壮族民间宗教文化》，民族出版社2004年版，第123页。
⑥ 何廷瑞：《台湾土著诸蕃族文身习俗之研究》，《考古学人类学刊》第15、16期合刊，转引自陈国强《百越民族史》，民族出版社，第66页。
⑦ 刘军：《原住民排湾人的蛇图腾文化》，《中央民族大学学报》2001年第6期，第21页。原住民，指台湾地区较早定居的族群，按相关规定，规范说法应称"少数民族"。此处用原标题，以保持原貌。

尾骨之灰分为两部分用破布包着，捆在南部蟹姓、北部夏姓族长家的栋梁上祭祀。此蛇尾甚灵验，阴天时向其祈祷，就可以马上放晴①。

百越后裔其他民族蛇生人之神话不多见，但在蛇图腾信仰影响之下的蛇郎故事，却是我国蛇郎故事类型的最流行区域。蛇郎故事分布，几乎涵盖大半个地球②。而中国之蛇郎故事，据统计达两百篇以上③。芬兰学者阿尔奈和美国学者汤普逊编撰的《民间故事类型索引》中命名为《蛇王子》，编为433型，分433A、433B、433C三个亚型，主要依据印欧民族的民间故事分类。丁乃通编撰《中国民间故事类型索引》时，根据我国蛇郎故事的异文形态，另立一个433D型：蛇郎和三姐妹（很少是两个）。其故事梗概为：1. 老汉因得到蛇的帮助，答应嫁一女给蛇。蛇上门求亲，为大姐二姐所拒绝，只有三妹愿遵父命，远嫁蛇家。2. 三妹与蛇郎成亲后，蛇郎变形为人，建立了美满幸福的家庭。大姐心怀嫉妒，害死了妹妹，冒充三妹与蛇郎同居。3. 三妹灵魂不灭，变成小鸟；小鸟被大姐杀死后，变成竹子或枣树；竹树被砍后变成竹床或木凳，不断流露真情，以示对蛇郎的爱和对大姐的仇恨。4. 大姐烧了竹床或木凳，三妹的灵魂变成火炭、剪刀、金戒指等物，随后复活，夫妻团聚。大姐丑行败露，被蛇郎撵走或羞愧自尽④。故事母题的复杂形态，丁乃通在《中国民间故事类型索引》中有详尽之剖析。

黎族之蛇郎故事异文甚多，流传于不同地区。共有11条异文流传于五指山、保亭、琼中、白沙、乐东、东方等县市。由蛇郎之核心母题演化出几类不同的故事。女主人公或三人、二人、一人、五人；男主人公或为蛇、龙、乌龟。其核心情节是：

因特殊原因，父亲答应嫁一女给蛇。原因有：A. 父亲砍竹结束，脱衣洗澡，龟也脱壳洗澡，变为美男子，主动提出娶其一女（《大姐和五妹》）；

---

① 《番族惯习调查报告书》第三卷，34—35页，转引自吕大吉、何耀华主编《中国各民族原始宗教资料集成·高山族》，中国社会科学出版社2012年版。

② 刘守华：《蛇郎故事比较研究》，苑利主编《二十世纪中国民俗学经典·传说故事卷》，社会科学文献出版社2002年版，第193页。

③ 刘守华：《中国民间故事类型研究》，华中师范大学出版社2006年版，第409页。

④ 刘守华：《中国民间故事类型研究》，华中师范大学出版社2006年版，第409页。

B. 父亲耕地误伤南蛇，南蛇威胁娶其一女，否则吞父亲(《五妹和南蛇》)；C. 父亲耕地，蛇治愈其脓疮，答应嫁女(《黎家三姐妹》《蛇姻缘》)；D. 治愈姑娘的脓疮(《姑娘与蛇》)；E. 妹妹除山栏，蛇郎主动出现(《蛇仙》《乌龟女婿》)；F. 打鱼人捞上一只乌龟，妹妹喜欢乌龟，乌龟化男子(《龟女婿》)；G. 父亲到河边洗头，被河中的龙刺破头皮，龙化为蛇，威胁娶一个女儿，否则生命有危险(《麻雀的传说》)。

姐姐嫉妒害死妹妹：大姐随五妹回丈夫家，大姐抱婴儿用诡计使小孩哭，依次与妹妹更换衣服，以小孩要吃水果为由，令妹妹爬上河边的一棵树(荔枝、芒果、酸檬、橘子)，乘机摇树把妹妹弄下河(或取刀砍树，妹妹一慌掉下去)。

姐姐冒充：孩子和蛇郎都产生怀疑。A. 姐姐的奶是酸的，妹妹的奶是甜的；蛇郎命其取鹿皮，取来鹿肉(不知储存地点)(《五妹和南蛇》)；B. 蛇郎变为蛇状考验姐姐(《蛇仙》)；C. 辨别糯米缸和粳米缸(《龟女婿》)；D. 蛇在回家路上提醒姐姐埋在路上的干粮(《麻雀的传说》)。

妹妹化鸟向父子传递消息：A. 妹妹化鸟向父子传话，蛇郎说"如果是我妻子，飞到手上吃糯米"(《麻雀的传说》)；B. 女儿上山砍山栏，一只鸟儿传话，蛇郎要求其停在手指上。

复活方式：A. 蛇郎到河边叫"冲冲冲"的鸟儿采药，投入河中复活(《大姐和五妹》)；B. 撒神奇草药(《黎家三姐妹》)；C. 打鱼老人相救(《蛇仙》)；D. 鸟儿吃下热饭复活(《龟女婿》)；E. 鸟儿夜进米缸，风鼓进去复活(《麻雀的传说》)。

姐姐的结局：A. 挖个洞叫捡东西，活埋大姐(《大妹和五妹》)；B. 二姐撵走(《黎家三姐妹》)；C. 姐姐悄悄溜回家(《龟女婿》)；D. 姐姐被骗进谷仓，化为麻雀(《麻雀的传说》)。

黎族蛇郎故事有一重要简化情节，即妹妹死后化鸟依次变形之情节是没有的。毛南族《桑妹与大蟒》、京族《拉缇与蟒蛇》、仡佬族《蛇与七妹》《达七与蛇郎》等故事无一不具有鸟儿化形不断揭露姐姐恶行的情节。《蛇与七妹》化为刺人的草和剪刀，《桑妹与大蟒》化为芭蕉，《达七与蛇郎》化为翠竹，

《提拉和蟒蛇》化为竹子、纺纱筒。在黎族的故事中,姐姐冒充妹妹后,一开始就受到了蛇郎和孩子的怀疑。有的异文不经过化形鸟儿的程序,蛇郎直接将妹妹救活(《大姐和五妹》《黎家三姐妹》);妻子化为鸟儿传递消息之后,蛇郎马上就识破了姐姐的阴谋。不像其他民族或者因姐妹相像而毫不怀疑,或者稍有疑心而依然接纳,需要通过不断地揭露才最终发现真相。

黎族故事中姐姐偷梁换柱害妹妹的母题非常独特,其他民族以洗衣、或洗澡、或梳头的名义实施诡计,在黎族故事中孩子成为诡计成功的重要工具。只有仡佬族《蛇与七妹》此情节与黎族相似。兹节引比较如下:

黎族《蛇仙》:

不久,金白蛇因为有事就先回家去了。几天后,阿灵(姐姐)抱孩子陪送阿妹返家。路上,她故意去捏孩子的屁股,孩子受不了痛,惊哭了起来,她就乘机对阿姑说:"妹妹,孩子想要你的金链玩一玩。"阿姑就从身上取下金链给孩子玩,谁料金链落到孩子的手里,瞬间却转到阿灵的口袋里去。一连这样几次,把阿姑身上的财宝全都骗了过来。

当她们走到前次路过的那条小河时,阿灵发现在河旁边有一颗果实累累的酸檬树,她又捏哭孩子,并假仁假义地对阿姑说:"妹妹,孩子想吃果子,你爬上去摘吧!""好,我去摘。"阿姑说完便爬上树去。阿灵认为时机已到,便用尽全力猛摇动酸檬树。阿姑毫无防备,一下掉到河里去了。

仡佬族《蛇与七妹》:

七妹要回蛇家时,大姐就提出要同她一道来。大姐给七妹背着孩子,一路上故意逗小孩哭,七妹问哭什么,大姐说:"他要你的衣服。"七妹就脱衣服给孩子。不一会儿小孩又哭了,大姐说他要这样、那样,总是设法想把七妹弄死。到了一个大坑边,大姐故意揪小孩一把,七妹问:"做什么?""他要坑里那朵花。"大姐说。"花在坑里,哪会得呢?"七妹说。"不要紧,我拉住你,你去讨。"大姐说。这时,七妹去讨花,大姐用力一推,便把七妹推倒在坑里死去了。

两篇故事情节的相似性说明黎族此一母题非独立产生,当与百越后裔其他民族之间存在传播关系。

蛇郎故事类型复杂，有种种变异形式，其中田螺女和灰姑娘的情节就介入此故事形态①。

黎族有另一变体，主题在嘲讽贪婪的父亲。《五妹与南蛇》《人与蛇结婚》《逼女嫁蛇》等篇在农夫的女儿嫁蛇成功、过上幸福富裕的生活之后，删去了姐妹替换、迫害、争斗之情节，代之以另一个家庭的嫁蛇故事。其故事基本上是对比的结构。后一位父亲看到前一位父亲因女儿嫁给蛇而发财，也模仿其行为，捉来一条大蟒蛇放进谷仓，把女儿强行关进谷仓成亲，企图实现自己的发财梦，结果是女儿被大蛇吞食。女儿的情人得动物之启示，以特殊的树叶救活恋人，两人结合，幸福美满，父亲则受到嘲弄或惩罚。

此一变异故事类型所表达的主旨与蛇郎的基本类型一致，都是关于财富、忌妒、贪婪的关系问题。刘守华先生说"433D型蛇郎故事"的构思特点是"以蛇之变形来象征人的境遇变幻，将蛇郎塑造成一个由贫贱走向高贵的男子，蛇命运急剧变化的过程中，将两姐妹——实际上是两种女性的思想性格进行鲜明对比。心地善良的妹妹不嫌蛇郎贫贱，以身相许，终获幸福。开始嫌弃蛇郎的大姐，后来又以卑劣手段害死妹妹，企图攫取高贵，落得可耻下场"。财富的变化是故事进展的关键情节，在《蛇仙》中，着意渲染了这神奇的变化过程："金白蛇边洗澡边从口里吐出一个个水泡，水泡顺水流向下游。阿姑洗澡的时候水面上漂来了水泡，她双手捧起，只见水泡在手里立刻变成了一条金链；接着她又捧起第二个水泡，于是，又变成了一副金手镯、金戒指和首饰；最后她捧起一个大大的水泡，立刻变成了一套艳丽多彩的衣裙。洗好澡后，阿姑把衣服穿上，把金链、金手镯、金戒指和首饰带上，这时，她真像一位降凡的仙女。"变异故事也渲染了此一情节，蛇给岳父带去一些现大洋，送了许多牛给岳父，送的牛多到把路上的树都踩断了，地上被踩出很深的坑。另一个人即想："我也有五个女儿，为什么不能找到一个漂亮的女婿，得到那样多的牛呢？"(《五妹和南蛇》)在此变异类型中，同样由忌妒和贪婪引起的迫害，姐姐换成了父亲，同样出现死而复生的情节，通过神

---

① 刘魁立：《中国蛇郎故事类型研究》，《民间文学论坛》1998年第1期，第40—45页。

奇的草药或法术。需要注意的是，引起忌妒的还有男主公外貌的急剧变化，故事中多强调其他姐妹不愿嫁蛇郎（或龟）的理由是嫌他丑，并无嫌贫之义。而在故事的进展中，引起姐姐忌妒的又有相貌之因素。《龟女婿》中龟女婿去岳父家做客，谁都不肯和他坐一起，嫌他长得丑，当酒酣耳热时龟女婿脱下乌龟壳，变成了英俊的青年，把大家看呆了，也打动了姐姐贝娓的心。《麻雀的传说》中，当蛇郎变为英俊的青年，大姐和二姐都被蛇郎的美貌迷住，手里端的饭碗都打破了。大姐看得如醉如痴，于是决意夺夫。

在黎族的一些故事中，相貌之变化被置于引发矛盾的主要位置，突出了男女择偶中常常注重的另一标准，与灰姑娘、丑小鸭一类故事揭示的哲理一样。在《月亮为什么晚上出来》的神话中，黎族人民已表达了他们心中之择偶标准：勤劳、善良、健康，而非外貌的美丽。

在蛇郎故事中，黎族人民注入了他们自己的审美、道德理念，使部分情节得到了强化，表现了自身的特色。

蛇郎故事虽遍及世界范围，而433D型为中国独有，有鲜明的民族特色，也有其源流。刘守华教授认为，从民俗学来考察，当来自图腾崇拜的原始信仰。就我国而言，其故事传播主要在蛇类分布多的长江流域和西南各省。刘守华教授援引罗香林在《古代百越分布考》中之推论，认为源于百越。罗香林云："此传说之最足令人玩味的，为以年少貌美之女子，出嫁恶蛇，而恶蛇为能呈现人形之王子。此与远古图腾社会之组织与信仰，有其承袭演进之关系。盖远古之图腾社会，每选貌美女子贡献与图腾祖，为能使种人繁殖，而其贡献仪节即为以巫术形式献与图腾祖婚配，图腾之标志虽常为非人形之动植物或其他自然物，然实际所与接触之对象，则常为王者或属于部落首领之真人。"蛇郎故事流行的主要区域即古代百越活动之长江中下游一带，同古代百越有渊源关系的高山、布依、壮、侗、水、傣等民族中间，流行最广。揆之黎族，洵非虚论。

(二) 鸟图腾

黎族鸟图腾最早记载于史图博《海南岛民族志》，从白沙润黎采集而得：

在远古之时，有一位母亲，生一女，不久母亲故去，无人养活女儿，有一只名叫"纳加西拉"的鸟儿含着谷类养育了这个婴儿，种族因此得以繁衍。人们为了感激这只鸟儿，不忘养育之恩，就在人身上涂色、模仿鸟形，后来发展为文身。鸟纹成为黎族文身中的一种重要图式，在黎族织锦中鸟图案很普遍。据调查，毛道乡鸟形花纹有两种，一种是白鸽花纹，一种是水鸟花纹，这种鸟栖息在海面，原名"汉水鸟"①。黎族图腾鸟究竟是哪一种，还不能完全确定。据史图博的考察，美孚黎也有为纪念祖先被鸟类养育而在女人身上刺纹以效鸟的姿态的传说②，在陵水的哈黎也有崇拜燕子的习俗。看来，黎族鸟图腾具有一定普遍性，不限于一个支系。据统计，海南岛有丰富的留鸟资源，已知有334种，18亚种③，这是黎族产生鸟图腾崇拜的自然地理因素。他们在一些宗教祭祀舞蹈中还有装饰鸟的形象，无疑是图腾之遗意。

黎族鸟图腾尚有百越之渊源。河姆渡遗址出土160余件骨哨，吹奏时能发出酷似鸟鸣的音调④，极有可能是祭祀之中模仿鸟图腾之用。1982年考古工作者在绍兴市战国初的越墓中，发掘出一座铜质房屋模型。平面长方形，三间开，屋顶顶心立一图腾柱，柱高七厘米，断面八角形，柱顶塑一大尾鸠⑤。张华《博物志》卷三《异鸟》云："越地深山有鸟如鸠，青色，名曰冶鸟。穿大树作巢如升器，其户口径数寸，周饰以土垩……此鸟白日见其形，鸟也；夜听其鸣，人也。时观乐便作人悲喜，形长三尺，涧中取石蟹就人火间炙之，不可犯也。越人谓此鸟为越祝之祖。"⑥《韩诗外传》载"周成王之时，有越裳氏重九译而至，献白雉于周公"。有学者认为，这个白雉绝不是普通的贡品，根据《博物志》中的记载，应该是古代越人的象征或族徽⑦。刘恂《岭表录异》卷中云："越王鸟，如鸟而颈足长，头有黄冠如杯，用贮水，互

---

① 广东省编辑组：《黎族社会历史调查》，民族出版社2009年版，第67—68页。
② 史图博：《海南岛民族志》，中国科学院广东民族研究所2016年排印本。
③ 曾昭璇：《海南岛自然地理》，科学出版社1989年版，第213页。
④ 冯明洋："百越文化"中的音乐，《中国音乐学》1988年第3期，第47—56页。
⑤ 陈剩勇：《百越民族原始宗教研究》，《广西民族研究》1989年第1期，第78—83页。
⑥ 范宁：《博物志校证》，中华书局1980年版。
⑦ 陈剩勇：《百越民族原始宗教研究》，《广西民族研究》1989年第1期。

相饮食众鸟雏。"①《史记·越王勾践世家》中范蠡形容越王勾践之外貌是"长颈鸟喙"。②古越国又有鸟田的传说,《越绝书》云:"大越海滨之民,独以鸟田,大小有差,进退有行。"③《吴越春秋》:"禹崩之后,众瑞并去,天美禹德,而劳其功,使百鸟还为民田。大小有差,进退有行,一盛一衰,往来有常。"何谓鸟田？江苏六合县在一座春秋战国时代之墓葬中出土了一件铜匜,上饰图案被专家命名为"鸟田图",田野上正进行春播或插秧,远处田间的长喙鸟类是大田之卫士,昂首挺立,密切注视着作物的敌害,是一幅春狩、春耕前的祭祀图,也是一幅生动的鸟田图④。贺西林认为,东周时代铜器之上的线刻画像,多与鸟田有关⑤。《十三州志》中还记载了关于鸟田之政令:"上虞县有雁民田,春拔草根,秋除其秽,是以县官禁民不得妄害此鸟,犯者有刑无赦。"⑥鸟田在交州又名"雒田",雒即"小雁",雒、骆同音,可见骆越与鸟田之渊源。在考古发现中,亦常见古越鸟饰形象。浙江余姚河姆渡新石器时代遗址中,出土的工具和陶器雕绘有鸟的形象⑦。石兴邦认为应是两组双鸟护禾和守祭纹,一组是两鸟相对,注视中间一丛正在生长的植物,可视作鸟神守护稻禾的成长；另一组两鸟相对,注视中间盘中之物,可视为丰收祭祀,与农业和图腾崇拜相关⑧。《文汇报》1989年7月20日报道江苏滨淮农场出现群鸟争先恐后捕捉麦叶上麦粘虫之现象。这些鸟像受过训练,排成一列列很长很有规则的队伍,像扫荡一样在麦田上来回五六个翻飞。这正是对古代鸟田的形象诠释。黎族的民族史诗《五指山传》中提到,黎族的祖先就是靠鸟儿携来的种子开垦田地,创建家园。

---

①刘恂:《岭表录异校补》,商壁、潘博点校,广西民族出版社1988年版。
②司马迁:《史记》,中华书局1959年版。
③张仲清:《越绝书校注》,上海古籍出版社1985年版。
④陈龙:《鸟田考》,《福建文博》1982年第1期。
⑤贺西林:《东周线刻画像铜器研究》,《美术研究》1995年第1期,第38页。
⑥阚骃撰,张澍辑:《十三州志》,二酉堂丛书本,道光张澍刊本。
⑦浙江省文管会:《河姆渡发现原始社会重要遗址》,《文物》1976年第8期。
⑧石兴邦:《我国东方沿海和东南地区古代文化中鸟类图像与鸟祖崇拜的有关问题》,《中国原始文化论集》,文物出版社1989年版。

另外岭南地区出土过有鸟饰图案的铜鼓，羽人、羽冠体现了鸟类的人格化和越人崇鸟之感情①。

鸟田之古传说可以在黎族神话中发现其隐约之余踪。昌江黎族自治县流传《十月田》故事，说洪水过后，闹起了天荒，大地上一棵植物也没有了。寨子里的人成批死去，一位叫劳康的年轻人，亲人都不幸去世了。这时，一只神鸟飞来，带他去找一粒神圣的谷子。最后在五指山找到那粒神奇的谷子之时，劳康舍不得吃，要带回家乡耕种，造福百姓。神鸟驮他回到黎寨后变成了一位姑娘，他们结为夫妻，辛勤劳作，农业丰收，黎族人民过上了幸福生活。神鸟在这里拯救黎族人民于危难之中，与农业生产密切相关。有关黎母的神话传说中，当黎母诞生之后，是一只神鸟养育她长大，与外来青年结婚之后，刚开始靠采摘野果为生，当是指原始人采集经济之时代，后来生存发生困难，是雷公命五色雀为他们衔来山栏稻种。在另一则有关黎族始祖的神话《姐弟和葫芦瓜的传说》中，姐弟二人被父母抛弃，他们自己在山上生存创业，得力于鸟儿的协助，具引如下：

面对一顿大餐（一头死去的山鹿），姐弟俩却束手无策，他们因手上没有工具发愁。姐姐抬头，看见一群鸟在天上盘旋飞舞，她乞求道："鸟儿呀鸟儿，请你们帮我带来工具，我把鹿杀了，我们一起吃肉。"鸟儿们答应了，老鹰用脚爪带来了刀，乌鸦用尖嘴叼来了锅，燕子用口衔来了火种，天上有一百种鸟儿，就给他们带来一百种工具。有了工具，姐弟俩把鹿杀了。把鹿肉分给鸟儿们，然后起火煮肉。煮鹿肉时，山风把火全吹开，引燃周围的草丛和树林，烧出一片肥沃的土地。鹿肉煮熟后，饥肠辘辘的姐弟俩，终于安安稳稳地吃上一顿饱餐。

一只山鸽飞来了，停在不远不近的大榕树上，反反复复地叫道："咕咕咕，咕咕咕，谷种稻种有，瓜种菜种有，万物种子我全有。"姐弟俩听清了鸽子说的话，赶紧做一把弓箭，姐姐先射，她瞄准山鸽子射了大半天，箭头不是偏高就是偏低，没射中鸽子。弟弟见状，对姐姐说："让我来射。"他接过

---

① 余天炽等：《古南越国史》，广西人民出版社1988年版。

姐姐手中的弓，拉上了弦，搭上箭，随着"嗖"的一声，箭镞离弦后停在树枝上的山鸽子应声掉下。他们把山鸽子捡回剖腹，发现山鸽子胃里装满了一堆金灿灿的种子，有稻种谷种，有瓜种菜种……种子的品种繁多，各式各样，应有尽有。

姐弟用百鸟送来的工具，在大火烧出来的山地上开荒种植。他们把山栏稻种子往山上一撒，稻种遇土就发芽，稻苗见风就拔节，淋雨就打苞，转眼间就布满山，长满野。他们把瓜种菜种丢在山脚低洼处，瓜种菜种落土，就发芽长藤，瓜藤露打就长蔓，沾雾就伸藤，瞬间就游遍了坡，爬满了岭。

在神话中，黎人始祖开垦种植所用之工具，刀耕火种所需之火种，以及作物种子无不由鸟儿提供，谓之"鸟田"，恰如其分。其中燕子衔火种的事迹在黎族人民的日常生活中留下了崇拜的习俗。据调查，陵水黎族自治县竹葵村有浓厚的燕子信仰。"竹葵村人不管对哪一种燕子都有特别的好感，他们说燕子一般是每年农历正月便会来人家拜年，村人家家户户大小老少都爱护它，不赶它走，更不会去吃它的肉了，欢迎它来，把它当作风水先生，它象征着吉祥、幸福、丰收，正如他们所说的：'燕子来，人发财，燕子去，人变穷。'若燕子来谁家筑巢，那么谁家就奉它为先生。为了培养小孩从小对燕子的好感，也为了避免小孩不懂而伤害或赶走燕子，大人们甚至编出一番话来哄骗小孩说：'燕子的脖子红是因为它带着火，若你打了它，它的火就会烧你家。'"[1]燕子是黎族火种的传播者的角色无意识地流传于民间习俗之中。在儋州，据方志记载，带火的鸟是乌鸦。

黎族的洪水神话之中，当洪水来临之前，还是一只山鸽向他们传递了洪水即将来临的消息。

百越后裔诸族亦多流传鸟图腾之神话传说。傣族村寨保留着人首鸟身的雀姑娘的壁画，民间的宗教舞蹈中留存模仿鸟类的动作。《鸟姑娘》与《雀姑娘》的神话，以人鸟婚的形式叙述始祖由来。其中《鸟姑娘》叙说，远古时代

---

[1] 马姿燕：《琼东南黎族信仰习俗田野调查报告》，王建新主编《南岭走廊民族宗教研究——道教文化融合的视角》(下)，宗教文化出版社2011年版，第696—697页。

居住着一位神鸟姑娘,有一天,一位打猎的男子巧遇神鸟姑娘。他被神鸟动听的歌声吸引,忘记了归家,也忘记了饥饿,于是向神鸟姑娘展开追求。最后,他们成为夫妻,居住在森林里,生下许多儿女,儿女们又飞向四方,建了许多寨子。为了让后代记住神鸟祖先,他们用鸟名称呼寨子,这就是凤凰寨、孔雀寨的来历①。不同于黎族的祖先恩人神话,这是一则始祖创生神话。德宏傣族有混合图腾神话,天神派了一只鹞子和一头母牛来到地面,这头母牛在天上生活了几十万年,来到地面生了三个蛋就去世了。鹞子每天孵这三个蛋,其中一个蛋裂开出来一个葫芦,从葫芦里走出许多人。百越后裔诸民族中关于鸟图腾的神话更多的是黎族之类型。如布依族对几种鸟类都有图腾崇拜之信仰。晴隆一带的布依族,传说他们的祖先在逃难过河时,幸有老鸶驮他们飞渡,使他们能到达对岸种庄稼和繁衍后代。所以每逢三月三,就要祭祀老鸶坟和老鸶崖②。六枝特区石头寨布依族则传说,祖先到来时,无处觅水,后见到雁飞过来,祖先追着大雁走。在大雁落脚的地方,看见一头牛,于是又跟着牛的脚印走,才找到水喝,定居下来。所以他们对雁十分崇拜,有种种禁忌③。壮族也有浓厚之鸟图腾文化遗存,壮语"鸟"字仍发"骆"音,实际是"鸟"越。壮族的创世神"布洛陀"的"洛"即"骆",布作"父辈"解。布洛陀,即鸟民族或鸟部落之父④。壮族的神话《布伯的故事》中的雷王的形象也是鸟形:有蓝色的脸,鸟的喙,背上长一双翅膀,舌头像蛇纹一般,一伸一缩,吐出一串串火花⑤。可见是鸟图腾与蛇图腾之融合体。广西西林县流传一个《蜜月鸟》的神话,也属于祖先恩人之类型。古代一个壮族青年柴哥,在上山打柴时被蟒蛇吞没。树上的一只小鸟不停地叫"蜜月","蜜月"是壮语"刀割"的发音。柴哥在蛇肚里听见,用柴刀割破蛇腹而出得救,

---

① 岩峰等:《傣族文学史》,云南民族出版社1995年版,第97—98页。
② 黄义仁:《布依族的图腾崇拜》,《贵州民族研究》1987年第4期,第122—125页。
③ 田晓岫:《现代布依族文化面貌浅识》,中央民族学院民研所编:《民族研究论文集》第2集,中央民族学院民研所1983年版,第570页。
④ 丘振声:《壮族鸟图腾考》,《民族艺术》1993年第4期,第7页。
⑤ 欧阳若修等:《壮族文学史》,广西人民出版社1986年版,第74页。

因此被壮人当神鸟崇敬①。台湾高山族《神鸟的启示》亦近乎祖先恩人之神话。一位叫阿波苦拉扬的男神在小岛上与塔里布拉扬女神幽会，他们赤身裸体。远方飞来一雌一雄两只神鸟，停栖在附近的草地上叽叽喳喳做交尾的样子。二神恍然大悟，模仿鸟儿交配，生儿育女，繁衍后代②。泰雅人的一则神话也是鸟儿协助人类诞生，说一只鸟飞到露出海面的岩石上，啄衔石头，石头先变出男子，后变出女子③。

黎族鸟图腾信仰还衍生出另一变形神话，人鸟互化。有一则关于"三月三"的传说，在很久以前，七指岭地区发生了罕见的旱灾，河水干枯，作物干死，人民的生命受到威胁。一位叫亚银的小伙子告诉大家一个离奇的消息，他在梦中遇到百灵鸟，要想消除灾难，必须到五指山的山顶找到这只鸟。亚银为了族人之生存，翻山越岭，登上五指山峰顶。他又吹了三日三夜的鼻箫，一只百灵鸟出现，追逐中百灵鸟化为一位年轻漂亮的姑娘。亚银说明来意，姑娘随他下山共同生活。从此，喜雨频降，旱患解除。后来他们又消灭了凶恶的峒主，为民除害。最后双双化为百灵鸟飞上天空。他们是在三月初三举行的婚礼，黎族人民为了纪念他们，每年农历三月三，聚在大树下溪边，唱歌跳舞，谈情说爱。"三月三"之传说甚多，与黎人始祖兄妹婚相关，是他们追宗念祖之节日，故这里百灵鸟之变形便具有了更多的意义。"变形故事具有鲜明的民族性和浓厚的地方特色。变形艺术不能随心所欲的运用，必须选择一种最能表达本民族审美意象的自然形象。每个民族都生活在特定的环境中，都有自己的风土人情、生活方式和心理素质。"④这自然不错。但又认为："在南方民族中，女性变形形象多为田螺、海蚌、金鱼等。在北方民族中，常见到大雁、天鹅等鸟类和大动物变姑娘。"⑤此说法恐不准

---

① 西林县文民委文化局编：《西林民间故事集》，1990年版。
② 谷德明：《中国少数民族神话》，中国民间文艺出版社1987年版，第238页。
③ 李福清：《神话与鬼话——台湾原住民神话故事比较研究》，社会科学文献出版社2001年版，第75页。原住民，指台湾地区较早定居的族群，按相关规定，规范说法应称"少数民族"。此处用原标题，以保持原貌。
④ 马学良主编：《中国少数民族文学比较研究》，中央民族大学出版社1997年版，第221页。
⑤ 马学良主编：《中国少数民族文学比较研究》，中央民族大学出版社1997年版，第221页。

确，就黎族言，鸟儿变形故事多于任何一类生物之变形，揆诸百越诸族亦然。

水族古歌《旭注·金昆鸟》说："凤凰姑娘和人成亲后，生下三男三女，她百年归天后，想念人间的子孙，灵魂化为三种鸟：锦鸡、野鸡、布谷，分管生育、雨水、播种。"①壮族则流传一则与上述"三月三"传说近似的仙鹤化人的传说。在远古的时候，有个壮家猎人叫周运，在一次打猎中，救下了老鹰爪下的一只仙鹤，仙鹤化为一位如花似玉的姑娘，以身相许。经过一系列波折，他们结为夫妻②。鸟化人，表明在壮族先民心中人鸟存在血缘关系。"原始人并不认为自己处在自然等级中一个独一无二的特权地位上。所有生命形式都有亲族关系似乎是神话思维的一个普遍预设。"③我们通过黎族许多神话传说的名称考察即可知鸟变形故事的流行程度。《啼田鸟的故事》《麻雀的故事》《哥喂鸟》《盎哇鸟》《哭刀鸟》《呖呖鸟》《干抗鸟》《高刊高饱鸟》《孩子与仙鸟》《布鸽》《甘工鸟》《叫号鸟》《悔呀鸟》等，正是由于黎族人民对于鸟儿的一种亲近关系，他们才在表达人生情感的许多方面都与鸟儿结下不解之缘。辛勤劳作自食其力的姑娘被奥雅烧死，化为布谷鸟；为拒绝不幸的婚配，姑娘奋而反抗化为甘工鸟；为追求爱情，以死殉情的哥喂鸟；贪婪狠毒、自私自利之人受到惩罚化为哭刀鸟、叫号鸟；由于不孝顺母亲导致母亲去世，后来醒悟的青年化作悔呀鸟、啼母鸟；懒惰成性的母亲饿死化为高刊高饱鸟（据黎方言，早吃早饱）。同样，百越后裔其他民族也多见鸟儿变形故事。傣族一位丈夫因自身失误饿死妻子，便与妻子化为灰烬，死后化为一对双角犀鸟（《双角犀鸟》）；在壮族，受恶霸压迫的青年死后化为翠鸟，他的瞎眼母亲化为铃铛鸟，四处叫着寻找他（《翠鸟》）；在水族，受姐姐迫害的七妹化为叽啾桂复仇（《叽啾桂》）；仡佬族，姑娘为寻找失踪的恋人苦娃（已被恶霸害死而不知）而不停地呼喊"苦娃"化为苦娃鸟（《苦娃鸟》），哥哥为寻找因自己而被老虎叼走的弟弟化为杜鹃鸟，不停呼喊"弟弟"（《杜鹃鸟》）。

---

①罗玲玲：《水族神话中动物图腾崇拜择源》，《黑龙江史志》2009年12月，第91页。
②广西靖西县三套集成领导小组编：《靖西民间故事集》第1集，第345—351页。
③恩斯特·卡西尔：《人论》，甘阳译，上海译文出版社1985年版，第105页。

这些鸟儿的声音蕴含一定现实意义。大量的原始材料归纳表明，在某种程度上，民间传说中的鸟类的叫声必须与人语有某种谐音。① 这些变形故事大部分是人间悲剧，现实是受着压迫的、束缚的，只有化身为鸟儿，他们才终于找到了生命的释放形态。因为"鸟类传说的核心之处，即在于将人生的悲苦哀怨通过鸟语传达出来，因此，鸟类传说具有强烈的社会意义"②。在与动物有关的黎族传说之中，确实是鸟类传说最具现实批判性。

由远古鸟图腾崇拜衍生出著名的"百鸟衣"型故事，在我国大江南北皆广泛流传，而以南方分布最密集。壮族作家韦其麟在20世纪50年代根据壮族百鸟衣之民间故事创作的长篇叙事诗，曾引起中外文学研究者的重视，轰动一时。黎族亦在保亭、三亚、白沙流传着三则混合型的"百鸟衣"故事，分别是《翠鸟衣换皇袍》《那山与龙女》《孤儿与螺女》，三篇都是"龙女型"+"翠鸟衣型"的组合，说明了在本地域民族中传播的稳定性。但在具体细节上也有各自的特点。以下简略剖析。

《孤儿与螺女》叙述，一位贫穷的孤儿阿勤与奶奶相依为命，靠辛勤的劳动谋生。有一天在种山栏时遇见一位老公公，以为是乞讨的老人，于是主动把自己的饭菜让给老人。第二天，又出现两位老人，阿勤热情招待，老人们饱食而去。连续五天，每天增加一名乞食老人，阿勤毫无怨言，热情帮助。到第六天，老人没有出现，阿勤四处寻找，听见老人答应，寻声找到一枚田螺。他把田螺放进陶锅，田螺自动跳出，于是放进水缸。此后一连几天，他和奶奶早上醒来时发现饭菜已做好，家务已做完。阿勤半夜偷看，原来是田螺化为少女，在偷偷帮他们做家务。第二天晚上趁螺女做饭之际，阿勤藏起了她的螺衣。窘急之中，螺女告诉他，是她的父亲派她来报恩的（暗示老人中有她的父亲，未说明是否为龙王），于是他们结为夫妻，过上幸福生活。

黎头"土皇帝"得知阿勤娶了漂亮的妻子，就派亲兵前去强娶。螺女临行前交代丈夫，留下金钗、金戒指各一枚，让祖孙织一件鸟羽衣，三年后到

---

① 苑利：《鸟类传说研究》，《中国民间传说论文集》，中国民间文艺出版社1986年版，第293页。
② 苑利：《鸟类传说研究》，《中国民间传说论文集》，中国民间文艺出版社1986年版，第295页。

"皇宫"找她。三年后，阿勤穿上翡翠衣去找"土皇帝"。自从被抓后一言不发的螺女要求看翡翠衣。土皇帝既贪财，又为讨好螺女，想买阿勤的翡翠衣，在他脱下"皇袍"试穿翡翠衣之际，螺女命阿勤穿上了"土皇帝"的衣服坐在自己身边。这时她大声呼叫卫兵，说穿翡翠衣的人是贼，卫兵不由分说，把土皇帝刺死了。阿勤和螺女则当上了这个地方的首领，平民百姓都过上了好日子。

故事的前半部分属"龙女型"故事，一般情节是：由于男主角心地善良、乐于助人、同情弱者或有一技之长，帮助了互相搏斗中的白蛇，救了被乌鸦、老鹰、渔人捕捉的鱼或蛇，解救了处于危难中的龙族成员（多为龙子）。总之他对龙族有恩，于是他被邀去龙宫。在别人的指点下，他索要了一个不起眼的小物件，如箱子、花、小花猫等等。下面融合了"螺女型"中的情节，每天他出门干活后，那不起眼的小东西，变形为美女为他操持家务，他发现了这个秘密，两人结成夫妻①。

这是典型的穷人的"白日梦"故事类型。《孤儿与螺女》中并未明言龙女的身份，由于主人公的无私帮助弱者，他这个弱者也得到了帮助。《翠鸟衣换皇袍》具有典型的龙女故事情节，青年阿舍因为救助一条蛇而得到龙王的邀请。传话的乌龟告诉他如果龙王给他宝物，他只要白金鸡。《那山与龙女》的变形物也是一只小白鸡，不过他获得宝物的方法与通行的龙女故事略有不同，不是报恩，而是索赔。孤儿那山在大旱之年无收获，得到一个老人的指点，取了老人的山栏种子到海边种田。他种的禾苗屡次被吃掉，老人告诉他这是龙宫之龙马所为，可去龙宫评理，嘱咐他索要一只小白鸡。

我们看黎族百鸟衣的复合型故事中龙女的化身是螺或鸡的形态，这也是在壮族同类故事中的两种主要形式②。

故事的后半部分为百鸟衣型的情节模式。丁乃通的《中国民间故事类型索引》编为465A$_1$型，主要情节是：穷人娶了美貌的妻子，不思劳作，妻子

---

①刘守华：《中国民间故事类型研究》，华中师范大学出版社2006年版，第386页。
②蓝鸿恩：《广西民间文学散论》，广西民族出版社1981年版，第177页。

为了安慰他的心灵，画一幅自己的肖像让丈夫带在身边，丈夫在劳作时画像被风吹走，从而被有势力的人看到(通常是皇帝)，派人抢漂亮的妻子。妻子临行前定下百鸟衣的计谋，当丈夫穿上织好的百鸟衣到权贵面前，一直不言不语不笑的妻子眉开眼笑，使得贪婪的权贵提出索取要求。权贵与丈夫更换衣服，丈夫穿上权贵之衣，即命卫士杀死穿百鸟衣的人。结果丈夫代替了权势者原来的位置，尽享荣华。

在一般社会中，有权势者总想攫取占有世界上最好的事物，美貌的女人即其一。穷人特别是孤儿作为最弱者是不配拥有这样的"艳福"的。富人贪婪成性，总要从中抢夺。百鸟衣之情节即寄托贫苦阶级的美好幻想，不但要拥有自己的妻子，连统治者的宝座他们同样有权利获得。在黎族的三篇故事中，《那山与龙女》《翠鸟衣换皇袍》有画像被狂风吹走之情节，后一篇则交代妻子之所以给丈夫携带画像就是因为贫汉娶娇妻，成日魂不守舍，不思振作之故。有的是爬上山顶向百鸟求羽毛(《那山与龙女》)，有的是天天射翠鸟(《翠鸟衣换皇袍》)，准备的时间都是三年。按照约定来到皇宫(《孤儿与螺女》《那山与龙女》实际上是峒主，另一篇是天宫)，翠鸟衣引龙女言笑，丈夫与权贵交换服装，随后马上命令卫兵以贼、怪鸟、调戏龙女等名义处死。《那山与龙女》《翠鸟衣换皇袍》则没有取而代之的情节，他们放弃了荣华富贵，夫妻二人回到自己居住的地方过平凡而幸福的生活，这表现了一种知足心态。毛南族《螺蛳姑娘》中男女主人公也是拒绝满朝文武拥立为王，回车龙河畔生活。较之"百鸟衣"换成"百兽衣"。百越后裔其他民族相较黎族言，其羽衣型故事也大多为龙女复合型，情节常较黎族的更为复杂。比如皇帝得知龙女画像后，派钦差出访，常有出难题刁难男主人公之情节(有时是皇帝亲自出)，都被龙女一一化解。黎族百鸟衣故事情节的简化或许与黎族无文字记载、在口头传说中遗失有关。壮族之《孤儿与龙女》《老三与土司》《百鸟衣》，水族之《蒙虽与龙女》等复合型故事与黎族精神相通，而形态各异。水族之故事，二人成亲后，还生了一个儿子，最后穿百鸟衣的人是他们的儿子。壮族之土司则以征兵责难丈夫，龙女交代打一百只鸟织衣援救。黎族的恶霸为黎头、峒主，西南诸族常为土司，他们把同型的故事根据各自所处的社会形态，寄托对压迫者的强烈痛恨之情。

如壮族《老三与土司》，延续唐代《吴堪》之模式，其结尾非百鸟衣获胜，而是在土司的刁难之下，带来十二只火笼，充作稀奇怪物，他们四处抛撒燃烧，把土司全家烧死了，这是"百鸟衣"之变体。黎族之《星娘》也是在"百鸟衣"经典结构之上的变化。与男主公结婚的姑娘非龙王之女，也非报恩，而是天上的仙女自发来共同生活。后被皇帝抢去，男子得仙女指点射下金凤鸟，取其肚中之夜明珠到京城叫卖。男子向皇帝提出以宫妃来交换，皇帝把最丑的宫女换出去，就是星娘（中间星娘如何变丑并未做交代）。皇帝未受惩罚，夫妻团圆。

此故事表达了底层民众的精神需求。娶妻生子这一正当要求对于贫穷的黎族孤儿而言，乃人生巨大困难（黎族娶亲亦需彩礼）。在此故事中他们的愿望充分得到了满足，不仅娶妻，而且是主动投怀之美女、仙女，甚至能制服贪婪之皇帝、峒主。"反映了贫穷的社会民众渴望翻身、希冀靠自己的聪明才智战胜强权获得幸福，彻底改变命运，实现与强者富者互换地位的心愿。尽管现实生活是严峻的，惩治统治者，击败压迫者要靠严酷的斗争，但是在口传故事中，人们尽可以自由地运用想象，以十分轻松的喜剧情节轻易地达到目的，以缓冲一下精神上的压力，抚慰和平衡无助的内心世界。"①

"百鸟衣"故事的出现，与南方早期的羽人传说不无关系。《山海经·大荒南经》云："有羽民之国，其民皆生毛羽。"《山海经·海外南经》："羽民国在其东南，其为人长头，身生羽。"《吕氏春秋·慎行论》云："（大禹）南至交趾……羽人裸民之处。"《淮南子·坠形训》："浑水出昆仑西北隅，入于南海羽民之南。"西晋张华《博物志》卷二云："羽民国，民有翼，飞不远，多鸾鸟，民食其卵。去九疑四万三千里。"南朝刘敬叔《异苑》记载了一则当时羽人的传闻："晋义熙中，虞道施乘事出行，忽有一人，著鸟衣，径来上事，云：'今寄载十许里耳。'道施试视其人，头上有光，口目皆赤，面悉是毛。"南方考古发现中也有羽人形象。广东田东战国墓曾出土粤式铜鼓两伴，粤式

---

① 刘守华：《中国民间故事类型研究》，华中师范大学出版社2006年版，第635页。

铜鼓多为古代瓯越、骆越所用。据专家分析，鼓面鼓身上有众多之翔鹭纹、羽人纹，绝不是偶然的、无所谓的，而是越族鸟图腾崇拜之遗俗。那些羽人的羽毛长而大，像巨型的芭蕉叶子。有的被装饰的和人一样长，有的比人长。头上的羽毛密集，直指向上，有点弯曲，腰间的向两边展开，整个羽人像一只即将腾飞的大鸟，有着一种磅礴的气势①。现实中，亦有以鸟羽做衣之俗。柳宗元以诗记载柳州人民"鹅毛御腊缝山罽"，唐代亦有南海郡向武则天进贡"翡翠裘"之传说，而唐中宗之女安乐公主则为了制百鸟衣，导致山村骚动。《朝野佥载》云："安乐公主造百鸟毛裙，以后百官、百姓家效之。山村奇禽异兽，搜山荡谷，扫地无遗，至于网罗杀获无数。"看来，百鸟衣非寻常之物，乃奢欲之物。无怪乎在故事中百鸟衣能用来做打动皇帝（土司、峒主）的道具了。

（三）蛙图腾

蛙为世界性的民族图腾是学界常识。而在中国，关于蛙生人的原始神话却并不多。在稻作文化圈中，各民族对于蛙预测天气的能力相当重视，而百越后裔诸族中的原始图腾神话却极为少见。据笔者目力所及，只有黎族与壮族有简略之流传故事。黎族关于蛙的神话是在互联网黎族吧一位网名叫"傲炖捞他"的网民记录下的简略版本。在黎族洪水神话之中，通行版本是兄妹二人在洪水后生存下来，妹妹采用文脸的方式陌生化以后，举行了兄妹婚以繁衍后代。而该网民所听到的版本却是：兄妹俩和他的家人都活着，在坐葫芦登陆后，其他族人都不见了。这时，天上下来一个仙人，对他们说："你们去捉一只青蛙来。"于是他们就去捉一只青蛙。仙人就拿刀剁碎青蛙的肉并念咒语，于是就有黎人了，青蛙身上的蛙纹变成了现在那些文脸的黎族人，而别的肉丝就变成其他方言的黎族人。这虽然只是片段，但作为始祖神的意义已经非常清楚了。在黎族中，还有妇人吞吃神果生下青蛙的传说，长大后

---

①蒋廷瑜：《粤式铜鼓的初步研究》，《古代铜鼓学术讨论会论文集》，文物出版社1982年版。

与一姑娘成亲,生儿育女,他们的后代就是美孚黎和哈黎的祖先①。壮族亦有近似的始源神话,广西崇左《蛙郎的故事》讲,在洪水来临之际,大青蛙告诉一位姑娘,只有与它成亲,才能救他们全家。后来二人成婚②。该网民所述故事,我们判断它是一则图腾神话,还在于黎族人现实生活中无处不在的蛙崇拜遗迹。黎族文身为远古风习,被认为是祖宗认可的标志,在润、杞、美孚、哈诸支系中都有大量青蛙纹,而以美孚黎最为繁多。蛙纹同时也是黎锦之主要图案之一。"黎族筒裙的蛙纹的生殖崇拜内涵非常丰富。黎族妇女筒裙上的许多蛙纹,不仅仅只是表现青蛙的菱形化形象特征,而且,在基本的菱形框架内,有的还装饰有各种小型菱形纹样,从中可以看出母蛙孕育小青蛙的某些特征;黎族筒裙中,经常在主体蛙纹下部或两腿之间,会有一个小型的简化蛙纹作为搭配,黎人通常称其为母子纹;青蛙抱对之习性在黎锦中也有体现,润、杞、哈方言区筒裙中,可清晰看出两只或两只以上的青蛙并排罗列在一起的图案。"③

黎族之具宗教和权力象征的铜锣上常铸有青蛙,号"锣精"。"他们把好年头的象征,铸着小青蛙的铜锣,是黎族视为比金银还昂贵的珍品。平时将其珍藏在秘密的地方,到了传统佳节或是举办红白喜事时,才十分慎重地以锣声表示'吉祥'和'祝福',以锣声表示自己对神灵祖先的崇拜。"④"黎族的铜锣上有钮,其钮多为蛙形,三四个不等,故曰蛙锣,并认为蛙锣是通神之具,而上面的蛙为铜精。"⑤在考古发现中,也有代表百越典型器物的铜鼓在陵水出土(1983年),"鼓面中间有浮雕日光纹,八芒,二十道弦纹,六蛙三足作站立状,顺时针走向,从里到外饰圆纹、鸟纹,外边有水波纹"⑥。在黎

---

①范会俊:《海南黎族历史上的原始文化遗迹》,中央民族大学学报1996年第6期,第59页。
②丘振声:《壮族蛙图腾神话》,《民族艺术》1992年第4期,第1—18页。
③孙海兰,焦勇勤:《符号与记忆——黎族织锦文化研究》,上海大学出版社2012年版,第181页。
④邢植朝:《黎族文化溯源》,中山大学出版社1993年版,第5页。
⑤李露露:《热带雨林的开拓者——海南黎寨调查纪实》,云南人民出版社2003年版,第364页。
⑥潘先锷:《英州地区文化遗址出土文物及古墓考析初探》,《黎族苗族调查文集》,中国国际出版社2009年版。

族日常生活中，贮有粮食和水的大瓮缸的提梁间都铸有青蛙图案。在明清时期，黎族聚居的东方、昌江等地有铜鼓出土，皆有青蛙塑像。道光《琼州府志》卷四三记录了昌化县铜鼓："明天启五年邑人获之，藏峻灵王庙中。面围二尺六寸，中空，旁缀两耳，面有蛙凡四，通体厚二分，齐色白，唯脐间缺损，击不成声。"此为损坏后废弃，黎人曾经长期使用。同书记录了感恩县铜鼓："在真武庙中，国朝嘉庆二十五年西郊河畔农民垦土得之。鼓高一尺八寸，围二尺又八寸，面有四蛙。"在文昌有铜鼓岭，因古代有铜鼓发现而得名。这些铜鼓都是海南岛黎族族群中重要的原始宗教遗物，属于骆越文化。

黎族对蛙具有一种盲目的敬畏。如琼中县番响村的始祖移民，就与青蛙指示有关。一对夫妻从保亭县迁到老门岭开荒种地，定居下来。三年以后，其弟弟也迁来，先住现红毛乡毛西村，后来听到青蛙叫他的名字"蛤蛤"，他就害怕起来，告诉哥哥，哥哥迁到毛西村，弟弟迁到番响村[①]。

黎村必有一个以青蛙做形象的大皮鼓。黎族人民认为青蛙有很神秘的效能，它能呼风唤雨，保证粮食的丰收，是黎族的崇拜对象，因此，不能捉食青蛙[②]。

在中原的仰韶文化中，就已经出现了蛙的图案，姜寨遗址出土陶器有鱼蛙图案。唐兰在《从河南郑州出土的商代前期青铜器谈起》一文中指出龙山文化时期的青铜罍上面有蛙形图案。由此可知，黎族蛙崇拜与华夏古文化相通。蛙图腾崇拜作为百越之文化现象，异常突出，青蛙崇拜是百越的原始宗教内涵之一。从江苏江阴，浙江杭州，到江西新干出土的青蛙都是玉石制作来看，百越各族群及先民存在广泛的蛙图腾崇拜现象。有青蛙塑像的铜鼓，从中国的广东、广西、贵州、云南到越南北部、泰国、缅甸东北，覆盖了最主要的铜鼓分布区，这应该是骆越民族蛙图腾崇拜之最佳证据。其中最突出的就是壮族铜鼓，粤系铜鼓中，分布在广西境内的北流型、灵山型和冷水冲型铜鼓的最显著特点，是鼓面大多装饰立体青蛙，数量从一只、四只到六只

[①] 中南民族学院编辑组：《海南岛黎族社会调查》上册，广西民族出版社1992年版，第457页。
[②] 符和积：《黎族史科专辑，第七辑》，南海出版公司1993年版，第194—195页。

不等①。

　　百越族选择蛙为图腾，是自然和文化环境共同作用之结果。南方多水泽的地理环境和炎热湿润的气候条件适合青蛙之繁衍生息，青蛙旺盛的生殖力，对气候变化的敏锐反应，让百越人民感受到它的天然优势是无可比拟的②。海南岛蛙类众多，其中八种为海南特有种③，自是产生此生灵崇拜之自然前提。

　　百越后裔诸族亦多有蛙图腾之遗迹，傣族称铜鼓为"虾蟆鼓"，壮族还在每年正月举行蛙婆节活动，祭祀蛙婆，持续一月之久。在"蛙婆节"里，青蛙具有一定独特性——不但具有神性，同时还被认为是女性——这在远古时代常是生育神的化身。而且神话传说中的蛙人婚媾在此亦得到了体现——第一个找到青蛙者被视为"青蛙姑娘"的配偶；从而被认为是生育神雷神的女婿，并因此而拥有主持"蛙婆节"的神圣权力④。这个节日里既要寻找冬眠的青蛙举行祭祀埋葬仪式，又要挖出去年埋葬的青蛙，根据其颜色占卜来年的农业丰歉状况：如果是黄色的，则今年丰收；如果是黑色的，则今年收成不好，大家要做好应付灾害的准备；如果是灰色的表示常年；如果是白色的表示棉花丰收⑤。壮族的蛙图腾和祈雨仪式也有密切关联。壮族认为，青蛙为雷神之子，根据人们所需，告知雷神何时下雨⑥。东兰、凤山一带流传《蛙神替人求雨的故事》，说蛙神是雷神与水神结婚所生的子女，天使亚伟良把它们送到人间替人类求雨排涝。因为有它们，才能上通雷神，下达水神。如果上天久旱无雨，它们就叫雷神造雨；如果久雨成涝，它们又叫水神疏通江河，排

---

①王进：《中国西南少数民族图腾研究》，上海三联书店2016年版，第155页。
②彭维斌：《蛙图腾的民族考古研究》，《百越研究》第三辑，暨南大学出版社2012年版，第121—123页。
③曾昭璇：《海南岛自然地理》，科学出版社1989年版，第205页。
④廖明君：《壮族生殖崇拜文化》，广西人民出版社1994年版，第105页。
⑤蓝鸿恩：《壮族青蛙神话剖析》，载《中国神话》编辑委员会编：《中国神话》第1集，中国民间文艺出版社1987年版，第46页。
⑥李子贤：《百越族系稻作神话初探——以壮族为中心》，《思想战线》2003年第1期，第67—71页。

涝祛灾。它们沟通天地的法宝就是铜鼓。所以，铜鼓是蛙神须臾不可离开的法器。据说现在青蛙叫时鼓起的大脖子，就是它们敲击着铜鼓而呼天唤地的情形①。黎族也有相似的求雨仪式。如果遇到大旱，他们就要以村社的名义集体举行求雨仪式，每家派出一名男子，由巫师主持，大家聚集在荒坡古树之下，仰望天空，敲打铜锣，在一阵阵震天的锣声中，巫师施展法术，念着咒语，目的是想雷公闻声后赶来，给人间降雨②。广西东兰县壮族还有《蛙婆歌》叙述人们对于青蛙的预告："蛙婆来祝贺，云在头上转，雨在你田落，一禾三百穗，一穗七百颗，种棉开银花，中暑结甜果。"由此推论可知，黎族铜锣上的蛙形象不是可有可无的，其具有重要的巫术功能。布依族也崇奉青蛙母神，荔波等地有雅蛔节，除夕夜抬雅蛔（青蛙母神）走村串户巡游祭拜③。布依族也有以蛙占卜丰歉之农业习俗，可视为一宗教活动。独山县麻尾在除夕寻获一个青蛙，以小棺木埋葬。第二年打开观察，占卜旱涝情况④，与壮族相似。黎族虽未见此巫术行为，但普遍认为，青蛙与下雨，两者之间具有神秘关系。

虽然百越后裔诸族之蛙图腾原始神话稀少，但后世衍生的近似神话的传说故事却不少，皆可纳入民间故事"青蛙丈夫"类型系列。说明了这一原始宗教信仰在民间的持续影响。丁乃通先生划为440A型"神蛙丈夫"，把故事分为五个情节单元：生子，许婚条件和婚姻，其他功绩，解脱迷惑，登位。他是在综合考察中国同类故事之基础上罗列出来的，与黎族及百越后裔诸族不一定一一对应。故事的一般内容是一对久婚不孕的夫妇生下一个青蛙，青蛙

---

① 莫俊卿：《壮侗语民族历史文化研究》，中央民族大学出版社2010年版，第242页。马来西亚属于南岛语族之比达有族，有一种蛙鸣器，为一简易乐器，属于宗教事务，在天旱求雨时用之，其声极似蛙鸣，用以向上天传达人间的祈愿。笔者2018年赴马来西亚文化考察，曾于少数民族文化博物馆见之。附记于此。

② 邢植朝：《黎族文化溯源》，中山大学出版社1993年版，第81—82页。

③《贵州省志·民族志》，贵州民族出版社2002年版，第222页，转引自《中国原始宗教资料集成·布依族卷》，中国社会科学出版社2012年版，第45页。

④ 覃东平：《独山县麻尾区布依族来源及节日婚姻丧葬习俗调查》，《贵州民族调查》之九，1992年油印，第60页。转引自《中国各民族原始宗教资料集成·布依族卷》，中国社会科学出版社2012年版，第45页。

却具有人的感情和特异能力，帮助父母完成各种事务，主动要求娶高贵人家的女儿为妻，以威胁或解难题之方式完成未来岳丈之考验，娶得姑娘。最后结局是，或替换岳丈成为一方统治者，或被人勘破秘密离去。林继富将此故事分为四个类型：主动型，威胁型，考验型，青蛙姑娘型①。通过考察黎族故事，似可再增加一个"酬赏型"，另外还有难以归类的变形结构存在。

黎族共五篇关于蛙的神话传说，四篇属"青蛙丈夫"型，其中两篇为"威胁型"：《田鸡仔》《蟾蜍求婚》；两篇"酬赏型"：《蛙郎》《大黎头变蛤蟆》。

《田鸡仔》开头，是一对结婚多年没有生育的夫妻对天祈祷：不生孩子生个田鸡仔也行啊。于是上苍应其请求生下了一只小青蛙。在"青蛙丈夫"的开首生子环节，几乎都要表现夫妻不孕的现状，以突出青蛙神奇的生殖能力。壮族有男子连娶12个妻子皆不能生育的情节②，仡佬族故事开头是老公公与老奶奶无儿无女，望儿心切（《青蛙讨媳妇》）。京族一对夫妇人到中年仍然没有生育，他们在镇海大王庙旁感梦才生下蟾蜍（《蟾蜍降庙》）。蛙图腾的生殖功能在此被刻意凸显。赵国华《生殖崇拜文化论》云："从表面上看，蛙的肚腹和孕妇的肚腹非常相似，一样浑圆而膨大，蛙口与女性的阴户亦相似；从内涵来说，蛙的繁殖能力很强，产生繁多，一夜春雨便可育出成群的幼体，因此，作为女性生殖器的象征，深深领受过远古人类的膜拜。"③

田鸡仔三岁那年，打第一声雷，就说了第一句话。到十岁，遇上大旱，村民祭祀天神也无济于事。田鸡仔自告奋勇能使天公降雨，村里一位名叫打尾的人与他打赌，如降雨成功，三个女儿任他随便挑一个。结果田鸡仔向天大声祈求，大雨滂沱而至。此处有巫术意义，民间认为青蛙与雨水之间有神秘的感应关系。壮族《车林郎的故事》中说蚂蚜是天女，露婆是她妈，她到人间来，要和雷通话。不叫天就旱，一叫雨就下。

田鸡仔如约到打尾家提亲，打尾反悔，娶大姐、二姐都不允许，田鸡仔以下冰雹、刮龙卷风示威，最后三妹同意嫁给田鸡仔。他转眼化为英俊男

---

① 刘守华：《中国民间故事类型研究》，华中师范大学出版社2002年版，第419—424页。
② 罗仁德、陈祖华：《壮族蚂虫另舞》，《民族艺术》1988年第3期，第162—176页。
③ 赵国华：《生殖崇拜文化论》，中国社会科学出版社1990年版。

子，两人幸福地生活在一起。故事到此并未结束，五年后，再次发大水，田鸡仔为救百姓，再次化为青蛙形体，大喊一声，响起了三声炸雷，堵塞的水沟被炸开，全村人得救，而田鸡仔则被洪水冲进了大海。

此故事之结局失去了"青蛙丈夫"的固有的喜剧性，具有悲壮情怀，故事无惩罚岳丈之情节，田鸡仔则被塑造成为族群造福而献身的英雄形象。仡佬族《青蛙讨媳妇》结局也是不美满的，由于人类的无知，老奶奶把"青蛙丈夫"脱下的皮烧掉了，小伙子只能黯然离去，似乎是破坏了某种神秘的法术。

与《田鸡仔》不同，《蟾蜍求婚》没有酬赏之约定，也无生育艰难之交代。母亲生下蟾蜍，专横的峒主认为生下的是妖精，不吉利，要母亲将其杀死，她只能将蟾蜍带到深山放生了。十八年后，蟾蜍回家要娶峒主的女儿（父亲已被害死）。他上峒主家提出娶五女儿，峒主拒绝，蟾蜍大哭，眼泪变成洪水，将峒主住处淹没，峒主全家生命垂危，只得答应婚事。蟾蜍脱去外衣化为漂亮小伙。峒主认为蛙皮是法宝，偷穿在身上化为蟾蜍。此故事后半段具有"青蛙丈夫"故事的普遍情节。

田鸡仔融合了"酬赏"和"威胁"两类情节。壮族之《七小姐与蚂蚜》，仡佬族之《青蛙后生》则属于纯粹"酬赏"型。壮族的故事也是大旱之年，老汉对天发誓，谁能帮其解除旱情，七个女儿任其挑选为妻，蚂蚜解除旱情，老人履约，夫妻过上幸福生活，后面没有复杂的争斗情节。而仡佬族之故事是许诺，谁能医好他的脚疮，即嫁女与此人。

《蛙郎》和《大黎头变蛤蟆》都是青蛙建军功娶妻之故事。前一篇与京族之《蟾蜍将军》相似；后一篇与壮族之《蟾蜍当皇帝》相类。

《蛙郎》中的蛙仔具有非同常人之异能，不吃饭吃木炭，善跳会跃，苦练武艺，能口喷大火烧死偷吃番薯之山猪。有一次，外国来犯，国王悬赏，能挽救国家者，愿将公主许配。蛙仔应国王之征，喷出的大火将侵略者打得大败。祝捷大会上，国王将公主嫁给他。他白天是青蛙，夜间化作美貌男子。京族之《蟾蜍将军》中之蟾蜍力大无穷，能压垮空心铁马。他是镇海大王投胎而生（表明与水之关系），应国王之征，骑铁马喷火将外国兵打败。青蛙将军凯旋，皇帝亲自迎接，青蛙变为英武少年。此故事虽有美满结局，但无娶亲环节，当是变体。

《大黎头变蛤蟆》中八十岁的老婆婆生下蛤蟆儿，白天是蛤蟆，晚上是个男子汉。有一天外族入侵，黎族首领贴出榜文，能抵御入侵者，招为驸马。在战场上，他喷出的毒气将敌人打得大败。黎头欲反悔，公主却答应了。公主并不知英雄是蛤蟆，后来得知，内心忐忑不安。晚上入洞房，蛤蟆变成了漂亮青年。黎头也想披蛤蟆皮变漂亮，穿上却变成了蛤蟆。壮族之《蟾蜍当皇帝》也是外敌入侵，蟾蜍应征，口吐烟火杀敌胜利，皇帝应约，三女儿嫁蟾蜍。皇帝穿皮衣，变为蛤蟆安度晚年，蟾蜍则当上了皇帝。以上数则故事中都有形体变化的情节，这种情节与图腾崇观念中，人的灵魂与其图腾之灵魂转换的意识有密切关系。苏联学者海通在《图腾崇拜》一书中曾经列举过澳大利亚原始民族的这一现象，图腾灵魂不断进入妇女体内，繁衍新的氏族成员。

黎族另有一篇《小蛤蟆放牛》只是单纯渲染了小蛤蟆会放牛、做饭、挡雨等神奇能力，当是"青蛙丈夫"在传播中的简略版本。反之，壮族之《蛤蟆皇帝》则情节复杂曲折，故事长，虚实结合，是"青蛙丈夫"的拓展。

百越后裔诸民族中未见有"主动型"的"青蛙丈夫"故事，"青蛙姑娘"型却有一篇壮族之传说，附记于此。从前，一个父亲带着三个儿子，都未娶妻，恐其绝后，白发老人托梦，三人射箭娶妻。箭落到什么东西之前，那个东西就是他的妻子。老三之箭落到一只黑青蛙面前，便娶其为妻。这个青蛙变为美丽的姑娘，它原是仙子化身，后老三去世，她又回到仙界[①]。

（四）犬图腾

犬图腾为黎族重要图腾之一，从各地流传的大同小异之人犬婚神话来看，属于在民族记忆中祖先崇拜意识最为突出的图腾物，超过了蛇、鸟、竹、蛙等图腾。

现实中，黎族亦有犬图腾的遗迹。如白沙县红星乡番响村之杞黎，以狗

[①] 丘振声：《壮族蛙图腾神话》，《民族艺术》1992年第4期。

为保护神,当狗死拿去埋葬时,禁止向别人说"狗死"之类的话,否则,认为家里人会生病①。白沙县细水乡凤马村的本地黎,从来不吃狗肉,其原因是狗是他们狩猎的助手,又是家园的保护者。凤马村中"马"是"将死去的狗埋在地里"的意思②。赛方言黎族也禁吃狗肉,违反禁忌者,心中恐慌,暂时不敢回到自己家里睡觉而寄宿在外面。若家人有病,决不允许以狗作为祭品③。哈方言的黎族还把狗的下颚骨作为护符,用绳子串起来挂在颈上,认为这样能够驱邪避病④。黎族认为狗有特殊的神异能力,一个村庄的土地庙里供奉作为守护神的灵石,是村人打猎途中猎狗发现的⑤。还有以狗命名的村庄,一则传说记载,尖峰岭下有个村叫石狗村,村前有一对石狗和一座土庙,石狗双双坐着,面向大海,四目圆睁开双耳耸立,静静地观察海的动静,日夜保护着此地风水。

在岭南地区有一个石狗崇拜的文化圈,百越后裔之壮族亦在其中。如广西来宾县城附近的水落村的中央立有一石狗头,吻部向前突击,此为社公像,当地人称之为"阿公",即爷爷的意思,每年不同的时节要供祭拜祷⑥。此与黎族之石狗为同一象征。另外南丹县壮人用新谷做第一餐饭,头一碗得先敬狗吃⑦。崇左一带之壮族人在春节时要结草成狗像,并披以彩带,在村里供奉⑧。广西田林县有马郎村,壮语意为"老母狗村"⑨。

在百越后裔其他民族中亦有相关遗俗。龙狗是古代侗族"仡坦"部落的图腾标志之一。传说它与侗族的始祖松恩是同时诞生的,是其始祖的兄弟,故

---

① 中南民族学院:《海南黎族情况调查》第3分册,中南民族学院1956年版。
② 王养民、马姿燕:《黎族文化初探》,广西民族出版社1993年版,第173页。
③ 史图博:《海南岛民族志》,中国科学院广东民族研究所2016年排印本。
④ 王养民、马姿燕:《黎族文化初探》,广西民族出版社1993年版,第173页。
⑤ 冈田谦、尾高邦雄:《海南岛黎族的社会组织和经济组织》,金山等译,海南出版社2016年版,第56页。
⑥ 陈文领博:《壮族石狗考略——兼谈壮族先民的图腾及其演变》,《广西民族研究》1992年第2期,第72页。
⑦ 梁庭望:《壮族风俗志》,中央民族学院出版社1987年版,第78页。
⑧ 覃彩銮:《壮族古代犬初探》,《贵州民族研究》1989年第3期,第74页。
⑨ 李锦芳:《壮族姓氏起源新探》,《广西民族研究》1990年第4期,第74页。

侗族过去爱养狗而不食狗肉①。贵州毛南族(古称佯黄人)有犬图腾之俗,嘉靖《广西通志》记载:"佯人,……男子计口而耕,妇人度身而织,暇则渔猎为业,始娶以犬相遗。"又云:"天河、思恩又有羚、獠、母猪、水、佯、狼、狪之属,皆盘瓠遗种。"其中有仫佬、水、侗等族。傣族亦有妇人梳狗髻之习,以表示对过去犬丈夫的怀念②。

犬图腾为苗瑶语族最普遍的图腾信仰,在百越中不占主要地位,古越族亦不见有犬图腾之习。

黎族关于犬图腾的神话相对百越后裔其他族,还是较为多样的,主要可分为两类:第一,人兽婚始祖神话;第二,恩人祖先神话。

黎族史诗《五指山传》,即以犬图腾为核心演绎。犬为天帝宫门的守卫者,爱恋上了天帝的女儿。在黄蜂与南蛇的帮助下,由南蛇出面将公主咬伤,屡治无效。天帝以招驸马为条件开榜聘名医治疗。神犬出面,将公主之伤治愈。天帝无奈,准其婚配而放逐人间。他们在荒岛相依为命,创业奠基。后生一子,与犬相伴捕猎,而不知犬为其父,无意间将父射死,后母子成婚而繁衍后代。此故事在海南多地有异文流传而略有差异。三亚市之《天狗》为黄蜂咬一口,天狗为公主治伤。后天狗因年老不能捕猎而被儿子杀死。白沙之《天狗》是人间皇帝得脚疾,出榜招驸马,成婚后让他们出外谋生,乘船来到海南岛,神犬在年老时打猎不小心摔死。《公主与狗结婚和文面的故事》是皇帝得口疮,其他情节与上一篇相同。《丹雅公主》略有变异,故事说公主是一个克夫的女人,嫁了三个丈夫都死去,为不祥之兆。俚国国王将其放逐,她带一个小黄狗来到海岛上,繁衍后代。很明显,此则传说受汉族道教文化的影响,已失去故事原来的面目,但还保留人犬婚的情节要素。另一篇《青青和红红》则完全看不出犬图腾的痕迹,变为男女恋爱的故事。故事说,公主与宫中一个扫地的仆役相恋,无奈地位悬殊,难以成婚。二人设计,公主假装生病,各类医生屡治不愈,皇帝出榜宣示,仆役应聘治愈公主。然而皇帝不

---

① 杨保愿:《侗族萨神系神话正误之辨析》,《神话新探》,贵州人民出版社1986年版,第482页。
② 宋兆麟:《巫与巫术》,四川民族出版社1989年版,第89页。

能接受此种人犬婚之现实，遂在他们结婚后将其赶走，于是他们来到海南岛。我们孤立地看此传说，似与犬图腾无关，综合而观，其深层结构与之前的故事如出一辙，可以肯定，是后代人民在图腾意识淡漠以后进行了改造。

从上面的异文，我们大概可以看出此图腾神话在不同地域不同时期的演变情形，在黎族人的历史中一直延续。清代《黎歧纪闻》中就记载了当时流传之人犬婚的故事："有云航海南来，入山与狗为配，生长子尾，名狗尾王，遂为黎祖。"

此神话在苗瑶语族中最为流行，在百越后裔诸族中亦有流传。壮族至今也流传着其祖母为高贵的公主，祖父是英勇的狗的说法①。傣族亦有妇女与狗结婚的传说，所生子女长大后，以弩将狗射死，母亲悲痛欲绝②。母亲为怀念父亲，便穿上象征用血染成的红条格裙子，又在发髻里加一条象征狗尾巴的辫子③。赛夏人是说女子因形貌丑陋羞于见人，便携珍宝带着一只犬离开原来的族群，到他方繁衍后代④。泰雅人也有文身起源于人犬婚配的神话传说⑤。仫佬族有两则传说亦与黎族同，《十兄弟》说黄狗和公主都是天上的星宿下凡(黎族《五指山传》也说下凡)，公主下身生了烂疮，国王放榜文，黄狗应聘治愈。婚后生十子，黄狗年老打猎时摔死。《公主到贵州》说皇帝的玉玺丢失，贴榜文寻印嫁女。一条狗寻印而回，皇帝无奈，让他们离开原地，被逐到贵州居住。此故事与《青青和红红》《丹雅公主》当出同源。

以上百越后裔诸族之犬图腾神话即一般所言之"盘瓠神话"，钟敬文先生总结此神话的基本结构是：1. 某首领遭遇某种急难。2. 一只狗为他完成工作。3. 狗得首领女子为妻。4. 狗和女子成了某一种族的祖先。此神话最早的记载是以抵御外族入侵为招驸马的条件，而后衍变出多种多样的解难题方式，或医病，或寻物，或寻人，要之，事成而皇帝反悔，最后结婚离开，或

---

①陈文领博：《壮族石狗考略——兼谈壮族先民的图腾及其演变》，《广西民族研究》1992年第2期，第72页。

②宋兆麟：《巫与巫术》，四川民族出版社1989年版，第89页。

③熊永忠：《少数民族的狗图腾》，《民族文化》1982年第2期。

④《中国各民族宗教与神话大词典》，学苑出版社1992年，144页。

⑤陈小艳编：《台湾少数民族——泰雅》，台海出版社2008年版。

上山，或封之荒土，或放逐，其结局或老病而亡，或被儿子误杀，在各民族中广泛传播。钟敬文先生说："众所周知，神话、传说很容易变形，这是传承学上的一条规律。至于变化的程度、原因，却是各不相同的。无论如何，只要经过相当的时间或空间的流传，任何神话、传说恐怕都不大可能完全保持产生时的固有形态。一部族、一种族，或者一民族的神话（包括极严肃的族祖起源神话在内）辗转传述的结果，必然分化成若干大同小异的型式。流传的时间愈久，范围愈广，差异也就愈大。"①

另一神话问题，黎族亦牵涉其中，即盘瓠与盘古的关系。此问题主要有三类观点：支持，反对，存疑。

第一类观点，以顾颉刚为代表。他在《三皇考》中说："盘瓠的命运太好了，他竟在无意之中变成了开天辟地的人物——盘古。"此后，范文澜、常任侠等学者皆持此观点，"盘瓠"与"盘古"语音上相通的关系自不待言。

第二类观点以茅盾为最早。他在《神话研究》中认为盘古氏为开天辟地之神话，盘瓠则是解释某些部落的神话。蓝鸿恩在《瑶族文学史》中延续茅盾的思路，认为盘瓠为图腾祖先神，盘古为开辟神，几乎同时产生于后汉三国时代，是同时代并行流传的不同故事传说，开辟神与祖先神互化，似乎不可能。此外还有学者从语言学角度根本上否定二者之间的同一性②。

第三类观点的代表人物为马长寿。他在《苗瑶之起源神话》末尾说："盘古与盘瓠或即一物，而前者言其氏族之主神，后者则言其主神之标记也。"夏曾佑在《中国古代史》中也提出二者为同一物。

反对盘瓠和盘古有渊源关系的观点，证据不足。相反，显示二者具有密切关联的证据是非常多的。列举如下：第一，盘瓠和盘古在最早的文字记载中同流行于南方，地缘密切。第二，《述异记》之记载中各地传说之盘古形象，既有图腾神（始祖），也有开辟神。第三，两者出现之前后，就文字记载而言，犬图腾氏族已载于先秦典籍《山海经》，盘古为后出，先秦典籍未见；

---

①钟敬文：《盘瓠神话的考察》，苑利主编《二十世纪中国民俗学经典·神话卷》，中国社会科学出版社2001年版，第103页。

②吴晓东：《盘瓠：王爷；盘古：老爷》，蓝鸿恩：《层叠现象剖析——壮族古代文化反思之二》。

就神话发生顺序而言，图腾在前，开辟在后。第四，两者可以并存或互化。在许多民族中始祖神与开辟神常常合二为一，壮族之姆六甲，傣族之英叭，黎族之大力神，即是如此。鲜活的口头传说证据即是《五指山传》，史诗中那位与盘瓠同样身份的始祖神犬芭玛天在去世之后即化身为山川河流，就是图腾神向开辟神的自然转化。从五指山流出的五条河，保亭之七仙岭，陵水之小五指山，三亚的大小洞天，黎族人民生活的自然环境，一山一水，一草一木，都是始祖开辟的。芭玛天虽不似后来盘古被改造成化生宇宙之开辟神，但其实质是相通的。

故盘瓠与盘古为同一神之演变分化，黎族即保留其原始形态。

血缘始祖的神话是犬图腾神话的最早形式。

恩人始祖神话即犬图腾神话演化的第二阶段。《叟叭山》和《黎族人不吃狗肉》即是此类神话。两则都在乐东地区流传。《叟叭山》意思即是"狗仔山"。从前有一个孤儿，与狗为伴，以打猎维持生活，彼此关系非常亲密。有一次在打猎中，狗追逐一只鹿，奔跑之中追至悬崖，猎狗止步不及，与鹿双双摔下山去。狗挂在山壁横出的树上，再也救不上去。孤儿每天给它送饭，直至其死去。那只猎犬死后化成石狗，孤儿每年过节祭奠，据传石狗还存在。此神话表现了人和狗之间在狩猎时代的亲密关系，石狗遗迹则为图腾无疑。"在黎族社会中，狗与人的关系特别亲切。一个人上山狩猎要带狗，头带红布，腰系刀篓，肩扛粉枪和弓箭。狗在前面走，发现目标就会叫起来，主人即有防备。每年农历三月三和春节期间，人们集中上山狩猎要带许多狗，以帮助围剿猎物。"[①]

另一则神话《黎族人不吃狗肉》即明确言狗对黎族先祖有救命之恩。远古时代，在黄河流域有一部落酋长，她的女儿与一名漂亮英俊的奴隶恋爱，酋长大怒，要把男子扔到山上喂野兽。酋长之女骑上马，背上了箭，带一群白狗去援救男子，白狗同虎狼搏斗，救出男子，他们离开部落，迁到黎城（今

[①] 高泽强、潘先锷：《祭祀与避邪——黎族民间信仰文化初探》，云南民族出版社 2007 年版，第 192—193 页。

山西黎城县所在地)。他们结为夫妻,辛勤耕耘,繁衍后代,生九个儿子,分别取名为骆、杞、皋、佬、嘉、单、伦、僚、俚。海南的黎族人即从黎城迁来,他们记住狗的恩德,立下不吃狗肉的习俗。

　　看这则神话,貌似荒诞,却隐藏着许多民族历史的珍贵信息。黄河流域的酉长,居住地在黎城,且生养了九个儿子(这九个儿子在故事中是错乱的),让我们想起苗族之始祖九黎部落。在关于三皇五帝的传说中,黄帝曾与九黎部落首领蚩尤战于涿鹿之野。先秦两汉许多典籍记载蚩尤为九黎之君,九黎部落被黄帝打败以后,一部分融于华夏集团,一部分南迁,移民至长江中下游地区[①]。苗族是以蚩尤为其祖先,以九黎为其族源(部分苗族)。黎城,先为黎侯国,黎侯国之族属似非九黎,但与之关系密切。《尚书》中有"西伯勘黎"之事,此黎即黎侯国,《史记》记录同一事件即写作"伊耆国"。《路史》注也认为"耆即文王之所伐者"。《礼记·郊特性》云:"伊耆氏始为蜡……蜡之祭也。主先啬而祭司啬也。"孔颖达疏云:"伊耆氏,神农也。"《路史·禅通纪》解释神农氏得名的由来云:"其初国伊,继国耆,故氏伊耆。"伊耆为炎帝之氏族,而涿鹿之战,钱穆认为根本是炎帝与黄帝争夺盐池而发生的一场战争,蚩尤只是炎帝集团的成员。学者们普遍认为"盘瓠"与东夷文化关系密切,舜亦东夷首领,苗瑶对舜有崇拜,奉其为远祖,舜与炎帝同氏。

　　如此看来,九黎及黎城确与苗族关系密切。而黎族的传说为一不识文字的农民所口述,则来源必甚古。虽九子为杜撰,九个部族亦混乱,但与九黎及黎城高度契合,绝非偶然。黎族的《雷公蛋》生人,为九个儿子;另有一则关于三月三的传说中,洪水再生后的黎族始祖母娥娘生九子。这些说明黎族人民对于族群九个支系的历史记忆深刻。广西瑶族同类神话中也有生九子的情节,仫佬族的《十兄弟》生十子,但一子为汉族,其他九子为少数民族。黎族犬图腾神话中多有关于民族迁徙的痕迹,这与苗族之同类神话相同。在中国各民族中,"在苗族的历史中,大幅度、远距离、长时期的迁徙是一个相

---

① 徐仁瑶:《苗瑶文化与越文化探源》,《东南文化》1992年第6期,第47页。

当突出的问题"①。由此似乎可进一步追索黎苗之间的影响关系。

此则神话中的白犬亦有可言者。白犬为犬戎之神犬。《山海经·大荒北经》云："大荒之中，有山名曰融父山，顽水入焉。有人名曰犬戎。黄帝生苗龙，苗龙生融吾，融吾生弄明，弄明生白犬，白犬有牝牡，是为犬戎。"盘瓠神话在古籍中最早记载于应劭《风俗通》："高辛之犬槃瓠，讨灭犬戎。高辛以小女为妻之。封槃瓠氏。"《搜神记》记载是高辛氏时代，房王作乱，盘瓠讨之。这里神犬之归属不在苗瑶之祖先蚩尤，而在黄帝。高辛氏为黄帝之后，犬戎亦为黄帝之后；高辛氏也姓房，谯周《古史考》："高辛氏或曰房姓，以木德王。"则此神话为部族内部之战争。当然，世系之传递在漫长的传说中颇为混乱，且不去管它。重要的是在早期传说中有犬戎，犬戎之祖为白犬，虽然黎族神话中的白犬由敌人转化为助手，亦可见其远古记忆的痕迹。

先撇开黎族，从广义上言百越与苗瑶，其相同之处甚多。语言学上，学者们认为，瑶语与古越语有密切之关联②。以"荣山瑶"为代表的"拉珈"语属壮侗语族的侗水语支③。苗瑶古习俗多与越族相同，文面凿齿、干栏建筑、龙图腾、鸟图腾、悬棺葬式、崖洞葬与古越人皆一脉相承。有学者认为，《山海经》《越绝书》中提到的"摇人"即瑶族之祖先，又叫"摇越""摇越王"，为古越人之一支。《世本》云："徭氏，东南王徭，勾践之后，其后人以瑶为氏。"另一证据是：瑶族之《过山榜》中常记载他们的始祖在浙江会稽山，为古越人居住之地④。而古摇民活动地域正是东南流传"封犬氏""狗民国"传说之地域。

需一提的是，广西南丹之瑶族至今穿贯头衣，保留此习俗之民族极少。而汉代史书中记载海南岛居民为贯头衣。《汉书·地理志下》第二八卷云儋耳，珠崖"民皆服布为被单，穿中央为贯头"。润黎到现代社会尚穿贯首衣服。

---

①《苗族简史》，贵州民族出版社1985年版。
②陈志良：《广西特种部族歌谣集》，民国科学印刷厂刊本1942年版。
③徐仁瑶：《苗瑶文化与越文化关系探源》，《东南文化》1992年第6期，第46—51页。
④徐仁瑶：《关于瑶族源于古"摇民"初探》，《民族研究》1983年第5期，第46—49页。

由于苗瑶语族与壮侗语族历史居住环境的同一性，及民族迁徙，杂居，融合，苗瑶之盘瓠神话自然广泛传播，在百越中产生影响。至于其始源，是另一个问题，此处不讨论。

在第二阶段的演变形式中，尚有犬哺乳幼儿的神话，有壮族的《张姓不吃狗肉》和仫佬族《吴姓不吃狗》。广西东兰县张姓壮族不吃狗肉，因为古代的张家有一新生儿，父母去世，无乳可食，祖孙相依为命。家中刚生下狗仔的一只母狗听到小孩的啼哭，便自动喂养婴儿。祖父去世前说出真相，张家从此爱狗如命，不吃狗肉①。仫佬族之传说除母狗哺育人类外，老母狗还为救大火中的主人献出了生命。

第三阶段演变的形式为狗寻谷种的故事。布依族《茫耶寻谷种》，仫佬族《谷种的来历》，壮族《谷种与狗尾巴》，侗族《谷种的来源》，黎族则无。黎族传说中获得谷种的，助手皆为鸟类。仫佬族的传说是神狗跑到月亮上，由于路途遥远，躺在谷子地里睡着了，谷穗刺痛，狗大发脾气，衔了一口谷子回家，乱撒一地，长出了谷子。此传说与通行的尾巴说不同。侗族说黄狗游过大海，由于海水冲刷，黄狗在尾巴尖上粘回了三颗稻种，人们第一年收获了三穗稻子②。壮族则是人们在饥饿时派九尾狗上天寻找谷种，狗在天宫前将所有尾巴粘满谷种，被砍掉八个尾巴③。布依族中的小狗则是民族英雄布耶的助手，布耶取得谷种，让小狗驮回去。

寻谷种的神话与犬图腾有关联。苗族有一《神母》的神话，说神农帝贴出启示，以寻得谷种者可以娶公主为妻，一只黄狗应征，成功寻回谷种，与公主结婚繁衍后代④。

犬图腾影响田螺女和龙女的故事，黎族《宝篮》中，龙王之女化为小狗的形态。仫佬族螺女的故事《毛狗精》中变成姑娘的是一只大黑狗。

---

①沙缘：《东兰的长身与壮族狗肉禁忌》，2010.3.21. http：//www.gx12301.com/public/Article/showArt.asp？Art-ID=43081、广西旅游在线。

②陶立璠、李耀宗：《中国少数民族神话传说选》，四川民族出版社1985年版。

③陈文领博：《壮族石狗考略——兼谈壮族先民的图腾及其演变》，《广西民族研究》1992年第2期，第72页。

④谷德明：《中国少数民族神话》，中国民间文艺出版社1987年版，第609页。

犬图腾神话演化的第四阶段主要为"狗耕田"的故事，狗耕田故事在我国南北农耕地区广泛流传，目前之异文共有两三百篇①。丁乃通的《中国民间故事类型索引》为503E型。"狗耕田"故事，大致可分为三个类型：单纯的"狗耕田"型；"卖香屁"型；复合混杂型。第一种类型故事梗概是：兄弟分家，老实巴交的弟弟分得一条狗；狗能耕田，从这儿经过的外地人不相信有这稀罕事，弟弟同他们打赌取胜，因而致富；哥哥借狗耕田，狗不听使唤，哥哥将狗打死，后来狗坟上长出具有灵性的植物给弟弟带来好处的同时，不断给贪心的老大以无情惩罚。第二种类型大都在单纯型之后，狗坟上长出神奇豆子之类的植物，弟弟吃后放起香屁来。第三种类型，除"狗耕田"常见的情节外，还有种南瓜得猴宝和在山野流浪中偷听动物对话而交好运等情节。西南少数民族故事多此种形态②。

黎族有第一和第三种类型。流传于保亭的《兄弟俩》之"狗耕田"为猫耕田，因此地区有猫图腾信仰，人民随其信仰而改变故事角色之身份。故事说兄弟俩，哥哥好吃懒做，弟弟勤劳老实，哥哥分家时得牛，弟弟得猫。弟弟伤心地哭起来。猫主动提出为弟弟耕田，猫很快把田犁好了。哥哥听到，乘弟弟不在家时，把猫偷偷拉回去，耕田却耕不动。生气之下，他把猫打死。弟弟伤心地把猫埋葬，坟上长出两棵竹子。微风吹过，竹叶飘落，化作金银，弟弟置办了很多财产，哥哥也偷偷去摇竹子，竹叶变成狗屎打在他身上，他砍掉竹子。弟弟用竹子编成竹筐，各种鸟儿飞来在筐里下蛋，哥哥央求弟弟把筐给他，鸟儿在里面拉鸟屎。他把筐烧成灰。弟弟把灰撒在田里，稻子长得很好。而哥哥也种了稻子，山猪乱拱，把他咬死。

黎族此单纯型没有与外来客人打赌的环节。侗族之《老通和小容》则有此环节。弟弟在狗耕田时，恰巧一个货郎路过，不相信狗耕田，以一担货为赌资打赌，弟弟赢得了商贩的货物，哥哥模仿弟弟失败，把狗打死，以后是一系列的竹子、竹笼等变化，最后哥哥受到惩罚。

---

① 刘守华：《中国民间故事类型研究》，华中师范大学出版社2006年版，第538页。
② 刘守华：《中国民间故事类型研究》，华中师范大学出版社2006年版，第538—541页。

京族之《杨桃树》则较黎族更为简略,兄弟二人分家,弟弟只分得了杨桃树,大鹏鸟吃了杨桃,把弟弟带到大海对面,找金山银山。哥哥模仿弟弟,贪得无厌,取得金银太沉重,掉下大海淹死。此故事让哥哥实现愿望的同时,惩罚也随之而至。

黎族另一篇为稍有变形的"狗耕田"与"田螺女""龙女"型故事之组合。故事开头无分家情节,但哥哥贪心,弟弟老实。弟弟种山栏稻,猴子搞破坏,而弟弟假扮山神,猴子供奉起他,得到了一个竹筒,依次变竹篓和小石头。弟弟得好运,哥哥得坏运。最后石头被一条鱼吃掉,弟弟心疼鱼儿舍不得剖腹,弃在水缸里。鱼儿变成姑娘,神秘出现为他操持家务,最后身份被识破,结为夫妻。哥哥产生妒忌,先后用箭射、刀砍伤害弟弟,被鱼姑娘救活。最后上天打雷将哥哥击死。

仫佬族《两兄弟分家》亦为复合型,为"狗耕田"和"龙女"组合。弟弟的狗依次变成摇钱树、猪盆、梳子、鱼钩。弟弟寻找鱼钩巧遇龙女,为龙母治病,得到神奇的小葫芦,于是家产丰盈,生活幸福,哥哥则变得穷困潦倒。

仫佬族的《两条命》和水族的《香豆》为"卖香屁"型,都是弟弟吃了狗变化后生出的豆子,向别人卖香屁;哥哥仿效却适得其反。

"狗耕田"故事起源于古老的分家制度。古代家产继承制度:有长子继承制和幼子继承制两种,"较多的是长子主持祭祖,所以较次子分得略多"[1]。黎族亦有此种情节,"长子不论婚生与否,一般比幼弟多一些财物"[2]。

另外,弟弟假扮山神得宝竹筒之情节,亦与黎族"山鬼"信仰有关。狩猎和农耕都有许多关于山鬼的祭祀风习,打猎前要杀牲祭祀,有鸡卜、蛋卜,以求狩猎得山神护佑成功。种山栏亦受山鬼辖制,从选地到砍山、烧山和下种,不同的程序,都要祭祀一番。选地时用鸡卜以求山鬼允许选择这块地,下种后祭祀请求山鬼看护山栏稻,防止虫兽之害。山鬼之信仰流行于黎族各方言区[3]。

---

[1] 王玉波:《中国古代的家》,商务印书馆1997年版,第104页。
[2] 中南民族学院编辑组:《海南岛黎族社会调查》上,广西民族出版社1992年版,第83页。
[3] 王养民、马姿燕:《黎族文化初探》,广西民族出版社1993年版,第151—152页。

"狗耕田"虽起源于分家产制度，但其反映的还是农民的价值观念，只要勤劳踏实，必有天赐幸福，如果懒惰奸猾，则一无所获。

（五）水生动物图腾——鱼、龙与水牛

此一部分把水中图腾物放在一起讨论，因为在海南黎族之传说中，此三者间常可互通互化。东方市哈应土语黎族有支系称为"龙的孩子"，同地美孚黎有"鱼龙村"，操哈应土语的黎族，有些自称"水牛的孩子"，禁止同血缘集团内部通婚①。其图腾意义自不待言。三亚市的黎族，有的以比目鱼为其祖先，有的以龙舌鱼为祖先，并禁食该鱼类②。三亚市田独（今吉阳区）、马岭一带的黎族认为大鲨鱼是他们的始祖，鲨鱼死后，将其埋葬。黎族聚居区有"龙吟峒"，生活在这里的人们认为自己与龙有着特殊关系而把它作为自己氏族集团的标记和称号，视龙为自己的保护神③。从创世神话看，鱼也当为黎族之图腾，《苍蝇吃日月》中天神"番焦塔"在茫茫大海中填海造陆，鱼虾家族的生存空间变小，于是鱼王安排一部分鱼类登上陆地生活。天长日久，这些鱼类变为人，此处把鱼视为人类之祖先。黎族民俗中亦有鱼崇拜遗迹，在黎族织锦中，鱼纹是常见的主题装饰图案，润方言非遗名录中即有双鱼纹之骨簪，工艺品上也常见鱼纹图案。"姑娘们插在头上的头钗、头簪就塑刻着人头鱼身，或刻上密密麻麻的鱼纹。他们以此作为走村串寨的护身符。"④人头鱼纹乃是仰韶文化时期即已经出现的图腾饰物（西安半坡），与前面鱼变人的神话互相呼应。有此信仰，故有英雄之身躯化为鱼鳞洲的传说。一位勇敢的猎手符震为保卫族人，在与盗贼的战斗中受伤落入昌化江中。一只乌龟与鲤鱼，把他驮出，在沙滩上将他埋葬。鲤鱼脱下鱼鳞，覆盖于躯体之上，形成奇特的自然景观。这当出自初民之神秘观念，即人在死后要与自己民族

---

①李绍明等：《中国各民族原始宗教资料集成·黎族》，中国社会科学出版社1998年版，第665页。
②符天志、孙建平：《解读三亚黎族姓氏》，《现代青年》2016年第3期，第32页。
③涂刚鹏、陈思莲：《论海南黎族原始宗教信仰》，《海南大学学报》2011年第1期，第13页。
④邢植朝：《黎族文化溯源》，中山大学出版社1993年版，第6页。

的图腾同在，化生而去。图腾崇拜演化为了英雄崇拜，但鱼的内核保留了下来。这与崇拜竹、柳等图腾的民族在坟墓上栽种竹、柳用意一致。

百越后裔诸族同处南方，鱼图腾及神话也较常见。水族与布依族之墓碑上常见双鱼托葫芦之石雕，布依族工艺品中常见鱼图案，有的地区布依族妇女在生育后，要戴一种小银碗，银碗中吊有一对小金鱼①。布依族常将鱼的画面刻在石木雕制品上，也常把有鱼的画面绣在大量的织锦、蜡染和刺绣上②。侗族的传统观念则认为水中鱼不是一般动物，视其为鱼神。有些地区的侗族，小孩生病时要请师公带领到水潭边拜祭鱼神。回家后，要给小孩戴上刻有小鱼的手镯或项圈。同时给小孩改名，男生叫鱼生、鱼魂、鱼保；女孩叫鱼美、鱼妹、鱼丽③。布依族史诗《安王与祖王》中的盘果王与鱼化的女子结婚，生下他们的始祖英雄。他们的母亲不允许吃鱼，一旦他们吃了鱼，母亲即离他们而去，回到自己氏族中去，这是图腾意识的表现④。由此布依族还产生了超度非正常死亡者的祭河神的宗教仪式。因为布依族首领的妻子为鱼所变，祭河神，旨在祈求祖母保佑后裔子孙⑤。侗族亦有相关的神话流传，他们的祖先宜先、宜美生下了龙、蛇、虎、雷、姜良、姜妹六个后代。在洪水来临之际，是龙兄援救了姜良、姜妹。在侗族洪水神话异文中，龙兄为大鲤鱼替换，显然，鲤鱼即龙的化形。有学者认为侗族的始祖母"萨岁"，"萨"的发音与"鱼"的发音相同，人们在祭祀萨岁之时，也有祭祀鱼之意义。侗族祖先歌《侗族祖先哪里来》中有这样的歌词："鲤鱼就找塘中间做窝，人们会找好地方落脚；我们祖先开拓了路用寨，建起鼓楼就像大鱼窝。"其图腾祖先的意义是明显的。水族《鱼姑娘》传说中，彩虹就是鱼龙姑娘的化身，水族姑娘佩戴的银簪玉镯，是鱼龙姑娘的遗物，她们围腰的两根飘带，是鱼龙姑娘两侧鱼翅的象征。黎族《勇敢的帕拖》《亚礼和亚吉的故事》中男主公发

---

① 何星亮：《中国少数民族图腾崇拜》，五洲传播出版社2006年版，第112页。
② 黄义仁：《布依族的图腾崇拜》，《贵州民族研究》1987年第4期，第124页。
③ 陈维刚：《广西侗族的鱼图腾崇拜》，《广西民族研究》1990年第4期，第60—62页。
④ 布依族文学史编写组：《布依族文学史》，贵州民族出版社1992年版，第60—61页。
⑤ 周国茂：《中国民俗大系·贵州民俗》，甘肃人民出版社2004年版，第294页。

现的被魔王抓住的小鱼就是龙女的化身。在民间传说中，鱼龙变化，互为一体，是龙图腾的多元综合表现之一。此外，各民族中常有龙牛、龙马、龙猫、龙犬之图腾物，与鱼龙变化属同一种性质。鱼龙变化在中华民族工艺中运用非常普遍，其中承载的是远古龙图腾中文化的传统。仰韶文化出土的距今7000余年的蒜头瓶即绘有鱼龙图案，腮部有三角形双角、有两个鳍，身体稍长而弯曲，有鳞[1]。

黎族之牛图腾为水牛，是农耕文化与海洋文化相结合之物。牛在黎族生产中占有重要地位，视为五大财产（牛、田、铜锣、粉枪、木板谷仓）之一[2]。其中牛、田、谷仓是农耕文明，粉枪为狩猎，铜锣具有原始宗教和祖先祭拜的神秘力量。在黎族民间有许多关于牛的崇拜习俗。在家里设立"牛魂宝盆"，并用一块彩色小石头代表一头牛，盆里有多少块石头，代表主人有多少头牛。另外还要在家里的柱子上挂牛角图腾，表示吉祥。合亩制地区，选择牛日修建牛栏。每年秋耕后，农历七月的牛日，在亩头家杀猪设酒席，举行隆重的祭牛神仪式，仪式中众人通宵达旦敲锣打鼓，为牛跳招福魂舞，并用竹筒盛米酒给每头牛灌饮以补身。东方市抱板地区美孚方言，在村里设立牛神庙，于牛节祭牛神，祈求吉祥。民间牛日禁止杀牛，形成一种传统习俗[3]。因此，牛角、牛骨、牛皮也具有了神奇的法力。黎族的武士拿牛角当号角，猎手们喜欢用牛皮制成火药袋，他们认为吹响号角就能威震四方，带着这样的火药袋就能百发百中。黎族姑娘们爱插用牛骨制成的头钗和头簪[4]。牛趾甲也具有神奇法力，《黎族吃山栏稻的由来》中，小女孩在河边挖出的牛趾甲能变化出取不完的粮食，为黎族人量米、吃饭、种地。另有一篇《朴冲的子孙先吃山栏稻》则讲，龙牛与人间的牛角斗，龙牛死去，有姐妹俩捡得龙牛的趾甲，出现变米的情节[5]。牛在祭祀之后，还有占卜吉凶的法

---

[1]段宝林：《中国龙图腾浅说》，《文化学刊》2012年第3期，第105页。
[2]邢植朝：《黎族文化溯源》，中山大学出版社1993年版，第10页。
[3]王建成：《海南民族风情》，民族出版社2004年版，第17页。
[4]邢植朝：《黎族文化溯源》，中山大学出版社1993年版，第10页。
[5]广东省编写组：《黎族社会历史调查》，民族出版社2009年版，第71—72页。

力。三亚槟榔村黎族，老人去世后，有杀牛祭祀的仪式，非常隆重，称为"打八"，在死者去世第 14 或 15 天举行。杀牛前，家人绕牛三圈，往地上浇酒。牛倒下后，道公根据牛头对着的方向判断吉凶[1]。

百越后裔其他民族亦多有牛崇拜。如壮族姓氏中，"莫"姓和"韦"姓即以牛为图腾的部落后裔[2]。壮族和布依族都有祭祀牛的专门节日，与黎族时间不同，一般在四月八日，称"牛王节"或"牛魂节"，要杀鸡敬牛王，给牛洗澡，送糯米饭给牛吃，含有农耕酬劳之意。壮族许多地方至今禁食牛肉，即使吃牛肉，也必须在屋外吃。据说在屋内吃牛肉祖宗不喜欢，食者死后也不能上天堂。贵州晴隆、普安一带的布依族把山看成是牛头变的，寨子是牛鼻子变的，牛肉变为蔬菜，牛血化为井水[3]。傣族《大白牛女儿的故事》中，一位妇人吃了牛王吃剩的菠萝即怀孕，生下一个女儿。侗族有水牛图腾崇拜，许多侗族村寨，在自家房屋门楣上或村寨鼓楼上挂牛角，自认为"牛种"。在从江、榕江一带，还存在人牛可以互化的观念，认为人死后下辈为牛，牛死后下辈为人。从江县龙图等地，20 世纪 50 年代之前，当地人爱惜牛力胜过人力，宁肯人挖田，也不用牛犁。如果农户家牛死亡，要通知所有亲戚朋友，请大家来哭牛[4]。

黎族之牛图腾崇拜之特点在于与鱼、龙的变化关系。《水牛的来历》中说上天派土地神赐水牛给黎族，水牛由两条鱼变化而来。乐东县《抱串村的由来》说山岭上龙穴中居住着无数龙牛，被村民们的山牛打败后，龙王大发雷霆，命龙牛把大山撞塌，以示报复。

在关于姓氏来历的神话传说中，最典型地表现了牛、龙图腾合一的痕迹。此传说在三亚流传，版本非常多。《姓氏的来历》《关于姓氏来源的传说》《天涯湾与南天一柱》都讲述相关故事。前两篇为同一传说之不同异文。《姓氏的来历》讲述下马岭的"石门子"道路狭窄，交通困难。有一次，一位

---

[1] 海南省民族学会编：《黎族田野调查》2006 年版。
[2] 丘振声：《壮族图腾考》，广西人民出版社 2006 年版。
[3] 黄义仁：《布依族的图腾崇拜》，《贵州民族研究》1997 年第 4 期。
[4] 吴峥：《贵州侗族民间信仰调查研究》，人民出版社 2014 年版，第 30 页。

老妇人赶一群牛往州城去,有一头小母牛却被卡住了,过路人想尽各种办法也没能使它解脱。最后,一位老妇人提议杀掉小牛分而食之。当他们杀掉小母牛之际,风云变色,电闪雷鸣,海水汹涌而至(暗示牛与龙之关系)。人们用各种东西挡住天空的暴雨,纷纷躲避。最后,暴风雨停止,海浪退去,一道彩虹缓缓升起,一直跨到牛肉旁,出现了一位少女(与水族的《鱼姑娘》彩虹为鱼龙相似)。她向旁人说,自己是天帝之女,受父亲惩罚,化为小母牛,人们杀死牛才使她得到解脱。为了感谢黎族人民,她便赐给他们姓氏。刚下雨时戴竹叶的姓"符",戴树枝的姓"林",躲到妈妈怀里的姓"孙",等等。无疑,神话中之牛姑娘即人之始祖神。《关于姓氏来源的传说》表达此图腾意味更为明显。故事说兄弟俩赶牛过石门,将被卡住的牛杀死,剖开肚子,里面写有很多字,即现在的各姓氏,此一传说当为后出。《天涯湾与南天一柱》则更为晚出,与分姓氏相关的是僧人与龙,而非牛。故事主要说一条蓝色龙偷窃南天天宫里的一颗宝石,这颗宝石和姓氏有关,是由一位主管分姓氏的僧人守卫。他发现宝石丢失了以后,直接把宝石卡在蓝色龙的喉咙之上,命他守卫宝石,僧人便返回西天去了。天长地久,蓝色龙化为天涯湾,宝石化为南天一柱。此传说受佛教文化之影响。两个故事同为流传于崖城区,则这个守卫与姓氏相关宝石的蓝色龙就是那位化身为小母牛的天帝之女,这一传说的演变中暗示了一种彼此之间的内在转化关系。

  百越以龙为图腾为学界共识,其作为一种观念中想象的动物也得到普遍认同。有专家总结:"无论是起源、形成、发展、演变、定型,龙都体现了由多元到统一的趋势。由各种不同的龙,最后汇合为大体一致的龙,成为各民族共同接受的龙。"[1]在各地的民间传说中,龙的各种变化形式尚自流传,常有多种的化形。在百越后裔诸民族中,最多的是鱼、乌龟常作为龙的使者出现在幻想故事中。由于龙神之水神性格,百越身处多水之南方,民间故事中就特别流行龙女、龙子、鱼姑娘之类的故事,而以爱情故事居多。

  黎族有《宝石仙女》《那山与龙女》《鱼仙》《白衣少年和鲤鱼姑娘》《宝篮》

---

[1] 潜明兹:《中国神话学》,上海人民出版社2008年版,第325页。

《亚丹和红鱼姑娘》《弟弟奇遇》等男子和龙女恋爱之类型。又有女子与龙子恋爱，为黎族突出类型，其余民族不多见，有《二姑娘与龙子》《青龙》《人龙情》《山妹与水哥》《龙与少女》《尔蔚》《龙潭石棺》等，而且与龙女恋爱故事的大团圆结局不同，黎族龙子恋爱的故事几乎全为悲剧结局，是一个奇特的文化现象。

此类以龙或鱼为女性主角的爱情故事，广泛流传于白沙、五指山、保亭、乐东等不同地区。就具体故事类型而言，是螺女型、龙女型、狗耕田型、百鸟衣型、煮海宝型等不同类型情节要素的交叉组合变化，但不论形式如何变化，其基本主题及情节要素有着高度一致性。即一位贫穷的孤儿（或者是母子相依为命）是男主角，他有着憨厚老实、勤劳勇敢的性格，在一种特殊的机遇下（或龙女同情于他，主动下嫁为妻；或他救下了龙女的性命；或抓住龙女化身的小鱼之后，出于同情心舍不得杀掉；或因某种特殊的法宝对龙王造成威胁，向龙王索取报酬，龙女下嫁），与一位具有神通法力的龙女或鱼姑娘结合为夫妻。他的妻子具有善良、聪慧、乐于助人的品性。在她的帮助下，他们的生活过得美满幸福，生活于他们周围的黎族底层百姓也常得到她带来的福慧。这时，一位处于社会上层的权势者（黎族峒主，皇帝，天帝，财主）因妒忌而破坏他们的婚姻，欲采取阴谋或暴力强娶神女为妻。丈夫此时束手无策，妻子在危难之际，或设巧计，或挺身而出，最终严惩了强权恶势力的代表，获得夫妻美满团圆之结局。

（六）鹿图腾

鹿图腾为华夏古图腾之一。龙的角即被认为是鹿角。在华夏民族的当代生活中还保存鹿图腾神话的主要在北方，蒙古族、满族、赫哲族、鄂伦春族等民族中，还保存着非常丰富的鹿图腾神话传说。南方民族中则非常罕见，而黎族则在百越族中流传鹿图腾的故事，表现了鲜明的地域特色。

海南坡鹿闻名于世，以东方市大田坡鹿保护区为标志。据方志记载，坡鹿曾广泛分布于海南岛海拔 200 米以下的地区①。因为自然生态的变化，坡鹿在其他地区逐渐消失。在距今一万年前的三亚落笔洞遗址中，中国研究古脊椎动物的科学家，发现了一块疑似海南坡鹿的鹿角化石②。坡鹿在海南岛存在的时间，据研究，可能在更新世冰期（69 万年前），通过陆桥由东南亚大陆进入海南岛，已经独立进化很长时间③。另外，广西壮族地区发现的旧石器时代文化遗址中也出土有大量的鹿牙、鹿角化石④。广西壮族铜鼓上有鹿的形象，在每一组鹿纹饰中，无论鹿的个数是两只还是三只，其中后面一只鹿的雄性生殖器，以突出手法加以刻画⑤。每一组雌雄组合而成，很明显是生殖崇拜的表现。是否上升为图腾，目前未见明确记载。

因为海南鹿种非止坡鹿一种，黎人的鹿图腾究竟属哪一种，难以确定。可以确定的是，在漫长的人类成长史中有鹿的伴随，因而有鹿图腾的产生。

五指山市福关村有一则古老的神话讲的是人最初没有生殖器，男人的生殖器是山鹿踩出来的。在这里图腾意味是明显的。

乐东县大安乡有关于种族来源的传说。远古时候，有一只生活在天界的小山鹿，他用泥沙造了许多的高山，在天上游玩的时候，流了许多汗，汇成了海洋。他向雷公提出请求把天地撑开，可见他又是一位创世神。后来，他到人间，为人们打开了肛门。乌鸦告诉他种葫芦，海水高涨，洪水暴发，只有小山鹿躲在葫芦里生存下来，洪水过后，葫芦跌成碎片，大块的是牛，细片的是一个女人，更小的则成了猪、狗、鸡、雀等动物。之后则是母子婚、人兽婚等人类繁衍的情节。这个神话中，小山鹿无疑既是万物的创造者，也是黎族人民的始祖神。

在黎族史诗《五指山传》中也有人鹿婚的情节。鹿图腾的崇拜在黎族神话中并非个别现象，遍及三亚、乐东、五指山。在白沙县古老的宗教舞蹈中，

---

① 余斯绵等：《海南坡鹿资源及保护利用》，《野生动物》1984 年第 4 期，第 9—11 页。
② 郝思德、黄万波：《三亚落笔洞遗址》，南方出版社 1998 年版。
③ 张琼等：《海南坡鹿的起源、进化及保护》，《兽类学报》2009 年第 4 期，第 365—371 页。
④ 蒋廷瑜、彭书琳：《广西古人类的发现与研究》，《史前研究》1984 年第 2 期，第 26—33 页。
⑤ 蒋廷瑜：《铜鼓艺术研究》，广西人民出版社 1987 年版。

也留下了鹿图腾的痕迹。充满祖先崇拜意味的宗教舞蹈"老古舞"主要流行于白沙县的细水乡、元门乡、牙叉镇及琼中县一带的黎族山村（润方言区）。"老古舞"在丧事和祭祀时举行，舞蹈的主题是招亡魂。通过锣鼓声召唤那些死去的祖先成双成对地回来，同时也祈求他们保佑活着的人。该舞蹈即表现招魂的过程。其中领舞和压阵者为男女角色配对，压阵的女性角色（通常为男性装扮）叫"西它"，右手持一根30厘米长的木棍，棍的尾端附着一束白麻丝的拂尘，象征鹿的尾巴；其中还有"帕曼委嘎"的角色，其中一个人扮鹿①。白沙县之"灯星舞"，亦为宗教祭祀舞蹈，其中压阵的"趴俩"，手持象征鹿尾巴的一束稻草或麻树皮的长穗。他的主要作用是不让祖先亡魂在半途被其他鬼妖拦截，以保护亡灵平安地回到家里②。很显然，这是黎人希望祖先图腾用神秘的力量保护他的子孙。

黎族的工艺品中亦常见鹿的形象。黎族的藤编衣篓底座上雕刻有鹿纹垫图③。"在动物纹样中，鹿的造型最为常见，这与黎族人民对鹿的爱慕是分不开的。在黎族的神话故事和民间传说中，鹿是善良美好的。"④黎族织锦亦多鹿纹样，多为对鹿纹、双鹿纹、二方连续鹿纹，纹样活泼生动。

由鹿图腾衍化生成的民间传说以三亚市"鹿回头"最为闻名，三则异文互相补充、交织，演绎了当地黎族百姓关于族源的遥远记忆。三篇故事分别是《鹿回头》《鹿回头村》《鹿回头与鹿田湾》。

三篇故事流传于不同地区，而核心地点都在三亚市鹿回头村。故事离核心地点越远，越复杂，越处于核心地区，越简略。《鹿回头》由鹿回头村84岁的老者讲述，故事简略，主题明晰。一位住在五指山的青年猎手，有一天狩猎，他翻过了一座又一座山，却一无所获。这时，突然出现一头充满灵性的梅花鹿，他立刻追上去，梅花鹿迅速逃离。一个追，一个跑，一直到达三

---

① 中国民族民间舞蹈集成编辑部：《中国民族民间舞蹈集成．海南卷》，中国ISBN中心1999年版，第105—107页。
② 《中国民族民间舞蹈集成．海南卷》，中国ISBN中心1999年版，第226—227页。
③ 王建成：《海南民族风情》，民族出版社2004年版，第17页。
④ 秦寄岗：《从黎族服饰图案看黎族人民的审美意识》，《装饰》1987年第4期，第12—13页。

亚的榆林港。就在他搭箭要射的一刹那，小鹿突然转身，化作一位美丽的少女。她自言是天上的仙女，下凡与猎手结婚。最终他俩结为夫妻，在南海之滨开荒种地，繁衍后代。这是图腾神话中最常见的人兽婚形式，在黎族史诗《五指山传》中也出现这样的主题。所谓下凡的仙女，与《鹿回头与鹿田湾》中下凡的雄鹿一样，都是汉族道教文化输入以后影响的结果。

由鹿城镇南山村80岁老人讲述的《鹿回头村》，较之上一故事充满了更多想象和细节描写，一定程度上脱却了质朴简单的形象，以男女对歌的形式追求爱情，书写人鹿之间的恋爱传奇。居住在马岭的青年猎手阿贺，也是两天两夜狩猎而一无所获，突然出现美丽的山鹿，他奋力追去。山鹿似乎在和他玩着追逐的游戏，跑跑停停，一直到达南海边。阿贺连射八箭，箭箭落空，当他要射第九箭时，山鹿回头化为美丽的姑娘，然后二人对歌传情。

姑娘唱："阿哥好仪表，侬想把心交，阿哥有胆量，做吃肯耐劳。"
阿贺唱："妹从哪里来，肉菜如此好，此样好容貌，做也来相找。"
姑娘唱："五指山神女，小名叫阿娇，阿哥要吃水，妹愿做水瓢。"
阿贺唱："妹哥似天调，靓过鹦哥鸟，今日捡得宝，木棉开花苞。"
姑娘唱："阿哥人枯燥，孤单静悄悄，夜给哥铺席，日替哥守寮。"

这是人与鹿的对歌，也是黎族青年男女的对歌。对歌中暗示着族群迁徙、图腾传播的轨迹，来自五指山的神鹿与《鹿回头》中来自五指山的猎人指示了族群分布的历史脚印。

流传于儋州的《鹿回头与鹿田湾》则更为繁复，依然保留了人兽婚的主题，却更为含蓄。民族迁徙的过程也更为曲折漫长，并在故事中处处留下道教文化影响的痕迹。故事大意是：一头来自上天的雄鹿孤独地生活在黎母山所在的区域，那时没有山峦，只有一望无际的平原。一次，他救助了流浪中的带着男女两个小孩的女子，用自己的血拯救了他们的生命。他们最终组成家庭，共同生活在一起，两个孩子认他做父亲。然而，他是偷偷下凡的仙鹿，天帝终于派兵来抓他回去。临去之前，他赠给妻子一颗明珠，具有神奇的魔力。然后男子化作一头高大的雄鹿，腾飞而去。他跳跃之处形成了一座座山峰，保护了母子三人。分别以后，母亲思念鹿夫，把明珠含在嘴里即能在梦中相见，那明珠就是鹿魂之精。生活艰难之下，儿子出外打猎，很久没有回到家中。母亲吩咐女儿出去寻找，并送她明珠，告诉她，含在嘴里就能获得神奇的法力，但不能吞进肚中。有了明珠，妹妹力气倍增，身轻如云，四处寻找哥哥的踪迹。兄妹二人没能相会。哥哥打猎回到家中时，母亲已去世，安葬母亲后，出门寻找妹妹。一天，他听到一只花鹿的歌声，那是妹妹变的，她不小心吞下了明珠，成为一只美丽的花鹿。花鹿看见哥哥，舔手，流眼泪，依偎在哥哥身边。哥哥要亲她时，她却跑开了。他们一个追一个跑，跑到悬崖处，花鹿转身化为漂亮的姑娘对着哥哥深情地微笑。

人兽婚在这里经历了两次，却以一种隐晦的形式表达，显示出文明进步以后的黎族人民对于人兽婚的避讳态度。第一次雄鹿与女子结为夫妻，两个孩子却非他们血亲的后代，只是名义上的。明珠的传授实质上是族群血脉的传承，妹妹吞下之后即变成了鹿的形象。第二次人鹿婚似乎并未发生，但从故事叙写中，妹妹在溪边对着水中的影子问："你愿意嫁给我哥哥吗？"这是一种自问自答的心理活动，水中的影子点头同意暗示了兄妹婚的结局。这些变化，哥哥是蒙在鼓里的。所以最后花鹿变少女，对于哥哥而言，是陌生的，二人结合也是顺理成章的。故事中，反复出现四十九条岭，四十九条小溪，七七四十九天，九九八十一天的夸张描写，这是道教文化中的神秘数字。这则神话传说在长期的传播中，图腾崇拜与道教文化糅合，人兽婚与兄妹婚重合，已经失去了最原始的面目。

逐鹿似乎是关于鹿传说中常见的母题。台湾邵人亦有日月潭的逐鹿传说。邵人一对猎人在山中打猎时，发现了一只肥大的白鹿，大家驱赶猎狗一路追去，当追到日月潭时，白鹿跃入湖泊中消失不见。湖泊中的鱼类美味可口，取之不尽，他们认为这是天赐福地。于是回到原居住地，把族人迁来日月潭边定居下来，他们还修建了白鹿跃潭的石雕以纪念白鹿的恩德。这是一则关于祖先恩人的神话传说，虽不能确定即是图腾，但作为岛屿居民，鹿与他们的迁徙繁衍结下了不解之缘①。

鹿回头故事来源于图腾崇拜，其故事的不同形态是黎族人民对于图腾祖先认同的不同表达方式而已。从研究者的眼光看，里面蕴含了古老的文化信息；作为一个当代人，只把它当作一个充满奇幻色彩的爱情传奇。这种传奇在华夏文明的发源地之一的尧都——临汾，也同样在流传。姑射山有著名的"鹿女洞"，流传着尧帝与鹿女恋爱的古老传说，与南海之滨的鹿回头传奇南北辉映，构成了华夏鹿图腾的奇特人文景观。

（七）猫图腾

猫是部分黎族之图腾。合亩制地区，至解放前尚犹存猫图腾崇拜之残俗。五指山市毛道乡的黎族视猫为自己的祖先，称雄猫为祖父，雌猫为祖母。猫是神圣的，任何人不得伤害和食用。猫死之后，他们如同对待人类祖先一样对待猫，给猫建立墓地，有两个十二三岁的未婚男子用竹竿将猫抬到村旁的猫山和椰子树下埋葬，抬者沿途如丧考妣地痛哭、呼叫，以示哀悼。通什、毛利、什勋三村操杞方言之黎族也禁食家猫。白沙县毛栈乡番满村和红星乡番响村操杞方言的黎族也禁止伤害和食用猫。猫死后抬去埋时，也忌对他人说"猫死了"之类的话②。据调查，此信仰现已消失③。

侗族始祖神话中也有猫的身影。《松桑与松恩》中棉必仙婆孵出一男一女松桑与松恩，他们结合生下七个儿女，其中就有猫郎公④。此图腾信仰在百越其他族中极为罕见。

就在猫图腾信仰流行之保亭地区，衍生出两则与猫相关的传说故事，《花猫姑娘》和《猎哥与仙妹》。

《花猫姑娘》是螺女和龙女故事的一种变体。受图腾文化之影响，女主角

---

① 董继宏、曲道德编著：《中国鹿文化》，吉林人民出版社2011年版，第211—212页。
② 王养民、马姿燕：《黎族文化初探》，广西民族出版社1993年版，第174—175页。
③ 林日举等：《海南少数民族宗教信仰研究》，海南出版社2015年版，第40页。
④《中国各民族宗教与神话大词典》编审委员会：《中国各民族宗教与神话大词典》，学苑出版社1992年版，第116页。

变为花猫，一名叫阿当的猎手在一次打猎中救下一只小花猫。小花猫与阿当一起回家。阿当出去的时候，小花猫变成一位美丽的姑娘。他的伙伴们看见了，便到阿当家里起哄，阿当怀疑之下，偷偷注视花猫的动静，发现小花猫揭去皮毛变成一位姑娘。玫瑰花没有她的脸红，水晶石没有她的眼睛亮，身上的银饰叮当响，彩色的筒裙闪闪发光。阿当取走花猫皮，向姑娘提出结亲的要求，姑娘羞涩地答应了。恶霸豪门见他人得到美丽的妻子，他忌妒万分，要据为己有。他请阿当赴宴，提出以金银和粮食换妻的要求，阿当坚决拒绝，回到家告诉花猫姑娘，她设下计谋。当恶霸前来谈换妻之事，花猫姑娘一口答应。阿当的家里一天之内堆满了金银和粮食。花猫姑娘跟随他而去，他并不能占得一丝便宜，在追逐小花猫的过程中，恶霸头撞石柱死去。阿当和花猫姑娘从此过上了甜蜜的日子。

《猎哥与仙妹》中的花猫则是来自天上的仙女。她与四位姐姐下凡间游玩，看中了英俊潇洒的猎哥，变为小花猫偷偷跟随在他身边。一次小花猫遇险，猎哥救下它带回家。从此每天收工回家，猎哥都能吃到香喷喷的米饭，有一位神秘的姑娘为他操持家务。后来猎哥发现姑娘就是小花猫所变，天上花猫的爷爷同意了他们的婚事，他们互诉衷肠，深情对歌，元月十五举行了婚礼。峒主打西认为七江峒的每一位美女都属于他，公然率兵丁把花猫姑娘抢走。猎哥悲愤异常，拔下耳环抛向空中，化为一只金鹿，他骑上金鹿追逐而去，打伤峒主救出花猫姑娘。受伤的峒主再次来到猎哥的村庄抢人，被花猫姑娘的猫皮裹住，卷进河底化为了石头。恶霸被除，七江峒百姓热烈欢庆。从此猎哥与妻子以及他们的子孙，世世代代居住在这里，繁衍生息。

仡佬族有一篇《猫大哥》，是猫大哥助凡人获取幸福的故事。一位叫未且的年轻人，与母亲相依为命。他出去做生意，半途被土匪抢了粮食。他偶然看见一只小花猫，把它捉住准备为母亲改善伙食，善良的母亲把花猫放生了。过了一年，花猫变身为一名男青年来到未且家，与他们一起生活，报答其恩德。未且爱恋上了官家小姐，猫大哥把猫皮借给他，他化作小猫进入小姐的闺房幽会。当小姐的父亲发现了他们的秘密，便把未且关进大牢。猫大哥再设计，化作毒蛇咬伤官老爷，让未且应征医治，提出娶妻要求。后来官老爷提出了娶亲的苛刻条件，准备一罐金，一罐银，二十四颗夜明珠，七十二乘大轿，才能娶得小姐为妻。在猫大哥的协助下，这些条件都达到了。未旦与小姐成亲第二天，猫大哥就离开了。

黎族猫图腾神话演变的第三个阶段，猫成为故事中富于神性的道具。流传于保亭的《兄弟俩》之"狗耕田"为猫耕田，因此地区有猫图腾信仰，人民随其信仰而改变故事的角色。

(八) 豹图腾

昌江黎族有豹姓，他们视豹为同胞手足。假如误伤豹，一辈子耿耿于怀，至死不敢泄露。他们有一则关于豹图腾之神话传说。

从前一户贫穷的黎族家庭，妻子怀孕两年，生下一只小豹。豹儿不吃饭，只吃青蛙老鼠，一年便长到一百斤。他有高超的捕猎本领，经常帮助家里捕获各种野兽，家里渐渐富裕起来。他们的富裕引起了邻居的忌妒，邻居设计要杀死豹儿。豹儿也已经有了一只小豹仔，转身逃走了。这户人家痛苦万分，迁居他处，他们的子子孙孙都姓"豹"，因为他们的祖先是被厚皮树杀死的，他们建房、围篱、制作家具，都不用厚皮树。

这则传说非豹生人，而是人生豹。但其实质是人豹之间的血缘关系，当属于图腾范畴。

云豹是一种旧大陆热带和亚热带动物，只产于亚洲东南部，是一种相当珍奇的动物。三亚落笔洞发现豹(未定种)Panthera sp 的材料，经鉴定与现生的 Pantheras 相近[1]。

历史记载中海南岛只有澄迈县和琼海市无豹。据地方志，全岛其他地区皆有云豹活动的记录。其中昌江县位于海南岛西北偏西部，高山连绵，峰峦叠翠，深山老林是豹栖息的理想场所。康熙和光绪时期的地方志中无豹活动的记录，但1949年后的《昌江县志》中记载了云豹[2]。

---

[1] 郝思德、黄万波：《三亚落笔洞》，南方出版社1998年版，第98页。
[2] 颜家安：《海南岛生态环境变迁史研究》，南京农业大学博士论文，2006年版，第260页。

(九)猿图腾

乐东有袁姓,自称是从尖峰岭的猿人进化而来,因此后人以袁为姓①。

海南岛是我国黑长臂猿的栖息地,又称黑冠长臂猿,海南民间又称乌猿,灵长目长臂猿科动物。猴形,颜面较圆,体重一般7至8公斤,亦有超过10公斤的个体。手指几乎可以触地,手指掌比脚趾掌长,无颊囊,尾退化。成年雄体的毛色全黑,雌体为棕黄色以至带金黄色光泽,仅在头顶后方留下一块黑斑。但幼体时,雌雄两性多棕黑色,随着年龄的增长,雄性的黑色逐渐加深,雌性则褪去黑色,转变为棕黄色,仅残留头顶的黑斑。乌猿栖居于广阔的热带原始森林中,完全是树栖生活。家庭性群居,群体一般有四五头,多则七八头。前肢强健有力,特别善于攀附跳跃,行动飞快。活动路线比较固定,不遇特殊情况,不轻易另走"新"路。通常不在地面或石壁行走,晚宿于高树上。主食野果、嫩枝叶,如毛荔枝、龙眼、无花果、子京、鸡毛松等果实种子,亦寻食昆虫、鸟卵、雏鸟等。每年产仔一次,每胎产仔一胎,怀孕期7至8个月,雄猿九岁左右性成熟,寿命可达30余年。

黑长臂猿非本土成员,晚更新世大理冰期来临,全球变冷,海水结冰,海平面下降,海南岛与大陆相连,喜热畏寒的黑长臂猿通过陆桥迁徙到海南岛生存繁衍。长臂猿是灵长类动物中独特的臂行一族,生长在热带雨林中,是典型的树栖动物。三亚落笔洞遗址发掘有海南黑长臂猿的下颌骨及其牙齿。说明黑长臂猿在本岛的居住史有一万年以上。

明清时期黑长臂猿广泛分布于海南岛内各地,今海口、定安、琼海、万宁、陵水、三亚、东方、儋州、临高等地都有长臂猿的活动记录。全岛除澄迈县无黑长臂猿的记载外,其他沿海各州、县的地方志均有记载。现今之白沙县、乐东县、保亭县、五指山市等中部山区少数民族自治县,民国时期才有建制,自古无文字记载。但中部山区,山岭高峻,树高林密,人烟稀少,且少猛兽,应是包括黑长臂猿在内的其他许多动物的乐园。新中国成立后新

---

① 符兴恩:《黎族——美孚方言》,银河出版社2007年版,第36页。

修的《乐东县志》《白沙县志》《保亭县志》《琼中县志》均追记本区域产"黑长臂猿"。故明清时期这些地方不仅有黑长臂猿,而且较多。

我国有四种长臂猿,即白掌长臂猿、白眉长臂猿、黑长臂猿和白颊长臂猿,它们都是我国国家级保护动物。长臂猿是我国仅有的现生类人猿,与猩猩、大猩猩、黑猩猩一起被称为四大类人猿,是仅次于人类的高级灵长类动物。它们是中新世时的上新猿的后代,身材较为矮小,但与人类的亲缘关系十分密切,是研究从猿到人的进化过程的重要材料,也是灵长类研究的重要课题。它们在身体构造上有许多方面和人类极为相似,例如牙齿都是32颗,胸部只有一对乳头,大脑和神经系统都很发达,血型也有A型、B型和AB型,只是缺少O型。它们细胞中的染色体数目也和人类相近,有22对,比人类只少一对。它们的妊娠周期比人类的短,大约为210天。月经周期和人类的相差不多,都是30天左右。胚胎发育过程与人类的胚胎保持的时间长度近似①。

普通人的印象里猿猴不分,统称为猴子。对于猴子鬼的忌讳,海南黎族许多地方非常关注,与祖先鬼一样,具有可善可恶的品质。据说,猴子鬼非常容易导致孩子生病。如果出生的婴儿发育不好,身体瘦弱,俗称"不长进",道公就说婴儿落了猴子胎。这时需要祭祀猴子鬼。有的黎族支系祭祀猴子鬼时,主要由孩子的家长将刚砍下的三条木棍,用绳子捆牢一端,然后叉成三足,并于顶端放一个剥了椰子皮的椰子,吊上四条稻穗,烧香后默不作声地回家。如果有行人路经此地,就随手拿一根木棍将椰子打烂吃掉椰肉,象征吃掉了猴子魂。孩子的父母还要在猴日到十字路口抓一把泥土带回家中,放进盛水的陶盆里,用过滤的水给孩子喝②。猴日也是黎族日历的十二日之一。

---

① 以上参阅颜家安《海南省生态环境变迁史研究》,南京农业大学博士论文,2006年版。
② 王养民、马姿燕:《黎族文化新探》,广西民族出版社1993年版,第155页。

二、植物图腾

(一) 竹图腾

我国古籍最早的竹图腾神话记载于常璩《华阳国志》，故事云："有竹王者，兴于豚水。有一女子浣于水溪，有三节大竹流入女子竹间；推之不肯去。闻有儿声，取持归破之，得一男儿。长养，有才武，逐雄夷狄。氏以竹为姓。捐所破竹于野，成竹林，今竹王祠竹林是也。王与从人尝止大石上，即作羹，从者曰：'无水。'王以剑击石，水出，今竹王水是也。破石存焉，后渐骄恣。"后又云："武帝转拜唐蒙为都尉，开牂柯，以重币告诸种侯王，侯王服从。因斩竹王。置牂柯郡，以吴霸为太守，及置越嶲、朱提、益州。后夷濮阻城，咸怨诉竹王为血气所生，求之后嗣。霸表封其三子列侯，死配食父祠。今竹王三郎神是也。"①故事产生之豚水，在牂柯境，即今北盘江流域。《水经注》云："豚水东北流，经谈藳县，东经牂柯郡且兰县，谓之牂柯水。"又云："竹王生于遁水，即今盘江。"②其地为红水河上游，乃百越后裔壮族之腹地。其中牂柯水亦即北盘江。江应樑《傣族史》认为："凡有'牂柯'一名的地区，恰是越人的分布区，不仅盘江、郁水、西江皆称为'牂柯江'。就是南海，也被称为'牂柯海'，因此，'牂柯'之名，应当与越人有密切关系。"有学者认为："由于干越人、扬越人从东面迁入，越嶲人从北面迁入，滇越人从西面迁入，骆越、西瓯人从南面迁入，他们都与牂柯人杂居，导致牂柯人逐渐与众多的越人通婚，而融入越人系统，以后成为布依族、壮族的成员。"③同书作者甚至认为海南岛亦有牂柯之后裔④。因此之故，竹神崇拜在百越中广为传布。以贵州为中心形成一个不规则的传播圆圈，贵州、四

---

① 常璩撰：《华阳国志》，严茜子点校，齐鲁书社2010年版。
② 陈桥驿：《水经注校证》，中华书局2013年版。
③ 何光岳：《百越源流史》，江西教育出版社1989年版，第226页。
④ 何光岳：《百越源流史》，江西教育出版社1989年版，第221页。

川、云南、广西、湖南、湖北皆在地方志中记载有大量的竹王祠、庙①,海南岛亦在此传播之范围。其竹图腾神话当与古籍所载有渊源关系。

百越后裔诸民族亦多以竹为姓。黎族,"符"姓,黎语叫作"德伦",意即"竹的孩子"②。壮族之"闭"姓,亦来源于竹,"古代壮人以竹子为男根,此即生命之源。'种'之音同'竹笋'都叫 La:ŋ,种猪叫 mu'la:ŋ²。南部壮语竹子叫 p'a:i⁵,与闭音及粤音接近,古代壮族部落取闭字为姓氏。"③仡佬族之族名即竹之义。严如煜《苗防备览》卷八《风俗考》云:湘西仡佬民间方言"呼竹曰盖脑","盖脑"即"仡佬"之异写④。

黎族为百越后裔诸族中较多保存了竹图腾神话之民族。有的地区流传之故事版本非常简略,却颇古老。五指山有的地区的人认为:"上古时候,人类没有生殖器,人都是从竹子里生出来的。"⑤黎族流传一种吟唱祖先事迹和族源的族谱《沃茂》,其中亦保留一则神话。"沃"意为"做","茂",黎语意为"民族""家族"之意。"沃茂"即以特定的牺牲祭祀民族或家族祖先鬼的宗教活动。在"沃茂"仪式中,精通本民族或家族族谱的"鬼公"将人类起源、繁衍、民族或家族演化情况一一吟咏,借此祈求祖先的宽恕和保佑,消除灾病疾苦⑥。当举行"沃茂"仪式时,作法人以高昂的声调叙述祖先来历,及远古时候人种的来源,由"公甘"(神祇)安排,把人种投生在竹筒里,竹筒裂开,人生世间,称"竹筒人"⑦。

在东方市流传另一则较为复杂的相关神话(美孚方言):远古时候,有黎

---

① 刘亚虎:《中国南方民族文学关系史上,先秦汉魏晋南北朝》,民族出版社,第306—307页。
② 高泽强、潘先锷:《祭祀与避邪:黎族民间信仰文化初探》,云南民族出版社2007年版,第193页。
③ 李锦芳:《壮族姓氏起源初探》,《广西民族研究》1990年第4期,第72—77页。
④ 张泽洪:《中国西南的仡佬族及其宗教》,《贵州民族研究》2015年12期,第195页。
⑤ 张跃、周达鸣:《黎族:海南岛五指山市福关村调查》,云南大学出版社2004年版,第298页。
⑥ 高和曦:《一部无形的历史长篇——黎族咏谱〈沃茂〉》,刘明哲主编《拂拭历史尘埃:黎族古籍研究》,云南民族出版社2006年版,第255页。
⑦ 高和曦:《一部无形的历史长篇——黎族咏谱〈沃茂〉》,刘明哲主编《拂拭历史尘埃:黎族古籍研究》,云南民族出版社2006年版,第261页。

族母子俩住在东施大山下,他们靠山上的泉水灌溉庄稼获得粮食。有一段时间,山上的泉水总是时有时无,母亲便叫儿子上山看看。儿子到山上察看时,发现有一群仙女在沐浴,于是他藏起了仙女衣裳中最漂亮的一件,这位仙女便成了他的妻子。他们一起生活,养育了一个儿子,仙女种竹,并教丈夫养鸡。有一天,仙女对丈夫说,她想回家了,并说她回家后可能回不到地上了,希望儿子长大后到天上看望她。仙女走的时候儿子尚未断奶,她给丈夫留下两个葫芦,一个装奶,一个装土蜂,并交代丈夫,到时如果儿子不认得母亲,就让他打开装有土蜂的葫芦,土蜂就会带他找到母亲。仙女还说,等竹子长得看不见竹尾了,就说明竹子已经长到天上了,那时儿子可以骑公鸡沿竹子上天。儿子长大后,按照母亲临走时的嘱托上天,土蜂果然带他找到了母亲。外公见到地上来的外孙很高兴,就让外孙在天上放牧、种田。在劳动中,外孙比天上的人更有力量、更伟大。后来,外孙要回家,外公就送给他四团棉花、铜锣和糯米糍粑,并吩咐外孙,沿竹子到地面以后,就敲三下铜锣,那时外公就可以收竹子天梯了。孙子沿着梯子下到山腰时,调皮的猴子来抢他的糯米糍粑吃,他不给,猴子便用石头打他,有三个石头正好打在铜锣上,外公听到三下锣声,误以为外孙已到了地上,于是收起了竹子天梯,外孙一下子就落在竹丛里。从此,这个地区的黎族就认为他们的祖先就是那位落入竹丛里的先人。故有"竹的孩子"或"竹子丛下的人"之称①。此篇神话融合了羽衣仙女型故事和天梯故事的情节,当非神话之原始形态。但与竹王神话相似的是母系社会特征之表现,竹王神话中三节大竹流于浣衣女之足间,生一小儿并由她抚养长大,无疑是母性崇拜之遗迹。而黎族神话中,母子相依为命,妻子的非凡出身及种竹子环节,都表明母系之特征,父亲在神话中是空白的,回到天上是不落夫家习俗之表现。不过,生下的孩子没有带走则表明向父系社会转变之痕迹(上一代母子居住,下一代父子同居)铜锣、葫芦点染其间,都是黎族人至为崇信之物,更增强了神秘性。

---

① 高泽强、潘先锷:《祭祀与避邪:黎族民间信仰文化初探》,云南民族出版社2007年版,第193—194页。

黎族神话既有竹王神话之渊源，亦有地理自然之因素。热带亚热带气候，特适宜竹子生长。据统计，海南竹子种类占全国四分之一。由采集到农耕、渔猎，竹被广泛应用于黎族人民之日常生产和生活之中，他们居住以竹木为架的干栏建筑，屋内用具多竹床、竹椅、竹席、竹笠、竹筒，农业耕种之竹犁、竹耙、竹制插秧架、打谷桶，捕鱼之鱼篓、鱼笼，无不用竹编制。狩猎中之竹箭、竹弓、竹标枪、竹签，也是军事上杀敌防敌之主要武器。交通运输有竹排，日常工艺品有发篮、箭筒、竹扇，艺术方面有竹唢呐、口弓、利咧、二胡，还有竹竿舞。他们是如此密切地在物质方面与竹发生关联，自然在精神信仰上也产生一系列神秘的联系。黎族吃饭时忌拿筷子敲碗。因为筷子大多是竹子做的，而竹子繁殖又快，认为用筷子敲碗，粮食很快会被吃光。青年男女恋爱时，经过一段时间的接触后，如果小伙子喜欢姑娘，他就要用山区产的连竹，精心制作一个美观大方的竹篓赠送给对方。当亲人去世，孝子手持的丧幡即是小青竹。这种习俗缘于人们对竹子生命和生殖的信仰。竹子有生命力旺盛、繁殖快、常青的特点。黎族用竹做丧幡，是祈求祖先保佑家业兴旺，子孙像竹一样生命力旺盛，易生易活，也希望祖先的灵魂像竹叶一样，常青不灭[1]。

毛枝乡(今名毛枝村)黎人做鬼仪式中有迎送雷公鬼的仪式，预备雷公塔挂于室内，用一根竹竿与屋顶联结，塔连地面共分五层，据说这个塔是雷公从天上下地的必经之路[2]。竹子在这里是沟通神人的天梯。

竹的神奇力量还表现在农业生产方面。琼中杞方言区黎人在遇到虫害或禾瘟病时，他们要以特殊的方式祈求山鬼驱邪。那方法是：在山栏稻或水稻发生禾病时，若是稻叶变白，要用白纸贴在竹片上，清晨的时候插到山栏园或水田里；若稻叶变红则用红纸或红树皮贴在竹片上，插入田里。插这些东

---

[1] 王辉山：《黎族竹文化》，刘明哲主编《拂拭历史尘埃：黎族古籍研究》，云南民族出版社2006年版，第347—354页。

[2] 广东省编辑组：《黎族社会历史调查》，民族出版社2009年版，第91页。

西时，不能说话①。有些地方黎族丧葬之中，要用10根手指粗的小圆竹和红藤或白藤准备精致的竹担架，铺露蔸席，尸体安放其上，盖上绣着各种图案的名叫"拜秧"的纺织品②。此种方式具有象征意义，竹子里诞生了人类，人去世以后还要回到图腾。许多民族有此宗教仪式，比如羌族，族人去世以后要用羊皮裹住埋葬，因羊为羌族之图腾。当然，并不是所有民族所有图腾都具有这种仪式，历史的早期应该是普遍现象，随着图腾文化的衰落，有的已经完全消失，有的只有残存的遗迹。美孚黎的黎道公符有信云，美孚黎习惯用单数竹片做成的革绳（祖先受祭祀时的座位）作为祖先回来的栖身之所③，与丧葬用竹担架体现的黎族人的图腾观念是一致的。

傣族人与竹为伴，只要进入西双版纳或德宏傣族地区，首先见到的是傣族的大片竹林。一个个寨子，一幢幢竹楼，都位于一片片竹林之中，人竹不分离，有人居住的地方就有竹林。在人们去世后，他们的灵魂依然要居住在竹房之中。据调查，德宏地区的一些傣族，在为死者装棺后，要用竹编制一个类似"干栏"式样的小竹房放在棺材上。这里的含意是很清楚的，都是因为竹是能沟通祖先的载体，死者的灵魂可通过这一载体，去和祖先团聚④。布依族在老人过世以后，魂幡必用大楠竹，竹子尖留有竹叶，做灵魂回归祖先故地的必由之路⑤。黎族丧葬之中此种招魂幡也颇为常见，功能相通。北盘江一带的布依族每个村寨有神房。每年除夕，各家持酒肉供奉，并采竹枝或竹叶回家插在神龛上供奉，表示迎接祖宗回家过年⑥。同样，贵州仡佬族埋葬死者以后，要在坟顶上插一根竹子，每一节要打通，并且，插入坟内的一端对着死者口部位置，当地人称之为"归宗竹"，意思是死者可以通过竹竿去

---

① 高泽强、潘先锷：《祭祀与避邪：黎族民间信仰文化初探》，云南民族出版社2007年版，第181页。

② 海南省民族学会：《黎族田野调查》，第64—65页。

③ 海南省民族学会：《黎族田野调查》，第106页。

④ 何斯强：《傣族文化中的稻和竹》，《思想战线》1990年第5期，第54页。

⑤ 张劲松：《中国鬼信仰》，中国华侨出版公司1991年版，第15页。

⑥ 伍文义：《论布依族竹图腾》，贵州省布依学会编《布依学研究》，136—147页，转引自《中国各民族原始宗教资料集成·布依族》，中国社会科学出版社2012年版。

和祖先团聚①。竹子在黎族的祭天仪式中承担天梯的功能,东方美孚黎求雨祭天,要杀水牛。将牛角挂在大榕树下,一边插一根青竹枝,上面挂四团棉花,因为棉花是天上的东西,竹子可以作天梯,天神沿着天梯下凡取走祭品②。

布依族竹图腾则护佑生命的诞生。有妇女不孕,便用竹子制成花轿,用红绿纸剪成许多人形,放在花轿上,然后在不孕妇女的家门前举行搭花轿仪式,以求育子③。布依族妇女怀第一胎,为了生产顺利,举行"改都雅"仪式,其中舅舅家选择竹节一致、高矮相同的金竹一对,竹尖留竹叶,送女方以示祝贺。在六盘水、关岭、晴隆等市县的盘江两岸,为孕妇举行顺产仪式,由巫师采伐新鲜大楠竹做成船,船上扎茅草人,手持竹桨,作为祈子神物。将船放在主家水缸边祭祀,认为竹船可以渡魂魄过江④。

在一则黎族洪水神话异文《一个怪竹筒》中,竹筒中生的是牛,当是竹图腾之衍生形式。故事说很久以前,大水退后,葫芦瓜内只有两头牛,不够分配。雷公说,你们的牛不够,我来帮助你们。他拿出一个竹筒来,在牛日敲打,牛就从竹筒里走出来。

百越后裔其他民族竹生人之神话亦不少。仡佬族有一篇,即竹王神话之遗传。从前,一位姑娘在河边捞得一竹筒,打开后蹦出娃娃⑤。仡佬族对竹的信仰表现,较黎族为甚。有些地区的仡佬人有将竹筒放在堂屋神龛上供奉的习俗,还要祭祀竹王神,祭词云:"它是仡佬的竹王,它是我们的先人。出门做事它会讲,出门做事它会说:会讲会说是竹王,我们世代敬供它。竹王万世保佑我们,仡佬家家享太平。"贞丰县巧贯乡的仡佬族人家在祭祖时,必于神龛上放置竹筒一只,以示祖宗灵位。仡佬语称呼此竹筒为"母宫"。他

---

①夏之乾:《中国少数民族的丧葬》,中国华侨出版公司1991年版,第72页。
②符镇南、郑广琼:《东方黎族自治县黎族(美孚方言)部分宗教活动汇编》第11页,转引自《中国各民族原始宗教资料集成·黎族卷》,中国社会科学出版社1998年版。
③黔南自治州民委文学艺术研究室编印:《布依族苗族风土志稿》,1981年版,第3页。
④伍文义:《论布依族竹图腾》,贵州省布依学会编《布依学研究》,第136—147页,转引自《中国各民族原始宗教资料集成·布依族》。
⑤《竹王的传说》见《中国民间故事集成》(贵州卷),2003年版,第85—86页。

们视竹为有灵气之物。每年除夕要砍竹子一根，每节割一道口子，放入一样种子，再逐节灌上清水，等正月十五将竹子剖开观察，看哪样种子发胀得好，当年就多种①。道真仡佬族妇女生育子女后，要将胎盘在夜深人静时由丈夫或姐妹置于竹笼深埋竹林中，并焚香祷告，希望孩子在竹王神保佑下健康成长，长命百岁②。

傣族之竹如同黎族之竹筒，也在创世神话中作为工具而出现。传说远古时代洪水过后，人和一切生物都死光了。只有智贤长者叭桑目底没有死，他用一根竹棍指点着各种死兽死鸟，于是这些飞禽都一个个活过来了③。傣族创世史诗《巴塔麻嘎捧尚罗》中说，创世神英叭往葫芦中放入各种生命，其中就有竹的种子。天地的男神布桑嘎和女神雅桑嘎赛在创造万物时，种出了成蓬的竹子。黎族的种子是母亲种下的，图腾的暗示意义非常明显。傣族神话表明竹子在创世神的观念中占有重要之地位。仫佬族有一篇民间传说《竹茂》也反映了他们的竹图腾信仰。竹林村一位名叫竹花的姑娘在变成鬼魂后和活着的男青年谈恋爱，通过种种波折鬼魂复生，二人结为夫妻。故事中灵魂复活的方法是到开着一蔸竹花的坟上，将尸骨取出，为之招魂。竹在故事中具有神秘的功能，反映了仡佬人的图腾观念。

台湾高山族流传之竹生人神话非常丰富，其关于竹信仰之习俗亦甚多，此处不再一一罗列，只举一例足以说明问题。台湾少数民族男子有文身之俗，他们称文身为"文竹"④，即最充分说明了他们的图腾意味。我国古代帝王崇祀郊禖神，供奉一枚称作高禖石的圣物，郊禖乃女性生育神之象征。《隋书》中曾记载南朝梁之太庙有郊禖石，说其图案"文如竹叶"，如同满族将柳枝作为祖母神，称柳叶为"佛朵妈妈"一样，是因为竹叶与柳叶皆象女阴之形。唐代时的长安亦崇尚竹神，唐传奇《李娃传》中男女主人公一起到竹林神庙祈求子嗣。高山族文身之称呼颇富深意。

---

①袁礼辉：《远山信仰的魔力——仡佬族崇拜与祭祀》，民族出版社2012年版，第104页。
②余群：《仡佬族民间信仰之源再探》，《大理大学学报》2016年第5期，第22页。
③《傣族社会历史调查》之《西双版纳之八》，民族出版社2009年版，第178页。
④陈国强、林嘉煌：《高山族文化》，学林出版社1988年版，第189页。

台湾许多高山族支系皆有相关神话。

卑南人传说，他们的始祖原是海外巴那巴那扬的竹子所生。后来下海遭遇台风，才漂到台湾定居，因而他们逢年过节有面向大海遥祭祖先的习俗①。另一传说云：古时在拍掌拍拿杨有一女神，名叫奴奴拉敖，她左手持一竹，右手持一石，她将竹投于一地，上节裂开生出女神孔赛尔，下节裂开生出男神柏考马拉伊，即卑南人祖先。

雅美人传说，兰屿柏布特山上有一块巨大的岩石，一天忽然出现天崩地裂般的巨响，炸开了的石头里有一个男神。不久又发生大海啸，波浪打到鲁塞克海岸的竹丛中，一根大竹裂开，又走出一个男神。后来这两个男神并枕而卧，两膝相擦生出男女二人，即是人类祖先。另一传说是，天神看见兰屿岛浮现，便差遣两个孩子藏在天上的石头和竹子里，投到岛上，成为石、竹两系的始祖②。

石竹混合生人是台湾高山族图腾神话之特色。石生人神话在汉族的古籍中有记载，大禹之子启就是石中所生，百越后裔诸族中壮族史诗《布洛陀》中雷王、龙王、布洛陀是从石蛋中化育而生。仡佬族久婚不育，缺乏子嗣者要向巨石求子，孩子体弱多病，也要带上孩子和祭品前往拜祭祈祷，给孩子取名"石生""石体"等名，孩子称其为"石保爷"，以得到灵石之保佑③。黎族虽无石生人之神话，也有石头崇拜，把他们认为具有神秘生殖力的石头，用酒泡过，给牛喝下，可以促进牛的健康与繁殖。本篇神话两男神双膝相摩擦生人就如同黎族竹生人没有性别之分一样充满了怪诞的想象。

百越后裔其他民族虽未见典型的竹图腾神话，却也有浓厚的竹信仰文化，并衍生出和竹图腾相关的造反类型的故事。如布依族，妇女久婚不育，就要到娘家去要竹子花。拿到竹子花后，回家途中不与任何人说话，到家后就将竹子花放在枕头下，以促使怀孕。当亲人去世，丧葬中有一种"古夜王"的习俗，其主要内容，就是"栽龙戈"，即死者的亲人在门口栽立一棵数丈高

---

① 陈国钧：《台湾东部山地民族》(《民俗丛书》)，东方文化书局，第120页。
② 陈国强、林家煌：《高山族文化》，学林出版社1988年版，第231页。
③ 《中国各民族宗教与神话大词典》，学苑出版社1990年版，第149页。

的大竹作为死者升天的通路。布依族口传文学《金竹拢朝》中之金竹丝"即全体布依族所崇拜的金竹,是'民以竹为姓'之反映"①。

壮族亦多有崇信竹之习俗。壮族流行一种"种命树"之风习,当儿童体弱多病时,要请魔公为孩子种竹,以祈求其能像竹子一样生机勃勃。在人去世以后,灵幡要用三棵长得最茂盛的竹子挂起,以示天公地母接亡灵上路。同黎族一样,壮族恋爱中之男女亦将竹作为爱情之见证。广西巴宁一个叫金银花山的地方,青年男女每年三月三举行歌会,对歌成双的男女要共同种下一棵竹子,祝愿爱情像竹子一样根深叶茂②。

黎族竹图腾神话发展的第二个阶段,是在始祖英雄神话传说中,竹图腾的神异功能再次得到了发挥。《帕隆》是一部黎族英雄史诗,讲述其反抗外族的故事,分为七个部分:教母智斗伟代;守西瓜园得宝;调教懒惰兄长;初战告捷;两族和亲;被捕就义;竹筒里练兵。在最后一个部分,竹子里养神兵,表现了图腾祖先的护佑子孙的神奇力量。

故事大意是:帕隆牺牲三年后,埋葬帕隆的那块地方长出茂密的大刺竹。外族官兵骑马经过,刺竹将其打下马,而且听到竹子中人喊马嘶、刀剑相击之声。外族国王派人砍竹不死。用三牲祭祀,再洒黑狗血,才逐个砍掉。最后一个大竹砍开,雷电交加,许多正在练习战斗之技的大人小孩死在竹中。如果晚一年,竹筒中将走出精兵强将。死后埋葬的地方长出神奇的竹子,在黎族的许多故事中都有所体现。黎族之《杀皇帝》中神童死去,埋葬的地方长出竹子,竹尾飞起来插到皇帝的床上,边叫"杀皇帝、杀皇帝"。皇帝派人听见竹内有人说话:"竹子裂开就去杀皇帝。"皇帝听闻火烧竹村。《李德裕治贼》中李德裕死后,葬在神蛙岭,墓上长有刺竹,竹子长老,破开有神兵。由于叛徒告密,敌人来砍神竹,刺竹砍不死,敌人又洒狗血,竹内冲出人马,与贼兵厮杀。《田头公》的主人公去世后,其灵魂化为竹子,皇帝出现,见到漂亮竹子,用来做轿杠,过桥时折断淹死皇帝。大体

---

①罗曲:《布依族的竹崇拜》,《西南民族大学院学报》2000年第11期,第44—45页。
②南宁地区文联、广西民俗学会编:《壮族风情录》,人民出版社1991年版,第181—182页。

上，结局是悲剧性的。壮族的《莫一大王》中也有英雄人物种神竹练神兵的情节。

《帕隆》之故事还与贬谪文化结合在一起，使李德裕这位伟大的唐代政治家成为黎族的图腾神。李德裕，中晚唐著名宰相，历仕文宗、武宗、功业卓著。唐宣宗即位后，于大中三年（849）被贬至崖州，任崖州司户参军。当年正月到达海南岛，年底即因病去世，在海南岛，他有半年时间是在病床上度过，并无政绩可言。但其人却为南部之黎族人民所接受，以祖先供奉。海南乐东黎族自治县大安镇之李姓，自认为李德裕之后，并立祠庙祭祀，庙名"祖公屋"，1958年被夷为平地。关于李德裕是否有后裔居留海南，争论甚多。笔者专著《中流砥柱，魂寄天涯——根系崖州的名相李德裕》有详细讨论。但黎族人民对他的追宗认祖之情是发自内心的。由此，在他去世后，在乐东大安乡流传起他的神奇故事《李德裕在黎寨》《李德裕的传说》，皆为民造福之事迹。传播文化、勇降盗贼、反抗官府、兴修水利，皆留下了他的业绩。在《李德裕治贼》中他具有神奇的法术对付山贼保护黎民之人身安全，然为叛徒出卖被害。死后埋葬的神蛙岭长出一丛刺竹，竹子长老，破开就有神兵。山贼砍开未成熟之幼竹，冲出的兵马依然将贼杀尽。李德裕这位外来的贬谪官员，被乐东李姓黎族奉为祖先，逐渐被神化，最后与那位黎族英雄帕隆一样，成为竹图腾神。

仡佬族的竹王传说，与帕隆、李德裕传说类似，也是以竹图腾为法术来源。故事大意是：竹王爱民如子，拥有精兵百万，使用以竹竿削尖、炙烤而硬的九节枪，打起仗来锐不可当。国王得知竹王兵强粮足，心中甚是恐惧，便派遣使臣招他入朝受封。竹王聪慧过人，对众将说："国王召我入朝受封是假，诱杀谋害是真，切莫上当。"数年后，国王御驾亲征，想要捉拿竹王。竹王命令众兵进竹林隐蔽，大呼："竹生！竹大！竹茂！"只见竹子随音，越长越高越密，鸟雀难进。国王无可奈何，命令官兵砍掉竹子，砍了九九八十一天。竹王以逸待劳，领兵冲出，大喊："竹兵竹将，时机已到，英雄杀敌，保我夜郎。"话音未落，竹林炸声震天，竹节中的神兵见风就长，化为人身，准备出战。终因火候未到,未战而亡。最后竹王寡不敌众,兵败身亡①。仡佬族的这个英雄传说与黎族如出一辙,当是百越时期已经形成的一个族群神话,后来随着族群迁徙,各自传承。基因测试的结果,黎族与仡佬族之间种族关系非常之近。

竹图腾神话衍化的第三个阶段,是竹子成为故事中神奇的法宝。流传于保亭的《兄弟俩》故事说哥哥好吃懒做,弟弟勤劳老实,哥哥分家时得牛,弟弟得猫。弟弟伤心地哭起来。猫主动提出为弟弟耕田,猫很快把田犁好了。哥哥听到,趁弟弟不在家时,把猫偷偷拉回去,耕田却耕不动。生气之下,他把猫打死。弟弟伤心地把猫埋葬,坟上长出两棵竹子。微风吹过,竹叶飘落,化作金银,弟弟置办了很多财产,哥哥也偷偷去摇竹子,竹叶变成狗屎打在他身上,他砍掉竹子。弟弟用竹子编成竹筐,各种鸟儿飞来在筐里下蛋,哥哥央求弟弟把筐给他,鸟儿在里面拉鸟屎。他把筐烧成灰。弟弟把灰撒在田里,稻子长得很好。而哥哥也种了稻子,山猪乱拱,把他咬死。

《三兄妹》故事中,龙神与妹妹恋爱结婚,赐给弟弟一个竹筒。那个竹筒神奇无比,变出各种牲畜。神奇的竹筒,在黎族的许多故事中都是一个重要的工具。

(二) 芭蕉图腾

在哈黎支系中,常以动植物来做区别通婚集团的标志。比如"牛姓",黎语为"芭蕉的孩子"之意,是古代图腾的遗迹②。

在黎族的宗教习俗中,芭蕉常具有神秘的法术功能,五指山市福关村亲属去世后,到第八周年时,由"亩头"于村后种一株芭蕉③。这当是图腾的表现形式,死者的亡灵转化为芭蕉的形态再生。陵水县黎族停棺待葬期间,八音队奏乐,哈黎先由一内亲肩挑两个箩筐,筐内放入棉花,筐沿挂稻穗,独自绕棺跳舞。另一个内亲挑来两株芭蕉树苗放在灵前,入葬后栽于坟墓旁

---

① 袁礼辉:《远山信仰的魔力——仡佬族崇拜与祭祀》,民族出版社2012年版,第97—98页。
② 中南民族学院编辑组:《海南岛黎族社会调查》上册,广西民族出版社1992年版,第15页。
③ 中南民族学院编辑组:《海南岛黎族社会调查》上册,广西民族出版社1992年版,第266页。

第一章 图腾崇拜

边，以示代替死者创家立业①。很明显，芭蕉作为死者的替代品，具有图腾祖先的意义。壮族亦有类似习俗。有些地区的壮族妇女在生产过程中意外去世后，丈夫需在妻子坟前栽种一篼芭蕉树，并日夜守护其旁，白天护理芭蕉，施肥浇水，晚上守灵。直至芭蕉树开花为止。种芭蕉，生根，发芽，开花，象征着生命的重生。有的长达九个月，俗称"还花"仪式②。虽然复生的时间久暂不一，但黎族与壮族之命意是相同的。

在黎族祭祀祖先的舞蹈中，芭蕉叶常作为召唤祖先的通灵天梯。乐东县抱由、山荣、永明等地，流传一种古老的祭祀舞蹈"召祖舞"，当有人长期患病或做噩梦，意味着祖先的灵魂要回归人间，希望得到子孙的供奉，这时就要跳"召祖舞"，表现内容是把祖先召回来吃饱喝足、再送回去的过程。首先要抬一个高二尺宽二尺的木架祭坛，坛上置祭品，祭品以芭蕉叶盛之。一架用芭蕉梗做的通灵梯，从地面架到坛上，供祖先们拾级而上，享受祭品③。乐东之"祭祖舞"中芭蕉的功能与"召祖舞"一般无二④。

无独有偶，在台湾赛夏人关于人和雷女结婚的神话传说中，雷女最后顺着一棵芭蕉树升天而去。显然，这里的芭蕉也是通天树。

另外在黎族的一些宗教仪式中芭蕉也常作为驱邪的工具。如杞方言黎族结婚时，新娘进村要举行烤火仪式，道公手拿芭蕉叶用以驱邪。

由图腾文化衍生出各种相关的神话传说。

《七星、犁尾星、猪鳄星的来历》中，一对久不生育的夫妇，焦急地盼望生下后代。一位神秘的过路客人到他们家，他们热情地接待，客人临别赠予他们七个芭蕉，嘱咐妻子每三年吃一个，一直把七个芭蕉吃完，禁止一次吞下。妻子没有遵从客人的嘱托，一次将七个芭蕉吞下，结果很快怀孕，生下了七个男孩。《圆圆的椰子》中一位未婚姑娘在接受了一位白发老爷爷赠的一

---

① 潘先锷、李其芬：《陵水黎族风土见闻录》，1989年版，转引自《中国各民族原始宗教资料集成·黎族》。
② 刘栩：《壮族蕉文化探析》，广西民族大学2012年硕士论文，第33页。
③ 《中国民族民间舞蹈集成·海南卷》，中国ISBN中心1999年版，第84页。
④ 《中国民族民间舞蹈集成·海南卷》，中国ISBN中心1999年版，第12页。

只香蕉后，也生下了一个神异超凡的孩子。

这两个传说直接表达了图腾崇拜与人的生命之间的亲密关联。另一篇《芭蕉树与少女》则有与民俗极其相似的情节，主要讲述了一个人龙之间浪漫的爱情故事。

一位会种芭蕉的老人与女儿相依为命。他种的一株芭蕉非常奇怪，即使天天浇水，叶子始终是枯萎的，不见回青。然而只要女儿浇灌芭蕉，芭蕉就焕发出生机，其余芭蕉都长大了，这一株却长不高。有一天，姑娘对着芭蕉发问，它为什么不长。芭蕉神奇地开口回答，只要勤灌，三年后开花结果。三年以后，那株芭蕉变成了一个俊美的青年男子。原来他是龙王之子，看中了姑娘，特意化作芭蕉树以考验，等候姑娘长大。最后，龙子携带姑娘离去，给老父亲留下了五根具有魔力的香蕉，父亲吃了一根，马上返老还童，变成青壮的小伙子。

故事中的女孩勤灌芭蕉树，与壮族使亡者灵魂复生的方法何其相似。经过三年的浇灌，龙的魂才化生为人形，她所呵护的，既是成长着的生命，也是未来的爱情。芭蕉使人返老孩童的想象，更是对这种植物图腾生命力的最高礼赞。

台湾布农人有一则《芭蕉树的来历》，也讲述了人化为芭蕉树的神奇故事。远古时代，始祖沙厄拉扬重男轻女，经常让女儿们到河边汲水。有一年天大旱，河流干涸，他的女儿们无法取到水，多次遭到沙厄拉扬的鞭打。女儿感到非常悲伤，到河边去痛哭，最后化作了一棵芭蕉树。其母追到河边，也化作芭蕉树，和女儿并立在一起[①]。

(三) 椰子图腾

从关于椰子的种种传说和民俗来看，椰子也当是黎族的古老图腾之一。随着岁月的流转，文化的变迁，此种信仰的表现越来越不鲜明了，反而是在椰子种植密集的海南东部之文昌、琼海等汉移民聚居区，尚遗存着许多相关

[①]《中国各民族宗教和神话大词典》，学苑出版社1990年版，第187页。

仪式。

很早，古籍中就有椰子为人头所变化的记载。东汉杨孚的《异物志》云："椰树，高六七丈……(椰子)俗人谓之越王头。"①嵇含《南方草木状》亦云："(椰子)俗谓之越王头，云昔林邑王与越王故怨，遣刺客得其首，悬之于树，俄化为椰子"。②黎族人民作为海南岛的世居民族，此传说流传至今而不衰。人头化椰子，固然与两者之间的形状大小相似有关，但一个部族之首领所化，即含有特殊的意义。他们往往是一个部族所崇拜神灵的直接代表，死后自然返归于图腾物。椰子果实多的特点与芭蕉一样，是作为图腾物的主要特性。

由越王头的传说，黎族人民衍化出另一则反抗侵略的悲歌。一位勤劳务实的青年叫龙果，是一位反抗首领，敌人追捕他时，侵略者抓住一位黎族老汉严刑拷问龙果的去向。老汉守口如瓶，宁死不屈，他们砍下他的头，挂在旗杆上，化为了一颗椰果。为了纪念老人，黎族人民精心护育椰树，使它遍布海南岛。此外，在汉族中还异化出其他人化椰树的传说。可以说，此古老的信仰为黎族人民所创，而后影响到移居的外来者。

有学者指出，"在黎族的妇女文身图案中，有橘树叶纹、槟榔、椰树纹、谷粒纹等植物图案，这些都是她们文在身上的图腾符号，同样都是作为氏族制度的附属物而出现的，他们所崇拜的这些动植物，都被她们视为本民族的共同始祖"。③黎族古老的"敬祖舞"，一般在每年的十月秋收之后举行。跳舞人数男女各半，每人手里都拿着一支从椰子树或槟榔树取下的嫩叶叶尾④。在保亭地区，有石刻椰状孩童之面，号称"椰娃"，长期不孕的妇女触摸椰娃以乞求生育，希望获得椰子强大的生殖力量。毛道乡抗茅村(今名空毛村)在埋葬图腾祖先猫的时候，常选择在椰树之下⑤。

---

①杨孚：《异物志辑佚校注》，吴永章校注，广东人民出版社1980年版。
②嵇含：《南方草木状》，上海古籍出版社1993年版。
③邢植朝：《黎族文化溯源》，中山大学出版社1993年版，第35页。
④邢植朝：《黎族文化溯源》，中山大学出版社1993年版，第158页。
⑤中南民族学院编辑组：《海南岛黎族社会调查》，广西民族出版社1992年版，第61页。

远古文化基因的通与变——比较视野下的海南黎族原始宗教专题论稿

　　在汉族聚居的文昌、琼海等地，有为周岁婴儿种植椰树的习俗，青年男女订婚时，女方给男方两棵椰树苗，待到结婚时，他们双双将椰苗栽下①。这些习俗非汉人从大陆带来，当是他们迁居海岛之后在本土文化影响下产生的风俗。另一流行于汉区七月十五"驱鬼打椰"的习俗也明显受到了黎族影响而产生。中元节时，成年人放鞭炮、放天灯，小男孩则用绳子拖着新摘的椰果满街跑，后面的孩童不停地用棍子追打椰子。喝令魔鬼走开，椰神回来。椰果被打破，孩子们用刀砍开，吃掉椰肉，据说这种椰肉能保平安②。如前文所述在黎族地区，如果某婴儿出生后一直发育不好，身体瘦弱，俗称"不长进"，就被认为是落入了猴子胎。祓除猴子胎时，要用到剥了椰皮的椰子，以象征猴子鬼的头③。显然，那椰子就是病孩子的替身，稻穗象征着头发，行人吃掉椰肉即是象征猴子吃掉孩子的血肉，这样，猴子胎就不会再来打搅生病的孩子。这些神秘巫术中依稀可见图腾的影子。

　　由椰子图腾，黎族产生独特的以椰娃为主角的"怪异儿"故事，有《圆圆的椰子》（三亚市）、《椰子仔》（昌江）、《椰子壳》（乐东县）三篇。

　　"怪异儿"故事是在全世界范围广泛流传的故事类型，在我国有78篇异文流传，百越后裔民族中之黎、壮、侗、仫佬族皆有不同类型，而以黎族为最多，除椰子外还有《田鸡仔》的故事。"怪异儿"故事的基本情节是：结婚多年的夫妻，急盼生子，在祈求神灵以后，妻子果真怀孕。然而喜不自胜的夫妇盼来的却是怪胎，这令他们伤心不已。这些外貌奇特的怪异儿具有人的情感和超人的能耐，他孝顺父母，乐于助人。在与敌人或魔鬼斗争中，他利用自己怪异的身体，战胜对手，创造了美好生活④。各种"怪异儿"所附着的载体，都不是随便选择的，像枣娃、蚕儿、葫芦娃、冬瓜儿等，皆与中华民族古老的生殖崇拜和图腾文化相关⑤。椰子仔意象亦与图腾生殖息息相关。

---

①李天明等主编：《海南椰文化，民俗三月三》，南海出版社1992年版。
②王业茂、姜明吾：《海南椰文化学》，南海出版社1993年版，第197页。
③王养民、马姿燕：《黎族文化初探》，广西民族出版社1993年版，第155页。
④刘守华：《中国民间故事类型研究》，华中师范大学出版社2002年版，第453页。
⑤刘守华：《中国民间故事类型研究》，华中师范大学出版社2002年版，第457—458页。

林继富教授将"怪异儿"故事大致分为三种类型：结亲型、除恶造福型、历险型。我国流传的主要是前两个类型。在黎族"怪异儿"传说中两种类型都具备了，而且在"怪异儿"的普遍情节之基础上，三篇故事各具特色，展现了黎族人民的艺术创造力。

《椰子仔》属于"结亲型"。故事开头的神异处不在于夫妻结婚多年未育，而是结婚第五天即怀孕，到三年后才生下了椰子仔，而且他在母亲的腹中就会讲话，使自己提前逃避了被埋葬的命运。椰子仔长大后也交朋友，也谈恋爱，但他也常遭到他人的嘲弄。故事重点描写了他和朋友去"隆闺"追求异性的种种经历，是受到黎族男女特殊恋爱方式影响的结果。椰子仔形象虽丑，但却有志娶富贵人家的女儿为妻。当母亲提亲失败后，他凭借自己小巧的身体，钻进富家女的"隆闺"，戏弄了她的恋人，并呈现出美男子之形体，俘获了富家女的芳心。他在富人家干活一人顶十人，异常能干，富人终于同意将女儿嫁给他。故事最后说他进京赶考，以自己的智慧考取了状元。此故事体现了典型的"洞房花烛夜，金榜题名时"的传统读书人的世俗理想，可见黎族受到汉文化深度的影响。

林继富教授认为，"怪异儿"艺术形象的原始意象阶段，表现的是一种神话形象，他在原始功利观念的驱动下，在原始神灵信仰中，以动植物形体特征为基础，与图腾互渗，达到利用狞厉猛恶、怪诞奇异的形象来控制自然，实现自主自为[1]。随着社会形态的变化，文明的发展，文化的交融，"怪异儿"故事以本土民俗文化为基础，吸收外来文化，发展出丰富多彩的情节样式。《椰子仔》中描述的追求异性，自由恋爱活动，完全是黎族特色，而金榜题名中状元则是封建时代一般知识分子的世俗理想。此种组合怪而不怪，本来"怪异儿"故事之核心就是"怪"，通过夸张、变形、对比，将种种不可能的愿望在主人公的神通之下顺利实现，一切又那么合情合理。

《圆圆的椰子》则属于"除恶造福型"，而且不同于一般喜剧结局，是一幕英雄献身的悲剧。椰孩的出生是未婚少女吞食了仙人赠予的香蕉的结果。

---

[1] 刘守华：《中国民间故事类型研究》，华中师范大学出版社2002年版，第460页。

母亲给他取名圆圆。圆圆生而具有神奇的能力，做饭、干家务、放牛，样样出色。他用法术偷了黎头家的牛和米给村里的每一户人家改善伙食，当黎头质问时，他挺身而出。圆圆后被黎头用计抓住，惨死刀下。他的母亲把他埋葬，三年以后长出一棵椰树，上结圆圆的椰子。与怪异儿一般结局不同，此则故事中恶人并没有受到严惩，故事重点在椰子的来历。据说，之前是没有椰树的，圆圆的坟头长出了第一棵，椰子皮是衣服，三个小孔是眼睛和嘴巴，椰子水是他的血，椰肉是他的肉。据此恰巧可以为黎族神秘的驱猴子胎的巫术做一注解。

《椰子壳》讲述，一个母亲已有四子，生下第五个孩子是个怪胎，厌恶之下把他抛弃，随河漂流，后被一农民收养。他辛勤劳作，能力非凡，得到了农民的认可，变化为一个漂亮男子，与农民的女儿结婚。据说他本是一条龙所化。狠心的母亲听说了被自己抛弃的怪胎成为漂亮青年，欲前来相认，被儿子所拒绝。显然此故事旨在鞭挞以貌取人的父母。在这个故事里，男子可以藏身于小小的椰子壳中，当要放牛、砍柴进行劳作时，即变为青年出现，此为前两则故事所无。

傣族亦有椰子生人之神话。《叭阿拉武的故事》说一个老妇人带着她的独生女看守菜园，独生女因吃了野牛吃剩下的半个椰子而怀孕，生下了傣族始祖英雄"叭阿拉武"[①]。

"怪异儿"具有勤劳善良的品质，超凡的能力，仗义行侠，爱憎分明，勇于追求自己的爱情，黎族人民用通而不同的故事形式表达一种对生命的渴望，对生命力量的赞美，对理想人格之追求。这些都与中国"怪异儿"故事精神相通。

侗族之《南瓜儿》、仡佬族《滚豆儿》则是黎族异趣，两篇都是喜剧，一个是惩恶，一个是拯救，结构典型纯粹，不像黎族融合了多个主题。

《南瓜儿》的主人公是无儿无女的老年夫妇在地里种的南瓜变化而成。他会种地，会法术，豆角一丈长，辣椒似水牛角，白菜胜过芭蕉叶。国王得

[①] 曹成章、张之庆：《傣族》，民族出版社1984年版，第63页。

知,命"南瓜儿"进宫为他种菜。差官寻"南瓜儿"不着,处罚老两口三天缴纳一百两黄金,一百两白银。"南瓜儿"略施法术,让老人牵着一条三脚狗到京城去,一路拉下黄金白银。国王喜笑颜开,下令免其罪。第二天,他们打开金库,黄金白银都变成狗屎,把国王一干人熏死了。此故事未像黎族一样展开社会关系的描写,只是单纯表现"南瓜儿"一家与国王之间的矛盾冲突,其惩恶的仗义行侠变成了自卫式反抗,然而喜剧色彩是浓厚的。

《滚豆儿》是"怪异儿"故事的另一类型,并不在三种基本类型之内,既非惩恶也非结亲,而是表现弟弟援救哥哥的兄弟之情。滚豆儿的出生与《圆圆的椰子》中的圆圆相似,是一位妇女吞吃了一颗豆子而生。他的上面还有两个哥哥。一次大哥、二哥被一个叫作"飞王"的怪物囚禁。滚豆儿吃下了一头牛、一头羊,赶到"飞王"那里,与"飞王"斗法,终于救出了两位哥哥。这则故事里,妖怪也没有凶恶的本性,言而有信,赌输之后即兑现了诺言。

(四)木棉图腾

海南东方市"韦"姓黎族自称为"木棉的孩子",其来源则是古老的对于树神的崇拜。甲骨文中,生命之"生"即取象于一棵树,"姓"字取象于一个女子在树下跪拜之形,远古人对树之崇拜,以生殖崇拜和生命力为核心。我们知道商代始祖契生于"空桑",桑树即成为殷商民族的图腾神。王孝廉云:"由于桑树的养蚕制丝和结出桑葚的实际效能,在古代人的树木信仰中,桑被看成是生殖和繁殖子孙的原始母神,殷国的后裔宋国就以'桑社'作为自己土地的氏族母神。"[1]在我国各民族中有普遍的树神崇拜,北方则为杨树(哈萨克)、柳树崇拜(满族),南方更多的是榕树、枫树、酸枣树、木棉树、枇杷树等特有树种。有树神崇拜不一定上升到图腾之地位,大部分地域的人民还是求祈于它旺盛的生命力。

黎族人民具有浓厚的树神情结。黎族村庄在中间或村口一般都有不少上

---

[1] 王孝廉:《牵牛织女传说的研究》,见《从比较神话到文学》,东大图书公司1977年版,第133页。

百年甚至上千年的榕树、酸豆树、芒果树等。这些树是人们崇拜的神树，不能随便用刀砍伐，不能攀登，不能拴牛。神树之下的"土地公""祭台"更不能乱摸乱动。黎人死后，灵魂也要回归到森林中，每个血缘集团都有一块十几亩或上百亩的原始森林墓地，墓地里的树木、藤蔓无人砍伐。另外，人们认为各种果树也有树魂，为使树魂不游荡，多结果实，人们在大年三十，都在椰子树、波罗蜜树、槟榔树上贴红纸，让树魂安定，为主人多结果实[1]。

木棉树也是在海南岛随处可见的落叶乔木，果实成圆形，花色有红、白、黄数种。黎族人民关于木棉图腾的崇拜习俗并不多见，却衍生出两篇以木棉为主的神话传说，分别是《英雄花》《木棉树的传说》。

《英雄花》是一出黎族抗敌英雄的悲壮剧。一位保护家乡，反抗外来侵略的英雄叫吉贝（木棉的古称）。他率领人民英勇战斗，令敌人闻风丧胆。后来被叛徒出卖。敌人把他绑在大树之上，要他号召部队投降，他回答："你可以杀死我，但灭不了反抗的火焰。"敌人把他杀害，他的鲜血化作红艳的花朵，在大树上绽放。从此黎族人民叫它"吉贝树"或"英雄树"。黎人传唱他的事迹："吉贝走遍五指山，英雄树下歇过马，临走洒下一瓢水，红艳艳开满一树花。"《五指山传》中黎族始祖琶玛天去世以后，他的血就化作了满树的木棉花。傣族花狗国的王子战死以后，其鲜血也是化为了木棉花[2]，这与黎族的幻想一致，属于图腾崇拜与英雄崇拜的结合。

木棉树是英雄之树，木棉花是英雄之花，木棉挺拔的身躯具有了强健的生命力量，具有坚贞顽强的品格。《木棉树的传说》即是一位女性追求爱情，反抗强暴的传奇。有一位黎族姑娘叫符丹花，勤劳善良，聪明伶俐，美貌异常，能歌善舞，乐于助人，是众多青年追求的对象。为了医治母亲的疾病，她许诺，谁能找来神奇的草药治愈母亲之病，就嫁给他。英勇的青年高大雄登上五指山，历尽千辛万苦，找来了合适的草药。大雄和丹花举行婚礼的当天，财主家的恶少登门捣乱，欲强行抢走丹花为妾。夫妻二人奋起反抗，大

---

[1]高泽强、潘先锷：《祭祀与避邪：黎族民间信仰文化初探》，云南民族出版社2007年版，第182—183页。

[2]朱德普：《傣族图腾文化及其史影》，《广西民族研究》1990年第4期，第54—59页。

雄被打死，丹花逃到昌化江边之绝壁上，纵身投江而亡。天昏地暗，电闪雷鸣之后，一株亭亭玉立的木棉树拔地而起。东方市一带的黎族人民喜爱她的英勇无畏，刚正不阿，她的生气勃勃，奋发向上，人们谈情说爱、对歌跳舞和丧事都喜欢在木棉树下举行。为纪念丹花姑娘，黎族人种木棉蔚然成风，代代相传。

黎族之始祖琶玛天，抗敌英雄吉贝，贞烈女子丹花，他们的生命寄于木棉，他们的生命之血化作烈焰般的木棉花，木棉树是男人，也是女人，是生活于此的黎族人民人格理想的象征。

百越后裔诸民族中，壮族亦有木棉图腾之崇拜习俗。有一则《祖宗神树》的神话，说在壮族始祖布伯之后，人口繁衍越来越多，为了生存，不得不迁徙分居。为了将来同宗相认，三个氏族分别上山先后种下木棉、榕树、枫树。凡是栽种其中任何一种树的村寨，即是布伯的子孙所聚居之处。木棉、榕树和枫树，显然是图腾的三兄弟。这是壮族在四处迁徙的情况下，为了维护氏族兄弟间的团结而创造出来的。壮族人民长期将之视为神树，禁止砍伐，还在树下建庙，祭祀膜拜。

壮族史诗《布洛陀》中有一节《红水河和木棉花》，也是英勇抗击外来侵略的壮举，他们与外来侵略者奋力厮杀，血水染红了河水，形成了红水河。死亡的那些英雄手中仍然擎着不灭的火把。他们站在当年开垦的土地上，化作了一棵棵挺拔的木棉树。

雄壮健伟的木棉树，必定会演绎悲壮英雄的反抗与斗争，坚韧而顽强。

（五）薯图腾

黎族有些氏族自称为"番薯的孩子"，自属祖先图腾。然"番薯之称"尚须一辨。番薯非我国土产，原产墨西哥和哥伦比亚。1492年哥伦布发现新大陆后，逐渐移植到欧洲和东南亚，在明代万历年间（1573—1620）传入我国。学术界一般认为传于我国有两条线路：一是由安南传入广东东莞电白一带；

一是由吕辛传入福建福州和泉州一带。杨宝霖定前者时间为万历十年（1582）[①]，章楷定后者为1584—1585年[②]。

番薯何时引进海南，无确切史料记载。陈光良认为，从《正德琼台志》之记载中并无番薯信息从而推断，1521年之前，海南尚无番薯之种植[③]。由此一个疑问随即产生，到古代文化已高度发达的明代后期，黎族才产生番薯图腾的崇拜吗？答案是否定的。在古代民间，由于缺乏科学的植物学分类常识，故对于块根类作物之称呼常常彼此混淆。常有人把我国古书记载上的甘薯、红薯误以为即是番薯。侯宽昭主编《广州植物志》说："我们现在所说的甘薯，原产热带美洲，传入我国后，后人不察，以为就是古籍上所称的甘薯，实误。"[④]苏轼在海南有《酬刘柴桑》之诗，中有"红薯与紫芋"之句，蒋星煜即认为东坡吃的就是番薯[⑤]。专家们尚且纠缠不清，普通百姓更无从严格区分其名称。"番薯的孩子"当是"薯的孩子"的混称而已，高泽强教授在《祭祀与避邪》中记载为"薯的孩子"。这一图腾与黎族人民食用薯类食粮的历史密切相关。

东汉杨孚在记载四方奇物的《异物志》中即记载"儋耳夷食藷"之俗，并提及甘薯："甘薯似芋，亦有巨魁，剥去皮，肌肉正白如脂肪。南人专食以当米谷。"[⑥]晋代嵇含《南方草木状》中更记载了时人对于海南岛居民以薯为粮的看法。他说："甘薯盖薯芋之类，或曰芋之类，根叶亦如芋，实如拳，有大如瓯者，皮紧而肉白，蒸粥食之，味如薯蓣，性不甚冷。旧珠崖之地，海中之人皆不业耕稼，惟掘地种甘薯，秋熟收之，蒸晒切如米粒，仓囷贮之，以充粮糗，是名薯粮。"[⑦]当时并传海南人民长寿之因即是长食甘薯的缘故："大抵南人二毛者，百无一二，惟海中之人，寿百余岁者，由不食五谷而食

[①] 杨宝霖：《我国引进番薯的最早之人和引进番薯的最早之地》，《农业考古》1982年第2期。
[②] 章楷：《番薯的引进和传播》，《农史研究》第二辑。
[③] 陈光良：《海南"薯粮"考》，《农业考古》2005年第1期。
[④] 侯宽昭主编：《广州植物志》，科学出版社1956年版，第708页。
[⑤] 《苏东坡吃山芋》，《散文》1980年第二期；蒋说不为学术界承认。
[⑥] 杨孚：《异物志辑佚校注》，吴永章校注，广东人民出版社2010年版。
[⑦] 嵇含：《南方草木状》，上海古籍出版社1993年版。

甘薯故尔。"这种传说应当是当地居民告诉外来旅行者或官员的,在他们的意识中,甘薯之类真是神圣亲切的东西,不仅充饥,且能增强人的生命力,老百姓以之为图腾物自在情理之中。

直到宋代,薯芋之类依然是黎族人民之主粮。贬谪海岛之苏轼屡屡记下了以薯为粮的生活经历。他说:"海南以薯为粮,几米之十六。"(《居儋录·薯说》)其诗中说:"土人顿顿食薯芋"(《闻子由瘦》),"薯芋人人送,困庖日日丰","红薯与紫芋,远插墙四周"(《和刘柴桑》),"半园荒草没佳蔬,煮得占禾半是薯"(《过黎君郊居》)。看他诗中"红薯""紫芋"分说,可见当时的薯类非止一种。明《正德琼台志》中所说"蔓薯"即有六个品种,光绪《崖州志》所载亦有五六种之多。薯蓣块根丛生,而且生殖力旺盛,方志中说可长到三年再挖,重达半肩①。"薯生累累,每一本或一二十不等,皮有细毛,形同鸡子。"②

黎族有薯图腾,未见相关神话传说。但在个别的神话传说中出现神奇变化之薯芋,当与图腾崇拜有一定关联。

在《兄弟星座》和《七星、犁尾星、猪鳄星的来历》中出现通天神树——山芋。故事主要讲述兄弟七人砍山栏种地,为山猪破坏。原来,这头猪是顺着通天神树——山芋苗——从天上到人间的。兄弟们发现后,顺着通天树上天与天帝评理。他们最终杀死天猪,食其肉,剩下的肉汤泼在天芋树上,通天树一下缩小为现在的山芋苗。

各民族神话中多有通天树之记载,如桑树、杉树、榕树、枫树、竹子等皆与祖先崇拜或图腾崇拜有关。在北方神话中甚至有以鹿图腾之鹿角为通天柱的情节。因此,黎族神话中选山芋为通天树,与他们独特的薯图腾崇拜有关。

山芋,五指山地区称呼其为芋头。芋头在古代为薯粮之一种,屡见记载。苏轼《居儋录》云:"过子忽出新意,以山芋作玉糁羹,色香味皆奇绝。"

---

① 唐胄:《正德琼台志》,彭静中点校,海南出版社2006年版。
② 张嶲、邢定纶、赵以谦纂修:(光绪)《崖州志》,郭沫若点校,广东人民出版社1983年版。

专家考证即芋头①。芋头属"天南星科",多年生有毒草本,块茎略呈球形。这是《辞海》之说法。但在海南岛,此有毒之草本却成为本土居民的主粮之一。唐胄《正德琼台志》卷八《土产》上列"天南星"条目,附录一首《外纪诗》说明此种在大陆有毒之芋却是海南主食。诗中云:"橘迁淮为枳,非恋淮南好。南方风土宜,橘性自能保。君看天南星,处处入本草。夫何生南海,而能济饥饱。八月风飕飕,闾阎菜色忧。南星就根发,礧礧满筐收。大者或连梗,如李如旄头。小者果百十,附大如赘瘤。携来煮大铛,翁媪坐绸缪。熟盛巨瓦钵,剥嚼饱乃休。儿孙分瓦碗,满量各自由。"②一生一窝的芋头成为黎族人民生命中最重要的伴侣。他们在祭祖仪式上演唱:"父母相媾和,犹如雨水阳光合。像姜种一样呵,像芋种一样呵,长出的姜子芋头呵,又好又多多。"③正形象地说明了黎族人民对于芋头生殖力的崇拜之情。

在另一篇人物传说《符南蛇的传说》中也出现人芋变化的情节。农民起义领袖符敬书带领黎族人民反抗朝廷剥削压迫,展开了声势浩大的反抗斗争,最后因内部不团结而失败。他逃亡到七坊峒隐藏起来,官兵始终搜寻不到他的踪迹,后来发现了一条奇特的芋头干,刀砍之下,鲜血直流,再砍之下,变成一条大南蛇,最后英勇牺牲。符南蛇起义是明代影响巨大的一次农民斗争,他是黎族人民崇拜的领袖,他化为芋头、南蛇,在传说中都不是随意选择的,是黎族人民图腾崇拜的历史回响④。

无独有偶,在台湾布农人的传说中也有红芋生人的图腾神话⑤。排湾人有芋头姑娘的故事,说一个猎人打猎发现一颗非常好的芋头,带回家种在园子里。第二天芋头变为姑娘,二人成为夫妻,生下子女。后来猎人的母亲对

---

①陈光良:《海南"薯粮"考》,《农业考古》2005年第1期。
②唐胄:《正德琼台志》,海南出版社2006年版。
③韩伯泉、郭小东:《黎族民间文学概说》,广东民族学院民族研究所1984年版,第45页。
④符南蛇的民间崇拜持续到当代,丁晓辉、谢国先论文《明代海南黎族起义首领符南蛇的妖魔化与神圣化》中有详细的论述。
⑤何星亮:《中国各族的图腾神话》,《西藏民族学院学报》1991年第3期。

孙子说"你的母亲是芋头",芋头姑娘感到悲伤而离去①。这些故事情节是偶合还是有民族史的关联,是一个需要进一步研索的问题。

(六)葫芦图腾

黎族有的氏族认为自己是葫芦瓜的后代。因为在黎族的洪水神话中,葫芦是拯救黎族,延续种族命脉的神圣之物。实际上,我国南方洪水神话中之避水工具,不同于西方之诺亚方舟,而是葫芦、水盆、木槽、竹篮、木桶、大瓜瓢、皮囊、南瓜、金鼓、木臼、木柜、木房子等。在稻作文化圈的壮、傣、布依、侗、毛南、仡佬、黎族等民族都以葫芦为避水工具,只有少数异文以杉木船、南瓜、牛皮袋为浮水工具②。揆诸黎族,此说法是切合实际的。在黎族之洪水神话中,大部分避水工具明言葫芦,《南瓜的故事》为南瓜,《阿贵与娥娘的故事》《黎族支系的由来》为大木头和大麻竹。

当人类得罪上天,遭到了上天惩罚,暴发了大洪水,这个时候葫芦瓜就成了救命工具。百越后裔诸民族最流行的雷公报仇型洪水神话中,主人公得救的原因是协助雷公逃脱。壮族神话《布伯的故事》中布伯擒住了雷王,将其关进了谷仓。他对看守雷王的伏依兄妹讲,斧头和水严禁递给雷王,否则就逃脱了。雷公用种种诡计逗弄两个小孩,终于得到了水和斧头,恢复元气,破仓而去。临走之前拔下一颗牙齿送给他们,种出大葫芦以躲避洪水。布依族《洪水滔天》里的伏哥羲妹,仡佬族《洪水朝天》里的兄妹二人,仫佬族《伏羲兄妹的传说》中的伏羲兄妹,侗族《捉雷公引起的故事》中的姜良姜妹,毛南族《盘和古》中的盘古兄妹,无一不是在雷公的哄骗下递上了一口水,得到雷公赠的牙齿或葫芦种子,在洪水来临时用以逃生。

洪水来临时得到救命的逃生工具,在黎族神话中,似乎人类并没有特别的付出,也不是什么道德的回报,一切仿佛是自然而然发生的。《南瓜的故

---

①李福清:《神话与鬼话:台湾原住民神话故事比较研究(增订本)》,社会科学文献出版社2001年版,第366页。

②马学良等主编:《中国少数民族文学比较研究》,中央民族大学出版社1997年版,第52—53页。

事》中唯一出现了神秘老人指点的相关情节,却非单纯的种子赠予。古时候,有叫老当和老定的兄弟俩,他们的妻子分别怀孕三年,却生不下孩子。有一天,家里来了一位白发老人为他们指点迷津。老人告诉他们,只要在门前种一棵南瓜,等南瓜开花结果了,孩子同时就生下来了。兄弟俩遵照老人的指点,在门前种下一棵南瓜苗,瓜藤长到一万丈长时,才开了一朵南瓜花。花开百日后,南瓜结果,结果的同时,她们生下了一男一女。再过一百日,南瓜结得像房子那么大。与此同时,天开始下大雨,下了十年。洪水中,兄妹俩躲进大南瓜里逃生。此则神话中的神仙是自动出现的。

在另一则神话《人的由来》中,瓜是兄妹俩自己种的,躲避洪水时却得到了巨人的协助。从前有老益和老爱兄妹二人,一人种藤,一人种瓜,老益先后种了五次才发芽,14天后就长成了五座山才能支撑起的瓜。不久,下了五天大雨,五个大岭被淹没。兄妹二人钻进瓜中,这时出现一位脚上有红黄白黑杂色的巨人,拉起白藤捆好大瓜,安全地浮在水面上。另一则异文《人类的起源》却是神灵发现了巨大的葫芦瓜,把世间的人和动物都放进去,《人的由来》则是兄妹二人自己放进去的。

与《南瓜的故事》相似的《葫芦瓜的故事》则只有种瓜情节,避洪水之外来助力消失了。那葫芦瓜种下以后,生长过程颇为奇特,三年后发芽,六年后枝繁叶茂,九年后才开花,开花三年才结果,再过三年才晒干。百越后裔其他民族在种植雷公赠送的牙齿和种子以后,也常伴随神奇的生长过程。毛南族《盘古的传说》中盘、古兄妹种下的葫芦一天长三尺,三天长一丈,四天开银花,五天结了两个金葫芦。壮族《布伯的故事》中伏依兄妹刚种下雷王的牙,立刻就发芽长苗。洒下一点水,苗就像纺车扯棉线一样长出藤条来。一夜之间开花结果,三天就长出像房子那样大的葫芦瓜。侗族之姜良姜妹种下葫芦籽,寅时种,卯时生,辰时开花,巳时结果。无论是黎族的缓慢生长,还是其他民族的迅速成熟,无不是为了突出这颗瓜不是普通之瓜,既有神秘的力量,必有突破一般规律的生长方式。

有学者言,在先民的眼睛里,葫芦的含义是多重的:它既可以作食物来充饥,也能作器皿来盛物,还可以缚之于身作渡江跨海的救生器,又和孕育人类的子宫相似①。在洪水神话中，葫芦的功能只有两个。闻一多先生说："故事情节与葫芦发生关系的有两处，一是避水工具，一是造人素材。"②作为避水工具的功能其意义还是表层的，使人类生命再生才具有终极象征意义。

葫芦作为渡水工具，俗称腰舟。在先秦典籍中即有记载。《国语·晋语》："大苦瓠不材，于人共济而已。"③《庄子·逍遥游》："今子有五石之瓠，何不虑以为大樽，以浮于江湖。"④据民俗学者的调查，在全国腰舟遗存的地区，黎族是保存腰舟最多的民族之一。在昌化江及其支流，凡是依河而居的人家，屋内皆挂三四个葫芦舟。据观察，黎族人民使用腰舟非常熟练，时间久远，有些葫芦已经使用两三代，葫芦油光可鉴。他们用葫芦渡河，无论是横渡还是顺水而游，皆身手自如。如是横渡，采用斜线游抵对岸；如是顺水，快捷如飞。其方法，或是左手抱葫芦，利用右手和两腿划水，或是双手抱葫芦，双腿交错击水。《三月三的传说》中，描写天妃和观音兄妹二人在洪水之后，就是抱着葫芦瓜在洪水中漂泊。清代《琼黎一览图》云："黎中溪水最多，势难徒涉，而黎人往来山际，必携绝大葫芦为渡；每遇溪流断处，则双手抱瓠浮水而过，虽善泅者亦不能如捷，不可谓非智也。"⑤

另外，黎族的葫芦舟，不但是一种过河之浮具，也是一种简单的运载工具。因为葫芦舟很大，高达60—70厘米，最大腹径有70厘米，体积大，可以贮存衣物。而且上部有口，口径有10—13厘米，外套以皮盖。过河前，游者把衣服、食物装入葫芦舟内，加上盖，这样游渡时就不怕风吹浪打。葫芦舟内的衣服也不会受潮。抵达彼岸后，游者从葫芦舟内取出衣服，穿在身

---

① 王海：《黎族神话类型略论》，《广东技术师范学院学报》2009年第5期，第13页。
② 闻一多：《伏羲考》，苑利主编《二十世纪中国民俗学经典·神话卷》，社会科学文献出版社2002年版，第207页。
③ 徐元诰：《国语集解》，王树民、沈长云点校，中华书局2002年版。
④ 郭庆藩：《庄子集释》，王孝鱼点校，中华书局2006年版。
⑤ 符桂花：《清代黎族风俗图》，海南出版社2007年版，第116页。

上，继续赶路①。

在人类洪荒之时代，原始制造技术还十分落后的情况下，大葫芦无疑是一种天然的渡水工具。据考古发掘，距今七千余年的位于古越人活动区域的河姆渡文化遗址出土了葫芦皮、葫芦籽，属于人工栽培。表明从新石器时代开始，古越人就懂得种植和应用葫芦了。另据美国考古学家C.F.戈尔曼研究，与海南气候相似的泰国仙人洞遗址（距今一万余年）已经出土葫芦。虽然海南迄今未有史前栽种葫芦的考古发现，据临近地域类推，其种植应用历史当十分悠久。

葫芦作为人类再生的工具，充满了文化的象征意义。《黎族汉族的来源》中，无人类预先种植葫芦瓜的情节，洪水发生时，没有人类的踪迹。洪水结束后，一男一女从漂浮的葫芦中破瓜而出。很显然，这里直接昭示的是葫芦的生殖意义。同为百越后裔的傣族有《金葫芦生万物》，在远古时期，大地一片荒芜，什么也没有。天神派了一只鹧子和一头牛到地上，母牛产下三个蛋死去，鹧子孵卵，孵出一个葫芦，从葫芦里走出好多人。壮族民间故事《十兄弟和国王》之开头部分即叙述了一个女子神奇的生育故事。一个三十多岁尚未生育的妇女，受人嘲笑，伤心至极。一位仙人从葫芦里倒出十颗药丸赠给她，结果生下十胞胎。此故事与前文所述《七星、犁尾星、猪鳄星的来历》故事中妇女不顾禁忌一次吞下七个芭蕉生下七胞胎具有同一民俗意义。葫芦的生育功能在这里也是显而易见的。水族的葬仪中，死者的墓碑上中央有双鱼托葫芦的造型，象征着生命的延续②。

对葫芦的生殖崇拜是世界性的文化现象，其特殊的形状和多子的特点使初民以类比思维对其发生神秘的崇拜。葫芦形似胎儿。印度史诗《罗摩衍那》中说："须摩底呢，虎般的人！生出来了一个长葫芦，人们把葫芦打破，六万个儿子从里面跳出。"季羡林先生解释原文中的"葫芦"一词意为"胎葫芦"，

---

①李露露：《热带雨林的开拓者——海南黎寨调查纪实》，云南人民出版社2003年版，第249—250页。

②《中国各民族宗教与神话大词典》，学苑出版社1990年版，第555页。

胎的样子同葫芦很相似。胎里有婴儿，葫芦里有籽，这也是相似的①。西方的巴姆拉人视葫芦为孕育有形生命的宇宙之卵，是妊娠、母腹的象征。他们把脐带叫作小孩子的"葫芦藤"②。同样，在我国仰韶文化遗址中出土两件葫芦形女性雕塑，有学者指出："这两件雕像，都似妇女，以生动的头部和凸起的大腹，用夸张的手法渲染了妇女的特征，表现了母系氏族社会时期对于女性的崇拜和对于生命的渴望与绵延子孙后代的向往，它实际上就是这个时期的女神，就是当时人们对于葫芦崇拜而人格化了，也就是现代所谓的图腾。"③

百越后裔诸民族雷公报仇型洪水神话里普遍存在雷公拔下牙齿赠给兄妹种葫芦的母题，黎族《黎母的神话》中雷公拔牙赠给黎母，当洪水来临时，雷公牙齿化为一只船，这应当是葫芦的变异形式。

仡佬族农历二月初一敬雀节要祭祀葫芦。相传大洪水时藏在葫芦中的阿仰兄妹随水漂流，一只神鹰飞来抓起葫芦拯救了兄妹二人。仡佬族家人去世以后，将死者指甲剪下放入葫芦内，这是图腾灵物崇拜的习俗。很明显，指甲是死者灵魂的象征，放入葫芦，象征灵魂回到祖先那里。

傣族《葫芦生蛋》，天神派了一只鹞子和一头母牛来到地面上。这头母牛在天上生活了几十万年，来到地上生了三个蛋就去世。鹞子每天孵化这三个蛋，其中一个蛋裂开，出来一个葫芦，从葫芦里走出许多人。

(七) 花图腾

黎族姓氏中有"花的子孙"的说法，与花崇拜相关。东方市哈黎支系有花公、花婆的信仰。有些人家小孩子多病，父母就请道公为孩子做"保命"仪式。小孩家杀鸡，准备若干饭包，道公即向花公、花婆发出请求说：这孩子

---

① 中国民间文艺研究会上海分会编：《民间文艺集刊》第五集，上海文艺出版社1984年版，第103—104页。

② 让·谢瓦利埃等编：《世界文化象征辞典》，《世界文化象征词典》编写组译，湖南文艺出版社1994年版，第345页。

③ 曾凡：《关于"陶瓠壶"问题》，《考古》1990年第9期，第837—843页。

已经是我的，要保护他。最后用红线系在孩子的脖子上，以后三年内每年增加一条红线。三年以后再举行"还花债"仪式，孩子与花公、花婆脱离保护与被保护的关系，红线让其自然断落。另外，有些父母祈求生育，也要由道公主持举行祈子仪式，向花公、花婆请求赐予新的生命。

此种习俗，百越后裔各族多有之。傣族每当婴幼儿经常哭闹时，人们常去找大巫婆问卦，卜卦的结果往往也是犯了"花婆"，得杀一只鸭子供奉一下才能好。这类事件，德宏傣族说是"某小孩犯了花婆"。从这种情况来看，这个花婆与未成年人的健康生长具有确定无疑的关系[①]。

"花婆"在毛南族人心中地位崇高，传说中她是三界公爷的夫人，专管人间生育和家中小孩平安，为了感恩、祈求保佑，毛南族人在家中的祖宗牌位处专门给花婆设一灵位，位于"天地君亲师"的右边，把花婆列为家祭的成员，逢年过节都烧香纸蜡烛进行祭拜。另外，在"还愿"仪式中，他们要在神坛处挂起花婆神像，并建花楼专供她安居并享用祭品，表示"求花"得子后人们兑现许诺，前来"还愿"，多用猪或鸡、鸭及红蛋作祭品。

仫佬族人并没有在家中的灵位上专门为花婆设灵位，在仫佬族聚居的罗城自治县，村村寨寨都立有"花婆庙"。庙内置三个木偶像，中间抱子者为花婆，两旁分别为执笔的"判官"和喂奶的乳娘。每年三月初三和三月二十日（传说中当日为花婆生日）全村以众筹的方式集体祭祀，祭品包括鸡、鸭、红蛋、瓜果等。祭祀后人们集体享用祭品[②]。

黎族关于花婆的神话未见流传，其他几个民族都有相关神话的记载，说明了花图腾信仰的来源。

壮族花婆神话：当人们还在混沌时代，宇宙间只有一团由大气结成的东西，由拱屎虫来推动。后来飞来了一只裸蜂，这裸蜂有钢一样的利齿，把这一团东西咬破了，出现了三个蛋黄一样的东西，一个飞向天，称为天空；一个飞到下边，成为海洋；在中间的就是大地。大地后来长草，草上开了花，

[①] 屈永仙：《傣族的"花婆"概念及相关仪式解析——以德宏傣族为例》，《广西民族师范学院学报》2017 年第 5 期，第 22 页。

[②] 韦文焕：《毛南族与仫佬族花婆神话对比研究》，《广西教育学院学报》2019 第 1 期，第 24 页。

花里长出了一个披头散发、赤身裸体的女人,这就是人类的始祖姆六甲。姆六甲受风而孕,撒了一泡尿,润湿了泥土,姆六甲拿起泥土按照自己的形象捏成人形,后来就有了人①。

  姆六甲管花山,栽培许多花。壮人称她"花婆""花王圣母"。她送花给谁家,谁家就生孩子。花有红有白。她送红花给谁家,谁家就生女孩;送白花给谁家,谁家就生男孩。有时,花山上的花生虫、缺水,人间的孩子便生病。主家请师公做法事禀报花婆,除虫淋水,花才茁壮成长。花婆将一株花和另一株花栽在一起,人间男子和女子便结成夫妇。人去世,便回归花山还原为花②。

  毛南族花婆神话:花婆是神话传说中掌管生儿育女的神,她掌管花山,人都是花山上的花。她赐红花、金花给谁家,谁家便生男孩;赐蓝花、白花、银花给谁家,谁家便生女孩。谁家久婚不育,即请师公做法事"求花",求花婆赐花赐子。婆王将一株红花和一株白花移栽一处,人间男子与女子便结为夫妇。人去世回归花山还原为花③。

  仫佬族花婆神话:婆王掌握着一座极大的花山,每日忙碌着护理花山上的花。人是婆王花山上的花。她把花的生魂送给谁家,谁家就生小孩。送红花是女孩,送白花是男孩。婆王花山上的花长得很茂盛,开得鲜艳,人间的小孩就平安成长,不生病,身体健壮。如果花山上的花生了虫,小孩就生病,有灾难。婆王给花除了虫,孩子的病就会好。婆王在花山上淋花,花湿了水,小孩睡觉时,全身冒汗,衣衫湿透。人死了,生魂回到花山上,还原为花,再由婆王送给他人,这人便到别家投胎去了④。

  上面三个神话高度近似,可知其来源相同,为百越后裔民族所共有之文化现象。

---

①《中国各民族宗教与神话大辞典》,学苑出版社1993年版。
②农冠品:《女神·歌仙·英雄》,广西民族出版社1992年版。
③广西少数民族古籍整理出版规划办公室编著《毛南族民歌》,广西民族出版社1999年版,第196页。
④龙殿宝主编:《中国少数民族大辞典·仫佬族卷》,中国大百科全书出版社2014年版,第151页。

在壮族的民间观念里,花山上的花茁壮成长,人间的小孩就平安成长,身体健壮,如果花山上的花生了虫、缺水、缺肥,小孩就会生病,就有劫难。花婆将两株花移栽在一起,男女便成姻缘。人死了,灵魂回到花山,还原为花,再由花婆赐予别家,他便到人间投胎了。每月初一、十五,孩子和母亲都要祭拜花王神。孩子如果生病,母亲便在花王神位前祭拜供奉。有的还要请巫婆神游花婆的花园,看孩子的命花,并代花婆为之除虫、淋水。花王神位一直要保留到孩子长大成婚才能撤去。届时还要举行还花仪式,作为成年礼的一部分,除了谢花婆的保护之恩,还求花婆在他成婚后再赐子女。在壮人的家庭中,普遍地设置花婆的神位。在不少村寨中,建有"花婆庙""花王庙""婆王庙",或在三界庙中立花婆神位。

布依族妇女生产,要在家门口插一捆表示禁忌的稻草,严禁外人入内或走动,以保证花魂顺利投胎转世。他们认为外人在屋门口走动会影响花魂投胎,花魂会因害羞犹豫、躲闪无法入门,甚至跑出花婆的花园,结果引起难产和婴儿的夭亡。

花图腾信仰来自人们对花的特殊生殖观念。

攀枝花(木棉花)为落叶乔木,是新平傣族居住区干热河谷的代表植物。每年早春,攀枝花率先开放,其花大、色红,且先花后叶,形成了河谷中的一道独特景观。新平傣族常把成熟的姑娘比喻成盛开的攀枝花。另外,攀枝花的果实内具有繁多的种子,常常和棉毛一起缝制在"发垫"之中。因此,用攀枝花做成的"发垫"作为女儿的陪嫁物,象征着女儿旺盛的生殖能力给家族带来人丁兴旺的结果[①]。

花是种子植物的繁殖器官,通常由花托、花萼、花冠、花蕊组成。古语云"草木之精华者曰英,兽之拔群者曰雄"。花蒂作为植物的生殖器官,从远古就受到先民的关注,其中不仅寄托了先民期盼人丁兴旺、种族繁盛的美好希望,更重要的是成为女性生殖崇拜的重要表征。

[①] 崔明昆:《植物民间分类、利用与文化象征——云南新平傣族植物传统知识研究》,《中南民族大学学报》2005 第 4 期,第 56 页。

黎族花图腾与华夏远古崇拜有深厚渊源。在新石器时代考古成果中，原始彩陶纹饰中的花卉纹是非常突出的现象，特别是仰韶文化尤其明显。从形状特征上看，这些花卉植物的花瓣、叶片、某些果实象征女阴之形。从内涵上说，这些植物一年一度开花结果，具有无限的繁殖能力，暗示着生育和多产。所以远古人类将花朵繁盛、果实丰盈的植物作为女阴的象征。我国上古时期的诗歌总集《诗经》中提到的梅、桑、桃、李、木瓜、花椒等，都被用来作为女性的比喻和象征。户晓辉认为，新石器时代的人们对人、动物及植物仍然抱着孤雌繁殖的观念。因此，当他们表现植物的特征时，就要着重表现其生殖区域。如马厂类型彩陶壶的所谓叶形网纹，实际上就是多个女性生殖器的对称组合图案，马家窑型的变体叶形纹陶罐也是雌性植物生殖器的具象化表现……庙底沟型彩陶的"叶形"圆点[①]。

赵国华也认为，彩陶纹饰中的花卉纹等是女阴的象征。根据之一是"水草"刻画纹和"叶形"刻画纹等，其实都具有模拟女阴的性质。根据之二，东北的满族曾以柳叶作为女阴的象征，将柳枝作为母神的标记[②]。

"华"与"花"为古今字关系，殷代卜辞中只有华，花为后起字。《说文解字》中的"华"字，即以花蕊蒂形组合表示。从卉，从夸。上面是"垂"字，象花叶下垂形。本义为花。

华夏之"华"即是"花"，来源于仰韶文化的花图腾信仰。中华、华夏之"华"字本意即为花朵之"花"字。仰韶文化是中原地区考古文化区系，其主要文化特征是以花为标志，代表性器物是花卉图案彩陶和小口尖底瓶。一种重要标志是玫瑰花枝、叶、蕾和花或仅花冠。苏秉琦先生认为花卉图案彩陶是庙底沟类型的主要特征之一，这一观点也已经为学界所公认。他对庙底沟类型的花卉图案做了综合分析，认为仰韶文化的文化特征是两种花卉图案彩陶盆，第一种是覆瓦状花冠，属蔷薇科的玫瑰或月季；第二种是合瓣花冠整体结构，又称盘状花序，属菊科花。它们的完整系列标本出自泉护村遗址，

[①] 户晓辉：《地母之歌——中国彩陶与岩画的生死母体》，上海文化出版社2001年版，第179页。

[②] 赵国华：《生殖崇拜文化论》，中国社会科学出版社1990年版，第182页。

二者原产地都是中国。覆瓦状花冠特征鲜明，不需要几笔就可以勾勒出来。合瓣花冠的菊科，特征同样鲜明。"合瓣"犹如人的五指微屈，合拢一起，状如勺形。这种"合瓣花冠"的表现技法不同于前者的"花冠"。不仅要表现它的"钩屈"，更要突出它的"合瓣"。常用两笔，外边一笔表现"勺形"的底面，里面的一笔表现"勺形"上面外缘①。

由上所述，黎族花图腾非民族独立现象，极有可能从大陆传播而来。

(八) 草图腾

三亚黎族有"草的孩子"的族群，黎族丰富的草文化是这一图腾姓氏的基础。

黎族人认为茅草、艾叶、剑草、芒草、鸡藤叶、露兜叶、芒秆、芭蕉叶、甘蔗叶等草本植物都蕴藏着一个精魂，具有避邪的魔力。

在人的生产方面，每当生男育女时，黎族百姓喜欢折下露兜叶、野苋茄叶在门上"插星"以避邪，长满密密麻麻刺的露兜叶可以镇住鬼怪。陵水县杞黎生男婴时将露兜叶插在日出方向的门上，如果是女婴则相反。陵水哈黎则在生男婴时将露兜叶打一个结，女婴则打三个结，悬挂于大门上。当妇女难产时，娘母用一片甘蔗叶挂上一只已经杀死的小鸡，绕产妇30圈，将鸡血洒在周围，再用一碗水，喷洒在四周，一边念念有词，一边把甘蔗叶和小鸡丢到野外，这样就可以把孕妇鬼赶走②。

在农业生产方面，也多用草类驱邪。如白沙润黎，每当插秧开始，就要用白藤围一小块田角，再插上秧苗，以示这块稻子是供奉祖先鬼的。如果有了禾瘟，要折芒秆插入田中，赶走瘟病。陵水的杞黎、哈黎则是将芒秆打成活结，插入秧苗植株之中以驱除瘟病③。

在丧葬仪式上，也常常用到各种草，具有巫术作用。昌江县重合村美孚

---

① 苏秉琦：《中国文明起源新探》，上海三联书店1999年版，第25页。
② 王养民、马姿燕：《黎族文化初探》，广西民族出版社1993年版，第168页。
③ 高泽强、潘先锷：《祭祀与避邪——黎族民间信仰文化初探》，云南民族出版社2007年版，第44—46页。

黎在家人去世后，要用特制的露兜草席包裹死者。每个已经成家的人，在三十多岁的时候，就要割一些老的露兜叶，削掉刺，晒干叶子，把一片叶子分割成小片，通过一个压一个的方法，编织成长方形的露兜草席。每个家庭都备有好几床露兜草席。包裹成人死者的特制露兜席，长约285厘米，宽约170厘米，小孩的长约230厘米，宽约100厘米[1]。

驱除疾病也常以各种草为法术工具，有些地方甚至用草做棺材。保亭大本地区的哈黎，当病人久治不愈时，就在病人生日那天杀猪，请道公上山砍一支"尼嫩草"制成小棺材，从病人家捉一只蟑螂放进棺材代替病人，由道公和病人家属抬着"棺材"，沿途哭喊，送到墓山埋葬，表示埋葬了病魂[2]。

在黎族民间，有些草药还有勾魂的神奇法力。黎族民众认为生长在深山或悬崖处的俗名叫"办""票""卿""金不换""花山芋"的一些草"魂"，能够勾引野兽的"魂"，这些草统称为"山猪药"。因此，猎手们往往在农闲时节翻山涉水，到处寻找山猪药，把它种在房屋前后的菜地里。据说不种这些草，猎手就没有草魂，不论白天晚上，上山都找不见野兽。即使碰上野兽，一流的射手也打不中它。不同的草魂勾引不同的野兽，如"票"引黄猄，"卿"引山鹿，"金不换"引山猪。另外还有一些特殊的草本植物具有引诱男女的作用，黎族叫"魂药"。据说这些药是采集瀑布下的一种水草、深山里无风自动的树叶，以及含羞草、无头藤等五种植物配制而成。当男子把魂药偷偷放进女子的食物里或者床头，魂药就会勾引女子的心，或使她回心转意，或日夜想念放魂药的男子[3]。

远古居民以狩猎和采集为主要生产活动，原始采集的对象就是大自然中的各种植物，那时候的劳动者对于草的感性认识远远超过当代人，所谓的神农尝百草正是历史的真实。无论是食用、药用、祭祀、巫术，草的各种有形无形、可见不可见的效用都被早期的先民尽力地挖掘出来。《诗经》中就有关

---

[1] 罗丽彤、王恩：《七差盆地重合村黎族美孚方言传统丧葬习俗调查》，《第四届黎族文化论坛文稿汇编》2021年4月，第318页。

[2] 王国全：《黎族风情》，广东省民族研究所1985年版，第122—123页。

[3] 王国全：《黎族风情》，广东省民族研究所1985年版，第123页。

于大量采集草本植物的篇章，如《采蘩》《采苹》《采葛》《采薇》《采绿》等，有许多并非食用，而是用于宗教祭祀和巫术。

在距今7000多年前的浙江余姚河姆渡遗址陶器图案上，有生动明晰的植物图像。图像中有宽叶可食的"菜"类，有的植物在分披宽叶中冒生着直出的苔茎或蕊实。还有的图像，似摹写结穗沉甸的禾黍类植物，有学者称之为"嘉禾纹"，认为其有祭祀的象征意义。

商代卜辞就记载了植物燔祭，卜辞中有云："佳（唯）兹册用，燎华，卯一牛。"此辞卜的意思是，在向神灵报告祝词的同时进行燎祭。所谓"燎"即火烧，以烟气达之于神灵。这里的"华"不是单纯的花，而是指结实类植物。原始人类相信符号与图像的巫术力量，多以草本植物纹绘画在器具上，象征对于生产和生育的祈求。在大汶口陶片上，有一带土块状的禾苗符号。这种象征禾苗的符号在良渚玉器、姜寨一期的彩钵、浙江余杭南湖遗址黑陶上也有发现，这些符号的构形十分接近苏美尔人的稻谷女神符号。饶宗颐认为中国上古时期的这些植物图案，与苏美尔人的植物枝杈符号相似，都与原始人类的植物祭祀有着巫术感召的神秘关系。

植物祭祀来源于古人的植物崇拜，也就是对于植物灵魂的崇拜。人们在祭祀植物灵魂的活动中，为了表示其可见形象，就用青茅草扎成草偶人代表植物之灵以供奉祭奠。甲骨文"帝"字，据丁山的观点，"实像'白茅纯束'形"，其本义，就是上帝的象征。白茅缩酒，就是象征性地给上帝饮酒。上古社会的这种风习，在台湾少数民族中尚有留存。《诸罗县志》卷八《杂俗篇》云台湾平埔人："无祭祀，不识祖，先结草一束于中柱为'嚮'，'嚮'者，犹云鬼神也。莫敢指按摩触，过年赛戏，设'嚮'以醑。"

用草偶人代表植物灵魂的祭祀方式，西方世界的民间宗教中也常见。《金枝》中有大量的这类现象的记载。比如在俄罗斯民间，仲夏节的前一天，人们用稻草做一个草偶人，叫"库巴罗"，给它穿上妇女服装，戴项链、花冠。她是春天之神。她的死亡与复活将预示着春天植物的复苏。在俄罗斯的莫罗姆地区，春神叫作"柯斯特罗马"，也由一个草人表示。人们唱着歌把它拿到湖边或河旁，人群一分为二。一边撕打草人，一边保护草人。攻打的最终获胜,剥去草人的装饰,草人被撕成碎片,扔到了水里,守护者们假装哀悼"柯斯特罗马"的死亡,用手捂着脸①。人们通过这个巫术仪式,阻止植物生命的衰退,保证植物生命的复活。

百越后裔诸民族,对于草的宗教性的使用,也是颇为普遍的。布依族妇女生产的时候,要在家门口插一种表示禁忌的"巴赫",用八根稻草打成小捆,穿在麻秆尖上。这样外人和妖鬼都不能进入。

贵州侗族有神秘的换花草,具有神奇的生育能力。贵州《从江风物志》记载:在占里,流传着一种能够控制人口的神秘草药,占里人便是靠它来控制生育的。据说这种神秘的草药叫"换花草",是生长在山上的一种藤状植物。根据不同配方具有两大功效:一是避孕功能。在没有避孕药的年代,村中妇女在排卵期同房时,只要喝了换花草煎的药汁,便能达到自然避孕的目的。直到今天,占里的妇女仍在沿用这种传统的避孕方式。二是确定性别的功能。据说,知道换花草配方的只有村中被称作药师的人。药师通常为女性,因为其配方历来是"传女不传男,传女不传媳",一般是母女相传。若药师女儿早殁,或其他原因不能继承,则只能在自己的表妹中找一女相传。

草在壮族的宗教仪式中也常常被用作辟邪的工具。龙脊壮族家中,老人年届五十时,其儿子就会选用上等的杉木为其制作棺材,并涂上黑漆,内放禾本科的同禾草,以示内已有物,可延长寿命。在葬礼中,死者入棺前先用禾本科的同禾草烧灰放在棺材下面,垫上些砂纸,然后用小檗科的北江十大功劳叶煮的解秽水为死者洗遍全身,再用檀香科的檀香木烧在棺木里,把死者尸体在火烟上炕一下,才放入棺中。盖寿被后,方才合上棺木。守丧期间,家中无论男女,身上均不许戴银器和铁器,妇女必须摘除首饰,以荨麻科的苎麻制成的生麻绳代替手镯。亡者如为男性,麻绳要戴在左手上,如死者为女性,则将麻绳戴于右手。以锦葵科的草棉搓成线戴在耳朵上代替耳环。葬礼期间,龙脊壮族居民为了去秽气,会使用芸香科的柚树叶煮水洗手。龙脊壮族还有端午节上山采天南星科的菖蒲、菊科的野艾蒿、木兰科的

---

① 弗雷泽:《金枝》,汪培基等译,商务印书馆2013年版,第515页。

厚朴、樟科的见风消等中药进行防疫驱邪的习俗①。用生命力旺盛的茅草结为人形，俗称"茅郎"，则可以"守门拒邪"，避邪驱鬼②。

傣族民间宗教中，常用特殊的草本植物治病和驱鬼，他们认为鬼惧怕这些植物。例如黄泡刺和古钩藤用于驱鬼。黄泡刺在撵寨子、葬礼、婚礼以及治病中经常用于驱鬼。人们常用古钩藤在葬礼上祭鬼③。

三、非生物图腾

（一）陶图腾

陶器是比较独特而古老的图腾符号，首先源于鼓腹的陶器极似孕育生命的女体，在青海东部柳源的原始社会墓地，曾出土了一件人像彩陶壶，绘有裸体女像，其头面在陶壶颈部，器腹部即为身躯部位，乳房、脐、阴及四肢袒露④。赵国华认为："柳湾的女像，以彩陶壶深圆的器腹部为其腹部，以双手捧腹为主要动作，辅以下肢细弱，双足外撇，对肚的重量仿佛不胜负担。"⑤此外，在新石器时代的遗址中还出土了许多类似的图案，说明古人对陶壶的信仰主要来自对女体生殖的崇拜。

其次，陶器具有实际的生产、生活效用，最主要的即是储存、烹煮食物，是保存生命、延续生命的重要器具，是食物之源。原始人对之产生亲切敬畏之情是自然而然的。马昌仪从另一角度阐释其内蕴，她说："中间大两头小的壶形器形似谷种，谷种即是农业生产的果实，又是种植新谷的种子，谷种具有生命延续和孕育新生命的双重功能。""（陶壶图腾民族）所感兴趣的

---

① 麦西：《广西龙脊壮族民族植物文化研究》，广西民族博物馆编《民博论丛》，广西人民出版社2018年版，第72—74页。
② 罗晓琴：《壮族文化植物概貌探析》，《清远职业技术学院学报》2017第1期，第16页。
③ 崔明昆：《植物民间分类、利用与文化象征——云南新平傣族植物传统知识研究》，《中南民族大学学报》2005第4期，第55页。
④ 中国社科院考古所：《青海柳湾》上，文物出版社1984年版，第116页。
⑤ 赵国华：《生殖崇拜文化论》，中国社会科学出版社1990年版，第158—159页。

并不是超自然本身,他们所祈求的,主要是谷种生命的延续和种的繁衍。"①本来,古人的生殖图腾信仰大多与农业仪式有着神秘的联系,比如天子春耕仪式中,由王后献种;黎族传统种山栏,丈夫点穴,妻子下种,即表明了男女的阴阳关系与种植之间的神秘联系。

再次,有学者认为新石器时代具有代表性的壶、釜、瓶、盘、鼎、豆等陶制容器的口布和内腹都曾经是或者至少在特定的环境是女阴的象征②。如以陶器象征子宫,其口部自为女阴之象征。日本阿伊努人把房子喻为子宫,当妇女难产时,男人们都从房子里奔出去,并且要把所有家具器皿上的盖子都打开③。

东方市和乐东黎族自治县的"吉"姓黎族认为他们是"小陶缸的孩子"④。其图腾产生之由,一方面与上述陶器的种种功能和象征相关,另一方面与黎族人民古老的制陶工艺密切相关。"吉"姓黎族人民聚居区即黎族制陶较为流行的区域之一。

黎族制陶历史悠久。据考古研究,在东方、乐东等地,新石器时代早、中期已出现手制夹砂粗陶,有敞口,鼓腹的圆底罐、釜等陶器。古籍中也有黎族人烧制土陶之记载,宋赵汝适《诸蕃志》:"(黎人)以土为釜。"⑤顾炎武《天下郡国利病书》:"(黎人)陶土为釜。"⑥黎族制陶体现了较为原始的制陶工艺,史图博调查说他们"用不透明的灰黑色黏土来制造简单的土陶器"⑦,这是他们取土的种类。烧制采用的原始堆烧方式,下搭柴草架,中置陶坯,

---

① 马昌仪:《壶形的世界——葫芦,魂瓶,台湾古陶壶之比较研究》,《民间文学论坛》1996年第4期,第33页。
② 车广锦:《中国传统文化论——关于生殖崇拜和祖先崇拜的考古学研究》,《东南文化》1992年第5期,第23页。
③ 张继宗:《阿伊努人的故事》,《化石》1990年第3期。
④ 高泽强、潘先锷:《祭祀与避邪:黎族民间宗教信仰文化初探》,云南民族出版社2007年版,第194页。
⑤ 赵汝适:《诸蕃志校注》,冯承钧校注,中华书局1956年版。
⑥ 顾炎武:《天下郡国利病书》,上海古籍出版社2012年版。
⑦ 史图博:《海南岛民族志》,中国科学院广东民族研究所2016年排印本。

口朝下,上覆以稻草或椰壳,烧制三至四小时即成,再以黑木树皮水或黄麦树皮水泼之冷却,即可带回家使用①。我们这里不拟讨论其具体工艺过程,而是就其神秘的图腾文化因素做一解读。

在黎人制陶的过程中,伴随着一系列的神秘仪式和禁忌。在他们看来,制陶不是单纯的工艺品制作,是一件神圣的原始宗教行为。

三亚市天涯镇布曲村黎族妇女制陶,无论是挖取陶土,或者是烧制陶器,都严格挑选良辰吉日。她们认为只有挑选良辰吉日,祭拜神灵,才能烧制出最充实的土陶②。

在挖取陶土时,她们会选择在阴雨天进行。她们认为在阴雨绵绵的天气里,守护陶土的"山神"正呼呼大睡,此时挖取陶土不会打搅"山神"③。取土时,还要准备酒饭与瓜果为祭品。到了采土点,采土人先把供品摆放在坑口,然后念念有词,祈祷山神。祈祷时周围无动静,即可采土;如听到打雷或野兽叫声,他们认为是山神发怒的表示,她们立即停止采土,悄悄返回家。④

点火烧陶前,会准备一把青树叶,一只小公鸡,三碗山栏酒,用来举行祭拜神灵和祖先的宗教仪式。每个参加仪式的人都神情肃穆,虔诚祈祷⑤。

陶器烧制中严禁男子靠近。因为古老的习俗认为,男人靠近烧陶现场,阳刚之气过盛,会使正在加温的陶坯突然爆裂,或者说有鬼魂附随男人之神前来捣乱⑥。

另外,黎族制陶从来是女性的专属劳动。传女不传男,母亲传给女儿,

---

① 李露露:《热带雨林的开拓者——海南黎寨调查纪实》,云南人民出版社2003年版,第121页。
② 虎珂:《中国非物质文化遗产:天涯土陶技艺》,南海出版公司2014年版,第5页。
③ 虎珂:《中国非物质文化遗产:天涯土陶技艺》,南海出版公司2014年版,第5页。
④ 虎珂:《中国非物质文化遗产:天涯土陶技艺》,南海出版公司2014年版,第23页。
⑤ 虎珂:《中国非物质文化遗产:天涯土陶技艺》,南海出版公司2014年版,第70页。
⑥ 虎珂:《中国非物质文化遗产:天涯土陶技艺》,南海出版公司2014年版,第6页。

婆婆传给儿媳①。男子有时可以帮助女子取土，但从不介入制坯②。

因为陶釜、陶壶象征女体，制陶即属于女性的专有权利。所以取土之时必选阴雨之天，似与陶之阴性本质相应；在烧陶之际男子不可靠近，以免阳气损害纯阴之气场；传女不传男，男子从不介入制胚之禁忌传统绝不仅仅是社会分工之问题。我们有理由推测，这是母系社会制陶技艺产生之后延续下来的母体崇拜与母权意识之残留形态。

傣族制陶也有相同禁忌。景洪曼斗寨原始制陶，从选挖陶土，直至烧成出售，均由妇女担任。此事无男子参加，烧窑时男人不能看，否则陶器会破裂③。

无独有偶，在同样保存陶壶图腾的台湾高山族阿美人中，也保留了与黎族几乎一样的原始制陶技术。1959年台湾大学考古人类学系调查了阿美人海岸猫公社的原始制陶工艺，猫公社阿美人的制陶是女人的工作，每年集体制陶一次，通常在五月举行，几乎每户都有一个妇女参加④。阿美人取陶土以略含沙粒的灰黑土为料。他们没有陶窑，本地堆烧，下面垫干柴茅枝，陶器置柴堆上，再覆盖以谷壳。点火前后，巫师要念咒驱鬼（黎族要围绕火堆跳起祭祀舞蹈）。制陶期间丈夫不得与妻子同床，以免陶器烧裂⑤。

黎族与阿美人高度一致的制陶禁忌不是偶然的。《周易·说卦》中就有了对于陶壶类制品（中空）为阴性的抽象概括，视坤为地，为母，为釜，为腹，为大舆。浓厚的母体生殖文化使这两个民族产生陶图腾文化信仰。

在百越后裔诸民族中，只发现高山族与黎族同具陶图腾崇拜，而且高山族各支系陶图腾神话体系较为丰富，黎族暂未发现。据调查，台湾的排湾、鲁凯、布农、阿美、台南平埔人和西拉雅人都有祭壶的习俗。如台湾台南新

---

①庞珂：《中国非物质文化遗产：天涯土陶技艺》，南海出版公司2014年版，南海出版公司2014年版，第2页。
②李露露：《热带雨林的开拓者——海南黎寨调查纪实》，云南人民出版社2003年版，第125页。
③徐康宁：《景洪曼斗寨傣族制陶术》，《西双版纳傣族社会综合调查》，云南民族出版社1983年版，第45页。
④吴春明：《从原始制陶探讨高山族文化的史前基础》，《考古》1994年第11期。
⑤吴春明：《从原始制陶探讨高山族文化的史前基础》，《考古》1994年第11期。

化镇西拉雅人后裔,祭祀象征"番太祖"之壶,这个壶被戏称为"番仔佛""老君""太祖"。台南县白河镇六重溪从大武山迁徙来的西拉雅人,供奉五个壶,据说原为五姐妹,九月十五日为其生日①。两个都是图腾,前一个已经受到汉族佛道二教的影响,后一个则保留了母系社会的更加古老的形态。在这些祭壶民族的心中,陶壶是始祖和祖灵的载体,或者本身就是始祖神或祖先神,因而在他们的信仰中占有神圣的位置,要定期举行祭祀。布农人每年在粟收割后,必先以固定的陶罐煮新粟,分与族人共食,这固定的陶罐具有神圣性②。排湾人的神话说:古时一个女陶壶,受阳光照射孵出一个女性的蛋,蛋与一个男性的灵魂结合,生一女,女子与百步蛇结合,生二男,成为排湾人祖先③。布农人的神话是葫芦生出男子,陶锅生女子,结为夫妇,生儿育女,即为人类始祖④。他们的神话中,陶壶是与女性直接关联的,而且排湾人的神话中,认为陶壶是天降下来的,非人间所产。黎族后世《陶仙石的传说》之陶仙也是一位女性,上天派遣传授黎人制陶技术。

　　《陶仙石的传说》是混合了原始宗教与道教文化的民俗传说,流传于制陶集中的天涯地区⑤。故事大意是:很久以前,海岛先民没有器皿做炊具,只能吃火烤食物,喝生水,因此常染瘟疫,人丁不旺。山神巡逻到天涯海角青龙山时,得悉民情,向玉皇大帝禀告。玉帝即派天宫之制陶能手陶仙下凡到青龙山,在三十三天之内,向黎族妇女传授陶艺。陶仙接旨,来到青龙山,找陶土,酿泥,制胚,烧陶,很快就教会了妇女们制陶技术。黎族人民用烧制的陶锅炖上鲜美的饭食,献给陶仙。在制陶传授中,一位黎族猎手爱上了陶仙,他的勇敢也打动了陶仙。三十三天的期限到了,陶仙不想再回天宫。她求助山神,山神给她出主意,只要化身为一块石头,即可躲避天兵之追捕,但三千三百年后才能转世重生。陶仙同意了。于是轰隆一声巨响,烟雾

---

① 陈国强、林嘉煌:《高山族文化》,学林出版社1988年版,第158页。
② 马昌仪:《壶形的世界——葫芦,魂瓶,台湾古陶壶之比较研究》,《民间文学论坛》1996年第4期,第31页。
③ 尹建中:《台湾山胞各民族传统神话故事与传统文献编纂研究》,1994年版,第184页。
④ 施始来:《八代湾的神话》,晨星出版社1992年版,第118页。
⑤ 符亚向口述,庞珂整理:《三亚文艺》2011年第4期。

散去，青龙山的山背，面朝天涯海角的方向，出现一块人形的大石头，这就是陶仙的化身。那位青年猎手在守候了陶仙六十年之后，跳海殉情。为了纪念他们的爱情，也为了烧陶成功，每月初一、十五，妇女们都会去祭拜；村里的小孩生病，家人也会在陶仙石前面祈祷平安。

故事的实质是一位天仙女向黎族人民传授了制陶技艺，并化为巨石永远和她们待在一起，护佑着这里的人民。中间穿插了没有成功的一个爱情故事。"玉皇大帝""三十三天""三千三百年"都属于道教文化的因素。当我们剥去道教的外壳，故事所昭示的是黎族人民的母体崇拜和图腾崇拜心理。

（二）大地图腾

东方、乐东等地"吴"姓为"平地的孩子"，这是以大地为图腾。在乐东地区，流传一则大地与太阳结婚生育人类的神话。《月亮为什么夜里出来》讲述大地与太阳、月亮姐妹谈恋爱，最终与太阳结婚的故事。"今天我们这些人，都是大地和太阳的后代。我们的婆祖太阳，已成了一盏最明亮的大红灯，永远挂在天空，给她的后代子孙照明。我们的祖公大地，永远让他的后代子孙在他身上过着平平安安、快快乐乐的生活。"

台湾高山族亦有大地图腾的神话。泰雅人 malepa 群中传说：大霸尖山山腹有一大土块，一夜，大地震使土块分裂开，里面出来一男一女，成为该族之祖先[1]。阿美人归化社也传说远古有男性和女性由地下出生结为夫妇，为沙基扎雅群的祖先[2]。鲁凯人之大南社传说，大南社始祖从一大石出生，有一女人由地下出生，二人结合，生一男二女[3]。邹人的神话是：神在地上播种，人从土里长出来成为人类祖先[4]。

---

[1] 许世珍：《台湾高山族的始祖创生神话》，《民族学研究所集刊》第 2 期，1956 年版。

[2] 巴苏亚·伊努哲努：《邹族——库巴之火：台湾邹族部落神话研究》，晨星出版社 1997 年版，第 36 页。

[3] 潘芙：《台湾原住民族的历史源流》，台原出版社 1998 年版，第 152 页。原住民，指台湾地区较早定居的族群，按相关规定，规范说法应称"少数民族"。此处用原标题，以保持原貌。

[4] 浦忠成：《叙事性口传文学的表述——台湾原住民特富野部落历史文化的追溯》，里仁书局 2000 年版，第 23 页。

侗族亦有地母崇拜，具有创世神性质。他们认为，天地媾和以后，地母受孕，生下风神和日月星辰，又在大地上播下了动植物的种子。他们还要跳一种天公地母双人舞。一人手持鼓槌，一人携单面鼓，鼓槌象征男性生殖器，代表天；单面鼓象征女性生殖器，代表地。二人先后走场，彼此寻觅，互相挑逗，做出媾和的动作。最后天公抱住地母，做混沌不分之状态①。

黎族的土地神信仰与上述图腾神话有一定关联，但有自然神与社会神的区别。朱天顺在《中国古代宗教初探》中云，土地崇拜是原始宗教中的普遍现象，中国原始的土地神和后来的土地神很不相同。中国原始的土地神崇拜，从其本质上看，其所崇拜的是土地的自然属性及其对社会生活的影响力。后期的土地神崇拜，则是崇拜土地神管理土地的权威，而土地的自然属性失去了神性。他的这个观点是适用于黎族的，大地图腾还属于自然神的性质。

在黎族聚居区普遍存在土地神。《三个民族同一源》中的兄妹二人在去世以后化为了土地公和土地婆，掌管海南人间的祸福苦乐。农业生产中称土地神为"地鬼"，开耕与收获时节，都会有一些与祭祀土地相关的禁忌与仪式，表示对大地恩赐的感激，这里自然神的性质是明显的。在黎族的村庄，常常在村庄的入口处供奉土地神，称为"土地公"，功能上与汉族的土地神是基本相同的，但表现形式上具有一些独特性。黎族土地神小庙供奉的实物对象，在不同地区多有差别。保亭县番文村，庙内供有石头雕刻的牛头，叫"牛魂石"，又有石刻的神印，上面有人与十二生肖图案，动物崇拜的意味强烈，神印则是道教影响的结果，神印上的图案则富有黎族色彩。保亭三道镇岭下村则在庙中供奉石祖，是土地崇拜与生殖崇拜的结合。东方美孚黎则在庙内或供奉一块卵石，或供奉泥塑的小偶人；昌江重合盆地的黎族则在茅草盖的小庙中放置三块近似人形的石头，作为土地的形象②。由土地崇拜产生各种祭祀活动，随着祭祀目的重要性的不同，以及地域的差异，祭祀物品各不相同，小灾用鸡，一般用猪，大灾用羊。当遇到天灾瘟疫、械斗战争、婚姻生

---

①陈久金：《中国少数民族天文学史》，中国科学技术出版社2013年版，第110—111页。
②高泽强、潘先锷：《祭祀与避邪——黎族民间信仰文化初探》，云南民族出版社2007年版，第185—188页。

育、丢失物品等大事的时候，黎族民众就会举行各式祭祀活动，在土地神前占卜吉凶，祈求平安和胜利。

黎族之土地神作为连接族群之纽带作用也是非常明显的。黎族各区之村落，在每年的不同时节都要集中祭祀本村之土地神。保亭黎族苗族自治县三道镇甘什村在七月十四和春节前后[1]，陵水、昌江等地是二月初二，全村人杀牲祭拜，保佑全村人丁兴旺，多获猎物，谷物丰收。如有天灾、虫害、瘟疫等，都要祭拜土地公[2]。

(三) 风图腾

三亚黎族之刘姓，黎语发音为"viu"，直译为"小风""风的孩子""风的子孙们"[3]。以风为图腾，是华夏民族远古的部落信仰。风是人类最早感知的自然现象之一，马王堆帛书云"巢居者察风，穴处者知雨"。风神起源很早，夏商以前，已经有风神崇拜。《左传·僖公二十一年》云："任、宿、须句、颛臾，风姓也。实司太皞与有济之祀。"[4]太皞即伏羲氏，四国为伏羲之后。《帝王世纪》明确伏羲女娲为风姓，"太昊帝庖牺氏，风姓也"[5]，"女娲氏，亦风姓也。承庖牺制度"[6]。黄帝有臣名风后，也是风氏族。《淮南子·本经训》记载，尧使羿"缴大风于青邱之泽"[7]，"大风"也是风氏族，当以风为图腾，"风""凤"同形，以凤鸟之形状代之无形之风。凤也成为商民族的图腾。甲骨卜辞中记载了四方风名："东方曰析，风曰(协)；南方曰因，风曰(凯)；西方曰丯，风曰彝(夷)；北方曰勹，风曰(冽)。"

伏羲女娲，与南方百越文化渊源甚深。黎族之风姓与伏羲是否同源，是

---

[1] 林日举等：《海南少数民族宗教信仰研究》，海南出版社2015年版，第53页。
[2] 高泽强、潘先锷：《祭祀与避邪——黎族民间信仰文化初探》，云南民族出版社2007年版，第187—188页。
[3] 符天志、孙建平：《解读三亚黎族姓氏》，《现代青年》第32页。
[4] 杨伯峻：《春秋左传注》，中华书局2009年版，第391页。
[5] 皇甫谧：《帝王世纪》，陆吉点校，齐鲁书社2010年版，第2页。
[6] 皇甫谧：《帝王世纪》，陆吉点校，齐鲁书社2010年版，第3页。
[7] 刘文典：《淮南鸿烈集解》，中华书局1997年版，第305页。

一个很有意思的课题。郭沫若在20世纪20年代便指出风姓源于凤鸟图腾。他说：卜辞风字均作凤，盖古代神话以大风为大风神。大风即大凤，故下云：缴也。又谓古有风姓之国，春秋时有任、宿、须句皆风姓，古云，伏羲氏之风，案其实乃以凤为图腾之古民族也。

大禹之部落有风后，遗址及其传说在今山西南部晋豫交界处。今运城解州镇社东村，古代有风神庙，毁于抗战时期，但当地至今流传着有关风后出生以及名字由来的传说。相传，社东村有一对夫妻，到了晚年却依然膝下无子。在他们准备放弃之时，一个儿子意外地降生在这个家庭，且唇红齿白、聪明伶俐，生下来就会说话。两位老人经受不住喜悦，竟相继而亡。当邻居们埋葬了两位老人后，忽然一阵狂风将婴儿吹向天空。婴儿被大风裹挟着降落到芮城境内的九峰山上，被一位修行的仙师捡到，并教给他许多法术和特异功能。因孩子是大风带来的，仙师认定他是女娲仙祖给自己选的孩子，便让他姓"风"名"伯"。后人因尊敬风伯，将其称为风后[①]。此故事虽荒诞，后世增衍的痕迹明显。但与黎族一样，以风为祖。

风与水、火一样，具有两面性，既能摧毁一切，也能孕育生命。故人们对于风的崇拜与水火的崇拜一样，有畏惧的心理因素。黎族也不例外。由于长期生活于四面环海的岛屿，热带海洋季风常年吹拂，并不断遭受着台风的侵袭，所以黎族民众对于风有着深切的感受。他们在神话传说中表达了对风的多样情感。

在保亭，流传一则关于风神的传说，称呼为"风魔"，故事名《七女峰与风魔岭》。故事记载，一个叫介勿的风魔来到一处平原，为老百姓带来了灾难。故事说："介勿高兴时，就猛吹灼热的风，热浪滚滚袭来，树木枯死，田地干旱龟裂，庄稼无法种；介勿发怒时，吹的是刺骨的冷风，更为猛烈的能把船形茅草屋和竹楼都给吹飞了。刺骨的冷风，使很多的牲畜被冻死，老人和小孩冻死的也不少。活着的人纷纷逃离这个地方，到很远很远的地方去

[①] 段友文、王子仙：《晋豫风后神话传说的历史嬗变与文化记忆》，《中原文化研究》2021年第1期，第102页。

避难啦。"①猎人那耀有七位女儿，她们决定造山岭以抵挡风魔的侵袭，最后她们一字排开地站在山顶上抵挡狂风。"恶魔介勿气得七窍生烟，鼻孔也在吹风了。介勿对准父女们疯狂地吹冷风。七姐妹的衣服、筒裙被吹裂了，她们立在那里一动也不动；她们的头发被吹散吹断了，她们还是一动不动地站立在山顶上。"最后，她们化成了"七指岭"，妖魔化成了"风魔岭"。此神话表现了黎民征服自然的勇气。在壮族的神话传说中，也有人类征服风公、风婆的故事。在黎族的民间风俗中，风鬼是致祟的祸殃，与此神话的思维一致。黎族许多地区信奉风鬼。风鬼可致病。遇到心情烦乱或者得了神智错乱的精神病，他们认为是风鬼勾引了人的灵魂。这时要杀猪狗羊，请道公搭起五层的竹架，念道经咒语，举行仪式，招魂驱鬼②。

乐东黎族的风神则成为帮助人类惩处妖魔的善神。《风神治螃蟹》中，一只巨大无比的螃蟹残害生灵，人类请来雷神、雨神大战螃蟹，先后失败，最后请来风神，风神刮起七天七夜的大风，螃蟹被刮到半空，摔得粉身碎骨③。

黎族关于风的神秘观念，导致了以风为姓的文化现象，与华夏古文化相通。但他们对于这个神灵的态度不是单一的，善恶二元的特征是他们给风神的定位。

(四)石图腾

黎族之石头崇拜兼具自然崇拜与图腾崇拜的性质。黎族的村庄土地神崇拜中，石头是普遍的替代物，黎族有以石头为祖先象征者。海南王下乡、七差镇的黎族，在坟墓之上放置不同形状的石块，以代表男女。男性是圆柱形，女性是圆形，此处又含有生殖崇拜的因素。

在黎族的神话中，石头常常是有生命的。《伟代造动物》只是人类再生洪水神话之片段残留，缺少人类重生再造之情节，从洪水直接过渡到动物释源。此神话中洪水的发动者，是开天辟地的创世神。那发动的原因是颇为奇

---

① 符桂花主编：《黎族民间故事大集》，海南出版社2010年版，第84页。
② 王国全：《黎族风情》，广东省民族研究所1985年版，第121页。
③ 符桂花主编：《黎族民间故事大集》，海南出版社2010年版，第16页。

特的:"据说在远古以前,大地上的情况和现在不同。那时人是不会死的,老了还可以慢慢变成年轻。地面上的石头也和活的东西一样,会不断长大,因此石头越来越多,把人们耕种的田地都给占据了。眼看生活不能维持下去,于是天上的伟代(黎族传说中创造万物的全能者)发下一次大水,把整个地面都淹没了。"其洪水之原因,既非人神争斗,亦非如西方所谓人类之罪恶,而是由于人类的生存空间越来越小。一方面石头无限制地生长,土地越来越少;另一方面人类长生不老,人口繁衍越来越多,食物需求越来越大(此意未明言),伟代只得发洪水,淹没人间。发洪水前,将世间的生命体按雌雄放入大瓜壳,重新繁衍。在另一则异文中则明确说发洪水之目的只是为了把岩石冲走,不是毁灭人类。但从此异文的情节看,人与动物一样,最后都按雌雄放进去一对。所以此异文当是后来的讲述者出于维护万能的创造神伟代形象而进行的改造。既是万能之神,只当护佑人类,必不至于干下毁灭人类的事。

伟代发洪水之神话与黎族之灵石崇拜相关者有两点:

第一,石头可以无限地生长,同人一样具有生命。这是原始先民万物有灵观念的直接表现。在黎族文化中,对石头的崇信具有民族的普遍性。在黎族地名传说《七仙岭》中,七仙岭是杞黎的祖先那跃和那扎差用鞭子催赶大海里的石头累积而成,至今七仙岭上,还留有当年鞭打的痕迹。石头崇拜渗透于黎族人民生活的方方面面。"有些地区的黎族,对于一般石头中特别形状的石头是很珍惜的,特别是巫师,对这种石头更是视若珍宝。若是拾到特别形状的石头,他就会在石头上画上原始的图像,用来作为驱邪赶鬼的法具。此外,大多数黎族地区都建有土地公庙,他们用石头垒成土地公,不是毫无意识的,他们相信石头能战胜恶鬼,保护人畜和庄稼,就像有的地区的黎族所相信的'梦见大石头,庄稼得丰收'一样。还相信以酒洗'神石'后给牛喝,可使牛强壮。石头鬼对于人的生育方面好像魔力更大。有些地区的黎族认为,孩子出生后身体虚弱,只要在出生后第 13 天,请娘母来,把孩子的头发剃去,留后部两侧少许,然后祈求石头鬼,就能给孩子带来健康。若遇到生出来的孩子都是夭折的,那么夫妇俩只好同去河边,任意拾起河边的石头，并对石头说：'我俩不幸碰到了生而不育的命运，请给我俩以健康的孩子吧。'据说石头鬼是专管生育的。"①

第二，岩石无限生长，侵占了人类生存的空间。这与黎族人民刀耕火种的生产方式相关联。黎族人民所居住的自然环境，以山地为主，"除南部沿海的陵水、崖县部分地区属冲积平原外，其余五县都是山岳地带，其中乐东、保亭两县山地稍低、丘陵广布，因而田峒较多，其余三县多属梯形分布的山间河谷稻田"②。海南岛由花岗岩和玄武岩两大火山岩类为主要组成岩石，在长期热带多雨炎热潮湿的环境下，岩体中的矿物不少受到彻底的风化作用，形成一层风化层，因富含铁质，故名为"红色风化壳"。红色风化壳是本岛土壤发育的母质层，各类红壤即从风化壳上发育起来。由于红色风化壳表层质地黏重，干缩湿涨明显，易被侵蚀，水土流失严重。红色风化壳被冲刷后，使岩石裸露出来，形成各类散流剥蚀地貌，称为"石蛋地形"③。水土流失造成的岩石裸露，在原始先民看来，仿若石头自己会生长。另外，黎族刀耕火种的农业生产方式限制了他们对土地的持续利用，相对缩小了耕地空间。黎族俗称"种山栏"。一年一造，耕作不翻土。每年农历一月间，上山选择树木茂盛的肥沃土地；二月间，男女带钩刀上山砍伐小树木和杂草，男子把大树砍秃，放置一段时间将其晒干；三月间点火焚烧树枝杂草，整理山栏地完毕。肥沃的土地连种两年，不肥的种一年就弃置，另择地开垦。须经过10—20年的长期休闲，地力恢复，才能再次耕种④。这样，他们的可耕之地会越来越紧张，加上农业技术落后和风灾、水灾、旱灾及野兽破坏导致的农业低产（有时亩产不足百斤），使他们的生存受到极大威胁，自然对漫山遍野裸露的岩石产生一种侵害生长的观念。

另外，在地方志的记载中，黎族聚居区多有石头神的传说，而以崖州为最多。《古今图书集成》卷一三九二《广东黎人岐人部·外篇》引《通志》云：

---

① 王养民、马姿燕：《黎族文化初探》，广西民族出版社1993年版，第154页。
② 中南民族学院编辑组：《海南岛黎族社会调查》上册，广西民族出版社1992年版，第20页。
③ 曾昭璇：《海南岛自然地理》，科学出版社1989年版，第141—145页。
④ 中南民族学院编辑组：《海南岛黎族社会调查》上册，广西民族出版社1992年版，第38页。

"蜑民都,昔有老妇姚姓者于河洗纱,忽一石似鸡卵,逆流旋绕其足,掷去复至,妇怪之,携归,行数十步渐重,弃之。回语众,往视之,石已高大,推不动。有一人跳曰:吾乃石贤人也,若等祀我,当保障尔村。因为立庙,祀石于中。号曰'石贤大王'。旱祷立应。"①另一则云:"崖州东一百二十里罗活峒,有大石,黎人罗艾猎过此,石衔其犬足,艾弓扑之,石舍犬衔弓,艾又以左足踏之,石舍弓而衔足,屯身入半;父界闻之,率众往救,不出,许纯白牛羊祭,方出,至膝间,有触禁者,遂吞没。界怒,杀触者。伤子以黎被复石上,至今石色杂花如被纹。"②道光《琼州府志》卷四四引《萧府志》(按,即乾隆时萧应植《琼州府志》):"崖州西五十一里,黎伏乡龙楼(楼当为楼)湾岭畔有石,状如锣鼓,黎人每听其鸣,则群聚杀掠,人不敢过。"③阮元《广东通志》载:"石蛇村在崖州东八十里,石状如蛇头。俗传初为黎地,峒首罗陈出猎,闻犬吠,视之,见蛇头将出,以箭插地,祷曰:此可村,箭当笋。三日视之,果然。又埋竹实,亦验,遂村焉。"④地方志所记载的灵石传说,说明当时这种崇拜意识在黎族中的普遍性。

黎族还有石祖信仰。"在黎族的一些地区如杞方言、美孚方言等地区,有把与男性生殖器相似的岩石当作男性生殖器来供奉的现象。在村寨的土地庙里,既没有神位也没有香炉,只有一个形状像男性生殖器的石头,这就是石祖。把'石祖'安放在村前的土地庙里朝拜,反映了黎族社会对男性祖先的崇拜。"⑤供奉石祖增多,当是父系社会以后发生的变化,有些地区则男女同奉,如昌江黎族自治县七差镇重合一带的美孚方言黎族至今仍供奉"石祖"——长条鹅卵石和女性祖先象征物——一块饰以红布带的不规则石块。有人甚至直接尊石祖为祖先。1983年保亭文化馆征集到一条长32厘米,宽12厘米的石祖,是一个村民在挖地基的时候发现的,他相信石祖是其祖先,

---

① 原中国科学院广东民族研究所编:《黎族古代历史资料》,海南出版社2015年版,第754页。
② 原中国科学院广东民族研究所编:《黎族古代历史资料》,海南出版社2015年版,第754页。
③ 原中国科学院广东民族研究所编:《黎族古代历史资料》,海南出版社2015年版,第754—755页。
④ 原中国科学院广东民族研究所编:《黎族古代历史资料》,海南出版社2015年版,第755页。
⑤ 林日举等:《海南少数民族宗教信仰研究》,海南出版社2015年版,第53页。

取回家秘密供奉。洪水神话中作为黎族始祖的兄妹二人化为土地公和土地婆的说法得到了形象的验证。在神话中兄妹婚以后雷公留下了兄妹不得通婚的戒律，须代代遵行。这一神的戒律在石祖崇拜中也有鲜明的表现。昌江黎族自治县七差镇之美孚黎"把不同颜色的石祖和不规则的石块作为自己的祖先神加以崇拜，有暗红色之神，浅红色之神，白色之神，黑色之神四种。崇拜同一颜色的家族，内部不得通婚，只能和崇拜其他颜色的家族通婚"①。活态的宗教信仰与远古之神话在此处神秘契合。

百越后裔其他民族也存在广泛悠久的石崇拜习俗。仡佬族、布依族、水族等普遍存在着"石保爷"的习俗，即小孩拜石头为父亲，以求神的保佑。据调查，仡佬族的小孩身体不好或者体弱多病，就会去喊一个石保爷，也就是喊石头叫"干爹"。因为他们认为石头很坚固，而且几万年来就存在，所以会认为石头的这种特性会保护自己的孩子能够健康的成长，因此就把石头叫石保爷，保护小孩。也可能小孩八字大，经常哭，就会去拜祭石头。所以当地村民遇到这个情况，就会到九天母石的那个地方喊石保爷，然后烧纸、烧香，每年过年过节就要去祭拜它②。

壮族石图腾崇拜的证据更为充分。壮族史诗《布洛陀》认为其祖先是在一颗石蛋中孕育而成的。在拱屎虫的帮助下，石蛋爆裂，生成了天地，还诞生了壮族始祖布洛陀和姆六甲。在壮族的洪水神话《布伯的故事》中，伏依兄妹在洪水过后历经曲折结为夫妻后生下的是一块磨刀石，这块磨刀石又使人类得以繁衍。这两则神话清晰地表现了石头作为图腾始祖的生殖功能。

而在广西钦州市一带壮族地区，人们普遍认为，妇女久婚未能生育，乃命中无子，必须通过"借命"才能生养。届时，须请一知晓巫术的妇女，择吉日寻一开叉树木，焚香祷告，以为寄命，当地人称为"契木"。随后，则由求子妇女捡一石块投至路中，待有育之妇人跨过之后，再将石块捡起夹进树杈中。这样，就可以借他人之命而生育。在这里，石块不但可以借到他人的生

---

① 林日举等：《海南少数民族宗教信仰研究》，海南出版社2015年版，第53页。
② 郭津佑：《从"石保爷"到"九天母石"——仡佬族生态文化再生产的变迁研究》，华中农业大学2020年硕士论文，23页。

育力，而且可以将之传给未育妇女。实际上，人们之所以选择石块作为生育中介，其根本仍是出于对石本身所具有的生殖力的原始崇拜。这一习俗与前述黎族夫妇从河中捡石头祈求生育的观念是一致的。

在壮族村寨附近，普遍建有一种规模不大的庙宇。它们一般为三尺见方的小屋，里面供奉着两块直立的石头，称为"社公社母"；有的则只供奉一块石头，称为"社公"。在这里，人们对神的供奉，实际乃是对石的供奉，因而本应属于对石的崇拜，但至今壮人都将此类庙宇称之为"土地庙"，将"社公"称之为"土主"或"地主"。尽管如此，壮人对于到这类庙宇进行祭祀的行为，却不称为"祭土地"，而是叫作"做社"或"拜公"。这就表明壮人这类祭祀的对象仍是石而不是土地，他们之所以将此类庙宇冠之以"土地"名称，实乃企盼石与土地一样保佑他们的农作物获得丰收。尤为值得指出的是，无论是"社公"还是"社公社母"，他们在本质上所具有的能力首先仍是狭义上的生殖（"生人"）能力。只是到了农耕时代，人们才把他们的生殖能力与土地发生联系从而将之扩大化（能使农作物丰产）。壮族"做社""拜公"一般在农历二月初二举行。这一天全村举行集体祭祀，规模小的要杀一头猪，规模大的则杀一头牛，并用猪血或牛血煮血粥，全村男女老幼均要喝一碗，认为这样做了之后可以保证当年的禾苗生长旺盛，获得丰收。而有的壮族乡村则还要把分得的猪、牛肉和血粥带回家，连同舅父送来的礼物一起摆到有小孩的媳妇门前供祭，认为这样可以为小孩"赎魂"，使孩子不会生病。石的"生人"即保护生命的能力在这里依然有所体现[1]。这点与黎族的土地神崇拜的形式高度近似。

（五）灶图腾

海南美孚黎中有族群认为，他们的祖先是从三石灶里诞生的，因此以"灶"为姓氏，后取汉语谐音的"赵"为姓[2]。三石灶，又名三脚灶，润黎、哈

---

[1] 廖明君：《壮族石崇拜文化——壮族自然崇拜文化系列研究之二》，《广西民族研究》1997第2期，第82—85页。

[2] 符兴恩：《黎族——美孚方言》，银河出版社2007年版，第37页。

黎、美孚黎普遍使用这种灶，此灶由三块石头组成。三块石头分为"座石"和"走石"，座石是用两块扁形的长石平行放着，把石脚埋进地下三分之一，成为不能移动的座石。在座石之间稍前的位置上放一个圆形平底的"走石"。用小锅时把走石向内移动，用大锅时把走石向外移动①。三脚灶一般处于房子的中厅，认为是"灶公鬼"所居，人们平常不允许用柴枝敲打这三块石头，主人搬家也不能移动②。

  黎族称呼灶神为灶公或灶鬼。关于灶有种种的禁忌。王国全认为，如果家里的三脚灶的石头裂开，被认为是凶兆，这时需要杀牲祭鬼，另选吉日重新起灶。乐东毛或村民众人认为灶石不能移动，否则会致病③。在琼中红毛镇，则不准在灶边吵架或敲打灶石，否则会引起灶公不满，使得家人生病④。五指山市水满乡杞方言黎族，如果夫妻二人在三脚灶前吵架，必定会结成冤家对头，永无和解之日⑤。有些家庭在灶前摆上很小的祭坛，每年十一月初五，用酒和饭，烧香祭祀一次灶公⑥。

  黎族有些关于三脚灶的禁忌似乎暗示了灶神与生育之间的神秘联系。保亭加茂乡赛黎，平时忌讳将锄头、砍刀等铁器置于灶内烘烤，否则猪、狗会流产。牛、猪等牲畜怀孕期间，忌讳将灶灰拨出，否则会导致流产⑦。保亭番文乡（今名番文村）黎族则认为，灶内烘烤了铁器，稻子会枯黄失收，养猪也会脱皮长不大⑧。琼中堑对乡（今名堑对村）不准用物件插入灶肚，否则会

---

①王国全：《黎族风情》，广东省民族研究所1985年版，第44页。
②张寿祺、黄新美：《海南岛乐东县番阳区黎族群体变化的研究》，1986年，转引自《中国各民族原始宗教资料集成．黎族卷》，中国社会科学出版社1998年版，第697页。
③中南民族学院编辑组：《海南岛黎族社会调查》上册，广西民族出版社1992年版，第178页。
④中南民族学院编辑组：《海南岛黎族社会调查》上册，广西民族出版社1992年版，第572页。
⑤高泽强、潘先锷：《祭祀与避邪——黎族民间信仰文化初探》，云南民族出版社2007年版，第189页。
⑥王养民、马姿燕：《黎族文化初探》，广西民族出版社1993年版，第153页。
⑦中南民族学院编辑组：《海南岛黎族社会调查》下册，广西民族出版社1992年版，第550页。
⑧中南民族学院编辑组：《海南岛黎族社会调查》上册，广西民族出版社1992年版，第409页。

使人、牛小产①。白沙黎族认为灶石代表祖先，不许敲打和移动②。这正是图腾崇拜的表征。有些地区的黎族禁止吃狗肉，他们认为吃了狗肉会得罪灶公。因犬图腾崇拜之缘故，有些黎族支系有禁吃狗肉的传统。所以，此处灶公就是祖先的象征。这种崇拜还表现在黎族的婚礼仪式中。当新娘被接到新郎家里以后，男方即吩咐新娘洗米煮饭，然后新娘在三石灶的三块石头上各铺一小块芭蕉叶，然后放一些饭在上面，名为"搭锅"，表示灶公承认她为本家的人③。

百越后裔其他民族也多有灶神崇拜习俗。西南少数民族多称呼灶为火塘锅庄。火塘是用四块石搭成的斗形容器，高出地面至膝盖下，位置在屋的转角处，四周围以宽木板，上坐人。火塘内置铁三脚架，架上置锅，火即在锅下燃烧。有火塘必有锅庄，锅庄者即垫锅的三块石头，与黎族的三脚灶相同。

布依族、水族、仡佬族、傣族等民族视火塘锅庄为先祖，常年祭祀。例如水族、布依族的婚礼中，新娘进入新郎家以后，必先围火塘走一圈，并小坐一会儿，才能进入新房。此意义为拜祖先、拜火塘神，取得神灵承认，方为夫家成员。

如傣族人使用火塘，信仰火塘神。他们的原始宗教认为，火塘和人一样是一个生命体，它有心脏、有灵魂、有感情，是一个生生不息的实体，故而人是绝不可冒犯它的④。

广西左江流域的壮族有祭祀灶神的习俗。在农村的灶台上，主人摆放一个香炉供奉灶神。在腊月二十三，也就是灶神日，人们把供奉灶神的香炉灰倒掉大部分、留下少部分、加入新灶灰后摆放好，接着，点香、摆肉和酒祭拜灶神。有的人会在灶台的墙壁处贴上灶神像来代替香炉。换新灶台或新的灶神香炉时，人们往往选择灶神日来做。龙州县的屋主建好新房后，会择吉

---

①中南民族学院编辑组：《海南岛黎族社会调查》上册，广西民族出版社1992年版，第671页。
②中南民族学院编辑组：《海南岛黎族社会调查》下册，广西民族出版社1992年版，第297页。
③王养民、马姿燕：《黎族文化初探》，广西民族出版社1993年版，第153页。
④张海荣：《火塘锅庄与灶神》，《贵州民族研究》，1993年版，第89—90页。

日，让娘家人送来灶架，请道公做法事安装灶架。人们平时禁忌往火里撒尿和吐口水、在灶上放污秽之物、把脚踏在灶上、用水泼灭灶火，触犯了这些禁忌就会受到惩罚或报应。大新县还流传着除夕晚上在灶里埋藏火种，保留过年不熄火、来年红红火火的习俗①。壮族的此种风俗明显受到汉族之影响。

黎族灶神的图腾祖先观念，与中华远古信仰有相通之处。上古传说时代的灶神之原型，多含有祖先神的色彩。古代典籍记载中灶神多为炎黄祖先。《淮南子》云："炎帝作火官，死而为灶神。"汪葵《事物会源》则以黄帝为灶神。《风俗通》以颛顼之子重黎为灶神。《五经异义》以高阳氏之后代苏吉利为灶神。《淮南子·时则训》注云："祝融、吴回为高辛氏火正，死为火神，托祀于灶。"炎帝、黄帝、颛顼、祝融等都是华夏民族古代部落的首领。灶神应该具有火神与祖先神的双重性质。

此种祖先神之观念在百越之外的各民族之中也有广泛的流行。我国西南的少数民族中，有很多关于火塘锅庄来历的神话传说。

苗族。传说苗族在迁徙过程中要歇下来做饭，没有火，就派三个人去寻找火种。三人好不容易找到火种，半路遇大雨，三人紧抱一团，终使火种未被淋熄。这三位先祖就演化成三锅庄石。铁器使用后，才以铁三脚架代替锅庄石，但三祖先化身之观念不变，认为铁三脚架是按三祖先紧抱护火的形象所打造。

基诺族。传说他们的先祖因遭外敌入侵，仓皇出逃时，忘了支锅的三脚石，后由一女先祖返回，勇敢机智地取回。由此，三脚石成了先祖的象征。女先祖取回的三脚石成了神物，每年都要接受远道而来的基诺族群众的拜祭。

珞巴族。他们的神话认为三块锅庄石是由创世的乌佑三兄弟从一片汪洋中抱出来的，敬锅庄还包含着对本民族英雄祖先神的崇拜。

羌族。在太古之时，人神未分。羌族女首领阿勿巴吉与天上火神蒙格西相爱成亲，生子名燃比娃。为使羌人免遭冻死，阿勿巴吉命子上天请求其父

---

① 杨丽云：《左江流域的火信仰习俗研究》，《广西民族师范学院学报》2019年第6期，第19页。

帮助取火。燃比娃遵命上天，其父蒙格西让他用油竹做火把点燃神火带回人间。这事被天庭恶神喝都发现，喝都刮起一阵狂风，吹熄了火把。燃比娃再次寻找父亲。蒙格西从神火炉中取火炭放在瓦盆中，让其子带回人间。此事仍被恶神发现，喝都变法下起倾盆大雨。炭火熄灭，燃比娃被洪水冲走。洪水退后，燃比娃再次请其父给予神火。鉴于两次取火的失败，蒙格西思索良久，最后将神火藏于白石中，并嘱其子："两石相撞火花现"。这次瞒过了喝都，燃比娃终于成功地将神火带到了人间。从此羌人有了火，白石即成了锅庄。

以上许多神话传说，从内容看各不相同，但其核心思想却十分一致，都围绕着火塘即本民族祖先展开。这类故事的结构也大致相同：远古时代—火的宝贵（或还无火）—灾难—寻火或取石—先祖或英雄的出现—战胜困难—寻火或取石成功—族民得救—先祖化为锅庄—世代祭祀。据此，我们看到了火塘锅庄神简洁明确的来历：锅庄即先祖①。

征诸世界范围，灶神的祖先神性质，在许多民族之中亦不鲜见。世界各民族的灶神多为女性，象征为祖母、母亲，是生殖之神。吉利亚克人称为火婆婆，纳乃人称为火妈妈，埃文克人为火外婆。埃文克人每到就餐之时，家庭主妇一边把一点饭扔进火塘，一边说："给您一只野兽，请吃吧。吃得饱饱的好生产。"日本的阿伊努人，家家以屋内火塘之火象征女神卡姆依·芙齐，奉为民族之神。

民族学家杨堃在《灶神考》中云："今之所谓火神者虽已与灶神无关，然而今之灶王爷，则却为古代火神的后裔之一支，则似无可疑者。换言之，古代之祀火，乃近代灶王爷之来历之一也。"②民俗学家张紫晨认为："祭灶之俗遍及各地，它来源于对火神的崇拜。"③此为灶神来源之主流观点。黎族之灶神崇拜与黎族关于火的观念是密切相关的。在黎族人民的日常生活中，火

---

① 张海荣：《火塘锅庄与灶神》，《贵州民族研究》，1993年版，第87—88页。
② 杨堃：《灶神考》，苑利主编《二十世纪中国民俗学经典：信仰民俗卷》，社会科学文献出版社2002年版，第91页。
③ 张紫晨：《中国民俗与民俗学》，浙江人民出版社1990年版，第82页。

具有神秘而强大的力量，在婚丧礼仪、宗教祭祀、驱邪招魂等仪式中，火常常承担着或驱邪或洁净的功能。

最后，再讨论一下灶神为图腾神的问题。著名民族学家杨堃认为，华夏民族早期的风俗中，灶与蛙之间存在神秘的关系，灶就是蛙图腾。

徐锴《说文解字系传》云：竈，从穴，鼀省。鼀，䵷也，象灶之形①。德国学者叶乃度（Eduard Erkes）据此认为："按照灶字所形之证据来说，乃是一个蟾蜍居于炉灶之中。在史前时代灶神是有动物形象的。"孔令谷《论社稷》云："灶则为蛙鼀，祭灶即祭图腾祖。"杨堃认为，鼀为蛙之一种。他推测最初的司灶者或者灶的发明者，是以蛙为图腾的民族。并举《酉阳杂俎》和《楚辞·天问》为辅助证据。《酉阳杂俎》云："灶无故自湿润者，赤蛤蟆名钩注居之，去则止。"②《楚辞·天问》叙述伊尹的传说，王逸注中有"臼灶生鼀"③的说法。他的结论是，尽管无法确定此灶图腾之年代族属，而陶灶的象形与灶字的会意，皆以此种传说为背景。

灶与蛙关系的说法虽新奇，非凭空而来。巧合的是，黎族也是一个以蛙为图腾的民族。蛙与灶的关系即是蛙与火的关系，在壮族、黎族等民族的传说中，蛙与雷神具有父子、父女、甥舅关系，而雷神兼具水神、火神的性质，则蛙也当具备同等性质。如同祝融一样，既是水神也是火神。如此，则蛙为灶图腾形象的字形就可以得到合理解释。此处仅为推测，如有了丰富的文献证据和民俗证据，是可以进一步展开论证的。

（六）雷图腾

雷神早期属于自然崇拜的范畴，后来演变为兼有图腾神的性质。研究者普遍认为，黎族的原始信仰中没有产生高一级的"神"，"在黎族的幻想领域中作为高一级发展阶段的'神'似未从'鬼'的概念中分化出来，他们把一切幻想实体均称为鬼"，而且"在大部分地区，'鬼'与'鬼'之间还未产生出统

---

①徐锴：《说文解字系传》，中华书局1987年版。
②段成式：《酉阳杂俎》，方南生点校，中华书局1981年版。
③王逸：《楚辞章句》，上海古籍出版社2018年版。

治与被统治的关系，它们还是各自独立，未有等级之分"，只是在部分受道教影响的地区，其思想中才有了"神"这一较高幻想实体的萌芽①。雷神，黎族称为"雷公鬼"。黎族称为"鬼"的自然崇拜对象，既凶恶又强于人，人不能得罪它们，得罪了它们会使人生病，或会使生产歉收，只有讨好它们才能得到好处②。"神""鬼"不分，"善鬼""恶鬼"不分是黎族宗教观念的特点③。也就是说，黎族自然崇拜中之鬼既能作祟于人，也能降福于人，是一种比较初级的神灵崇拜。有些学者说，所谓雷精或雷鬼，即认为雷与人一样有灵魂，它的本性是恶的，人若触犯它，便会生病或遭难，"海南黎族也认为雷公鬼是恶鬼"④。此种观点恐怕失之草率。该著又进一步提出雷神与雷鬼的主要区别有两点：第一，雷鬼没有神性、神职，是恶的，是专门害人的；而雷神有神性、神职，像人一样，有喜怒哀乐。第二，祭雷鬼无固定日期，一般是人生病或人死时才祭祀；而祭雷神一般有固定日期⑤。揆之于黎族雷公鬼之祭拜，并不尽然。

黎族自然神诸"鬼"中，雷公鬼、风鬼、雨鬼、太阳鬼（这些鬼在黎族的神话传说中都以正义的形象出现）为大鬼，而雷公鬼为最大，其作祟于人的力量自然也非常大。凡人成了哑巴或发冷发热，或庄稼遭受严重的虫灾、火灾，就认为是雷公鬼作祟；在野外目击打雷留下的痕迹，便认为大难将要到来。在这个时候，若不赶快备猪、备鸡、备酒请娘母做鬼，则认为会染上病痛或遇上灾难。凡雷电烧焦的树木在谁的土地上，谁就要请鬼公来杀牛祭鬼。谈起雷公鬼，人们都非常害怕，认为它的威力仅次于祖先鬼⑥。

但雷公鬼也能保佑于人。白沙润黎族妇女把雷公鬼的形象刻在发簪上；毛道乡黎族把"雷公石""雷公斧"拾回家洗干净，加一些米粒包起来放好，

---

① 中南民族学院编辑组：《海南岛黎族社会调查》上册，广西民族出版社1992年版，第97—101页。
② 王养民、马姿燕：《黎族文化初探》，广西民族出版社1993年版，第148页。
③ 王养民、马姿燕：《黎族文化初探》，广西民族出版社1993年版，第147页。
④ 何星亮：《中国自然神与自然崇拜》，上海三联书店1992年版，第245—246页。
⑤ 何星亮：《中国自然神与自然崇拜》，上海三联书店1992年版，第249页。
⑥ 王养民、马姿燕：《黎族文化初探》，广西民族出版社1993年版，第149页。

相信可以保护人畜平安①。如遇天旱，黎族人以村社为名义集体举行求雨仪式，每家派出一名男子，由巫师主持，大家聚集在荒坡孤树下，仰望天空，敲打铜锣，在一阵阵震天的锣声中，巫师施展法术，念着咒语，目的是想雷公鬼闻声后赶来，给人间降雨②。黎族谚语："天上怕雷公，地下怕祖宗，人间怕禁公。"雷公在他们的意识中是天界最大的神。特别是美孚黎，在结婚时要将雷公鬼与祖先鬼并列祭拜。结婚之当日，男方要摆设两张高矮不等的桌子，高的祭雷公，矮的祭祖先。桌上有丰富的供品，在祭雷公的桌子上，还架有芭蕉叶茎做成的象征式的"天梯"。祭典开始后，再由巫师念经作法，祈求雷公带着自己的子孙和金银从天梯下凡参加新郎新娘的结婚仪式。接着，巫师带着新郎新娘对天膜拜。从此过程中可以看出美孚黎族对于雷公之崇拜，已经达到人格化和神化的程度，雷公精灵无形中成了主神，成为黎族社会崇奉的主要对象③。

据此，我们认为，黎族雷公作为神灵已经向"神"的阶段发展了。毛星在其主编的《中国少数民族文学》前言中曾以黎族为例说明，即使没有鬼神之分的民族，也会产生相应神话。他说："有了神，有了对神的祈祷和祭祀，就有了原始宗教或自然宗教。甚至，只有'灵'的观念，比如黎族，由于有了相当于神的'灵'，因而也就有了神话和宗教，这是更为原始的神话和宗教。"④

在现实生活中，黎族人民的生、老、病、死、祸福与雷公息息相关，甚至多见以雷公命名之物，如雷公根、雷公笋、雷公斧、雷公石、雷公藤、雷公马、雷公蛇等，可以说雷公之影响无处不在。在神话传说的世界中，更是处处可见雷公的身影，从中我们可以看见更为丰富、复杂的雷公形象，进一步探索雷神在不同发展阶段之形态特征。

多变的雷公面孔和身份在黎族的许多神话传说中出现，他有时是始创神，有时是开天辟地之神，有时是人类再生的恩人，有时是替天行道的正义

---

① 王养民、马姿燕：《黎族文化初探》，广西民族出版社1993年版，第149页。
② 邢植朝：《黎族文化溯源》，中山大学出版社1993年版，第81—82页。
③ 邢植朝：《黎族文化溯源》，中山大学出版社1993年版，第82页。
④ 毛星：《中国少数民族文学》，湖南人民出版社1983年版。

之神，有时是助纣为虐的天帝下属神灵，有时又是与人竞争的失败者。

第一，作为创生始祖的雷神

白沙县流传一则《雷公蛋》的神话，叙述人由雷公蛋孵化而出的故事。很久以前，白沙县天堂寨的黎人有一天到山上打猎。忙碌一天，却一无所获。等猎人们准备下山回家之际，猎狗却向一个地方叫起来。他们发现了一个形似水桶的蛋，随后用藤条缠住，把蛋抬回寨里。没有人认识这个蛋，他们请来道公翻阅佛经，道公告诉大家，这是一只雷公蛋，命大家用芭蕉为之降温，扇了九九八十一天，突然一道闪电过后，雷声震耳欲聋。雷公蛋裂开了，出来九个胖乎乎的孩子。道公告诉大家，这九个孩子有非凡的生命力，人们知道后让他们分到南仲、牙巷、志针等地。他们长大后娶黎族姑娘，安居乐业，繁衍后代。

这是一则关于祖先来源的神话传说，未见在黎族其他地区流传。这是卵生神话，雷公无疑是其始祖。蛋生明显为"雷婆"却称为"雷公"，实在是父系社会里雷神性别发生变化后对母系社会时期的神话解读进行了适当变异。

海南岛内此神话之影响力并不大，也未见有相关雷神的纪念风俗活动，不过，我们知道，白沙妇女是将雷公形象刻在骨簪上以辟邪的，图腾意味颇浓。倒是在同属古代黎人居住的雷州半岛，此神话传说却颇为盛行，从诞生之日起，经过公私提倡，文字记载，刻碑立庙，雷州已成为全国雷神信仰最著名的地域。

雷州半岛关于雷卵生人的神话传说，最早记录于唐代，而后世传载将故事发生的时间向前推移至南朝时期。

唐代高州刺史房千里《投荒杂录》记载了房千里部下牙门将陈义自述其祖先来历的故事，文中记云："唐罗州之南，二百里至雷州，为海康郡……牙门将陈义传云：义即雷之诸孙。昔陈氏因雷雨昼冥，庭中得大卵。覆之数月，卵破，有婴儿出焉。自后日有雷叩击户庭，入其室中，就于儿所，似若哺乳者。岁余，儿能食，乃不复至，遂以为己子，义即卵中儿也。"[1]同书还

---

[1] 李昉：《太平广记》卷三九四，中华书局1961年版。

记陈义述雷州民猎获十二卵以归,卵破神出消逝之传说,亦为雷神之事。据雷义自述,其祖为雷母无疑。至北宋,大中祥符二年(1009),吴千仞作《雷庙记》,当房千里记载近两百年之后[按房千里,《新唐书·艺文志》云大和初进士第,大和为文宗年号(827)则其记录其事当在此后],所记录雷祖事迹与房千里稍异,与黎族之《雷公蛋》却有不少相似之点。其引如下:"州之二里英灵村,有居民陈氏无子,尝为捕猎。家有异犬,九耳而灵。凡将猎,卜其犬耳动者,所获数亦如之。偶一日,九耳齐动。陈氏曰:今日必大获矣,召集邻里共猎。既抵原野,有丛棘深密,犬围绕惊匝不出,猎者相与伐木,偶获一卵,围尺余。携而归,置之仓屋。良久,片云忽作,四野阴沉,迅雷震电,将欲击其家。陈氏畏惧,抱其卵置之庭中,雷乃霹此而开,得一男子,两手皆有异文,左曰'雷',右曰'州'。其雷雨止后,陈氏祷天而养之。既久,乡人谓之雷种。"此传说描写雷祖之事颇为神异,以雷电呼应,雷劈而开,但左右手写"雷州"字纯为官方附会。此故事与《雷公蛋》极为相似,皆为狩猎之中猎犬发现异卵,卵为巨卵,卵破之时有雷电之异象。另黎族《雷公蛋》生九子,无九耳犬之说,《雷庙记》有九耳犬而生一子。文中明云,耳动之数与所猎获之物相当。当九耳皆动,却获一卵,如前后呼应,或即卵生九子矣。按此传说之传播从唐中期以后颇为迅速,中唐著名作家沈既济也作《雷民传》传其事迹,北宋贬官丁谓又作《重建威德王庙碑记》。可见,在此时,官方已将雷州之雷神意识形态化,成为保佑一方的神灵。直到《雷祖志》孵衍出雷生子,名陈文玉,生于陈大建三年的版本。在长期的传播中,有同一版本向四周空间传播时同时发生变异,也有同一版本在历史流传中的变异。其中有两点须注意:一、房千里所记陈义之事,即同时有两个异文流传;二、雷祖传说文字记载非常丰富,于故事内容之稳定化有利。于此可推知,房千里之前,此传说早已发生,陈义所述不过异文之一则,吴千仞作《雷庙记》所述,不一定为陈义故事之变异,或当为与陈义同时在雷州半岛同期流传之神话。此传说虽经汉字记载而广为人知,其神话之发生,当为更早历史时期雷州之土著居民,而雷州半岛土著,最早即为黎族。

历史上居住在雷州的民族最早为俚人。俚人与黎族有血统之先后关系。

历史上先有里、俚之称，后有"黎"之称谓。东汉有"里"之称谓，《后汉书·南蛮列传》："建武十年，九真徼外蛮里张游，率种人慕化内属，封为归汉里君。"李贤注云："里蛮之别号，今呼为俚人。"①三国时(吴)万震《南州异物志》云："广州南有贼曰俚，此贼在广州之南，苍梧、郁村、合浦、宁浦、高凉五郡中央，地方数千里，往往别村，各有长帅，无君王，依山险，不用城。"②唐代徐坚《初学记》引张华《博物志》云："交广州山夷曰俚子，弓长数丈，箭长尺余。"南朝时冼夫人为黎族地区政治首领，史书记曰："俚人"。③直至晚唐时刘恂《岭表录异》首见"黎"称："儋、振夷黎海畔。"④《宋会要》卷一五六六《蕃夷》云："俗呼山岭为黎，居其间者，号曰黎人。"⑤清代严如熤《洋防辑要·广东防略下》："黎峒……其地有黎母山，旧曰'俚婆'，黎人居焉。"⑥

罗香林先生从语音角度论证雷、黎、俚三字之关系。他说"黎人今读'黎'作Loi，与雷同音"。"雷、俚、黎三字，自东汉至隋唐，声类皆在'来''纽'，韵部同属上古音'之'部，黎人读黎作Loi，亦在灰部，其结合韵母之i，即古韵'之'部原音，是黎人于黎字读音，亦与古音相合。谓俚与黎音读，原出于雷，自声韵演变之原理言之，似颇近真际。"⑦

雷州古语，亦为黎语。《天下郡国利病书》引北宋乐史《太平寰宇记》云："雷州有四民，一曰客户……二曰东人……三曰深居远村，不解汉语，……四曰蜑户。"⑧其中客户"解汉语"，东人"解南语"，"蜑户"即今之疍民，亦解汉语。其中身居远村，不解汉语者为土著居民，未言其语种。至南宋祝穆

---

① 范晔：《后汉书》，李贤等注，中华书局2000年版。
② 李昉：《太平御览》卷七八五，中华书局1960年版。
③ 徐坚：《初学记》，中华书局1980年版。
④ 刘恂：《岭表录异校补》，商璧、潘博校补，广西民族出版社1988年版。
⑤ 刘琳等：《宋会要辑稿》，上海古籍出版社2014年版。
⑥ 严如熤：《洋防辑要》，学生书局1984年版。
⑦ 罗香林：《海南岛黎人源出越族考》，詹慈编《黎族研究参考资料选辑》(第一辑)，广东民族研究所1983年版，第21页。
⑧ 顾炎武：《天下郡国利病书》，上海古籍出版社2012年版。

《方舆胜览》引《雷州图经》即确定此语为黎语，文中云："本川实杂黎俗，故有官语，客语，黎语。"①可以看出，北宋之客户，东人之语地位上升，与黎语鼎足而立，名称亦发生变化。至明万历《雷州府志》尚云："雷之语有三，有官语……有东语……有黎语，即琼崖、临高之音，惟徐闻西乡言之，他乡莫晓。"张应斌据之断言，黎语处在逐渐被压缩的过程，地位下降，被目为"猪猡语"。原雷州本土语言成为濒危语音，最后终于消亡，只存于海南岛②。

罗香林先生曾云："雷州半岛与海南岛，昔时同为黎人聚居地，故二地风俗习惯，颇有同者。海南岛之黎人自谓上世母系由雷摄蛇卵所出，似其种人初以龙蛇一类水族为图腾祖，而其后以环境转变，乃改以雷兽为图腾祖，图腾虽改，而种人系统则仍相同。"③元代雷州尚发生黎民大起义，朝廷调海南万安军达鲁花赤到雷州平黎，因屠黎有功，升为雷州路总管④。

既然海南岛与雷州半岛同为古黎人之聚居区，其雷神崇拜同出一源，当为黎人之神话。在海南岛对面有与雷神传说相关的著名遗迹，徐闻有乌雷卵山，海安有擎雷山，皆雷州雷祖之传说源地。

《雷州图经》说雷州"实杂黎语"。蔡絛《铁围山丛谈》云："五岭之南，俚俗犹存。今南人喜祀雷神者，谓之天神。"⑤是明言崇拜雷神之风俗乃黎人之遗俗。产生时间虽不可考，当远在唐代之前。据考古发掘，雷州半岛、海南岛皆有与雷神崇拜密切相关之铜鼓出土，且时间甚早；且黎族神话中有关雷神的故事有开天辟地者，有洪水再造者，其源甚古，必不始于唐代。盖陈义所言，实乃黎族之神话渐渐传播于汉人之口，汉人遂造作神话，有文字之宣传，再加以官话逐渐居于统治地位，黎语式微，汉族故事之传播自然迅速。而海南岛汉化速度远不及雷州，则雷祖之神话亦鲜有传闻。而雷州作为世界

---

①祝穆：《方舆胜览》，中华书局2003年版。
②张应斌：《雷州话生成的历史过程》，《湛江师范学院学报》2012年第1期，第82页。
③罗香林：《海南的黎人源出越族考》，詹慈编《黎族研究参考资料选辑》(第一辑)，广东民族研究所1983年版，第14页。
④张应斌：《雷州话生成的历史过程》，《湛江师范学院学报》2012年第1期，第85页。
⑤蔡絛：《铁围山丛谈》，中华书局1983年版。

第二大雷区的特殊自然环境,更加速了民众崇拜与传播之效率。

《雷公蛋》传说中有道公、佛经,明显是远古神话在历史传播中掺入了佛教和道教的因素。然海南岛与雷州之雷祖神话孰先孰后,是否具有相互传播关系,此神话最先发源于海南岛还是雷州半岛,还需要更多的证据说明。

要之,此古老之神话二岛分流传播,一冷一热,即在岛内,亦另有传播之异文,即有关黎母山的传说。最早记录于北宋,当代仍有民间之传播。北宋熙宁年间(1068—1077)之刘谊在《平黎记》中记载了黎母之神话,记云:"故老相传雷摄一蛇卵,在此山中,生一婴,号为黎母,食山果为粮,巢林木为居。岁久,交趾蛮过海采香,与之结婚,子孙众多,方开山种粮。"此神话中黎母为黎人始祖,雷神虽未生育,亦为始祖无疑。韩伯泉教授说:"黎族神话对雷公崇拜,实际上是对祖先的崇敬;黎族神话对雷公的颂扬,也实际上是对其始祖'黎母'的讴歌。这种宗教上的先灵与文学上的雷公,都被视为神圣的伟大的灵物。"[1]就神话内容的古老性而言,此篇当较之前两篇为早,它所标示的是一个种族之来源,而非一村一户之所从来。其记载时间虽晚于陈义传说两百年,亦可视作古雷祖神话之另一异文,与雷州的雷公传说、黎族《雷公蛋》同一祖本。雷卵化蛇卵,或为图腾崇拜引起的变异。但在世界范围内,雷神与蛇常被认为有对应之关系。闪电之形颇似蜿蜒之蛇,雷雨之多寡与蛇之多寡在地理上常相契。古人载大蛇也会吼叫,《山海经·北山经》云:"其音如鼓柝。"[2]《北次三经》云:"其音如牛。"[3]北美印第安人视蛇为雷电之象征,阿尔衮琴人认为闪电是马尼突吐出来的蛇。波尼人说闪电是蛇吞吐之舌尖[4]。广东客家人称闪电为"火蛇",客家人正是与黎族居住地相近之居民。同属百越后裔之壮族,其雷神形象"舌尖像蛇信一般,一伸一缩,吐出一串串火花"[5]。所以说,将此神话中之蛇卵直作雷卵亦无不可。

---

[1] 韩伯泉:《论黎族神话里的雷公》,《学术论坛》,1985年第8期,第36—40页。
[2] 袁珂:《山海经校注》,巴蜀书社1993年版。
[3] 袁珂:《山海经校注》,巴蜀书社1993年版。
[4] 何星亮:《中国自然神与自然崇拜》,三联书店1992年版,第254页。
[5] 欧阳若修等:《壮族文学史》,广西人民出版社1986年版,第74页。

第二，作为祖先恩人的始祖雷神

雷公作为祖先恩人主要出现在黎族的洪水神话中，有两部分情节与雷公相关，即洪水之前的帮助避难，洪水之后的人类再造。

洪水发生之前雷公之预言是在壮侗语族神话中之普遍情节（一般洪水的发起者即是雷神为报复人类）。在黎族的洪水神话大部分流传文本中，极少见雷公发洪水救人之情节，而在《黎母的神话》中却出现了。雷公为了救下被山神囚禁的男子，发洪水淹没大山。发洪水之前拔下牙齿赐给黎母化作避难的小船（百越后裔民族大部分是葫芦），她与那位男子在洪水后幸存下来，繁衍后代。

雷公在洪水前拔下牙赐给人类始祖是百越洪水中共有情节。此与古代拔牙之遗俗有直接关联。拔牙风习前期流行于北方，至新石器时代晚期流行于南方民族，百越亦有广泛的拔牙之俗。牙齿是生命之象征，是生命之种，原始人拔牙之俗与他们对牙齿的观察及牙齿与葫芦籽之间的相似性的联想有关，当他们产生此俗以后，会认为他们的祖灵也应该是这样的，在他们造作洪水神话之时，雷神就已经是他们的祖宗神了，自然出现雷公拔牙之情节。反过来，当古老的神话产生之后，在代代相传之中，又给后代族人灌输了这样的理念：我们的雷祖是拔牙的，所以我们也拔牙。所以说，雷公拔牙是被创造出来的情节，同时雷公也是风俗的创始者。拔牙之俗后文申论。

洪水之后，人类只剩下兄妹二人，人类的繁衍成为头等大事。这时雷公出现，以劝谕、占卜的方式令兄妹成婚，有种种复杂的形式，前文洪水神话部分已讨论，这里不去说它。当兄妹生下奇怪而可怕的肉团或一个男孩时，雷公出现，用刀砍碎，撒向四方，化生出人类或万物。

在洪水神话中，雷公是作为祖先恩人而存在的。他决定了种族的生死存亡。百越后裔诸族中出现此雷公形象并非偶然。在百越后裔诸民族中，存在非常浓厚的雷公崇拜。罗香林先生认为黎族文身图案中之个别符号，与雷之象形字相合，手指上和两腿上之文身图案都有电光回转之形，皆与雷之传说相合，称之雷民族①。我们径直可以称其为图腾符号。

傣族称雷神为"雷公爷"，在他们的古代文化遗址中，出土有铜斧和石斧，据说是雷公爷的象征，洗净后放到屋里一个固定地方，据说可以驱鬼降邪。这与黎族一般无二。侗族有俗语："天上雷公最大，地上'萨岁'最大，人间舅爷最大。"他们称雷公为"雷祖"，既管天也管地。他们对雷神既敬又怕，把金凤山下最大的侗寨称为雷寨，传说由雷公派仙人竖起的石柱为"天柱"。如天不下雨，便设坛求雨，杀猪祭雷神②。水族亦对雷十分畏惧崇拜，他们有俗语"天上雷婆大，地上舅爷大"，其农业生产、安葬、营造、送神和婚嫁等一系列日常事务上皆有一套烦冗的忌雷之俗。如第一次打雷忌劳动9天，第二次7天，依次递减；如犯忌会导致庄稼歉收③。壮族亦有相同禁忌习俗。壮族之雷神民间称为"天神"，壮族师公称其为"上界雷天大帝"。在壮族史诗《布洛陀》之中，雷王与布洛陀共同孕育于一个石蛋之中，即人与雷有亲密之血缘关系。壮族亦极重祭雷，祭雷王时，六畜必具，其数多至百余，头年小祭，次年中祭，三年大祭，十分隆重④。广西左江流域有绵延300公里的从战国至东汉之崖壁画，丘振声分析认为其主要为图腾祭祀仪式，所祭祀的是古壮人的雷图腾⑤。广西仫佬族村寨一般建有雷王庙，他们认为雷神司雨，天旱便要向雷王求雨（此与黎族同），每年五月初五（有些是六月初六），是雷王诞日，全村集体祭雷王。有些村一年祭四次⑥。

百越后裔诸民族存在如此普遍的雷神崇拜，等级如此之高，还没有任何一个神灵的地位在这么多民族中受到高度崇敬。并且他们自认为雷的子孙，可以得出这样的结论，雷神在远古时代是这些民族最高最大的神（黎族自然

---

①罗香林：《海南岛黎人源出越族考》，詹慈编《黎族研究参考资料选辑》（第一辑），广东民族研究所1983年版。
②龙耀宏：《侗族的原始宗教》，《贵州民族学院学报》1986年第3期。
③潘朝霖：《水族原始宗教鬼神观念浅说》，《贵州民族研究》1990年第2期。
④顾有识等：《壮族原始宗教的封建化》，载《中国少数民族宗教初编》，云南人民出版社1985年版。
⑤丘振声：《壮族图腾考》，广西人民出版社2006年版。
⑥张有隽、顾有识：《民主改革前仫佬族的宗教》，载《中国少数民族宗教初编》，云南人民出版社1985年版。

神中雷公鬼最大,有时与祖先鬼并列,一般仅次于祖先鬼),并与华夏族之远古雷神崇拜同源共祖。

自然现象之中,雷电与太阳、月亮、星辰等天体相较,具有突然性、不确定性的特点。瞬间爆发,声音巨大,而且每年夏季常常发生,使人产生无法预料又无法摆脱的感觉。雷电具有极大的威力,其带来的雨水既有利于农作物生长,其雷电也极具破坏力。雷对于原始人来说,祸福兼之,是神秘的,不可预知,也是可怕的。在远古时代,许多民族都曾奉雷神为最高之神。当天帝观念产生以后,雷神的地位才由至尊神逐渐降低为天帝的从属神。(百越诸族受道教文化之影响,雷神形象发生了分裂,其原始的天神地位在祭祀场合中还顽强地保持,但在汉化意识中成为上天的执刑使者。)费尔巴哈曾在《宗教本质讲演录》中说:"甚至是在开化民族中,最高的神明也是足以激起人最大怖畏自然现象之人格化者,就是迅雷疾电之神。有些民族除了'雷'一字外,没有其他字眼来表示神……连天才的希腊人,也干脆地把最高之神叫作雷。那个 Thor 或 Donar,即雷神。在古代日耳曼人,至少在北方日耳曼人,以及芬兰人和列多尼人中,也是最老的最尊的最受普遍崇拜的神。"[①]"通常情况下,专司雷声、闪电及一般天气的神,也是天上至高无上的神,如古希腊神话中的宙斯神,以及斯拉夫文化传统中用棍棒作为自己标志的佩伦(Perun)。"[②]犹太人的上帝实质也是雷神。《旧约·约伯记》中有这样的描写:"听呵,神轰轰的声音,是他口中所发的响声。他发响声震遍天下,发电光闪到地极。随后人听见有雷声轰轰,大发威严,雷电接连不断。"有学者认为:"不同民族赋予最高神以雷的形象,反映了人的直觉的相似性,即原始人对雷电这一极具威慑力的自然现象的恐惧心理、依赖心理以及他们的文化创造都有相似性。"[③]

华夏民族之神灵体系后来逐渐道教化,雷神变为天帝之下属,但从语言文字和神话去寻觅,雷神也曾是华夏族最高之神。

[①] 费尔巴哈:《宗教本质讲演录》,商务印书馆1937年版,第30页。
[②] 汉斯·比德曼:《世界文化象征辞典》,漓江出版社2000年版,第182页。
[③] 陈江风:《天文与人文》,国际文化出版公司1988年版。

雷电为同一自然现象，一为视觉，一为听觉。甲骨文中电、申为一字。《说文解字》释："申，神也。"①《说文·示部》："神，引出万物者也。"②《说文·雨部》："雷，阴阳薄动，雷雨生万物者也。"③《太平御览》卷一三引《书·洪范》云："雷于天地为长子，以其首长万物与其出入也。雷出地百八十三日而复入，入则万物入。入地百八十三日复出，出则万物出。此其常经也。"④

雷神之形象最早为龙形，为华夏之图腾。《山海经·海内东经》云："雷泽中，有雷神，龙身而人头，鼓其腹，在吴西。"⑤徐山认为，甲文中之龙字，即在雷电基础上之变形。他说："龙字保留了雷电的弯曲状；又将表示雷声的符号'口'状移至弯曲处的终端，表示龙的口部。龙字中的开口朝下，表示雨从龙口中倾泻而下。这样，原来在雷字中不连接的闪电和雷神两部分，在龙字中合二为一，变成有口有弯曲身体的想象中的龙子。"⑥在壮族神话中，雷王与龙王是亲戚关系，黎族中之雷公与龙之间也有神秘之联系，在许多地方雷王庙与龙王庙几乎有一样的功能。

华夏族的早期著名首领皆为雷神之子孙。

伏羲，《太平御览》卷七八三一《诗·含神雾》："大迹出雷泽，华胥履之，生伏牺。"汉画中伏羲为人首蛇身，与雷神同形。张衡《论衡·祥瑞篇》云："龙或时似蛇，蛇或时似龙。"

黄帝，《重修纬书集成》卷六《河图始开图》："黄帝名轩辕……以雷精起。"同书卷四《春秋合诚图》："轩辕星，主雷雨之神。"《河图稽命征》云："附宝（黄帝之母）见大电光绕北斗枢星，照耀郊野，感而生黄帝轩辕于青丘。"黄帝为熊氏。《帝王世纪》云："黄帝有熊氏，少典之子，姬姓也。"徐州

---

①段玉裁：《说文解字注》，万献初整理，中华书局2014年版。
②段玉裁：《说文解字注》，万献初整理，中华书局2014年版。
③段玉裁：《说文解字注》，万献初整理，中华书局2014年版。
④李昉：《太平御览》，中华书局1960年版。
⑤袁珂：《山海经校注》，巴蜀书社1993年版。
⑥徐山：《雷神崇拜》，上海三联书店1992年版，第3页。

汉画像中有兽形雷神，形象为熊，双手持桴作击鼓状[1]。于省吾先生考证"姬"为"一女子"与"熊脚印"合成的象形字。《史记·周本记》称姜嫄踩巨人迹而生后稷，巨人迹即熊脚印。姬姓为熊氏族，同时亦为雷神子孙。

大禹，亦为熊氏族。宋代刘昌诗《芦蒲笔记》卷七《启母石》："禹治鸿水，通轩辕山，化为熊，谓涂山氏曰：'欲饷，闻鼓声乃来。'禹跳石，误中鼓。涂山氏往，见禹方作熊，惭而去。"熊与鼓，正与汉画像相应对。禹为雷神子孙无疑。

殷民族之始祖帝俊，亦为雷神之属。《帝王世纪》云："帝喾生而神异，自言其名曰夋。"王国维《古史新证》释"夋"为"夒"，吴其昌《卜辞所见殷先公先王考》证"夒"与"夔"为一字，则帝俊即"夔"，夔为"雷神之形"。《山海经·大荒东经》："东海中，流波山，入海七千里，其上有兽，状如牛，苍身而无角，一足，出入水，则必风雨，其光如日月，其声如雷，其名曰夔。黄帝得之，以其皮为鼓，橛以雷兽之骨，声闻五百里，以威天下。"潜明兹云："夔到殷人的奴隶社会，被奉为祖先，尊为高祖，由图腾神转化为祖先神，但其中怪异的形体仍旧保存。"[2]

雷神形象多变。日本人冈田谦在海南岛调查时即听闻黎民讲，曾有一位年轻人被雷击中而死，当时在旁边的村民看到从天上掉下一个类似牛一样的东西[3]。这意味着在黎族人意识中雷神形象似牛。夔尚有猴形，《国语·周语》韦昭注："夔一足，越人谓之山猴，人面猴身，人言。"雷神形象亦有猴形者。长沙马王堆之雷神形象："面似猴，头戴幪头，巨眼圆睁，口似鸟喙，着短裙。"[4]《艺文类聚》卷二天部引《洪范·五行传》云："夫雷，人君象也，入能除害，出能兴利。"《初学记》卷二九兽部引《抱朴子·玉策记》云："山中申日称人君猴也。"同书《登陟》："申日称人君者，猴也。"《搜神记》卷一二

---

[1]《徐州汉画像石》，江苏美术出版社1985年版。
[2] 潜明兹：《略论中国古代神话观》，载《潜明兹自选集》，上海人民出版社2007年版，第66页。
[3] 冈田谦：《海南岛黎族的社会组织和经济组织》，金山等译，海南出版社2016年版，第73—74页。
[4] 周世荣：《马王堆汉墓的神祇图帛画》，《考古》1990年第10期。

云:"(雷神)唇如丹,目如镜,毛角长三寸余。状似六畜,头似猕猴。"

由此可知,夏、商、周诸族皆为雷神之子孙。雷神形象多变,当与各族之图腾相关,有龙蛇之形、鸟形、牛形、猴形、熊形,或混合之形,初民所需,必把雷神化作他们氏族图腾之形象。

百越后裔诸族特别是黎族和壮族尚有非常普遍的蛙图腾崇拜,蛙常铸造于号为"雷鼓"之铜鼓之上。壮族之蛙与雷公是父子关系,广西壮族有杀青蛙求雨之习俗,一种说法是青蛙是雷王之子,为了要震慑雷王,天旱时杀青蛙表示警告,带有向雷王威胁的味道。蓝鸿恩在《壮族青蛙神话剖析》中分析说:"因为初民生产水平低下,当时他们见到雨前雨后,田野里到处响起蛙鸣,从当时人们的思想水平来看,以为下雨和蛙鸣有关。而天上谁管的雨水呢?因雨水和打雷有关系,就想象出一个超乎客观的神人——雷王,既然蛙鸣可以使雷王下雨,当然青蛙就和雷王有关系了。"[1]由此,"青蛙崇拜又被纳入雷神崇拜的信仰体系之中,即青蛙信仰亦雷神崇拜之一部分"[2]。罗香林先生说百越族之铜鼓铸青蛙,因祈雨而作。制作铜鼓与种人上世对于雷神之信念有关[3]。上古帝王之雷神崇拜亦与蛙图腾有亲缘关系。雷神之后伏羲与女娲,自汉代以降,为一对夫妻神,且为兄妹关系。《风俗通义》:"女娲,伏希之妹。"则同为雷神之后。《鲁灵光殿赋》:"伏羲鳞身,女娲蛇躯。"但同在汉画像中,有伏羲举日轮,女娲举月轮之象,女娲月轮中刻蟾蜍。"女娲"与"蛙"具有关联性。娲、蛙、娃音同。赵翼《陔余丛考》云:"女娲古帝王之圣者,古无文字,但以音呼。"杨堃先生在《女娲考——论中国古代母性的崇拜与图腾》中认为:"女娲氏的由来,应是一个通名而非专名,是指生育人类的原始祖母而言。其所以名为娲者,是由于婴儿的叫声。而婴儿的叫声又和蛙叫声相同,故认为蛙是和婴儿和全氏族同体,所以这一氏族叫蛙氏族,蛙便是这一氏族的图腾。这位女性族长便被后人尊称为女娲氏。"[4]这一论断非

---

[1] 蓝鸿恩:《壮族青蛙神话剖析》,《中国神话》第一集,第46页。
[2] 李子贤:《百越族系稻作神话初探——以壮族为中心》,《思想战线》2003年第1期。
[3] 《百越源流与文化》,1978年版。
[4] 《杨堃民族研究文集》,民族出版社1991年版,第502页。

常有力。在女娲故事流传的骊山地区，出土了具有写实蛙纹的彩陶。这一地区还流行一种"裹肚儿"，一个人从出生到死亡一直穿在身上的衣物，正面绘有以蛙为中心的图案①。这是对杨说之有力佐证。学者们关于女娲为蛙图腾之论证很多，兹不一一征引。此说基本为学界所接受。所以，女娲既为雷神之后，又为蛙族之首领。

女娲非专名，故夏禹之妻涂山氏亦名女娲。《史记·夏本纪》索隐引《世本》云："涂山氏名女娲。"是禹之妻亦为蛙族。

再看帝俊（夔），他的两个妻子分别为日、月之母，羲和生十日，常羲生十二月。《山海经·大荒西经》："帝俊妻常羲，生月十有二。"常羲、常娥同音。刘城淮认为嫦娥即从常羲演化而来（《羿与后羿》），而嫦娥化身为蟾蜍。《淮南子·览冥训》高诱注："姮娥羿妻，羿请不死之药于西王母，未及服之，姮娥盗食之，得仙奔入月中为月精。"《初学记》卷一引《淮南子》有嫦娥"托身于月，是为蟾蜍"之记载。帝俊之妻常羲亦当为蛙图腾。帝俊之后裔羿亦与蛙图腾之嫦娥结合，为两集团互婚之传统。孙作云说，羿为东夷以日和鸟为联合图腾，他的太太，便以月为图腾，他们俩的结合，就是日月图腾的互婚②。

巧合的是，汉画像中之伏羲和女娲也是日月之互婚。而他们通通为雷神之子孙。我们看黄帝的妻子便被称为"雷祖"（或为嫘祖），并非偶然之事。

百越后裔诸族之洪水神话中之兄妹婚，与伏羲、女娲之间的兄妹婚有甚深之渊源。闻一多先生的《伏羲考》详细论证了其多层面复杂之关联。百越洪水中雷神再造之兄妹有的民族直接称为伏羲兄妹或伏依兄妹，则古帝王伏羲、女娲与雷神之关系在百越神话中得到了神奇再现。黎族还有洪水神话结束后，天神砍碎青蛙以化生万物之传说。

百越之铜鼓与华夏族古雷神形象亦有血脉之渊。《山海经》中载雷神"鼓其腹"，夔神之皮骨为黄帝之雷鼓。汉画像中之雷神多乘于雷车之上，车上

---

① 张自修：《骊山女娲风俗及其渊源》，见《陕西民俗学研究资料》，1982（1）。
② 孙作云：《后羿传说丛考》，载《孙作云文集》，河南大学出版社2003年版。

树鼓，雷神持槌作擂鼓状。张衡《论衡·雷虚篇》云："图画之工，图雷之状，累累如连鼓之形。又图一人，若力士之容，谓之雷公，使之左手引连鼓，右手推椎，若击之状。其意以为雷电隆隆者，连鼓相扣击之意也。"《说文解字·鼓部》："鼓，郭也，春分之音，万物郭皮甲而出，可谓之鼓。"《初学记》卷一引《抱朴子》云："雷，天之鼓也。"①《太平御览》卷三二引《河图·帝通记》："雷，天地之鼓。"壮族之铜鼓直接称之为"雷鼓"。

古代黎族铜鼓极盛。《后汉书·马援传》李贤注引裴氏《广州记》："俚僚铸铜为鼓，鼓唯高大为贵，面阔丈余。"明代万宁、文昌等地，尚多出土，沿边皆科斗文（实皆蛙纹）（屈大均《广州新语》），至有以铜鼓为山名者。《广东新语》云："雷人辄击之，以享雷神，亦号之为雷鼓云。雷，天鼓也。"

百越之铜鼓多鸟、蛙之铸纹，鸟即为雷神鸟，有的铜鼓上铸着半人半鸟形，且手执斧凿。铜鼓上还多云雷纹，据蒋廷瑜先生概括，用云雷纹装饰铜鼓区主要集中于广西玉林、钦州和广东湛江，正是古时雷公传说最盛行之区域②。壮族铜鼓至神，甚至有铜鼓生人之神话。兄妹洪水后结合，生铜鼓，铜鼓再生人类和万物③，则直接以神话表达了铜鼓与雷神之血缘关系。

罗香林先生综合而言之："雷摄蛇卵，与雷公文面（笔者注：兄妹遵雷公之命而文面结婚）……本非后世自中原系统或其他部族所传播，当为古越族习俗或变形，而祀雷往往与鼓连带信念，……古代越族及其苗裔多视铜鼓为迎神赛会驱鬼祈雨之法物，而又以之为拥有威力之象征，则谓其为一种象征之制作，虽言近殊异，而义实平笃矣。"

闻一多、罗香林等前辈学者多从龙蛇图腾看越族与夏族之关系。我们从雷神神话出发，亦能发现二族之间的血脉关联。

第三，开天辟地的雷神

黎族神话中，雷神还有开天辟地之神的神格，华夏诸族所罕见。乐东黎族自治县老人吕西律在 20 世纪 50 年代讲述了一则本族来源的神话。远古时

---

① 徐坚：《初学记》，中华书局 1962 年版，第 20 页。
② 蒋廷瑜：《铜鼓艺术研究》，广西人民出版社 1988 年版，第 159 页。
③ 王宪昭：《中国各民族人类起源神话母题概览》，民族出版社 2009 年版，第 284 页。

候，天地是由雷公撑住的。雷公长了七层脚，当时天很低，它的头上盖了一口锅，伸长脚就把天向上升起来。它还用泥沙制造了许多的高山，当小山鹿提出建议，雷公就用双脚把高山踏成高低不平的山岭。老人讲述的故事较长，雷公只出现在这一段。这也足够了，他不是与撑开天地的盘古相似吗？黎族神话中有创世神大力神，有万家、万界、伟代种种不同名称，而同样创造宇宙万物，山川河流。雷神在此处担当了大力神的职能，是由雷神在黎族原始宗教信仰中的最高地位决定的。

前文已述，黎族人犬婚之始祖琶玛天死后化生万物，与盘古相似，为图腾神向开天辟地神之转化。此种转化在神话学中为普遍现象。最著名者为"盘瓠"向"盘古"的神格转变，学者们已有的研究成果已足可证明二者之关联，不繁征引。此处只列举何星亮教授的一段带有总结性的结论，以见其演变之必然性。他说："'盘古'就是'盘瓠'的神化，是龙犬图腾的神化。其原因有三：一是因为在一些原始民族中有不少传说中的万物创造者，是由图腾演化的神；二是因为'盘古'与'盘瓠'古音相同；三是因为盘古神话与盘古庙主要在南方流传（笔者注：盘瓠也在南方）。"黎族之《万界造天地》则与同一地流传的盘古开天辟地神话基本相同。但黎族之开天辟地之神似乎并未定于一尊，他们所崇奉的英雄始祖都能改造天地自然，死后都能化生万物，雷公也在其中。可见其雷神信仰之深。

有趣的是，在汉族中也有盘古化雷神之说法。浙江东阳县流传《盘古开天地》之传说，说天地混沌，无天地日夜之分，鸡子中孵出盘古王，长着鸡头龙身，他起初是蜷缩的，慢慢伸展身体，打打踢踢，鸡子烂了，开辟了天地日月。他活到十万八千岁死去，其灵魂变成雷公[①]。反过来而言，盘古有着雷公之灵魂，其鸡头龙身亦为雷神常见形象。可见视雷公为开天辟地神的潜意识在汉族中亦一直传承，与黎族同一机杼。

第四，被征服的雷神

当人类文明进步，自我意识觉醒，征服自然的能力增大，自要对原来一

[①] 陶阳、钟秀：《中国神话》，商务印书馆2008年版，第9页。

味屈服的神灵展开挑战与征服，此时神的地位降低了。《雷公根》《雷公为什么在天上叫》《三兄妹》都是人与雷公斗争而胜利的神话。故事情节没有人类生死存亡等重大主题，雷公完全具备人性，他的行为就是普通人的行为，他们斗争的矛盾也是微不足道的，但结果都是雷公失败而去。

《三兄妹》实际上是"狗耕田"故事之变体。在天上有五个太阳的时代，有兄妹三人一起生活。龙神与妹妹恋爱结婚，赐给弟弟一个竹筒。那个竹筒神奇无比，变出各种牲畜，哥哥忌妒，用竹筒却变出残疾牲畜，依次变鱼笼，变石头，后来化为鱼肚中的一把刀。雷公听说以后，想法偷走了宝刀，天上有了闪电。弟弟报复雷公，用九年的蒿草火烧雷公，雷公讨饶。他命雷公去掉四个太阳。

雷公在本故事中只在结尾出现，是一名小偷，最终受到了惩罚。但我们看他能随意去掉四个太阳，可见其神实为天神，而非一般小神。

《雷公根》则是一对朋友之间因争强好胜而产生矛盾斗争。七指岭脚下有一位叫打占的青年善交友，连天上的雷公也与他结交来往，彼此做客饮酒。一次，他在天上做客，雷公击雷鼓以示威。打占回请雷公时，以藤条和豹尾相击地面，耀眼的火星令雷公惧怕。他为了得到可以令人恐惧的宝贝，把打占的藤条和豹尾偷走了。打占追上天宫，在南天门斩去雷公的一只脚。宝贝却被雷公取走。他回家以刀剁雷公脚以发泄愤怒，天上的雷公感到疼痛，便击鼓、甩藤条，出现电闪雷鸣。打占煮熟雷公肉准备吃掉，然而肉太苦，只能倒掉，倒掉雷公肉的地方长出一种圆叶植物，叫"雷公根"。在故事中，雷公的威力真是大损，总是做小偷。近乎普通人的鸡毛蒜皮的小矛盾，让雷公失去了神圣的光环。"作为一种象征，故事中的胜利者打占是远古黎族人民征服自然的愿望、勇气和力量的体现，是人为万物之灵和宇宙主宰的思想主题的生动表达。"[①]

《雷公为什么在天上叫》与上一篇结局近似，而原因不同。尖峰岭下有兄

[①] 王海：《古远而丰厚的沉淀——试论几组黎族神话和神奇故事的文化意蕴》，《民俗研究》2005年第2期，第206页。

弟三人与老母亲过着幸福的生活。雷公有一颗忌妒之心，他不能容忍别人的幸福，准备毁掉这个家庭。老大顺风耳听见了雷公的话，命老二千里眼盯住雷公的行踪，当雷公一落地，准备好的老三大力士把他捆起来。不巧的是，晚上有个贼来偷羊，黑暗中摸到雷公的角，把绳索解开，雷公展开翅膀逃走了。兄弟三人追上去，老三砍伤了雷公一只脚。自从脚受伤，下雨天疼痛不止，雷公就大声呻吟，即是下雨时的雷声。

三则征服雷公的神话同时也是解释自然现象的神话，夹入了许多人类生活的经验。

同样，在百越后裔各族中也有征服雷公之神话，人与雷公之斗法大部分发生在洪水神话之前。人与雷斗之起因有二，一为人类为治病须吃雷公肉，一为雷王压迫人间，人类奋起反击。壮族《布伯的故事》中雷公是一个专横跋扈、凶残暴戾而又十分狡猾的恶神。故事写他贪婪成性，住在天上仍不满足于人们供奉之香火，还要掠夺人间一切果实，并以制造干旱相威胁。布伯上天找他理论，他表面答应，暗中磨刀，准备劈死布伯。当雷公下凡时，被布伯设置的陷阱活捉。他又以诡计骗布伯的两个小孩，乘机逃走。雷公发起洪水要淹没人类，布伯乘上伞船上天宫，一剑削掉雷公的一只脚。雷公只得退洪水，而布伯最终也牺牲了，化为启明星。

被人类击败的雷公再无神灵光环，完全是卑劣、凶残的市井小人。但从里面一些特殊的细节，我们却能发现其与华夏远古神话的渊源。

在神话传说中，大禹治水曾降伏了一个又一个水怪，其中即有反抗雷神的影子。袁珂先生曾说，李公佐《李汤》讲禹擒支无祁的故事，支无祁原为大禹治水经桐柏山时所降伏的一个水怪。刘义庆《幽明录》记有巴丘县黄金濑有钓者获金锁引金牛出的传说；刘敬叔《异苑》记晋康帝建元中有渔夫得金锁见金牛的传说。与古神话中的夔一脉相承，而支无祁即夔[①]。

黎壮等神话故事中的主人公斩去雷公一只脚，正与古雷兽夔神之形象有关。在古籍记载中，夔皆为独脚。《山海经》云夔"苍身而无角，一足"。《国

[①] 袁珂：《中国神话对于后世文学的影响》，《神话学论文集》，上海古籍出版社1982年版。

149

语·周语》韦昭注:"夔一足,越人谓之山猴,人面猴身,能言。"《庄子·达生篇》云:"山有夔。"司马彪注:"夔,形如鼓而一足。"《太平御览》卷八五六引《白泽图》云:"山之精名夔,状如鼓,一足而行。"

夔为雷兽,故其为一足。徐山《中国雷神》认为雷神一足与闪电之形状极为相似,是原始人从闪电而得的联想。世界民族中亦有以雷神为一足者,阿兹台克人和基切玛雅人的雷神都被认为只有一条腿①。

黎族故事人雷斗争中雷公虽败,却未死去,而且永远地失去了一只脚,不正是一足的形象写照吗?我们认为在百越后裔许多民族中都出现斩去雷公一只脚的情节,并不是偶然的,而是百越对远古神话的一种记忆,足证与华夏族之间的亲缘。过去有一种道士作法时跳动的"禹步",即独脚跳。闻一多先生《伏羲考》认为,是仿效蛇跳,因为禹为蛇图腾,"为保证老祖宗的注意,儿孙们最好是不时在老祖宗面前演习他们本图腾的特殊姿态动作与声调,以便提醒老祖宗的注意"。他把舞蹈功能说得准确透彻,但其仿效对象值得商榷。我们认为把其动作定为模仿雷神老祖宗的舞蹈更为恰当。

夔,《说文解字》云:"神魖也。如龙,一足。"②

在中华民族后世的传说中,人与雷斗多有伤其一腿之情节。

《搜神记》云:"晋扶风杨道和,夏于田中获。值雨,至桑树下。霹雳下击之。道和以锄格,折其股,遂落地,不得去。"③

唐裴铏《传奇》中《陈鸾凤》记海康大军,陈鸾凤与雷斗法。陈鸾凤在田野持刀候雷公,"怪云生,恶风起,迅雷急雨震之。鸾凤乃以刃上挥,果中雷左股而断。雷堕地,状类熊猪,毛角,肉翼青色,手执短柄刚石斧,流血注然,云雨尽灭"④。

岭南雷神多像猪。李肇《国史补》:"雷公秋冬则伏地中,人取而食之,

---

①汉斯·比德曼:《世界文化象征辞典》,漓江出版社2000年版,第182页。
②段玉裁:《说文解字注》,万献初整理,中华书局2013年版。
③干宝、陶潜:《搜神记辑校 搜神后记辑校》,李剑国辑校,中华书局2019年版。
④裴铏:《裴铏传奇》,周楞伽辑注,上海古籍出版社1980年版。

其状类豨。"①蔡绦《铁围山丛谈》说："今南人喜祀南神者，谓之天神。祀天神必养大豕，目曰神牲。"②雷神为水物，豕亦为水物。《史记·天宫书》："奎曰封豕，曰沟渎。"③屈大均《广东新语》："山猪……一名懒妇……齿长则入海化为巨鱼。"④《初学记》引《符子》曰："有献燕昭王大豕者，邦人谓之豕仙，死而化为鲁津伯。"⑤任昉《述异志》云："夜半天汉中黑气相逐，俗谓之黑猪渡河。"⑥

古时龙有猪形者。辽宁新石器时代之红山文化遗址出土龙形玉雕，酷似猪首，熊亦有猪形者。《楚辞·天问》洪兴祖注："熊形类大豕。"⑦龙、熊皆雷神形象。《雷民传》亦云"尝有雷民，因大雷电，空中有物，豕首鳞身"。

黄帝妻雷祖之孙韩流之形象是"人面，豕喙，鳞身，渠股，豚止"⑧，夔之子伯封即谓之封豕。《左传、昭公二十八年》："昔有仍氏生女，黰黑而甚美，光可以鉴，名曰玄妻。乐正后夔娶之，生伯封。实有豕心，贪婪无厌，忿戾无期，谓之封豕。"⑨这里的夔，孔子认为只是一个称职的乐官，鲁哀公问他"夔一足"的问题，他解以"夔有一，足"，非"一足也"⑩。这是儒家对神话的修正。实际上是夔作为殷人始祖随着殷人地位的下降而下降，从一位至尊神降为尧的一个乐官⑪。

我们看前面列举关于豕的种种神异，岭南雷神化为豕形就毫不奇怪了。

第五，道教雷神——矛盾的两面

自雷神降为天帝的附属神，特别是道教神谱建立以后，他就执行一个处

---

① 李肇：《唐国史补校注》，聂清风校注，中华书局2021年版。
② 蔡绦：《铁围山丛谈》，冯惠民校，中华书局1983年版。
③ 司马迁：《史记》，中华书局1959年版。
④ 屈大均：《广东新语》，中华书局1997年版。
⑤ 徐坚：《初学记》，中华书局2004年版。
⑥ 任昉：《述异志》，吉林出版集团有限公司2005年版。
⑦ 洪兴祖：《楚辞补注》，白化文等点校，中华书局1983年版。
⑧ 袁珂：《山海经校注》，巴蜀书社1993年版，第442页。
⑨ 杨伯峻：《春秋左传注》(修订本)，中华书局2016年版。
⑩ 王先慎：《韩非子集解》，中华书局1998年版。
⑪ 潜明兹：《略论中国古代神话观》。

罚罪恶、传达上天旨意的行刑者的职能。或替天惩罪，或维持秩序。《论衡·雷虚》："雷为天怒。"①《易·震》象辞："洊雷至，君子以恐惧修省。"②《礼记·王藻》云："若有疾风迅雷甚雨必变，虽夜必兴，衣服冠而坐。"③《礼记·月令》云："先雷三日，奋木铎以令兆民曰：雷将发声，有不戒其容止者，生子不备，必有凶灾。"④

"在黎族之传统观念里，雷公是代天执法和行刑之神。雷公一方面能窥视一切人间事，谁做好事谁做坏事，谁有涵养谁没有道德，它都一目了然，所以凡是没有道德和做坏事的人都会受到雷公惩罚。"⑤百越诸族并存相似观念。如水族相信雷神能击毙忤逆不道之子、糟蹋粮食之人和为非作歹之徒。侗族人认为遭到雷击之人，罪大恶极。也可以说，此观念是中华民族关于雷神的普遍观念。当雷公在神话传说中惩治恶人，扶助弱者时，他就是一个正义之神的形象。当然，在故事中，雷神往往一出现即消失，没有多少故事可言。如在洪水神话《三个民族同一源》中，洪水神话中荷发兄妹二人存活下来，通过阴阳气息感应，妹妹怀孕。天帝得天，即派雷神下凡行刑，幸有土地神说明原委，雷神才免其死刑。这是雷神执行对乱伦之惩罚。《二姑娘与龙子》的爱情悲剧中，忌妒的姐姐害死了妹妹的恋人龙子，二姑娘殉情而亡。雷公得知此事，挥舞长剑，把姐姐雷劈而死。《螃蟹精》中的螃蟹精为害人间，雷公即率领天兵天将与之战斗，并将其抓回天庭，处死。

在此类故事中，雷公已成为道教之雷公，形象较为单薄。

雷公既然执行天帝之命，协助天帝维护固有社会秩序和固有道德，则不免在维护所谓的等级秩序中成为助纣为虐的工具。《阿德哥和七仙妹》写七仙女与阿德的故事，玉帝得知七仙女与凡人恋爱，三番五次限令七妹离开人间，七妹以文脸明志，不再回天庭。玉帝命雷公劈断五指山，断绝七妹通天

---

① 黄晖：《论衡校释》，中华书局1990年版。
② 黄寿祺、张善文：《周易译注》（修订本），中华书局2016年版。
③ 杨天宇：《礼记译注》，上海古籍出版社2004年版。
④ 杨天宇：《礼记译注》，上海古籍出版社2004年版。
⑤ 高泽强、潘先锷：《祭祀与避邪：黎族民间信仰文化初探》，广西民族出版社2007年版，第184页。

之路。雷神在这里充当破坏青年男女爱情的角色。《双女石》中王母娘娘的两个仙女见海岛人民生活困苦，便主动下凡帮助他们，造福人类。王母派雷公察看，雷公罔顾仙女之美好品德而以"天地不分，尘俗不忌"质问仙女。最后，仙女矢志不回天庭，化为一座双峰石。雷公不依不饶，把双峰石炸为三块。

王海教授曾经论述："在古代黎族生存环境中，风雨雷电、山洪暴发、久旱成灾等自然现象对他们来说是最直接最常见的威胁，他们对这些现象无法抗拒更无法做出科学的解答，在'万物有灵论'观念的支配下，便把一切自然物和自然力都人格化了，并以人间的关系来说明自然现象之间的联系。于是，雷公就成了他们原始宗教中令人敬畏崇拜的'雷公鬼'，同时也成了神话中无所不能的'神'了。"[1]

黎族神话中的雷公保存了一个古老神灵发展的各个阶段的形态，这在少数民族中是不多见的。其雷神神话所反映出来的神的事迹、特征及神与神之间的关系，表明黎族的雷神不是独立产生的，与百越后裔族群有着较多的共性，与华夏族远古时代的雷神崇拜也有割不断的情缘。

第三节　图腾禁忌

何星亮认为，图腾禁忌可分为行为禁忌、食物禁忌和言语禁忌三种类型。这种图腾文化现象在黎族中主要表现为食物禁忌。食物禁忌只出现在动物图腾崇拜中，与壮侗语其他民族有高度的雷同。下面分别举例说明之。

一、鱼图腾禁忌

三亚市田独、马岭一带的黎族认为大鲨鱼是他们的始祖，鲨鱼死后不能食用，要将其埋葬[2]。在《中国民间故事集成》三亚市资料本中，就记录了鲨

---

[1] 王海：《古远而丰厚的沉淀——试析几组黎族神话和神奇故事的文化意蕴》，《民俗研究》2005年第2期，第206页。

[2] 涂刚鹏、陈思莲：《论海南黎族原始宗教信仰》，《海南大学学报》2011年第1期，第13页。

鱼在大海中拯救了渔民,渔民奉之为祖先的故事,这属于祖先恩人的图腾类型。三亚的吕姓,黎语读为 dzax ghien,即"龙舌鱼"的古称。有一种说法,龙舌鱼是吕姓家族的祖先,因而三亚吕姓先人留下规矩,忌讳吃海里的"龙舌鱼"[1]。

二、猫图腾禁忌

保亭县毛道乡抗茅村(今名空毛村),"他们一向不吃猫肉,猫死后由未婚男子二人(约十二三岁),用竹竿抬至村旁猫山或椰树下埋葬,抬者要沿途痛哭"[2]。

另外,通什、毛利、什动三个村庄的杞黎也禁食家猫。白沙县毛栈番满村(今属五指山市番阳镇)和红星乡番响村(今属琼中红毛乡)杞黎认为猫死后有鬼魂,为此,他们不得伤害和食用猫,猫死后抬去埋掉,也忌讳说"猫死"了之类的话[3]。琼中黎族也认为自己的祖先与猫有亲缘关系,禁忌捕杀,猫死后也要埋葬[4]。

三、蛇图腾禁忌

三亚和乐东地区属于哈方言哈应土语的黄姓和罗姓黎族,视蛇为恩人,成为两姓之保护神,从此禁食蛇肉。乐东志仲镇之董姓黎族,有《蚺蛇公》的传说,认为蚺蛇为其祖先,不食蚺蛇[5]。三亚河上游台楼村之黎族认为蛇哺育了其祖先,故约定不许吃蛇肉[6]。

---

[1] 符天志:《解读三亚黎族姓氏》,《现代青年》2016年第3期,第32页。
[2] 冈田谦、尾高邦雄:《海南岛黎族的社会组织和经济组织》,金山等译,海南出版社2016年版,第61页。
[3] 王养民、马姿燕:《黎族文化初探》,广西民族出版社1993年版。
[4] 高泽强、潘先锷:《祭祀与避邪——黎族民间信仰文化初探》,云南民族出版社2007年版,第192页。
[5] 高泽强、潘先锷:《祭祀与避邪——黎族民间信仰文化初探》,云南民族出版社2007年版,第191页。
[6] 刘书敏、萧烟:《三亚河上游台楼村的黎族传说》,《现代青年》2016年第12期,第89页。

台湾之鲁凯人也以蛇为图腾，有禁食之忌。在茂林乡万山社，有一则女人吃百步蛇受到惩罚的故事。传说有一位鲁凯人贵族娶了布农人女子为妻，布农女每天煮饭给他们吃，自己却从不和家人一起吃饭。后来家人都生病了，经巫师一查，才知道布农女子在煮食物时，居然吃掉了附近的蛇，家人生病是由于受到了祖先的诅咒。布农女子受到了严厉惩罚[1]。

四、犬图腾禁忌

犬图腾禁忌在黎族的几个支系中普遍存在。20世纪30年代，史图博考察黎区，发现狗肉禁忌，"比如冲威有许多人还害怕吃狗肉，所以当违反禁令而吃狗肉时，由于害怕灶神的报应，而暂时不会到自己家里睡觉，这种想法好像是广泛流传在东亚各民族之间的对狗的迷信的残余"[2]。赛方言黎族也禁吃狗肉，违反禁忌者，心中恐慌，暂时不敢回到自己家里睡觉而寄宿外面。假如家人有病，绝不允许以狗作为祭品。1956年的黎族调查中也发现，白沙县红星乡番响村的杞黎以狗为保护神，当狗死以后拿去埋葬时，禁止向别人说狗死之类的话，否则，认为家里人会生病[3]。白沙县细水乡风马村的本地黎族人，从来不吃狗肉[4]。21世纪，其禁忌尚在延续。儋州符姓黎族不吃狗肉，因符氏的祖先是一条狗。现在能吃，但不能说吃狗肉，只能说吃"地肉"，而且吃狗肉以后，必须以黄皮的叶子洗手、漱口。否则，绝对不能走进供奉神灵的客厅，门口也不能靠近，路过时须快速通过，避免神灵责怪、报复[5]。琼中黎族村落有个规矩，不能吃狗肉，如果村里人吃狗肉被发现了，就会受到惩罚，惩罚就是吃猪粪[6]。东方市冲威村，害怕吃狗肉，若不慎吃了，由于害怕灶神的报应都不敢回家睡觉，得过几天才能回家[7]。史

---

[1] 高伟：《台湾少数民族·鲁凯》，台海出版社2008年版。
[2] 史图博：《海南岛民族志》，中国科学院广东民族研究所2016年排印本，第137页。
[3] 中南民族学院：《海南黎族情况调查》第三分册，1956年版。
[4] 中南民族学院：《海南黎族情况调查》第四分册，1956年版。
[5] 2016级秘书学专业符允秀同学讲述。
[6] 2016级秘书学专业陈麦同学讲述。
[7] 2016级秘书学专业黄秋叶同学讲述。

图博的调查在 20 世纪 30 年代,这一禁忌延续到了当代。

五、牛图腾禁忌

黎族关于牛图腾的禁食之俗未见记载,只在过牛节时禁止劳动。但黎族有关海南岛上的远古民族牛崇拜的口头传说。传说有一个族群叫"塞堆",是与黎族非常接近的一种人,由于他们特别崇拜牛,所以黎族先民称呼他们为塞堆,意思是"崇拜牛的原住人"。塞堆建村立寨,有自己的语言,也听得懂黎语,种植山栏稻,尊重牛而忽视人。当牛死时,塞堆会哭诉牛的功劳,并抬到牛的墓地埋葬,整只牛身埋到土里,把牛角露出地面①。塞堆究竟属于哪个民族,难以确定,高泽强教授推测可能为原始马来人或达罗毗荼人种。笔者认为,关于他族的记忆,正留下了本民族的影像。黎族丧葬与牛角之关系,在文献中多有记载。陵水县黎族,丧葬祭祀之中有杀牛之俗。丧事结束以后,取牛角悬挂在屋柱上端,为死者纪念。死者之子,还用铜皮剪制尖顶帽,上敛下宽,微弯,形似牛角②。同时代调查者也有相近记录,"孝子仅头顶白布尖孝帽,其尖檐向前屈,有如牛角,而不着孝服。……牛祭时,扯祭后即取牛头之角置于檐前"③。所谓孝子头上所戴,即图腾形象之模仿。侗族在祭祖活动中也要杀牛。但他们又认为杀牛有罪,每当杀牛,都要寻找各种借口或采取一些特殊举动以推卸杀牛的责任。在贵州榕江、黎平等地的侗族,无论在哪种情况下杀牛,杀牛者在动手前总是要对牛说:"这不是我有意杀害你,而是受他人指使。"在天柱县石硐、水硐等地,杀牛时在场的人各自挽双手于身后,表示自己手脚被缚,束手无策,不能出手相救,希望得到牛的宽恕谅解。一些地方食用水牛肉时,并不直接称为水牛肉,而是改其名称为"瘪肉"④。

---

①高泽强:《海南岛另类远古文化史——从黎族民间流传的一些资料想到的》,《海南民族历史文化暨黎文创制 60 周年学术研讨会提要及论文汇编》,2018 年版,第 119 页。

②陈铭枢:《海南岛志》,海南出版社 2004 年版,成书于 1930 年版,第 153 页。

③左景烈:《海南岛采集记》,原载《中国植物学杂志》1934 年 1—2 期,王献军、陈有济选编《黎族现代历史资料选编》(第二辑),海南出版社 2017 年版,第 151 页。

④吴峥:《贵州侗族民间信仰调查研究》,人民出版社 2014 年版,第 32—33 页。

除了上面所列举的图腾禁忌规则，在黎族生活中，供奉图腾的场合，还存在行为禁忌，如在神树、神石之前，不得大声喧哗、污言秽语，不得随便吐痰、大小便，这些都是一般通行的禁忌。有一点需注意，图腾禁忌，基本针对动物图腾，植物图腾和非生物图腾禁忌甚少。

第四节　图腾与姓氏

图腾作为某一族群特有的崇拜对象，时间一久，称为氏族部落的标志，也成为氏族部落的名称。例如，以羊为图腾的氏族，称为羊氏族，以犬为图腾的氏族为犬氏族。这是最早的社会组织名称，也是同氏族内部每个人的姓氏。法国学者涂尔干云，图腾群体"自信出自图腾，图腾既做徽帜，亦做他们共有的姓。若图腾为狼者，氏族成员皆信他们曾有过狼祖，他们亦各有狼性，于是他们就自称为狼"①。我国古代多有以图腾命名氏族之制度，据《左传》记载，少昊部落的氏族有凤鸟氏、玄鸟氏、青鸟氏、丹鸟氏等。朱天顺认为，殷墟甲骨卜辞中殷人称呼周围的民族为"马方""羊方""虎方""林方"，可能来源于他们所崇拜的图腾对象——马、羊、虎、林等动植物的名称②。

具体到姓氏，我国学界普遍认为，古姓渊源于图腾。李玄伯先生认为姓氏为图腾之结果，凤为风姓的图腾，羊为姜姓的图腾，芑为姬姓的图腾③，巳姓的图腾为蛇，妘姓图腾为虫类，彭姓图腾为鼓，斟姓图腾为桑葚，曹姓图腾为枣，姒姓图腾为薏苡等④。

与黎族同源的古代夜郎人也以图腾为姓。常璩《华阳国志》载："有竹王者，兴于遯水。有一女子浣于水滨，有三节大竹流入女子足间，推之不肯去。闻有儿声，取持归，破之，得一男儿，长养有才武，遂雄长夷狄，氏以竹为姓。"黎族所来源之骆越，亦以图腾为姓。因其奉鸟为图腾，称呼"雁"

---

①李玄伯：《中国古代社会新研》，开明书店1949年版，第82页。
②朱天顺：《中国古代宗教初探》，上海人民出版社1982年版，第116页。
③此处判断有误，姬，据于省吾先生之研究，当为熊爪之足迹，姬姓的图腾当为熊。
④李玄伯：《中国古代社会新研》，开明书店1949年版，第83—114页。

的发音近似"雒",故汉字记录为"雒民",其首领为"雒王""雒侯""雒将",后以"雒"为姓氏,"雒"与"骆"同音,又称为"骆",是为"骆越"。

据黎语之称谓,黎族之姓氏大多与图腾相关。前文所比较研究过的"龙的孩子""竹的孩子""芭蕉的孩子""木棉的孩子""小陶缸的孩子"等二十余种姓氏,都标明了其图腾族属。而且,在传统的黎族社区,一个小峒,常常包括几个村,各村的成员基本上都是单一血缘的,一个村一般有二三十户,五六十户的很少,村名大都以动物、植物命名①。

牛为黎族图腾,如三亚台楼乡(今名台楼村)三用、林加二、抱加山三个村的麦姓黎族,出自共同的祖先,认为黄牛是他们的祖先②。黎族关于杀牛分姓氏的传说,形象地说明了其姓氏与图腾之间的关系。天涯海角流传一则杀牛分姓的传说。相传在远古时候,人类是不分姓氏的。有一次,人们牵牛穿过天涯海角的天涯石时,由于牛角长得太长,被卡在石头的中间动弹不得,最后死去。人们只好就地杀牛。眼看大雨马上就要来临,人们纷纷散开,各自寻找地方避雨。有的人认为,雨不会下大,躲在竹子下就行了;有的认为,下雨时伴着刮大风,躲在田埂下面,能避风就能避雨;有的则认为还是搭个架子,上面盖上茅草,躲在下面保险些,于是抓把刀去砍茅草。后来,躲在竹子下面的被称为"竹的孩子",躲在芭蕉下的被称为"芭蕉的孩子",而蹲在田埂下面的被称为"田的孩子",拿着刀砍茅草的被称为"砍种的孩子"。显然,这些姓氏是从牛图腾氏族分支出去的。海南黎族的氏族繁衍到一定程度,就要分裂出新的支系。例如乐东千家镇高氏,本为"薯的孩子"或"砍茅草人的孩子",高泽强教授认为,由于"砍茅草人的孩子",有劈、砍、割的意思,叫喊起来难听,像是发誓砍尽劈绝别人家的孩子一样,所以后来人们把"po:i^{55}"音变成"voi^{55}"音,成为"甘薯的孩子"。此说有一定

---

① 苏英博等:《中国黎族大辞典》,中山大学出版社1994年版,第433页。
② 陈凤贤:《从文化遗存试探黎族母系氏族制及其向父系氏族制过渡》,《中央民族学院学报》1987年第2期,第4页。

道理，但一个氏族拥有两个以上的图腾也是合理的①。"高"氏族黎语称为"德威"，原先同属一个血缘集团，氏族内部禁止通婚，实行族外婚。后来，原氏族分裂，形成三支各自独立的氏族，一是德威宏韬，"宏韬"意即"扣口锅"；二是德威腊韬，"腊韬"意为"仰口锅"；三是德威操毫，"操毫"意即"山脚下"。随着社会历史的发展，这三支氏族后来可以相互通婚②。

前面所述避雨分姓氏的故事，在野外杀牛，其历史背景反映的正是妇女采集、男子狩猎的远古时期，因避雨而产生氏族，"反映的也正是人类开始由原始群体过渡到氏族社会时代"③。因杀牛而下大雨，刮大风，具有象征意义，是黎族后人在追忆杀图腾祖先时幻想出来的情节，是上天的示警与感应。在另外的版本中，还有雨过之后神仙谕示天命的情节。

关于分姓氏，另外一则传说与分牛肉直接关联，暗示所有分支由牛图腾孕育而产生。故事是这样的：牛被杀死以后，就在天涯海角的沙滩上分牛肉，当时派一个人一路走回去通知各村各峒，有远有近，如果来晚了就不一定有份。只要通知到了，来晚了的人分不到食物是不能埋怨的。据说王姓先人最先到，但不急着吃牛肉，他把牛肠子洗干净以后灌入牛血和米，以及捣碎的野菜，做成血肠，煮熟以后，一圈一圈地盘在帽子和脖子上，边走边吃，vaeng，是"圈"的意思，vaeng cuens 就是"血肠圈"的意思，vaeng 的发音接近普通话的"旺"，因此 vaeng 姓用汉字谐音字"王"。黄姓先人随后赶到，吃到肚子鼓鼓的，被称为大肚黄；甫姓先人来迟了一步，吃到焦黄的牛肉，被分为 gin 姓氏，是黎语"烤焦"之义；董姓先人也来晚了，只能闻一闻切肉的砧板和别人吃剩下的骨头，黎语读 haei ra haei rin。因此，董姓被称为 la haei，la 无义，haei 是"闻"的意思④。

---

① 高泽强：《民族学视野下黎族高氏族形成及通婚之谜的考察》，《第二届黎族文化论坛文集》，民族出版社 2018 年版，第 77 页。

② 高泽强：《民族学视野下黎族高氏族形成及通婚之谜的考察》，《第二届黎族文化论坛文集》，民族出版社 2018 年版，第 78 页。

③ 高泽强：《民族学视野下黎族高氏族形成及通婚之谜的考察》，《第二届黎族文化论坛文集》，民族出版社 2018 年版，第 79 页。

④ 符天志、孙建平：《解读三亚黎族姓氏》，《现代青年》2016 年第 3 期，第 30 页。

黎族的图腾姓氏，后来受到汉族影响，全采用汉姓，主要有以下几种改变方式：

第一，直接以图腾取汉姓，这种转变形式在黎族中少见。昌江县美孚方言区重合盆地重合村羊姓家族，因其祖先吃羊乳长大，后代都姓羊①。同样，壮族有以鸡为图腾者，其人仍然姓鸡②。我国南方民族多有此俗，如白族，虎为图腾的氏族姓虎，以鸡为图腾的姓鸡，以鱼为图腾的姓鱼；傈僳族霜氏族姓霜，熊氏族姓熊③。

第二，由图腾物的汉字书写取其音同或音近字。美孚方言重合村袁姓，其祖先据说从尖峰岭的猿猴进化而来，取同音字"袁"为姓氏。赵姓祖先出生于三石灶之中，"灶"与"赵"读音近似，故后人以赵为姓。这当是受汉族影响的结果，采用"猿""灶"为姓显得不雅，与汉姓靠近一下，用"袁""赵"以代替。这种取姓习俗在我国少数民族中颇为常见。如赫哲族，虎氏族改为"胡"姓，铜氏族改为"佟"姓，河沟子氏族改为"何"姓④；白族鸡姓改为"姬"，鱼姓改为"余"，虎姓改为"胡"⑤，皆与黎族近似。

第三，以图腾黎语的音译为汉姓。黎族中有以"登"树为图腾之族群，黎语音为 di:n^{53}，他们为"登的孩子"。登为汉语借词，其姓怪诞，因与陈、邓音相近，所以取"陈、邓"为姓⑥。黎族以风为图腾之族群，风的黎语发音是 viu，发音与汉语的 liu 接近，所以风氏族以"刘"为姓。黎族以血肠圈为标志的族群，因为黎语圈的发音是 vaeng，与汉语的"王"字发音相近，故取为"王"姓。在壮族中此种改姓方式颇为常见。状语称呼牛为 mo^2，牛图腾氏族改为"莫"姓；状语中鸟称呼 rok^8 或 lok^8，鸟图腾氏族改为"陆"姓或"骆"姓。

---

①符兴恩：《黎族·美孚方言》，银河出版社2007年版，第36页。
②梁庭望：《壮族风俗志》，中央民族学院出版社1987年版，第77页。
③黄崇岳：《怒江傈僳族和怒族的历史发展及其相互关系》，中山大学历史系编《滇西原始社会史论文集》，1979年版，第139页。
④《黑龙江省饶河县西林子乡四排村赫哲族情况》，1958年铅印本，第7页。
⑤张旭：《白族的原始图腾虎与鸡》，《大理文化》1979年第4期。
⑥高泽强：《民族学视野下黎族高氏族形成及通婚之谜的考察》，《第二届黎族文化论坛文集》，民族出版社2018年版，第76页。

状语狗称呼 ma¹，因此取音近之"马、麻"为姓，壮族土俗字狗写作"犸"。广西田林县有马郎村，其意为"老母狗村"。黎族白沙有风马村，也有狗之意义。蛇，壮语读 ŋɯ² 或 ŋɯə²，因取以为"吴"姓。状语猴子叫 li:ŋ²，因取为"零、凌"二姓。同样，布依族也有猴图腾氏族，也取"零、凌"二姓。

第四，黎语意译为汉姓。黎语的"竹子"发音为 ruenx，兼顾音义取带竹字头的"符"为姓。三亚高峰地区"林"姓，黎语读为 hlɯx ma，村名取为"林家村"①。黎语"芭蕉的孩子"称为"勒威"，本应取"蕉"为姓，汉族中没有"蕉"姓而有"焦"姓，但黎族地区的汉族家庭又没有"焦"姓，海南话"焦""赵"音近，故用"赵"姓。但不论焦还是赵，在海南话的发音中与男性生殖器称呼相同，叫起来比较难听，于是又有人改为汉姓"周"。另外，"田、龙"等姓都属于意译姓②。

第五，图腾动物拟音之汉译。三亚麦姓，其图腾为黄牛，黄牛的叫声与麦的发音 mes 相近，故取此为姓。东方重合村之符姓，其图腾祖先为犬，一只黑犬与公主成婚，生下后代。后黑犬衰老，临死前，它的孩子问它应该从何姓氏，奄奄一息的狗只从嘴巴里发出"呋—呋"的呼气声。母亲便说："黑狗是你的父亲，它让你从符氏啦。"③在儋州的符姓黎族也以犬为祖先，其姓氏来源与美孚黎相同。

第六，汉族姓氏与黎族图腾无关。据学者们调查，目前四十岁以下的黎族民众，很多不知道自己姓氏的来源与意义，很多年轻黎族人甚至不知道还有黎族姓氏。这一现象毫不奇怪，汉文化的强势影响，使得黎族图腾姓氏消失得很快。许多姓氏命名带有随意性，与图腾毫无关联。如"野薯的孩子"黎语为"勒歪"，取"高"姓；"木棉的孩子"黎语为"勒豪"，取"韦"姓；"龙的孩子"黎语为"勒烫"，取"梁"姓；蛇图腾之黄、董姓，皆与图腾无关。还有

---

① 符天志、孙建平：《解读三亚黎族姓氏》，《现代青年》第 32 页。
② 高泽强：《民族学视野下黎族高氏族形成及通婚之谜的考察》，《第二届黎族文化论坛文集》，民族出版社 2018 年版，第 76 页。
③ 符兴恩：《黎族·美孚方言》，银河出版社第 35 页。

的或者以某种生理特征为姓①，如"高"，或便于户口登记，抽签得到汉姓，或随当地汉族官员的姓氏，或由教书先生取姓，或由奥雅们商量决定。

通过以上考察可知，黎族图腾转化为汉姓，有以下三个特征：第一，汉姓与图腾有关联的占少数。黎族的汉姓是否与其图腾相关，主要在于本氏族群是否具有明确的族群意识。在黎族外围地区，两者有关联的情况多一些，在海南岛中部黎族腹地，有关联的少一些。与汉文化接触早的黎族，其尚存的图腾还具有分别氏族的功能，这一区域的黎族人民之图腾意识尚存。处于腹地的黎族，与汉族文化接触晚，接触之时，其图腾观念已经淡薄或消失，取姓就采取顺其自然的态度。第二，黎族图腾转化为汉姓，方式多样，不存在整齐有序的层次与逻辑，充满了各地域族群的随意性。故而不存在图腾与姓氏的严格对应关系。有同一图腾转为数姓者，如芭蕉图腾氏族，有赵、周、朱等姓，蛇图腾氏族，有黄、董、吴等姓；有不同图腾转为同一个姓氏者，如灶图腾、芭蕉图腾皆有赵姓，竹图腾、犬图腾皆有符姓。第三，尽管在交际场合使用汉姓，但在许多黎族族群那里，其固有之图腾依然发挥区分氏族婚姻的作用，这就出现了同一汉姓允许互相通婚，不同汉姓禁止通婚的奇怪风俗。例如，1949年以前，保亭县毛道小峒的黎族人汉姓都是"王"，但是，他们原来分属于"扑基""扑冲"两个不同的血缘集团，因此虽然都姓王，却可以彼此通婚。木棉图腾的氏族，在乐东县姓韦，在陵水县姓王，汉姓虽然不同，却不能通婚。还有一个叫"拉海"的黎族姓氏，在东方姓邢，在三亚姓董，也不允许通婚②。这个时候，原始图腾的社会功能已经所剩无几了。

---

①如乐东千家镇高姓黎族，脚指甲的小拇指的指甲中有一条裂缝，指甲呈一边大一边小的分布，这一特征与汉族的"高"姓一致，这表明黎族与汉族的"高"姓族群来源相同，因此取"高"为姓。见高泽强《民族学视野下黎族高氏族形成及通婚之谜的考察》。

②《中国黎族大辞典》，中山大学出版社1994年版，第424—425页。

第二章　天体崇拜

关于自然神崇拜中的雷神、火神、风神、土地神等神灵，已经一并在图腾比较的部分连带予以讨论。此章主要讨论天体崇拜现象。

第一节　日月崇拜

对日月的崇拜是全世界人类早期都曾出现过的文化现象，在中国尤为突出。这一崇拜逐渐衰落之后，在神话传说中留下了永不磨灭的记忆。

我国新石器时代中晚期，就出现了比较明确的太阳崇拜现象。有学者指出，在中原地区仰韶文化彩陶中，发现的与太阳相关的图像有两种：一种是日鸟相结合的图像，另一种为圆圈（圈内加点）形太阳纹样。考古发现的这些太阳图像，清楚地反映了古代人们对太阳的崇拜和祭祀[①]。例如属于马家窑文化的甘肃永登蒋家坪下层遗存和东乡林家遗址下层遗存中发现有碗内底部为太阳意象的彩陶碗，其中前者是马家窑类型早期遗物，后者的时间为马家窑类型中期。蒋家坪彩陶碗的纹饰为：外圈一周锯齿纹象征太阳光芒，中间又有一圈，最中心部分似为一展翅飞鸟形象，这使人很容易就联想到"日中有鸟"的神话[②]。

在南方的广西壮族聚居区，也有考古遗存的发现。广西宁明花山壁画中

[①] 王守功：《考古所见中国古代的太阳崇拜》，《中原文物》2001第6期，第39—44页。
[②] 赵李娜：《甘青地区史前陶器"太阳——鸟"形象之文化人类学意义》，《西北民族研究》2012第4期，第186—192页。

有很多类似祭祀太阳的场面，有的画着太阳图案的后面有一群人物，这群人物中居于中心的人物形象高大，双手曲肘上举，两腿叉开成为蛙形，应该是主祭者，周边站立的一排排小人，屈肢半蹲，方向一致，似乎是正在举行迎日、送日的拜日仪式①。

关于月亮崇拜的考古遗存，汉代画像表现突出，往往是与太阳一起出现的。其形象多样化，有阳乌载日、日中有三足乌、月中有蟾蜍玉兔、日月同辉、日月合璧、羿射十日、嫦娥奔月以及伏羲举日、女娲举月等。汉画像中日月的形象主要是日轮中一鸟（或三足乌）和月轮中一蟾蜍（或玉兔）以及人首蛇身举捧日月等。

百越后裔诸民族之中太阳崇拜的风俗较之月亮崇拜要多。太阳鬼流传于海南黎族。据调查，海南黎族人民认为许多天体都有不灭的"灵魂"。在诸多天体中，太阳鬼对人的影响最大，这是仅次于雷鬼与祖先鬼的神灵。如果有人冒犯了太阳鬼，它就会作祟，使人患头痛发热之类的病。需请巫师来作法祭祀，以求得它的宽恕。但是海南黎族大型的专门祭祀太阳的宗教仪式未见明确记载，调查资料中目前亦未见。海南出土的古代铜鼓，有的鼓面中央绘有一个光体表示太阳，其中四周有若干道辐射的光芒，这正是对太阳崇拜的表现。这一铜鼓类型在广西壮族地区更为常见。

壮族的太阳祭祀较之黎族更为普遍，《峤南琐记》和《广东新语》都记载粤（越）人于二月十三日祝融生日时，敲击铜鼓以迎乐神的风俗，祝融生日就是太阳生日。到近代，桂西壮族每年于农历二月都要祭太阳，祭场设在村边日出或日落的山上，祭礼由族长主持，杀一只白公鸡，一只红公鸡，一头猪，祭品置于树下，放一碗生血，上置树枝。祭毕全村成年男子在祭场上共吃一餐。云南文山壮族也有于新年早上到村边附近的山上祭祀太阳的活动②。

傣族的太阳神，名叫"披烈埋"。红河上游傣族人家在住房后墙约一人高处，置一块不过一尺见方的木板，作为祭太阳神的供台。过年祭祀时，除燃

---

① 王宪昭：《论太阳祭祀活动中的神话传统》，《社会科学家》2017年第1期，第144页。
② 黄世杰：《壮族古代的天文历法》，广西民族学院学报，1997年第2期，第55页。

线香、献饭菜外,还要取杀死的鸡头上毛羽数根,沾鸡血贴在供台上,表示以鸡供奉,祈求太阳神保护全家人畜平安,终年健康①。

侗族也崇拜太阳,表现为崇拜蜘蛛,跳蜘蛛舞。侗族人认为,天魂在天上时化为日晕,在地上时化为金色斑纹的蜘蛛。蜘蛛结网于空中,有如太阳发光于天上。由于日晕是太阳的母亲,是众神之首,故人们忌讳用手指日晕。在举行祭天仪式的时候,侗族人要跳蜘蛛舞②。

对月亮的崇拜风俗,百越后裔诸民族大多受到汉族中秋拜月传统的影响,在日常生活中体现得并不突出。如壮族,祭月仪式是一种以仙姑为中心的民俗活动,为一种带有原始巫术痕迹的习俗,又称"请压禁""请月姑""请七姑姐"。清乾隆十七年刻本《庆远府志》曾记载了这种类似降神的仪式过程:八月十五,男女唱歌欢乐一场。请法童,众人环围法童于中间,齐诅咒,使之降阴间神,唱歌互答,将曙方休。唯以被覆妇女,用土音咒诵,妇女晕去,他人生魂即附其身,能歌能唱,名曰"压禁"。

日月神话是日月崇拜最丰富的文本遗存,黎族与百越后裔其他民族存在诸多共性。以下依照日月的诞生、射日月、日月留存的顺序展开讨论。

一、日月的产生

黎族关于日月产生的神话共有六则,分别是《人类的起源》《山区与平原的由来》《万界造天地》《大力神》《三兄妹》《苍蝇吃月亮》。

《人类的起源》《大力神》《三兄妹》的故事文本没有说明日月之来源。《人类的起源》说暴发一次大洪水后,"天上出现了五个太阳、五个月亮"。《大力神》故事开首讲:"远古时候,天地相距只有几丈远。天上有七个太阳和七个月亮,把大地烧得滚烫,像个大热锅。白天,神灵都躲到深洞里去避暑,夜间,人们也不敢出来,只有在日月交替的黎明和黄昏,才争先恐后地走出洞口,去找一些吃的。大家都叫苦连天。"此处言明毒辣的太阳导致人类生活

---

① 朱德普:《红河上游傣族原始宗教崇拜探微》,《世界宗教研究》1995年第2期,第128页。
② 陈久金:《中国少数民族天文学史》,中国科学技术出版社2013年版,第109—110页。

不便，同时又透露出冷清的月亮在夜晚也炙烤着人们。《三兄妹》简洁交代五个太阳给人类带来的直接后果："地上气候十分酷热，没有冷天热天之分。"在黎族的神话中，日月的出现与大洪水相关。侗族《捉雷公引起的故事》中，也是在大洪水之后，天王放出十二个太阳把洪水晒干。但在整个百越民族中，此种因果关系并不多见，缺乏族群的普遍性。当是洪水神话流传以后与日月神话融合的结果，其产生的时间当晚于天神创世的时代。

《万界造天地》是天神器官化生的类型，为了天地的光明，始祖神无私地奉献了自己的眼睛，化为日月。此则神话与广泛流传于各民族的盘古开天地极其相似，不具有黎族的特殊性。百越后裔民族神话中天神器官化日月的情节亦颇为常见。比较特异的是，一般天神化日月都是眼睛变化，侗族的始祖神布杰却是拔下两颗大座牙化为日月。布杰曾在混沌之中将葫芦形的气体分为天地，此拔牙化日月的想象与侗族先民的拔牙习俗当存在关联，拔牙与葫芦的生殖崇拜密切相关。

中国各民族神话中，涉及天神造日月，除化生以外，无不借助于一定材料。百越后裔民族亦复如是。傣族的英叭神命火神用石水和铁水炼出太阳七兄弟[1]。布依族古歌《十二个太阳》中补杰用神仙土造十二个太阳[2]。壮族之《造太阳》中始祖大神布洛陀和着泥巴，捏出像吊篮一样的东西，在火上烧出太阳。而黎族之创世神，造日月的程序相对缺乏。《山区与平原的由来》中大神万家"为了使土地干爽起来，让人们在土地上自由来往，便造了五个太阳、五个月亮挂在天上"。而他造的日月似乎并不完满，神话中说它们"七棱八角，不方不圆"。不过，故事中并没有解释太阳月亮变圆的缘由，应当是神话在流传的过程中遗失了相关情节。仡佬族神话中盘古王造日月，祝融的姐姐敖标造日月，也同样只有简略的交代，没有详细的过程[3]。

人类及幻化的神怪化作日月的情节，在百越后裔民族神话中非常普遍，显示了创造神话的初民把宇宙星空人格化的思维倾向。布依族《十二个太阳》

---

[1] 岩峰等：《傣族文学史》，云南民族出版社 1995 年版，第 88—89 页。
[2]《民间文学资料》第四十五集《布依族古歌叙事情歌》，1984 年版，第 4—10 页。
[3] 本书编委会编：《仡佬族民间故事》，上海文艺出版社 1995 年版。

讲述天神的十一个儿子和一个女儿取火种以后上天成为十二个太阳，表明太阳与火之间的关系，与傣族之火神炼太阳同理。布依族另一神话《日月星》讲盘古王的一对子女寻找光明，死后灵魂化为日月①。傣族的《太阳和月亮》讲人间的一对兄弟死后化为日月②。毛南族《格射日月》中是九条妖龙和九只妖熊化为日月，肆虐宇宙。相对于人和精怪的幻化，黎族的日月为创世神开天辟地所使用的工具变化而成。《苍蝇吃日月》中，天神番焦塔创世成功，留下来的扁担挂在天边成了彩虹，填海造陆的七个金箩筐和七个银箩筐变成了太阳和月亮。相较于百越后裔其他民族的日月创造，黎族之神话更具原始色彩，凸显神灵的伟大力量。

二、除掉多余的日月

当原始人类遭受干旱的折磨，再加上数日并出的天文现象，射日神话就产生了。"古代百越人居住的岭南地区，属于亚热带，夏天气温特高，石板可灼伤人。这种恶劣的自然环境，使越人产生了射日神话。壮族的郎正射十二日，布依族的布杰也射十二日，毛南族的格射十日，黎族的山猪咬五日，仡佬族的老公公射七日，侗族的皇蜂射十日等等，都是反映人们和炎热的气候做斗争。这些神话的情节大体相同，都是说远古的时候，天上出现了好几个太阳，晒得大地河水干涸，田地龟裂，草木枯焦，人畜渴死。后来出现了一位力大无比的英雄，弯弓射日，只留下一个暖人间，从此大地又复苏了。"③英雄射日只是原始先民除掉多余日月的一种想象，此外还有用棍棒打下、天帝收回、吃掉、损害、劈开等种种方式。黎族只有两种方式，射日和食日。

射日神话按对象分四种类型，黎族具有其中两种，单纯射日，剩一个太阳；兼射日月，各剩一个。前一个类型在黎族神话中只有一篇《三兄妹》，天

---

① 陶阳、钟秀编：《中国神话》，商务印书馆2008年版，第223—225页。
② 谷德明编：《中国少数民族神话》，中国民间文艺出版社1987年版，第349—350页。
③ 马学良、梁庭望、张公瑾主编：《中国少数民族文学史》，中央民族学院出版社1992年版，第111页。

上有五个太阳，人类用威胁的方法要求雷公除去了四个。此类型在百越后裔诸民族中并不多见，壮族的《侯野射日》也是单纯射日，仡佬族神话中远古十二个太阳不分昼夜轮流转，天帝收回十一个。这种类型与后羿射日近似。

百越后裔民族中最常见的是单纯射日，剩下两个化为日月。水族的人类射日，傣族的惟鲁塔射日，壮族的特康射日，布依族的勒嘎射日等都是剩下两个太阳。兼射日月之类型是黎族神话的主体情节，天上出现数量相等的日、月，英雄分别除之。仡佬族《公鸡叫太阳》和毛南族《格射日月》也属此种类型。

就射日的数量而言，黎族为5日和7日，壮族有11日、12日、19日，毛南族有10日、12日，仡佬族有7日、12日，傣族7日，水族10日，布依族9日、12日。从射日数量看不出彼此之间的联系。

百越后裔民族处于稻作文化圈。"稻作文化圈神话一般来说准备和射日都比较简单，重点在登高和收尾上。侗族蝶嬴要架12层天梯，飞到12丈高的神树上，才能射日。壮族郎正须攀上最高的神山巴赤，布依族之布杰须攀上雷公山上之大榕树树顶，毛南族之格也须攀缘绝顶。"[1]相对于百越后裔其他民族的追逐登高，黎族的射日缺乏艰辛过程的渲染。然而动物食日，却是黎族的特色。

《人类的起源》和《苍蝇吃日月》分别由山猪和苍蝇吃掉多余的日月。前一个神话中，当姐弟俩询问谁能吃掉多余的日月时，山猪自告奋勇，但提出了人类允许它吃稻子的条件。当多余的日月被吃掉，姐弟俩却拿不出稻子，只得允许山猪看见田里的稻谷可以随时吃。后一个神话中，天神番焦塔命苍蝇趁着太阳和月亮睡觉的时候，一夜之间，将六个日、月统统吃掉。天神为奖励苍蝇，规定吃饭时，苍蝇先吃，人后吃。这是两则兼具解释动物习性的神话。射日的英雄在此处变为令人生厌的野猪和苍蝇。此种神话的形成有两个基本原因，一是神话创造源于生活现象的观察与体验；一是早期人类的思维取向。第一个原因，黎族人民对于山猪食稻谷，苍蝇哄饭有着切身的体

---

[1] 马学良等主编：《中国少数民族文学比较研究》，中央民族大学出版社1997年版，第78页。

验。特别是山猪食稻,给黎族人民的农业生产常常造成巨大的破坏。在黎族的许多民间故事中也常出现山猪吃庄稼的情节,说明一个民族的普遍感受。在实际的田野调查中,学者们统计,"黎族农业自然灾害之中,兽害最为严重,其中以山猪为害最甚。1953年毛或村被山猪吃去10箩谷(约350斤)。包谷受害更大,每年每个'合亩'多者被吃去2/3,少者也达1/3。群众虽然加以猎杀和防御,但始终无法根绝。"①原始先民对其破坏无能为力的情况下,对其破坏行为做出幻想性的解释。第二个原因,从现代人的眼光看,用龌龊不堪、令人生厌的动物完成造福人类的伟业,显得不可思议。但人类童年的思维具有同一性。人与大自然万物没有截然分开,他们用平等的眼光看待大自然中的一切生物现象。许多生物具有人类所缺乏的生理功能,会引起初民的崇仰赞叹,视其为天授的神秘能力。当他们构想宇宙创造、开天辟地等世界本源问题的时候,自然会把各种神灵纳入创造者序列。壮族神话《姆六甲》中姆六甲创造天地是在屎壳郎和蜾蠃的协助下完成的。屎壳郎负责转动神蛋,蜾蠃负责将其叮破。神蛋炸开成天地,屎壳郎整地,蜾蠃造天。台湾布农人认为那勒哈勒虫(屎壳郎)团粪成丸,退入洞穴生男女二人②。

就射日的主体分,有天神射日、人类射日、动物射日三种类型。在黎族神话中以天神射日为主体,万家、万界、大力神等既是创造日月之神,也是射日月之神,这在百越后裔民族神话中较为罕见。只有布依族古歌《十二个太阳》与黎族类似,补杰开天辟地造十二个太阳,太阳不听话,一起出动炙烤大地,补杰又射去十个太阳③。通常,在百越后裔诸民族射日神话中,射日月的天神或人类始祖神与造日月的非同一个神灵。这其中的区别还找不到合理的解释。水族之牙巫造十个太阳,人类向牙巫取铜箭铁箭射下其中的八个;傣族的火神造太阳,神箭手惟鲁塔射太阳;布依族天神的十二个子女为太阳,布杰兄妹射之。黎族史诗《五指山传》中人类始祖扎哈射日,与百越后

---

① 中南民族学院编辑组:《海南岛黎族社会调查》,广西民族出版社1992年版,第110页。
②《洞生布农始祖》见《中国各民族宗教与神话大词典》,学苑出版社1990年版,第144页。
③ 贵州省民族事务委员会编印:《民间文学资料》第四十五集《布依族古歌叙事诗情歌》,1980年版,第4—10页。

裔其他民族一样，所表现的是人类祖先的伟大业绩。动物射日，如侗族，螺赢架12层天梯，飞到12丈高的神树上射日，皇蜂飞到日边，用柴刀砍太阳，与黎族有异曲同工之妙。

百越后裔各民族射日神话故事存在许多共性。其基本特点是："主题归一，都表现了人类征服自然的理想和愿望；灾害后果相同，都表现了多日使庄稼失收，说明是进入农业社会以后的产物；英雄性别一样，都是男性，说明是父系时代的作品。没有或很少有把太阳神秘化的宗教色彩，说明又不会是太晚时期的创作。"①但不同民族之间，其射日神话"具体形态上却受到各民族先民生活环境的制约，因而结构的微观部分，诸如情节、角色、语言、行为等则多姿多彩，犹如一种树的树叶，相似而不相同。更像山野的鲜花，千卉竞秀，姹紫嫣红"②。有学者认为："射日型故事的深层很可能是原始人在抗旱时期施行'作日月之象'以射之的模仿巫术或其他形式巫术的写照或隐喻。"③

通过与百越后裔诸族射日神话的比较，黎族既有与之相通之处，也表现了其民族的独特性。共性不再重复，个性表现在以下几个方面：第一，开天辟地的工具化为日月在百越后裔其他民族中罕见；第二，日月的创造者同时也是射日的英雄；第三，利用动物吞食日月具有地域特色；第四，射日对象日月兼之，也是其突出特点。产生这些特点的原因，由于文献的不充分，我们还不能做出详尽合理的阐释。但有几点可以肯定，一、显示了黎族人民丰富的想象力和独创精神；二、与黎族人民的生产生活特点相关联；三、与神话发展的不同历史阶段的表现形式相关联。诚如学者所指出的，"射日型故事流传到后期，由于它寄寓着人类征服自然的愿望，表现着人类征服自然的象征性壮举，使人们体验到一种征服者的愉快，胜利者的喜悦，因而巫术的写照越来越转向带审美性质的歌颂"。

神秘的宇宙星辰在有规律地运动，它们在人的肉眼中有着不同的形态和

---

① 刘亚虎：《南方史诗论》，内蒙古大学出版社1999年版，第194页。
② 梁庭望等主编：《中国少数民族文学比较研究》，中央民族大学出版社1997年版，第83页。
③ 刘亚虎：《南方史诗论》，内蒙古大学出版社1999年版，第198—199页。

特点，在科学蒙昧的时期，原始先民对于这些现象利用类比思维的形式，赋予它们人的品质特点，企图解释天体运行的奥秘。

三、日月运行的解释

百越后裔民族神话中，先民关于日月分管昼夜（肉眼观察的直接经验）的规律，毫无例外用人间的伦理关系进行说明。

在黎族神话中，太阳和月亮是一对姐妹。《月亮为什么在夜里出来》以对比鲜明的叙述反映了黎族人民的审美道德观念。为便于比较，具引如下：

太阳和月亮是两姐妹，但她们的性格爱好却不大相同。太阳姐姐长得皮肤浅黑，脸儿红红，四肢粗大，非常结实；她总是早出晚归，是个劳动的能手。月亮妹妹长得皮肤雪白，身体娇嫩，脸蛋圆圆，就像初开的桂花一样美丽，但是她不爱劳动，是懒惰的人。姐妹俩都非常热情好客，大地是她们最喜欢的客人，天天都到她们家里去做客。

大地被她们姐妹俩的爱牵住了。但是到底谁做自己的妻子合适呢？他足足考虑了二十年。太阳健康能干，但不很标致；月亮虽很美丽，却很懒惰。到了第二十三年，大地才想出了自己的道理："能创造财富的人，比光享受别人创造出来的财富的人好得多！"于是，第二十四年，他便和太阳结了婚。

今天我们这些人，都是大地和太阳的后代。我们的祖婆太阳，已成了一盏最明亮的大红灯，永远挂在天空，给她的后代子孙照明。我们的祖公大地，永远让他的后代子孙在他身上过着平平安安、快快乐乐的生活。

月亮妹妹呢，她直到现在还是懒惰的人，她总是等到晚上人们休息的时候才出来，孤孤独独、冷冷清清地待在天上。

这是一则族源神话与天体神话的组合，包含了太阳崇拜和土地崇拜的因素。此则神话核心的内容是男女恋爱结婚的选择标准是健康、勤劳、富于创造精神的女子；与此相反的则是娇弱、懒惰、享受型的女子。这完全是农业社会劳动者朴实的价值观念，也是在刀耕火种时代，维系一个家族生存所必需的品质和能力。当代黎族妇女最突出的美德即是吃苦耐劳。一则简单的神话包含了人类社会两个基本要素，劳动与婚姻。

远古文化基因的通与变——比较视野下的海南黎族原始宗教专题论稿

太阳和月亮在神话中作为姐妹关系出现，就笔者所及，在百越后裔民族神话中，只此一例。百越其他民族有夫妻型、兄弟型、兄妹型。壮族、排湾人的日月为夫妻神。排湾人的日月为捅开天地的一对夫妻所化。壮族神话中日月是星星们的父母，他们是一家人。太阳父亲要吃掉他的孩子，孩子们白天躲起，月亮母亲晚上带孩子们出来漫游，孩子们提心吊胆，惊恐的眼睛一眨一眨。有些贪玩的孩子在太阳未落山或刚出来的时候被吃掉，流出很多血，即晨曦和晚霞之由来①。此神话涉及大量子女的抚养问题及人类早期的杀子习俗。傣族和布农人的日月为兄弟关系。傣族的故事反映了氏族部落内部继承权的争夺斗争。《太阳和月亮》中的一对人间的兄弟岩尖和岩底为争夺首领地位开战，哥哥失败后变成太阳，弟弟变成月亮。人们祭奠弟弟的花儿化为了天上的星星②。

水族神话则把耀眼的太阳比作俊美的女子，并把皎洁的月亮比作男子。谁要偷看了太阳，太阳就用银针刺谁的眼睛。很多神话则反映为兄妹关系。傣族的《青蛙恋月亮》叙述天宫里的青蛙爱慕月亮妹妹，怕太阳哥哥知道，就暂时用手帕遮住月亮一会儿，两人乘机谈情说爱。傣族有些地区流传太阳哥哥追求月亮妹妹的神话③。仡佬族、布依族则是月亮哥哥和太阳妹妹的关系。仡佬族的兄妹俩因贫穷没有衣服穿，太阳妹妹手持火把刺得人们的眼睛不敢看他，月亮哥哥只敢晚上出来。布依族的太阳妹妹胆小，只能白天出现，月亮哥哥给她一万根针，谁敢偷看就刺他④。

神话是社会现实的反映。上述日月神话或多或少折射出了现实生活的影子。

日月星辰的人格化是人类早期的普遍现象。费尔巴哈说："未开化的自然人还不但使自然具有人的动机、癖好和情欲，甚至把自然物体看成真正的人。所以奥勒诺科地方的印第安人把日月星辰都当作人——他们说：'这些

---

①蓝鸿恩编《壮族民间故事选》，上海文艺出版社1984年版，第40—41页。
②谷德明：《中国少数民族神话》，中国民间文艺出版社1987年版，第349—350页。
③岩峰等：《傣族文学史》，云南民族出版社1995年版，第94—95页。
④姚宝瑄：《中国各民族神话：布依族·仡佬族·苗族》，书海出版社2014年版，第73—75页。

天上的东西，都是像我们这样的人'，巴塔哥尼亚人把群星都看作'过去的印第安人'，格陵兰人把日月星辰当作'他们的那些因为一个特殊机会而升到天上的祖先们'。所以古代的墨西哥人也相信他们奉为神的太阳和月亮有一个时期曾经是人。"①

上述神话中日月的性别并非固定不变，他们的伦理关系类型囊括了农业社会核心家庭所有的亲情关系。每一个民族的同类神话选择日月的性别和关系，其中有偶然性的因素，但必定与该民族的民族特性、审美心理、地域习俗和历史进程都有着或深或浅的关联，它是属于族群的古老记忆。

黎族之日月姐妹，以女性作为日月神祇，是否具有母系社会之遗风，是否比其他性别关系的神话更为古老，一时还难以下定论。巧合的是，我国殷商时期的神话中日月神也是姐妹关系。在殷墟卜辞中有"东母""西母"之称，著名文字学家陈梦家认为可能是日月之神②。史学家丁山先生也认为日月神均为女性神灵，日神即"东皇""东君"或"东母"，月神为"西皇""西王母"③。学术界之前常常简单地将神祇的性别比附母系、父系的时代，失之片面。神灵的演变、神话的繁衍是复杂的，母系社会未必无男神，父系社会也诞生了许多女性神灵。不过，黎族的此则神话，既与殷商神话暗通，也与古越族之太阳神崇拜有关。在古代百越之铜鼓上，有太阳纹饰，上有针状或锐角状的光芒，加上周围一道又一道弦纹构成的日晕图，就像光芒四射的太阳普照人间。神话中太阳和大地的结合更为显明地反映出此则神话与农业的关系。太阳和大地崇拜最主要的目的就是农业收成的丰歉。太阳能使农作物长势良好，饱满丰收，使人与动物健康生存。在早期农业和畜牧业阶段，太阳与人类发生直接的利害关系。土地神对于农业和人生存的意义是不言而喻的，神话中太阳与大地的结合也是自然崇拜与生殖崇拜的融合。黎族此类神话虽在百越后裔民族中颇为罕见，但放诸世界范围则毫不稀奇。为了更直观清晰认

---

①费尔巴哈：《宗教的本质》，《费尔巴哈哲学著作选集》(下卷)，荣震华等译，商务印书馆1984年版，第459—460页。

②陈梦家：《殷墟卜辞综述》，中华书局1988年版，第574页。

③丁山：《中国古代宗教与神话考》，上海书店出版社2011年版，第72页。

识太阳神与土地婚媾的意义。不妨引《金枝》中记载的一则祭祀仪式做辅助说明。孟加拉的奥昂人崇奉大地为女神，每年婆罗桑树开花的季节都要庆祝她同太阳神达梅的结婚。其仪式如下："人人都沐浴，沐浴后男的都到森林中去，女的则聚集在本村祭司家里，男人们在树林里向太阳神和村中守护神献过家禽等祭品以后，便开始吃喝。然后，由一位强壮的男人把祭司背在背上走回村里。女人们在村口迎接，洗他们的脚。全体敲鼓、唱歌、舞蹈、跳跃，来到祭司家里。祭司家里用树叶和鲜花装饰一番，祭司同他妻子，像正常人结婚那样，举行婚礼，这样来象征太阳和大地的结合。仪式完毕，全体吃喝玩乐，唱着猥亵的歌曲，最后便进行最荒唐的纵情淫欲。这样做的目的，是要感动大地母亲富饶丰产。这种由祭司和祭司妻子扮演太阳和大地神的婚媾，是作为确保大地丰收的法术来庆祝的。"①在黎族的风俗中，土地神的崇拜非常普遍，日神则较少，不过，在黎族妇女的文身图案中有太阳图案。

四、桂树与月亮的永生

在世界范围内，月亮是生殖神，同时也是生命之神，是永生的象征。非洲的纳马夸人或霍屯督人把月相和永生不死联系在一起，月亏与月圆的表面现象被他们理解为一种可变的分合交替、衰老与长生永久循环的真实过程，甚至月出月落也被他们解释为月亮的出生与死亡②。中国的先民们也早已发现了月亮从月牙、半月、满月，再转为半月、月牙的循环，每隔三十天，月亮就会有一次重生。所以古人称上弦月为既生魄，下弦月为既死魄，魄即魂魄，就是生命。月亮通过这样周而复始的运动完成了生命的一次又一次重生。住在月宫之中的嫦娥是偷窃了不死之药的女神，月中的桂树是永远砍不死的神树。黎族民间认为，每月月末月亮看不见了是天有意让它死去，然后

---

①弗雷泽：《金枝》，商务印书馆2013年版，第247—248页。
②弗雷泽：《旧约中的民间传说——宗教神话和律法的比较研究》，叶舒宪、户晓辉译，陕西师范大学出版社2012年版，第25页。

下个月再把月亮生出来,这样才能记日子,否则,日子无法算清①。

月桂的传说虽然很早在汉族文献中就有记载,但桂树的原产地并不在中原,也不在北方,而是我国西南地区,属于四季常绿乔木。因此,我们有理由相信,有关月中桂树的传说最早当产生于南方民族,而后随着桂树移植到北方,成为我国民俗文化中的不死神树。黎族就有两则与月亮永生相关的介于神话和传说之间的故事,传递了黎族先民有关生命永恒的观念。

黎族的这两则故事是《月亮里的丹桂树》和《孤儿和月亮树》,分别流传于昌江黎族自治县和琼海市。

《孤儿和月亮树》的大致内容是:一位流浪的孤儿到了一个山寨,山寨里的人都病倒了,生命垂危。孤儿得到一位老人的指点,只有到遥远的山顶寻找到一棵波诺树,传说波诺树籽具有起死回生之功效,取得它就可以拯救全村人的性命。孤儿带上利斧,去寻找那棵树。他跋山涉水,经过重重险阻,斩杀了挡路的恶龙和巨蟒,五天以后到达了山顶。孤儿要爬上树去摘取树籽,然而神树又粗又高,根本爬不上去。于是,他准备用大斧将波诺树砍倒。但砍过不久,大树的刀口自动缝合了,如此重复发生。后来他用自己的身体堵在神树的刀口上,然而,刀口还是复原了,孤儿被波诺树夹住,再也醒不来。一千多个日夜过去了,月亮发现了孤儿的英勇行为,便把神树和孤儿一起拔上了月亮。

这是一则关于拯救与献身的神话传说,而其故事的触发点,却是月亮上的阴影。故事最后说:"如今我们能看到月亮里有一棵树,树荫下有一个小孩横睡在树干上,那就是波诺树和孤儿。"神话的结局似乎并不完整,我们没有看见孤儿拯救的山寨的命运如何。情节的不完整或错乱是神话传说在流传过程中常常出现的形态。但我们无法补充或臆测,因为每一个版本就是一次新的创作,是神话传说在传播过程中的真实存在。毋庸置疑的是,生命是此则神话的核心:得了瘟疫而濒临死亡的村民—永远砍不倒的神树—献身而永生的孤儿—不死的月亮。

---

① 《黎族人有趣的天文历法》,http://news.hainan.net。

另一则神话传说《月亮里的丹桂树》的主题也与生命相关,月亮的行为从拯救变成了偷窃。故事大意是:一位少女上山割红藤,碰上一条大南蛇,躲避不及,被吃掉了。她的恋人赶来,把南蛇打死,而少女已经死去了。悲伤的男子无意间打死一只老鼠,另一只老鼠衔来一块树皮塞到死老鼠的嘴里,这只死老鼠复活了。男青年追踪老鼠,发现它是从村庄后面的一棵大丹桂树上咬下的树皮。男青年效法老鼠,取了树皮,营救他死去的恋人,终于那位少女起死回生。他们后来结为夫妻,把那棵丹桂树砍回家,晒干储存,准备造福更多的人。白天晒丹桂树的时候,老鼠、蜜蜂常常偷吃。为了防止损失,夫妻俩在晚上取出树皮晾晒,却不料被月亮看到,把丹桂偷走了。从此人间没有丹桂树了,人死去再也不能回生,而月亮却得到了永生。

上面两篇神话传说都是关于死而复生的主题,都是月亮将神树取走,一为拯救,一为偷窃。故事中的山寨是人类的象征,那棵丹桂树是人类唯一的生命树,一旦失去,人类将失去永生的能力。黎族人民创造这样的神话来思索人的生命不能永存的原因。黎族另有一则民间故事《诺实与玉丹》也涉及类似情节,故事的结尾,因为夫妇二人用丹桂叶救活的人太多,"阎王爷发觉许多年没有死人了。他觉得奇怪,便派人来调查,才知道死的人都被诺实救活了。于是,他立即派人把所有的丹桂树都拔掉,移到月宫里去。从那时起,月亮里才有了丹桂树,而人死了却无法再回生了。"这是人类失去永生机会的另一个说法。神话传说的内容迥异其趣,而实质相同。其故事当有同一个源头,其分合演变之细节,先后传播之轨迹,已很难还原。神话的消亡、变异、组合,使得探讨故事变迁和差异的原因变得异常困难。

对于月中之黑影,黎族有些地区的人认为那里有一棵大榕树,黎族姑娘正在树下纺纱织布。这与前面几则故事又不相同,但此说法似乎并未形成完整的故事流传,却与百越其他民族对月宫的想象相通。月宫中的神树作为起死回生的药物,相似传说在百越后裔民族中非常流行,除桂树之外,更多以榕树的形象出现。壮族神话《阿成扛榕树》中,青年阿成见一位老人生病,登上天梯到月宫砍榕树做药为老人医治,与黎族神话的顺序相反。越南《吴刚进月宫》中吴刚之名明显受到汉文化的影响,但主人公进月宫非学仙术受罚,其目的也是为人治病。吴刚掌握了榕树叶起死回生的秘密，成了名医。后来神树受污，飞上月宫，吴刚也跟着待在月亮之上，与黎族有相似之处。侗族神话《救月亮》则出现与《孤儿与月亮树》一致的情节。从前，妖魔常在夜间出来祸害人间，月亮照得他们无处遁形。一位伟大的神箭手叟在月亮的协助下百发百中，使妖魔走投无路。魔王于是施法术，使月亮里的榕树无限制地生长，把月光遮蔽，使人间一片黑暗，妖魔乘机危害人间。为了除魔，叟耸身飞上月宫，准备用砍刀除去茂盛的大榕树。他的砍刀所及之处，榕树的伤口随时复原，无法砍倒它。好奇心驱使之下，叟用自己的手触摸树身，他的两只手和砍刀都黏在了榕树上再也抽不脱了。榕树发出了魔王的怪叫声，原来这棵榕树为魔王所化。叟在愤怒之下，连斥三声，榕树树叶随之枯落，月光重现人间。叟却一直留在月宫，监视着魔王，保护月亮和人间①。同为拯救生命的情节模式，在侗族神话中，起死回生的灵药变成了祸害人间的妖魔，思维更为复杂。在先民的想象中，月中神树为不死树，是生命力和祥瑞的象征。但如果神树的生命力太强，永无停止的生长，势必遮蔽月光，为人类带来灾难，走向另一极端，神树就变成了魔王。

在西方的民间信仰中，月桂有神奇的药效，还是地球上唯一从来不遭雷劈的植物。早期基督教中的月桂枝象征基督献身所带来的永生和新生②。中西方民间信仰有如此的一致，不是偶然现象。

第二节　星座崇拜

黎族神话中，天上的星星，据说来自天神"番焦塔"填海造陆时抛向空中的沙土。冥冥之中，那天上的星辰在黎族人的潜意识中，与土地有着神秘的联系。《兄弟星座》《七星、犁尾星、猪鳄星的来历》就是农耕文明演绎的天体神话。表达了黎族人民对北斗七星的崇拜。这是同一个神话在不同地区流

---

① 《侗族民间故事选》，上海文艺出版社1982年版，第11—12页。
② 汉斯·比德曼：《世界文化象征辞典》，刘玉红等译，漓江出版社2000年版，第441页。

传的不同版本，前一则流传于乐东，后一则流传于昌江。

"北斗崇拜"在我国历史悠久，主要是与远古时黄土高原的天文地理条件和先民农业生产的需求分不开的。对农业生产来说，掌握气候变化尤为重要，在当时主要靠观察天象。郭沫若认为我国上古存在"以北斗为观象授时之利器"的事实。黎族的北斗崇拜也与农业相关。

黎族人民缺乏关于天文学的系统知识，但他们在漫长的农业生产实践过程中，出于农事安排和探索未知世界的需要，对夜晚的繁星有着长期的观察。由于纬度的差异，此处肉眼所见的星斗与中原大异，曾引起历史上旅行者的好奇。屈大均《广东新语》云："南越之星，多于天下。唐时有人行琼海，以八月时见南极老人星下有大星无数，皆古所未名。"[1]黎族人民对这些星座的想象也同样令人惊异。

《兄弟星座》的主要情节是：居住在大山中的兄弟七人以种植山栏稻为生。他们和睦相处、团结友爱，过着安稳的日子。有一年，他们砍山种田时，已经砍倒的树木和粗藤又重复长起来了，一连三天皆是如此。为了一探究竟，兄弟七人晚上埋伏在一棵天芋树下。夜半时分，他们发现一头天猪从天芋树上跳下来，口中念念有词，被砍倒的植物随即复活，天猪跳上天芋树返回天上。为了除掉祸患，兄弟们制作了巨大的弓箭，在下一次天猪来破坏生产的时候，一箭射中天猪，天猪逃跑，七兄弟爬上天芋树追上天庭，此时天猪已死。他们与玉帝理论赔偿之事，玉帝允许他们宰杀天猪而食，以作补偿。兄弟们吃完猪肉，无意间将剩下的肉汤泼在天芋树上，这棵通天树突然缩小为山芋。七兄弟失去了归路，只好留在天上耕田，万里碧空就是他们耕作的田地，蓝天上滚滚的排云和条云，就是他们犁过的云田。只有七弟不肯和大家一起劳作，跑去给月亮做随从。那六兄弟与在家时一样，团结一致，辛勤劳作。

山猪偷吃黎族人民种植的山栏稻，天猪阻止山栏稻的种植，前者是现实，后者是想象，想象是现实的延伸。要之，与农耕生活密切相关。在这则

---

[1] 屈大均：《广东新语》，中华书局1997年版。

神话中，同时说明了人类如何失去了通天之路，是出于人类自身的偶然失误。汉族神话中隔绝天地之路的是颛顼大帝，是一位天神。《圣经》中阻止人类建造通天之塔的是上帝。百越后裔民族中也多有通天树、天梯消失的记载，天帝隔断的情形居多。榕树、杉树、楠竹等形体高大的树木在百越神话中常常作为通天树出现，黎族选取矮小的山芋作为通天树是颇为奇特的，与黎族人民以芋头为主食的漫长历史密切相关。西南百越后裔诸民族中，矮小的马桑树也曾通天彻地，在天神的法术作用下，变成了今天的模样。

七兄弟化身为北斗七星，似乎是中华各民族神话思维的共性。北方满族和蒙古族的北斗七星的神话也是兄弟七人在与恶魔的斗争中，最后化为星座。满族神话《纳丹乌西哈（七星）》叙述珠浑哈达山下一家渔民兄弟七人，化为七星，这则神话中也是七弟与其他兄弟隔开的模式①。

神话所反映的基本矛盾是人与神之间的斗争，是黎族人民在农业生产中与自然灾害搏斗、征服自然破坏力量的幻想表达。玉帝的出现则表明这则古老的神话在传承中受到了道教文化的影响。

《七星、犁尾星、猪鳄星的来历》与《兄弟星座》当同源，而具体情节差异甚多。差异如下：

第一，增加了七兄弟的来历。一对长年不孕的夫妻得到了客人赠送的七个芭蕉。客人告诉他们，吃一个就可以怀孕，不可多吃。妻子违反禁忌，一连吞下了七个芭蕉，生下了七胞胎。此一环节为前一则神话所无。实际上是黎族图腾崇拜神话中的反映，黎族姓氏中有"芭蕉的孩子"的族群，在有些地区黎族老人去世后，他的子孙要在坟头栽种芭蕉以象征生命的延续。

第二，前一神话无父无母，此神话长大后与母亲相依为命。

第三，天猪不念咒语，通过拱地使草木复活。

第四，在追逐天猪的过程中才发现通天山芋，前一神话一开始即出现。

第五，追上天庭以后，天神已经煮好了猪肉，七兄弟必须吃完，吃不完受罚。剩下一碗肉汤吃不下，天神用肉汤浇山芋，山芋烫死。

---

① 杨春风：《满族"星神"神话及其文化阐释》，《吉林师范大学学报》2022年第2期，第5页。

第六，老七半路捡的一块木料变为犁尾星，吃不下的猪肉变为猪鳄星。七兄弟化为七星。

综合分析，此则神话更接近于原创，前一则玉帝和咒语更多道教色彩。在人与神的力量对比上，此则神话更多保留着天神的巨大力量，断绝通天树的行为是故意的，来自天神的惩罚。增加了犁尾星和猪鳄星，暗示在天上，他们还继续着人间的农耕生活。有些地区的黎族群众借助于星象判断农时，犁尾星和猪尾星，猪尾星不知与猪鳄星有何关系，是否为同一星座，其名义如何，尚待进一步研究。屈大均《广东新语》云："琼州于芒种以星候秧秫，犁尾星出则秧死，猪尾星出则秧黄。此二星亦老人星下古所未名者。"①据调查，黎族人民之犁尾星即北斗星前端之部分，在汉族地区为犁头星。黎族把他出现的时间作为判断晚秋水稻插秧的标准。当七八月份看到犁尾星早晨从东方升起，则正是种植晚稻的时候，等到犁尾星天未亮就升高的时节插秧就晚了②。壮族人民称呼此星也为犁头星，又叫犀斗星，每当黄昏时分犁头指向东南方之时，便是春耕的季节到了③。同是流传于乐东地区的汉族神话《七姐妹星》与《兄弟星座》所指当为同一星座，为同一神话演化出的两个版本。人物和情节虽不相同，从实质可以看出两者之间的内在相通。《七姐妹星》中的七姐妹是由于其行为感动了上天而被收入天庭。她们勤劳质朴，但现实农业生产出现了困难，老百姓遭遇了罕见的灾荒，全家只剩下一粒谷子。《兄弟星座》中也出现农业生产的困难，是野兽的破坏。兄弟们最终战胜了灾害并向天帝发出了质问，而姐妹们面对旱灾则无能为力，以忍耐勤劳获得上天的同情。两则神话表现出的阳刚与阴柔的风格和主人公的性别相契合。其中七妹被月亮公公买去，成为距离月亮最近的一颗星，与《兄弟星座》中七弟的命运几乎一样。可以肯定，两则神话之间存在彼此影响的关系。

上述猪鳄星、犁尾星，与北斗七星紧密相连，且有指示季节的功能，应当是招摇与天锋二星，处于北斗斗柄的延长线上，上古时期，与北斗七星合

---

① 屈大均：《广东新语》，中华书局1997年版。
② 《黎族人有趣的天文历法》，http://news.hainan.net。
③ 陈久金：《中国少数民族天文学史》，中国科学技术出版社2012年版，第113页。

称为北斗九星①。在汉代典籍《淮南子》中,斗柄指示十二月的星,就是招摇,可见在那时北斗星一共九个。北斗星在这个神话之中与猪有着密切关联,非独黎族独有。在我国许多新石器时代遗址中,有证据显示,猪与星象之间有着某种神秘的联系。冯时在《天文考古学》中,曾指出新石器时代的辽宁红山文化遗址、山东大汶口文化遗址和浙江河姆渡文化遗址中,出现了猪图腾和北斗星神崇拜的现象。例如,河姆渡第四文化层出土了陶钵,时间在公元前5000—前4500年之间,其形状似斗魁,外壁两侧各刻有一只猪,猪的身上有圆形的星象标志,表明它与星座的关系。良渚文化出土了刻有猪的形象的玉璧,猪的身上刻有呈现斗形的四颗星,而玉璧是祭祀上天的礼器,猪与北斗星的关系甚为明显。河姆渡与良渚文化为百越文化的前身,黎族的猪鳄星与北斗星具有密切关系,其渊源甚为久远。另外,前述雷图腾的考证中,祭祀雷神的时候,岭南越族常常豢养大猪以为雷神的替身,猪成为人们崇拜上天的标志。古代的纬书《春秋纬说题辞》云:"斗星散时,散精为彘。四月生,应天理。"②明确表示,北斗星的精魂就是猪。唐代笔记小说《明皇杂录》曾记载了著名天文学家僧一行的一则故事,也是以猪为北斗之形象。故事谨录如下:"初,一行幼时家贫,邻有王姥者,家甚殷富,奇一行,不惜金帛,常前后济之,约数十万,一行常思报之。至开元中,一行承玄宗敬遇,言无不可。未几,会王姥儿犯杀人,狱未具,姥诣一行求救。一行曰:'姥要金帛,当十倍酬也。君上执法,难以情求,如何?'王姥戟手大骂曰:'何用识此僧!'一行从而谢之,终不顾。一行心计浑天,寺中工役数百,乃命空其室,内徙一大瓮于中央,密选常住奴二人,授以布囊,谓曰:'某坊某角有废园,汝向中潜伺。从午至昏,当有物入来,其数七者,可尽掩之。失一则杖汝。'如言而往,至酉后,果有群豕至,悉获而归。一行大喜,令置瓮中,覆以木盖,封以六一泥,朱题梵字数十,其徒莫测。诘朝,中使叩门急,召至便殿,玄宗迎问曰:'太史奏昨夜北斗不见,是何祥也?师有以禳

---

①陈久金:《星象解码》,群言出版社2004年版,第22—23页。
②本社编:《纬书集成》,上海古籍出版社1994年版。

之乎?'一行曰：'后魏时失荧惑，至今帝车不见，古所无者，天将大警于陛下也。夫匹夫匹妇不得其所，则殒霜赤旱。盛德所感，乃能退舍。感之切者，其在葬枯出系乎！释门以嗔心坏一切喜，慈心降一切魔。如臣曲见，莫若大赦天下。'玄宗从之。又其夕，太史奏北斗一星见，凡七日而复。"①

从上面故事可见，在唐代，猪为北斗神是民间的普遍认知。在道教之中，有斗母元君，是北斗七星的母亲，其坐骑常常是一头猪。

海南及其周围岛屿上居住的人民似乎对于七星情有独钟，就连遥远的西沙群岛上也流传着七兄弟征服恶魔最终化为星座的故事。《比心礁与北斗星》讲述海上的三角魔鬼肆虐西沙，浓雾遮蔽太阳，影响渔民生产打鱼，饥饿与疾病威胁着西沙渔民。一户渔民的七个儿子在仙人的指点下找到了魔鬼之巢穴，他们奉献了自身的生命，砍碎魔鬼的心脏，渔民得救，七兄弟却化成了连在一起的珊瑚礁。南海老人以法水点化，他们的灵魂飞上天空，成为北斗星。就现有资料，我们还无法解释汉族传说与黎族神话之间的影响情形，但密集出现同类神话传说，当非偶然。

---

① 郑处诲：《明皇杂录》，田廷柱校点，中华书局1994年版。

第三章　宗教祭祀与仪式

此一章不拟对黎族宗教祭祀做面面俱到的考察，选择黎族传说中关于其他古老族群极具原始宗教色彩的杀婴、食老、食敌、拔齿等早已经消失的风俗做较为深入的考辨分析。

第一节　食人传说简述

海南岛黎族，曾经流传关于食人的种种传说，食人传说与特定的祭祀仪式联系，反映了黎族上古居民特殊的生命观念和灵魂观念。

海南岛居民食人传说的记载最早出现在唐代，鉴真东渡日本，漂流到海南岛之时。《唐大和上东征传》中记载船上商人警告众人说："此间人物吃人，火急去来。"此非众人亲见，仅为传说。

其后的志书、笔记亦偶见记录。明代顾岕《海槎余录》载："自婺岭以北，有一种遐黎，习俗又与黎大异……交易误过其地则烹食之。"民国时期学者们调查记录的相关传说，较之古代文献更多一些，在当时，黎族居住的不同区域依然流传着远古关于食老、食敌之传说。

除了史料中的记载，黎族民间也有关于食人之传说，但这些传说中的食人族群皆是与黎族同处于海南岛上的其他人种。这种关于邻近民族食人的传说，似乎可以说明在海南岛上曾经存在过类似的习俗。

黎族传说中记录的食人种族有塞堆、族栈、人熊（黎变婆）、巴干。

第一，塞堆。这是与黎族先民更加接近的一种人类，由于他们特别崇拜牛，所以黎族先民称他们为"塞堆"，意即"崇拜牛的原住人"。"塞堆"建村立寨，有茅草房，有自己的语言，也能听懂黎语。他们种植山栏稻，尊重牛而忽视人，不吃牛肉但是可以吃人肉。每当人们出去劳动时，他们就将已经失去劳动能力的老人带到河中泡水，一边去掉身上的污垢和异味。此时老人都知道末日已到，流下眼泪。当人们劳动回来后，就把老人从水中捞出来，举行一些仪式，然后将老人杀掉煮来吃。"塞堆"对待亲生婴儿也一样。当婴儿长到几个月后，他们就将婴儿放到房屋的流水坡处，如果此婴儿能够懂得抓起房屋上的茅草，以防止滑落下来，那么这个婴儿就可以留下来养大。如果不懂抓住茅草并且滑落下来，那这个婴儿就会被杀死煮来吃。

一次，一个黎族先民误入他们的领地而被捉，"塞堆"就把他关到一间茅草房之中，并且每天给他打水洗澡，以便洗干净杀掉。但此人没有洗澡，每当"塞堆"拿水过来，他都放在一边，待"塞堆"走后，便将水轻轻泼在泥土墙上，三天后泥土墙松动，他趁着夜色逃了出来。

当牛死去，"塞堆"会哭诉牛的功劳，并且把牛抬到墓地埋葬，整只牛身埋到地里，牛角露出地面[①]。

第二，族栈。"族栈"又写作"穴赞""卓占"，在五指山、琼中、保亭、三亚、乐东等地皆有近似的故事流传。

很久以前，在现今琼中县毛贵、毛栈的贺志浩石洞里，居住着一群野人，黎语称作"族栈"。洞口岭下有一个村子叫牙开村，"族栈"每天都要到牙开村的山栏园里要饭，讨南瓜吃。有一天，因"族栈"骗走并吃掉牙开人的小孩，小鬃黎人的祖先就动员了毛贵、毛路、毛栈三峒的人包围了"族栈"居住的山头，用木柴堆放在"族栈"住的石洞，放火烧了七天七夜，直至把"族栈"全部烧死在石洞内，"族栈"就这样绝种了[②]。

保亭传说《劳咏智灭野人》讲述名叫"穴赞"的野人吃人肉。一个村庄七十多户人家，被穴赞吃到只剩下七户人家。一个年轻猎人用计将其烧死。据

[①] 高泽强等：《基于黎族民间传说的海南岛远古文化史探赜》，《海南热带海洋学院学报》，2021年第1期，第43页。

[②] 王国全：《黎族风情》，广东省民族研究所1986年版。

说穴赞的习性是群居高山密林，善于攀崖走壁，披头散发，形状像人，也说人话①。

第三，人熊。同样是琼中牙开村，流传着食人的半人半兽的"人熊"传说，牙开村名由此而来。牙开村的后山上有一个洞，洞里住着人熊。人熊有一个习惯，就是每天早上要到村里数小孩的人数。如果是双数就没事，如果是单数就要吃掉一个变成双数。人熊数小孩的计算行为用黎语说是"kai"，人熊吃小孩就用"牙"来代替②。

第四，巴干。三亚台楼村附近的一个山洞，住着一个叫巴干的很凶残的怪物，专门吃小孩。村里的孩子经常被吃掉。人们用了很多办法都不奏效。村里的老人们猜测，洞里的怪物可能是还遗留在人间的原始人，最终村民们将怪物堵在洞中，用石块封闭了洞口。从此怪物销声匿迹③。

以上所列举的食人传说，从唐代一直延续到当代，就记录传播的主体看，其身份有僧人、封建文人、政府官员、小偷、学者、黎族民众，所有的记录皆非亲见。食人传说广泛分布于黎族支系的各个地区，具有覆盖性。常常是一个故事的不同版本在各地流传。就食人肉的对象看，有老人、婴儿、儿童、敌人、小偷、过路客等；食人的原因，有仇恨，有治病，有祭祀，有防范。传说有两面性，尽管想象成分居多，但没有无缘无故、空穴来风的传说，特别是一个地域一个民族普遍存在一类传说，必有其历史文化之根源；另一方面传说有随意性、变异性、累积性特征，不同时代的文化因素交混叠加，无序地形成一个个故事，常常掩盖了其原始面目。黎族关于野人食人的传说，就掺入了后人的诸多想象。

征诸黎族的历史与现实，皆未见明确的食人相关的宗教祭祀活动，似乎无法考证食人传说之意义。但在黎族的神话传说之中，在其战争巫术、丧葬仪式中，却残存了许多隐含的关联证据。联系比较百越后裔其他民族，以及

---

①符桂花主编：《黎族民间故事大集》，海南出版社2010年版。
②范军：《选择与适应——海南牙开村黎族习俗变迁研究》，中国社会科学出版社2018年版，第40页。
③刘书敏、萧烟：《三亚河上游台楼村的黎族传说》，《现代青年》第89页。

华夏民族，也许可以从中探寻到黎族先民在食人仪式中体现的神秘观念。

对于黎族先民是否有食人习俗之疑问，有相当一部分人持否定观点，表示不可思议，太过愚昧残忍，仿佛现代人也会染上某种吃人之相。日本学者冈田谦曾调查过重合盆地的美孚黎，他不同意史图博之说法，认为"所谓'美孚黎有吃人的习惯'的说法，恐怕是汉人的曲解"①。

黎族食人传说是否可以进入学术研究视野，有黎族学者提出了允当之观点。

郭小东、高泽强等人认为："史图博在《海南岛民族志》中所论及的这种食人风俗，其主要意图似在于证明，在黎族的宗教信仰中，通过这一仪式所要实现的灵魂捕捉与转化的民族心理。虽然史图博对这种传说最终取其肯定的态度，但他在论证阐述这种习俗时，一是忠实于口口相传，如实描述；二是始终坚守人类学研究的科学准则，这种准则的论证取向，与以当下语境去评论'吃人肉'不是同一回事。应当把食人风俗和食人案例区别开来。同时把此种风俗作为一种宗教仪式或生命崇拜加以理解。对于人类历史而言，食人风俗之有无，与种族习惯的优劣、道德的高下并无关系，对之追求探索，是人类自身对文明进程中各个环节、各种行为，宗教认知以及文化禁忌、命名等一系列文化问题的追求。"②

笔者赞同上述观点，对某一文化现象进行科学考察和学术研究，其最终目的是求真，发现更多隐而不见的文化观念和民族特性。

食人习俗从旧石器时代就产生了，遍布于世界各地。一直到当代社会，在某些地区还以某种诡异或邪恶的方式再现。就食人俗而言，一般认为有四类：礼仪式食人俗（ritual cannibalism）、饥馑性食人俗（famine cannibalism）、品味性食人俗（gastronomic cannibalism）、复仇性食人俗（revenge cannibalism）。礼仪式食人俗意指出于礼仪上的目的，部落成员死后，其近亲或专门的一群

---

① 冈田谦、尾邦高雄：《海南岛黎族的社会组织和经济组织》，金山等译，海南出版社2016年版，第118页。

② 郭小东等著：《失落的文明——史图博〈海南岛民族志〉研究》，武汉大学出版社2013年版，第11—12页。

人把死者全部或部分的肉吃掉；饥馑性食人俗只是由于荒年为了生存才出现，与习俗的或礼仪的食人俗迥然不同，它在因纽特人之中比较常见；品味性食人俗指一种专门为增添一种食谱内容或满足一种嗜好，而不是那种旨在获得死者优良特质的礼仪性食人俗（按：中外历史上多有此种变态心理的嗜食人肉者，犹太历史早期的贵族食用下层人的肉，北齐高洋烤人肉佐酒，北宋将领王剑儿以犯人耳朵佐酒）；复仇性食人俗意指为复仇而食其尸肉，例如，在澳大利亚恩加里戈人中，他们在食用死敌人肉的同时，还要说些对尸体表达轻蔑的语句①。

就海南黎族传说中的食人传说看，关于塞堆的，属于礼仪性、复仇性食人俗；关于族栈、熊人、巴干等半人半兽的传说，属于饥馑性、品味性食人俗。

原始社会曾存在过食人现象，此为学术界公认的事实。关于原始社会食人之原因，存在三种观点，一种认为纯粹是饥馑性食人，一种认为是出于某种宗教仪式和目的，一种认为原始社会先后出现过两种食人现象，饥馑性食人俗在先，宗教性食人俗在后。第三种为马克思主义者所秉持的观点。本文同意第三种观点。因此，在讨论长期处于原始社会的黎族之食人俗之前，大致梳理一下世界范围内原始社会的食人历史是有必要的。

恩格斯在《自然辩证法》中说："如果不吃肉，人是不会发展到这个地步的，即使在我们所知道的一切民族中，有一个时期曾因吃肉而吃起人来（柏林人的祖先，韦累塔比人或维尔茨人，在十世纪还吃他们的父母），但是，在今天已经对于我们没有什么关系了。"②饥馑性食人俗之上限，恩格斯定于蒙昧时期的中级阶段，从采用鱼类作为食物和使用火为止，"由于是物质来源经常没有保证，在这个阶段上大概发生了食人之风，这种风气，后来保持颇久"③。他所说的蒙昧时代指旧石器时代早、中期，人类学上称为猿人阶段

---

① P. R. 桑迪：《神圣的饥饿——作为文化系统的食人俗》，郑元者译，中央编译出版社2004年版，第4页。
② 《马克思恩格斯选集》第三卷，人民出版社1972年版，第514页。
③ 《家庭私有制和国家的起源》，《马克思恩格斯选集》第四卷，人民出版社1972年版，第18页。

和古人阶段。时间跨度是从三百万年前至四五万年前。在旧石器时代早期与中期，原始人的工具极为简陋，没有弓箭，没有鱼钩、渔网，靠采集果实、挖掘根茎生活。他们不懂生产食物，完全依赖于大自然，这种生活极不稳定。而且正处于第四纪大冰期，其环境之恶劣是可以想见的，他们因此经常处于饥饿的威胁之中。另外，考古学的成果已经证明了这一时期食人俗的存在。1960 年，在东非坦桑尼亚发现了明显有人工打击痕迹的头骨化石，距今约 175 万年。北京人头盖骨也有被器物敲打过的痕迹，且有凹陷与压碎。在德国、法国、南斯拉夫等地都发现了人工打击的头骨化石，皆在距今数万年至十几万年以前[1]。

从原始社会中期开始，出现了宗教性食人俗。因为这个时期大冰期结束，弓箭被发明了，渔网鱼叉也被发明了，原始人的经济活动由采集进入了渔猎时期。原始人的抽象思维能力逐渐发展，萌发了原始宗教观念。为获取敌人的勇气、美德，为报复敌人，为了吸取死去的灵魂，食人的内涵发生了变化，已经不是物质性的要求了。到原始社会末期，宗教性食人又演变为以人为祭。这时祖先崇拜就出现了，祖先死去的灵魂也需要现实的享受。如佤族猎头，专门祭祀共同的祖先，每家鬼灶里都供奉着一个装过人头的麻布袋，视为圣物[2]。

我们再回到黎族食人传说，应当属于宗教祭祀性质的范畴。下面依次就婴儿、老人、敌人三类食用对象展开分析。

第二节　杀婴祭祀考辨

如前文所叙，黎族关于食婴传说是有关另外一个族群"塞堆"的，但在黎族关于祖先神话的若干版本之中，都留下了杀婴的文化印记。就前文高泽强教授所叙故事而言，其杀婴的目的似乎是为了挑选身体强壮的下一代，但却

---

[1] 李安民：《试论原始人类的食人习俗》，《广西民族研究》1986 年第 4 期，第 81—87 页。
[2] 陈奇：《古代食人探源》，《贵州师范大学学报》2004 年第 5 期，第 53—56 页。

把杀死的婴儿吃掉了，似乎纯粹是为了种族之生存而进行纯物质性的吃人行为。原始社会为了减少人口压力，确实有过技术性杀婴的现象。黄河中下游地区新石器时代墓地，男女的比例是五比一，人口数量悬殊。王仁湘教授认为在生产力低下的原始社会，特别是遭遇灾害之时，食物不足以供应全部氏族成员，因此就特别制裁妇女、女婴，即可减少哺育的费用，也可减少人口的增加①。再如刚果丛林中之矮人部落，每逢食物短缺，其首领便主持抽签杀死一批婴儿②。波利尼西亚群岛上有的妇女一人杀婴多达10个，而在爱利斯，要想找到一个未曾杀婴的妇女十分难得。在古印度，有的村庄竟杀到连一个女婴也找不到的地步。但海南岛的杀婴似乎不具备此条件，一则海南岛地处热带亚热带的环境，自然物产丰富，出现食物短缺的可能性小；二是人口不多，黎族古时患病之人甚多，人口增长不快；三是黎族社会长期残留女权制习俗，女性地位高，不当有杀女婴之举。在目前的传说和调查文献中，没有见到专杀女婴的记载。

黎族神话中有砍碎头胎婴儿撒下大地以繁衍人类的情节。不仅百越后裔各民族神话中此情节大量出现，在我国南方民族之人类再生神话中，也颇为常见。下面展开论述。

关于百越后裔民族所属稻作文化圈之洪水神话中人类的繁衍方式，有研究者认为："一概都是肉团团——有圆形的，也有方形的。兄或妹气而剁碎肉团，抛撒成人。但仡佬族是个例外，生9子均为哑巴，烧九节竹后才会说话，风格与彝族相同。剁后状态，各族稍有区别，黎族切3块，分别变成汉、苗、黎；侗族分为4块，变成汉、苗、侗、瑶；苗族12块。另一种是剁成碎块，布依族108块，瑶族360块，壮族无数块。"③这种说法大体不错。视人肉为特殊生殖物的现象，世界各地皆曾存在。古代墨西哥人曾把人牲切碎以祭祀太阳，他们自己也吃此碎块，祈求丰饶和生殖力。万震《南州异物志》也记载百越区之乌浒人喜欢以人肉为佳肴，敬奉长老。春天播种时，尤

---

①王仁湘：《原始社会人口控制之谜》，《化石》1980年第4期，第19—20页。
②丁炜：《昆虫馅饼女王与矮人部落传奇》，《现代家庭》1996年第6期。
③马学良等主编：《中国少数民族文学比较研究》，中央民族大学出版社1997年版，第57页。

其好捕猎活人，杀而祭祀田神，这正是肉团具有生命力和繁殖力原始思维的风习。深入到百越后裔具体民族的诸多异文，就会发现，其化生体不止肉团一种，切碎之数量每一民族亦非唯一，而具体之方法更是千差万别，充分表明了神话在空间上的传播过程中各地人民不断地参与到神话的创作中来，在历史的传承过程中时代文化的因素也常反映到具体的情节之中。

就黎族而言，情形亦颇为复杂。有三种类型：洪水后兄妹（或姐弟）生小孩或肉团砍碎化为人类；洪水后男女成婚正常繁育后代；洪水后一家人未死亡，天神抓来青蛙剁碎化为黎族人。每种类型都具有丰富内涵。

第一种类型，只有同一神话的两篇异文是出生小孩化生，其余都是肉团化生。就碎块数量言，有三块、五块、十块、无数块多种，化生之方式多样化。洪水后人类的诞生是劫难后的再生，情节充满神异性。如《南瓜的故事》中肉团经过三年的怀孕期才生下来（侗族《捉雷公引起的故事》也是三年，《阿培哥本和他的女儿》是五年，京族为三年，毛南《盘古的传说》三年，水族《牙线造人的故事》为九年九个月，生九十斤肉团），用麻布包好放在神案前，经过七天七夜肉团才具有了生机。有的砍肉还需要经过复杂的程序，《姐弟结婚的故事》中姐弟二人将亲生的小孩砍成一块一块准备撒向四方，小孩却自动复原了；第二次砍碎，造出的人在鼻子上留下一块疤，直到第五次才成功。《人类的起源》中砍碎的肉，经过雷公用筛子筛选才化为人形。《人的由来》中兄妹生下肉团，用刀劈成五块，用水洗过即变成与男女面貌相同之人，兄妹二人认为不好互相杂婚，又把他们劈成五串，生成五个民族。

面对出生的骨肉将被剁碎，兄妹的表现充满了亲情和繁衍人类、感情与责任之间的矛盾。《人类的起源》中，兄妹二人生下白胖之男孩，欢喜无限。当雷公出现，要求他们执行上天的意旨，杀死自己的孩子。他们先是撒谎，再是拒绝，最后痛哭，是人类亲情的自然迸发。有的则表现出一种面对怪胎的恐惧，《螃蟹精》里兄妹二人见生下没有手脚、眼鼻的怪物，非常害怕。有的表现却是高度的理性，《姐弟结婚的故事》中姐弟二人考虑的是"人都死光了，怎么办"的繁衍难题，自觉将亲生小孩砍碎。

肉团化生之过程，黎族神话大部分是兄妹完成，也有的借助于神和动物之力量，如《人类的起源》中雷公负责再造工作，《螃蟹精》则由乌鸦撒在山上，《姐弟和葫芦瓜的传说》中姐弟按照玉帝的意旨抛撒肉渣。百越后裔其他民族也多有类似情节，如毛南族《女娲歌》中太白金星将肉胎剁成碎块，令鹞鹰抛撒四方，水族《古歌》中兄妹将怪胎剁烂令乌鸦衔走，壮族《盘和古》雷公砍碎肉胎派乌鸦老鹰抛撒。

肉胎化为人类之结局也有种种差异，不同种族，不同姓氏，不同形态，或以服饰，或以数量，或以居住地，或以民族特点，解释族源的来历。

化为不同民族，《人的由来》化为汉、苗、黎、侾、细，《南瓜的故事》中化为黎、汉、苗，《人类的起源》化为汉、侾、杞、本地黎。

1. 以服饰区分民族

《南瓜的故事》中，妹妹用一大块棉布，包起第一块肉团，放在木板上，让他顺着南渡江漂流下去。十个月后，第一块肉团成了汉人，所以汉族从祖先起就用棉布做衣服。用剩下的四小块棉布包起第二块肉团，放在山葵叶上，让他顺着万泉河漂流下去。也是十个月后，第二块肉团变成了苗人，所以今天苗族妇女的裙子是用四块布条做成的。包第三块肉团时，棉布用完了，就用麻布包起来，放在椰子叶上，顺昌化江漂下去，十个月后，第三块肉团变成了黎人，所以黎族妇女自古以来就用麻布做衣裙（十个月正是妇女怀胎之日期）。《人类的起源》中，雷公筛出的肉块化出四男四女，雷公给他们穿上衣服。第一个男子穿上衫和裤成为汉人；第二个男子布不多，只给两块布，前后各一块系在腰间，遮盖下体，做成"吊裆裤"，成为杞黎；第三个男子布更少，只得做成三角裤，为侾黎；第四个男子的三角裤更小，为本地黎。四男四女分别成婚，繁衍后代。

上面各民族为海南世居民族，其中黎族之称谓略做解释。杞黎之"杞"是黎语（Yei 或 hε）的音译，或作"歧"，无专称之意义，主要集中于保亭、琼中两县所在的五指山核心区，亦称"生铁黎"，其服饰，下身穿前后挂一幅布的"吊铲裙"；侾黎之侾为黎语 hɑ 之音译，读"哈"，指住在外面的人，主要分布于三亚、乐东、东方、琼中、白沙、保亭、陵水也有居住，其服饰特点是，男子下体用一小块掩盖，俗称"包卵布"，有的略呈三角形。本地黎则是分布于白沙的黎族，为汉族之称呼，其他方言区的黎族称其为"润"，男子亦穿极小之包卵布。

2. 居住地的不同

《螃蟹精》中兄妹二人把肉块抛下山去，一群乌鸦把一些肉衔上了山，大部分肉块顺着河水流到平原。山上的肉块变成了黎苗，山下平原地带的变成了汉人。《黎族支系的由来》另有一流传于陵水的异文：据传在远古的年代里，有一次突然间呼隆一声天崩地裂，宇宙混沌，万物被淹没了，大地上只剩下同胞兄妹二人，为繁衍后代，他俩只得血亲为婚，过不了多久，姐姐的腿肚上却怀了一只怪胎。弟弟见了，愤怒至极，随手举起一把锋利的钩刀，将怪胎一刀切下，放在砧木上剁成肉泥。他第一次用手抓了一把肉泥往西方撒去，说："你是黎人（赛黎）。"第二次又用手抓了半把肉泥往西方撒去，说："你是杞人。"最后用钩刀刮净残留于砧木上的肉泥，抓在手里往南方撒去，说："你是反腹仔（哈黎）。"①

3. 数量之不同

主要决定于肉块抛撒之多寡，多由于失误造成。《黎族汉族的来源》解释汉人多黎人少的原因是：兄妹二人分别抛撒五块碎肉，妹妹扔五块顺水漂到沿海平原，化为汉族；哥哥抛五块上山，狗和乌鸦分别吃去一块，剩下的三块化为黎族。《姐弟和葫芦瓜的传说》讲，生下怪胎以后，惊骇不已。找玉帝想办法。玉帝命令砍碎以后撒向空中，"黎人三铲三斗，汉人二铲二斗"。弟弟一路上念着玉帝的叮嘱，中途被一只叽叽喳喳的喜鹊打扰，记成"汉人三铲三斗，黎人二铲二斗"。

4. 肉团化生出姓氏

《姓氏来源的传说》中雷公叫兄妹二人砍碎肉团撒向四方，第二天醒来出现了许多人，撒在石头上的肉屑变成姓石的人，撒在各种树上的，以树名作自己的姓。《葫芦瓜的故事》中大部分肉块抛撒出去化为五种人，臼里剩下的肉末，用刀刮来刮去，变成姓郭的人。仡佬族也有类似情节，《人皇制人》中

---

① 潘先锷：《黎族苗族调查文集》，中国国际出版社2009年版，第101页。

砍碎的肉末丢在田头的就姓田，丢在山上的就姓山，丢在杨树上的姓杨，李树上的姓李。

有的神话里化生出各色人等，有男有女，有漂亮有丑陋，有聋子跛子（《姐弟结婚的故事》）；有的不仅化生人类，剩下的肉渣，撒向山坡化为花草树木，撒向河流化为鱼虾螺蟹（《姐弟和葫芦瓜的传说》）。

关于怪胎化生的母题，历来的学者多指出了其中蕴含的人类文明进步的信息。故事中"对血缘婚的普遍抵触给后人以强烈的印象。而这一情绪给予人类自身改造的力量及意义，是不可估量的"①。邢植朝教授云："这种荒诞而又合理的故事情节（指肉团剁碎化人）不仅使我们看到了黎族先民对近血缘通婚会产生的不良后果的一种朦胧的认识，而且也是他们对人类发展的一种原始而又天真的探索……应该看到，这种从洪水的传说到同胞兄妹婚配繁衍人类的升华，是黎族原始先民思维和想象能力的一次飞跃。"②

上面之说法似乎只揭示了其中蕴含的原始人理性思维发展的一面，另有原始宗教精神的一面，更为重要。弗雷泽在《金枝》中通过大量的比较分析之后认为交感巫术在初民信仰的行为中占据主导地位。他认为在事物的嬗变、衍生过程中，遵循相似律和接触律。人身的灵魂常被认为在死亡之时传给了另一个神的肉体化身，死人灵魂传给继承者的观念，原始民族是完全熟悉的。我国的古籍中也曾记载鲧死不腐，以吴刀剖之，大禹出世。神的力量具有传递性，特殊之人——人类始祖也具有此种神圣性。怪胎切碎化生为人类或多个民族，正是这种灵魂力量转移之结果，具有神秘的宗教文化意味。

怪胎化生为各个民族、姓氏，还反映了黎族人民在神话发展过程中对人类共源的认识。在黎族神话最初产生的时代，怪胎所化生的只是创造或传播此故事的民族。人口之繁衍，民族之迁徙、交融，洪水再生中化生之对象必须要增加充实，才能解释各民族杂居的社会现实。王宪昭言："不同族源的民族生活在同一片天空之下，在生产生活各方面都有频繁的交往，这种民族

---

① 马学良主编：《中国少数民族文学比较研究》，中央民族大学出版社1997年版，第58页。
② 邢植朝：《浅谈黎族洪水神话中的人文特点》，《民族文学研究》1991年第1期，第70页。

杂居的生产生活方式，使得他们在解释自身起源时，也要对周边已经有所接触的各个民族的来源，一并做出解释。于是问题集中在怎样来解释各民族共同生存的问题上，必须为之找出一个共同生活的原因。"①（令人深思的是，化生民族中没有回族的身影）就本民族而言，"由于神的介入和主宰，后来黎族一直都把繁衍后代的同胞始祖神圣化，使他们成为维系社会组织的纽带，成为支配黎族人民日常生活和凝聚氏族、部落的力量"②。

除了上述神话中杀婴化生的神话之外，在我国古代典籍中，也多记载南方民族食婴之风俗。《墨子·鲁问》："楚之南有啖人之国者，其国之长子生，则解而食之，谓之宜弟。美则以遗其君，君喜则赏其父。"③《墨子·节葬》："越之东有輆沐之国者，其长子生则解食之，谓之宜弟。"④此处的楚南、越东，都属于百越之范围。《后汉书·南蛮传》则记载了乌浒人食长子的习俗："（交趾）其西有啖人国，生首子辄解而食之，谓之'宜弟'，味旨则遗其君，君喜而赏其父……今乌浒人也。"⑤李贤注引三国时万震《南州异物志》云："乌浒，地名也。在广州之南，交州之北。"学术界公认，乌浒地属于今广西，为百越之族，当为壮族之先民。《旧唐书》卷四一《地理志》具体记载了岭南贵州郁平县（今贵港市玉林市境）有"乌浒之俗"：生首子食之，云宜弟⑥。大概唐时其俗尚存（鉴真听闻黎族食人也在唐代）。北宋乐史《太平寰宇记》又记载今贵港市的另一习俗，说乌浒人"若有宾客，易子而食之"⑦。这应属于杀长子习俗的讹传。我们认为，海南岛黎族传说中"塞堆"种族之食婴当与乌浒人杀首生子的仪式本质上一致。

实际上，杀首生子在中国古代民族之中并不罕见。此一具残忍性和巫术性的现象很早就引起了许多学者的注意，而以裘锡圭先生《"杀首子"解》分

---

① 王宪昭：《中国少数民族神话共性问题探讨》，中央民族大学出版社2013年版，第70页。
② 邢植朝：《浅谈黎族洪水神话中的人文特点》，《民族文学研究》1991年第1期，第71页。
③ 孙诒让：《墨子间诂》，孙启治点校，中华书局2001年版。
④ 孙诒让：《墨子间诂》，孙启治点校，中华书局2001年版。
⑤ 范晔：《后汉书》，中华书局2000年版。
⑥ 刘昫：《旧唐书》，中华书局1975年版。
⑦ 乐史：《太平寰宇记》，王文楚点校，中华书局2008年版。

析最为透彻，且有未尽之处，进一步申论之。为便于论证，裘先生所用史料，本篇不避重复。《墨子》之后，《韩非子》中记载了齐桓公食婴之事，《二柄》篇云："桓公好味，易牙蒸其子首而进之。"①同书《十过》记载管仲临终遗言，述及此事。后《管子》《淮南子》皆有记载。杨树达先生说："越东、楚南、西羌并有杀首子进君之俗，易牙蒸其首子，进于齐桓，为齐桓所好，正所谓'美则以遗其君，君喜而赏其父'者也。窃疑易牙本夷戎之类，非中国之民，本其国俗以事齐桓，故进蒸子而不以为异。"②如果把时间再往前推，则商周时期已有杀首生子的习俗。《庄子·盗跖》记尧杀长子："满苟得曰：尧杀长子。"③陆德明《经典释文》引崔注："尧杀长子考监明。"另又有舜之父瞽叟千方百计杀舜的传说，这些都有杀首生子的意味。另据胡厚宣《殷代家族宗法生育制度考》一文，殷商时期存在杀子弃子现象，是否杀首生子，不得而知。夏渌认为，"孟"即古人食首生子的遗意。《说文解字》子部："孟，长也。"排行第一。金文中有此字。《说文解字》皿部："饭食之器也，象形，与豆同意。"皿中放置一子，则以子为食之意④。先秦时亦流传周文王长子伯邑考被杀之故事。1973年，河北定县刘修墓出土西汉竹简《六韬》，据考为战国文献，其中有记载："君唯有善有质子于殷，周文王使伯邑巧(考)死，有诏必王食其肉，免其血。"其后之《太公金匮》《帝王世纪》更具体记载纣杀伯邑考赐文王食用的情节。《汉书》中记载了北方羌族杀首生子之俗。

杀首生子，从南到北，从先秦到汉唐皆有民族流行此种风俗，具有历史早期的普遍性。其原因，现代以来的学者们多有讨论，主要有以下几种观点：

第一种观点，因长子非亲生，丈夫杀之，以章炳麟为代表。他在《检论·序种姓上》中认为羌胡杀首生子，骇沐国解长子而食之，都是由于妻子初来即生子，丈夫怀疑非其血统而杀之。杨树达观点与之近似，并且认为

---

①王先慎：《韩非子集解》，钟哲点校，中华书局1998年版。
②杨树达：《易牙非齐人考》，见《积微居小学述林》，中国社会科学出版社1954年版，第246页。
③郭庆藩：《庄子集释》，王孝鱼点校，中华书局2006年。
④夏渌：《释孟》，《评康殷文字学》，武汉大学出版社1991年版，第322页。

"宜弟"之记载，乃是对残忍风俗的修饰之辞。从民族学资料看，近现代我国南方少数民族的婚姻制度之中多保留不落夫家的习俗，妻子新婚之后即回娘家居住，怀头胎后方才返回夫家久居。有的民族不落夫家之时间长达数年。如此，头胎子非丈夫之血统的现象经常出现。但民族学资料也记载，妻子返回夫家后，所生的子女，丈夫待如亲子，不以为意。因此，章太炎之观点是站不住脚的。退一步言，丈夫即使不欲小孩居住其家，弃之可也，何必要杀掉呢？即或杀之，如此残忍的行为，怎么还能将婴儿献给君主呢？而且君主又赐给丈夫食用，以章太炎之观点，逻辑上是不通的。

第二种观点，与人牲本质相同，以吕思勉为代表。他认为杀首生子与春秋时期郯、鲁等国用俘虏为人牲为相同的风俗。此说法宏观上似乎有理，都是人祭，但从细节上看，关联度较远，无法展开论证。

第三种观点，继承制度的需要，以马长寿为代表。他在《中国四裔的幼子继承权》中把杀首生子与幼子继承制度联系起来，其原因是社会性的，而非宗教性的。

第四种观点，一种人祭，以裘锡圭为代表。他认为这是与世界各地献新祭祀制度相同的人祭行为。本文基本赞同裘锡圭的说法，并在他论证基础上补充神话学和民族学的资料。

在世界范围内存在大量的以第一批劳动果实，或农作物，或狩猎物，或头胎牲畜献给神灵的习俗。我国古代的"尝"祭即为献新之祭。《礼记·少仪》云"未尝不食新"。郑玄注："尝谓荐新物于寝庙。"[1]即收获之新作物首先奉献给祖先享用。《礼记·月令》中，记载了一年四季的献新之礼。孟夏之月"农乃登麦，天子乃以彘尝麦，先荐寝庙"。仲夏之月"农乃登黍，是月也，天子乃以雏尝黍，羞以含桃，先荐寝庙"。孟秋之月"农乃登谷，天子尝新，先荐寝庙"。仲秋之月"以犬尝麻，先荐寝庙"。季秋之月"天子乃以犬尝稻，先荐寝庙"。季冬之月"命渔师始渔，天子亲往，乃尝鱼，先荐寝庙"。真是四时遵守，规矩细致。《墨子·鲁问》中"鲜而食之"的"鲜"，即始生之义。

---

[1]《礼记正义》，上海古籍出版社，第1398页。

据《尚书·益稷》："暨益，奏鲜食。"孔传："鸟兽新杀曰鲜。"

我国古代的地方志文献中，也大量记载了民间在丰收季节献新之习俗。在百越后裔诸民族所生活的地域，此风亦绵延不衰。如哈尼族，在农历七月一日的第一个属龙日和属马日三天内尝新谷。届时，一早到田间背回一些稻谷，栽在寨房附近的水沟边。下午，选一只羽毛丰满而美丽的大阉鸡杀死煮熟。然后，将当年栽种的瓜、豆、蔬菜等各摘一点。再将稻子搓下来，炸成米花，与酒肉一起献给祖先。随后全家按照长幼顺序抓着吃。傣族信奉猎神"沙罗"，原为一位"盘巴"（狩猎首领），死后人们封其为"狩猎之神"。每次人们获猎回来，必定先祭祀猎神。壮族每年农业开耕前，祭祀土地山神，秋季收获后一定准备牺牲和新米一起献祭。

就黎族而言，合亩制地区，农作物收获以后，不能忘记地鬼的恩赐，要由亩头将新稻谷做的小饭团放在四株捆扎起来的稻谷中间，感谢地鬼。捕获猎物以后，他们也要祭祀感谢土地公和山鬼[①]。另外，收获山栏稻以后，第一餐必须是亩头夫妇首先食用，在家中悄悄进行，外人不得打扰。因为亩头夫妇是谷神之代表。一是感谢神灵，二是希望神灵继续保佑农作物年年丰收。

世界上其他民族也多有此风俗。中美的马耶人说农业的神名为巴南母，是一个长头的老人，初次收获的东西应当先祭献他，否则必降祸[②]。北美易洛魁人称战神为"我们的兄长"，把第一批得到的果实和野味献祭他[③]。在印度，人们则与神共享第一餐农作物。在印度南部的印度人中，吃新米是一种家庭宴会，叫作邦哥尔。新米用新锅煮。……新煮的米一部分献给甘尼萨神像；然后每人吃一点。印度北部有些地方，新谷的节会叫作"呐梵"（Navam），意即"新谷"。新谷成熟时，所有者拿着吉兆物件到地里去，摘五六根春播的大麦穗，摘一根秋播的小米带回家，和上粗糖、黄油和凝乳。一部分以村神

[①] 王养民、马姿燕：《黎族文化初探》，广西民族出版社1993年版，第150—151页。
[②] 林惠祥：《文化人类学》，商务印书馆1991年版，第125页。
[③] 苏联科学院米克鲁霍—马克莱民族学研究所编《美洲印第安人》，史国纲译，三联书店1960年版，第121页。

和祖先的名义扔在火里，其余的全家吃掉①。许多希腊城邦长期不断地把他们收获的头批大麦小麦运到埃莱夫西斯去，作为感恩祭品献给得墨忒耳和珀耳塞福涅这两个女神②。在古代雅典还有法律规定，要雅典人"每年荐新于祖先"③。古代犹太人《摩西立法》确立了拿牲畜的头生子祭祀的制度。腓尼基人、迦太基人和以色列人都有过以头生子女做祭品的习俗④。《圣经》中《出埃及记》说："要把所有头生的分别出来供献给我；凡是以色列子弟中间母亲头胎所生的无论是人或是牲畜，都应该归我……你应该把凡是母亲头胎所生的都献给雅赫威。"《圣经·创世记》中，上帝要求亚伯拉罕把他的第一个妻子撒拉所生的儿子献为祭品，《圣经·士师记》中，耶弗他被迫把独生女儿献给上帝。以上都是杀首生子献祭的例证。

祭祀之后，与神灵一起分享圣餐，是全世界的风俗。我国自古以来有"享胙""福胙""归胙""归福"之惯例，无论是牲畜，还是酒食，祭祀之后，参与祭祀的人分而食之，即把献祭过的酒肉送给有关的人吃。我国献新之祭中的祭品，在祭祀之后一般也是被吃掉的。在雅典，把第一批的收获物放在祭坛上，让一些公牛吃掉祭品，参与祭祀的人们再把公牛吃掉。实际上，分享了献祭物，就与神发生了神秘的联系。古代阿兹特克人用俘虏的心脏祭神，然后将尸体煮熟吃掉，认为吃了被祭者的肉以后，自己就和神发生了联系⑤。

中国古代杀首生子的习俗，与古代犹太人的目的应该是一致的。可惜古籍之中只有极为简略的记载，后世的风俗隐没演变，难以确证。幸运的是，南方百越后裔诸民族洪水神话为关于人类再生的情节提供的极为生动的证据，就是杀首生子祭祀大地母神的仪式。如前文所述，兄妹二人成婚后，或生下肉团，或生下怪物，或生下图腾，或生下婴儿，都砍碎后撒向四方，撒

---

① 詹·乔·弗雷泽：《金枝》，徐育新等译，商务印书馆2013年版，第696—697页。
② 詹·乔·弗雷泽：《金枝》，徐育新等译，商务印书馆2013年版，第576页。
③ 古朗士：《希腊罗马古代社会研究》，李玄伯译，上海文艺出版社1990年版，第181页。
④ 沙利·安什林：《宗教的起源》，杨永等译，三联书店1964年版，第104—105页。
⑤ 乔治·穆达克：《我们当代的原始民族》，童恩正译，四川民族研究所1980年版。

出去的肉块衍生出了不同的民族。在神话中虽然没有食肉情节，但把杀婴以祈求繁殖的祭祀目的表达清楚了。

食首生子的习俗在后代发生了变化，常常以求神祈子的形式呈现出来。在中国北方各省，有普遍地一个风俗，已婚妇女到神庙中"拴娃娃"，祈求快速怀孕，生育后代。以山东、天津、北京、河南等地此风俗最盛。山东为齐国故地所在，各地市县多有拴娃娃之习俗。例如聊城，有娘娘庙、观音庙，庙里神案前摆放许多泥娃娃，或坐或爬，千姿百态，皆为男性，有"小鸡儿"。当不育妇女来求子的时候，选一个中意的娃娃，用红线拴住脖子，把小鸡掐下来，带回家以后，用水融化小鸡吞下，这样便认为拴来娃娃了。这个泥娃娃不能丢掉。这里的庙中只有男性娃娃为重男轻女的缘故，因传统农业社会的父系家庭有续香火的义务。在其他地方的庙中，泥娃娃有男有女。吞下泥娃娃的生殖器，是象征性地食用长子婴儿，因为求回来的娃娃也与该女子结成了母子关系，泥娃娃就是她的长子。因此山东许多地方称呼人时叫"二哥"而不叫"大哥"，即便熟人也是如此。有些人认为，这是由于《水浒传》影响的缘故。武大郎形容猥琐，戴绿帽子，最后惨死，武二郎则英武非凡，有男子汉气概，故而避讳称谓"大哥"。此说不足为据。因水浒后出，而此叫"大哥"为"二哥"的称谓习惯在北京、天津也有。北京八大胡同妓院旧时称呼人为"二爷"，不能称呼"大爷"，则与武大郎有关。但除此场合外，北京人还有普遍地称呼人为"二哥""二大爷"的风俗。北京旧时举行各种庙会时，也多有"拴娃娃"的习俗，尤以妙峰山为最盛。庙中或供奉碧霞元君，或供奉送子观音，妇女们献上香资后，在神案上取一个泥娃娃，用红线拴住，揣在怀里带回家，边走边念："黑丫头，白小子，跟娘回家吃饺子。"到家以后将娃娃藏在卧室。如果自己果真生了儿子，会将亲生儿子排为老二，泥娃娃为"娃娃大哥"。要给泥娃娃穿上亲手缝制的衣服，长期供在床柜子上。在食首生子的仪式中，大哥献祭给神，父母与神分享祭品，由此获得生育能力繁衍后代。此拴娃娃习俗，则是直接向神灵祈求，"泥娃娃"成为"长子"，在家长期供奉，也是一种祭祀仪式。

天津也多称呼人为"二哥"。拴娃娃习俗在旧时也很盛行，夫妻到天后宫焚香膜拜，从香案上"偷"一个娃娃揣入怀中，算作他们的儿子，穿衣供奉，随着年龄的增加，要定期去庙里换一个大的，并不断更换适龄衣服，逐渐养大。以后生的第一个孩子，排行老二，要称呼"泥娃娃"为"大哥"。"娃娃大哥"是正式的家庭成员，年节礼仪样样不缺，家里真正的大哥就成了"二哥"。

另外，在山东还流传另一个版本的称呼"二哥"的民间故事，更为直接说明了食首生子的宗教目的。网名为"陈词新语"的博客文章《为何称"二哥"不称"大哥"》，故事讲述商朝末年，商纣王残忍无道，杀死了周伯姬昌的长子伯邑考，并赐给周伯，强迫他吃。姬昌被迫吃了儿子的肉。刚刚返回国土，他就在一座破庙中呕吐起来，竟然吐出三只兔子，为伯邑考的三魂所化。至今，山东、河南一代还流传着大帝是兔子之传说，人们见了同龄男子不称呼"大哥"，而称呼"二哥"。在河南汤阴羑里有伯邑考墓，附近老百姓传言，羑里城的兔子打不得。在他们眼里，兔子是伯邑考的灵魂。伯邑考的历史甚早，暗含了食长子的意义，兔子代表他的肉体的生育能力。因为兔子在中国民间为生育神，兔子生育能力极强，大约在汉代进入月宫，每年七夕和中秋成为妇女们祭拜的对象。北京还有著名的兔儿爷。如此看去，伯邑考正是用以献祭祈求生育能力的那个长子。

食首生子在后世演化出另一种形式——弃子。

食首生子的宗教仪式，在大多数民族中隐没无闻，是因为衍化成了"弃子"的形式。在先秦时期保存食长子风俗的西南地区，许多少数民族流传弃子神话。先秦及秦汉以后在各民族也有弃子神话。对此现象，学者们意见纷纭，多不中肯綮。兹附带予以考察。此处需要说明一点，西方世界上古时期亦多有弃子神话，其类型繁多复杂，许多环节与中国食首生子的宗教仪式没有文化关联度，此处仅就中国各民族展开论述。

汉字有"弃"字，繁体"棄"，甲骨文为"𣥂"，李孝定解释此字义云："弃字象纳子于箕中弃之之形，古代传说中常有弃婴之记载，故制弃字象之。"甲骨文"弃"的上半部分"子"旁边的几个点，为初生时所带羊水之象形。

我国先秦时代的部落始祖或开国之君或贤德圣智之人，多有生而被弃的记载。如周朝始祖后稷，《史记·周本纪》云："周后稷，名弃。其母有邰氏女，曰姜原。姜原为帝喾元妃。姜原出野，见巨人迹，心忻然说，欲践之，践之而身动如孕者。居期而生子，以为不祥，弃之隘巷，马牛过者皆辟不践；徙置之林中，适会山林多人，迁之；而弃渠中冰上，飞鸟以其翼覆荐之。姜原以为神，遂收养长之。初欲弃之，因名曰弃。"①《史记》用了《诗经》材料，《诗经·大雅·生民》为周之史诗，叙述后稷被抛弃后的情状："诞寘之隘巷，牛羊腓字之。诞寘之平林，会伐平林。诞寘之寒冰，鸟覆翼之。"②闻一多《姜嫄履大人迹考》认为，《诗经》中所叙述的乃是祭祀中的象征性舞蹈，当时的实情是在耕作时姜嫄与人野合而生后稷，后人讳言野合，故曰履帝迹③。闻一多先生此处不免牵扯过远，推求过实。神话之事迹故多神异，诚不必处处凿实求之。

我们再往前追述，商代贤相伊尹也是弃儿。《楚辞·天问》："水滨之木，得彼小子。夫何恶之，媵有莘之妇？"④《列子·天瑞》："伊尹生于空桑。"⑤《吕氏春秋·本味》："有侁氏女子采桑，得婴儿于空桑之中，献之于君。"⑥

褒姒亦为弃婴。《史记·周本纪》云："䘏化为玄鼋，以入王后宫。后宫之童妾既龀而遭之，既笄而孕，无夫而生子，惧而弃之。宣王之时童女谣曰：'檿弧箕服，实亡周国。'于是宣王闻之，有夫妇卖是器者，宣王使执而戮之。逃于道，而见向者后宫童妾所弃妖子出于路者，闻其夜啼，哀而收之，夫妇遂亡，奔于褒。"⑦

徐偃王之传说。《述异记》云："下邳，古徐国也。昔徐君宫人生一大卵，弃于野。徐有犬，名后苍，衔归。温之卵开。内有一儿，有筋而无骨。

---

①司马迁：《史记》，中华书局1959年版。
②程俊英：《诗经注析》，中华书局2017年版。
③闻一多：《神话与诗》，武汉大学出版社2009年版。
④洪兴祖：《楚辞补注》，中华书局1983年版。
⑤杨伯峻：《列子集释》，中华书局1997年版。
⑥许维遹：《吕氏春秋集释》，梁运华整理，中华书局2009年版。
⑦司马迁：《史记》，中华书局1959年版。

后为徐君,号曰偃王。"①

春秋时楚国贤相令尹子文也是传说中之弃儿。子文为楚国贵族若敖氏斗伯比和表妹䢵子之女所生,出生后被抛弃在云梦泽北(今名睡虎地),被母虎喂养。楚的附庸国祁国国君祁子出猎时觉得惊奇,抱回鞠养。楚国谓老虎为"於菟",养育为"穀",子文因名"斗穀於菟"。

扶余国始祖东明亦为感孕而生。《论衡·吉验》云:"北夷橐离国王侍婢有娠,王欲杀之。婢对曰:'有气大如鸡子。从天而下,我故有娠。'后产子,捐于猪溷中,猪以口气嘘之,不死;复徙置马栏中,欲使马借杀之,马复以口气嘘之,不死。王疑以为天子,令其母收取奴畜之,名'东明',令牧牛马。"②

高丽王朱蒙亦卵生而遭抛弃。其事迹见《魏书·高句丽传》:"高句丽者,出于夫余,自言先祖朱蒙。朱蒙母河伯女,为夫余王闭于室中,为日所照。引身避之,日影又逐。既而有孕,生一卵,大如五升。夫余王弃之与犬,犬不食;弃之与豕,豕又不食;弃之于路,牛马避之;后弃之野,众鸟以毛茹之。夫余王割剖之,不能破,遂还其母。其母以物裹之,置于暖处,有一男破壳而出。及其长也,字之曰'朱蒙',其俗言'朱蒙'者,善射也。"③

以上数例弃子神话有几个共同特点:其出生皆神异,或感孕,或与图腾相关,皆为无性繁殖。实质上暗示为头胎子,头胎子必祭祀天地之神,故弃之于野。黎族等百越后裔民族神话中将肉胎、图腾砍碎抛撒向荒野山川。两者之区别,一为砍碎抛弃,一为直接抛弃,后者为前者演化而来。

弗雷泽在《金枝》中认为,之所以有弃婴的习俗,是在测试此婴儿是否为私生子。如果是私生子则会被野兽吃掉,或者被野兽淹没。古代世界多有各种神判的习俗,但在原始社会,私生子并非为社会所不容,黎族等百越后裔民族多有不落夫家之风俗,所生的长子从来不被夫家所歧视。因此,弗雷泽的观点并不具有普遍性,其解释不能涵盖所有同类现象。

---

①任昉:《述异记》,吉林出版集团有限公司2005年版。
②黄晖:《论衡校释》,中华书局1990年版。
③魏收:《魏书》,何德章修订,中华书局2017年版。

第三节 食老风俗考辨

食老与食婴一样，具有神秘的宗教意义。

前文所述海南黎族民间记忆之中的食老族群"塞堆"，在老人失去劳动能力后，要在生前将其杀死，并举行食老人仪式。高泽强教授讲述的这个传说提供的信息有限，且在地方志和当地民俗之中再未见相关记载，单独分析，颇为困难。

但在百越后裔诸民族之中，关于食老的传说非常普遍，在中国少数民族之中此种现象最为突出，由此点出发，或可在比较中探求黎族食老的含义。

李道和教授曾大量收集全国各族的食人传说，共52则，以布依族（18则）壮族（11则）为最多，族属不明的12则；就流传的地域看，遍及八省区，其中北方的河北、吉林各一例尚存疑问，西南地区的云贵川桂四省区最多，共42则。就西南各民族流传的文本看，其食老之俗又可分为下面五种类型：

第一种，待客食老。布依族传说《砍牛》云：从前兴杀老待客，有个姓班的人想杀父亲给客人吃，但父亲躲到房顶上含泪哀求，他就改杀黄牛招待客人。此后逐步形成砍牛追荐亡魂的习俗[①]。

第二种，喜庆节日食老。贵州兴仁县，从前村上遇到修房盖屋，或婚嫁大事，都要杀老待客[②]。

第三种，老病食老。此类与前两类皆为生前食老。广西东兰县壮族有《阿刀的故事》说：当初，我们的祖先是吃人肉的，人病了或者老了，都被杀来吃。东兰还有雷鼓舞的传说，说雷王定下规矩，人老了，肉要分给众人吃，骨头要留下埋掉。这样才算尊敬老人。

第四种，死后食老。壮族有蚂蜗歌：很古那时候，天下人野蛮。人吃人

[①] 刘继华收集，《民间文学资料》第19集，第7—8页，转引自李道和《中国食人传说传承简论》，民间文学研究，2011年第4期。

[②] 《况甲葬母的传说》，见何国强、陈华主编《盘江民族识略：贵州兴仁人类学调查与研究》，第381页，知识产权出版社2008年版，转引自李道和《中国食人传说传承简论》。

的肉，吃心又吃肝。子盼父母死，死了得吃肉。布依族也说，古时候人老死了，三亲六戚都要拿着刀子来割老人的肉吃。

第五种，野人食老。贵州平塘县布依族传说人死后，是被半人半兽的独令（身子像人头像狗）吃掉的。安顺市的《古谢经》中说，原来人们吃过野人的父母，野人就来吃人的父母。黎族传说中之野人是吃小孩而非老人。

以上五类食老传说，最后一种实际上是人类食老的变形伪装，是避讳心理的表现。其中死后食老的传说最多，其余食老应当是由死后食老演化出的不同形式。所有的传说主题都是讲一个民族如何改变了食老习俗的。绝大部分都是以牲畜代替老人，有牛、马、犬，以牛最多。

西方原始民族也有以牲畜代替死者被食用的现象。巴布亚新几内亚的梅尔帕人构想出以猪为祭的方法，其丧葬仪式正是借助这种方法使得死者的灵魂进入鬼魂的世界。吃猪肉与死者灵魂的解脱相符。猪是人的替代品，人们以吃猪肉来代替吃死者的肉。葬礼上用作祭品的猪被奉送给鬼魂以便说服他们接受一个新鬼，然后也被奉送给死者的母方亲属，以此取代终将腐朽并回归土地的人肉①。

布依族砍牛风俗之来源，就是以牛代替死者。此砍牛风俗，百越后裔各族颇为盛行。如贵州侗族，许多寨子将祭祀后的牛角挂在大门的门楣上或堂屋的大梁上，作为图腾的标志。家中老人过世以后，必须杀牛，将牛角留下，捆在正屋的中柱之上，或钉于墙壁之上，表示对先人的怀念。这里，牛就是死去先人的象征。侗族地区还有"卖牛不卖角"的谚语，认为卖了牛角，意味着出卖祖宗。侗族南部方言区，存在全村养"圣牯"的习俗，牯牛严格挑选，精心喂养。过去许多村庄禁止杀死"圣牯"，任其老死，并致哀送丧。后来可以宰杀，举行鸡卜仪式后杀食，每户一份，视为珍品②。侗族虽然未见食老传说，但牛作为图腾在丧葬仪式中被杀食，正是老人的替代。

布依族丧葬之中也有隆重的砍牛仪式，称为"打嘎"。事先把牛拴在砍牛

---

① P. R. 桑迪：《神圣的饥饿——作为文化系统的食人俗》，郑元者译，中央编译出版社2004年版，第43页。

② 吴峥：《贵州侗族民间信仰调查研究》，人民出版社2014年版，第31—35页。

场中间的木桩上，送葬人由巫师带领，围着木桩转三圈，巫师边念经边击鼓。转三圈后，开始砍牛，先用刀背猛击牛背，牛倒地后，众人一拥而上，将牛杀死，分食其肉。巫师所念经名《砍牛经》，其中要讲述食人肉的古老传说。

海南黎族自古丧葬多有杀牛祭祖的传统，一直到20世纪50年代还非常盛行，导致耕牛急剧减少。据调查，有些支系的黎族，丧葬祭祀所用之牛，由女儿提供，有时要杀几头牛。杀牛地点在死者屋前的空地上，牛绑在木棉桩子上，杀牛前后伴随一系列的仪式。如保亭县毛淋村，由村中一男三女完成杀牛任务。死者家里要买一件衣服或一块布给女子戴上。四人先绕着牛逆时针转三圈，道公用白藤打牛一次；四人又顺时针转三圈，道公再打牛一次。有人先用尖刀扎牛脚，牛倒地后再杀之。其中牛倒地后，牛头之朝向有着占卜吉凶的功能。牛脸对着死者儿子的方向，说明吉利；如牛脸对着其他方向，说明媳妇对死者不好，此时媳妇要拼命哭。外嫁女儿牵牛回来，杀牛时牛脸朝后，说明会带给女儿福气。否则，说明死者不爱女儿。用热水去牛毛时，儿子、女儿、儿媳妇要取几根牛毛放在香炉里，女儿把带来的牛毛捡几根，放在村口面对夫家的方向[1]。很明显，牛此时是作为死者的象征而被杀食的。在三亚槟榔村，绕着牛转圈的是死者的子女，而不是外人，但同样有占卜吉凶的环节。有些地方在丧葬仪式上，孝子还要模拟牛的形象，头戴形似牛角的帽子，有的用铜皮制作[2]，有的用纸做[3]。杀死的牛祭祀以后，牛角或者挂在檐前，或者悬挂在屋顶上端。有学者认为"大概有图腾制度的民族，凡遇到人生的重要关头，如冠婚丧祭之类，每举行与图腾同体化之仪式，或模拟图腾之仪式"[4]。黎族丧葬食牛肉之时，有的将牛抬出屋外空地，任由参加丧葬的人争抢食用，有的明确对孝子有严格规定，只能食用生牛

---

[1] 海南省民族学会：《黎族田野调查》，第66页。
[2] 陈铭枢：《海南岛民族志》，海南出版社2004年版，第153页。
[3] 左景烈：《海南岛采集记》，原载《中国植物学杂志》1934年第1—2期，转引自王献军《黎族现代历史资料选编》第二辑，海南出版社2017年版，第151页。
[4] 胡鉴民：《羌族之信仰与习为》，李文海编《民国时期社会调查丛编》一编少数民族卷，福建教育出版社2014年版，第561页。

肉，不能食用其他食品①。由以上种种仪式，可以推测，黎族也曾经存在过食老风俗，后代之以牛。

百越后裔诸族之食人行为，在考古上也有证据。桂林甑皮岩新石器时代早期遗址中发现了代表六个成年男子、五个成年女子与三个幼童的人类头骨化石，这些头骨中至少四件有人工打击痕迹，并且这些被打击的人类头骨有两件属于老年女性，两件属于老年男性，这从考古上证明了广西地区的原始先民有过食老人之俗②。

厘清杀牛祭祀与食老之间的关系，即可进一步讨论食老的宗教意义。

《墨子·节葬》下，记录了剔肉埋骨之习俗，文云："楚之南，有炎人国者，其亲戚死，朽其肉而弃之，然后埋其骨，乃成为孝子。""炎"当为"啖"之坏字。"朽"，《列子汤问》作"殅"，义为"剔肉"。周去非之《岭外代答》记载黎族："其亲死，杀牛以祭，不哭不饭，唯食牛肉。"③这里的亲戚专指父母。《牛经》里记录了德永家以牛代替父母的明确情形："十个人不做事情就来了。他们提着刀连续地来，他们拿着刀不断地来，要割鬼父亲的肉，要吃德永父亲的身。德永实在无法，德永急忙开口：'父亲的肉我不给你们吃，人的肉通通不给你们剔，用牛肝代替父亲的身，用牛肉顶替母亲的肉，用牛的全身取代公公的全身。'"④

食老行为，有两层意义需要分开剖析。第一层，吃人肉这个行为所具有的巫术意义；第二层，杀老祭祀的根源。

食肉的巫术内涵方面，前面所引《牛经》的歌词中明确说："来割德永父亲的肉，来吃鬼父亲的身。你来送就能得到延寿，你来说就会繁衍发展。"民间故事《披麻戴孝的由来》说：人一死，亲朋好友趁着新鲜，这家用刀在死人身上割块肉，那家砍条腿，回家后煮着吃，说是这样死人就永远活在人的心

---

① K.T.：《琼州苗黎记》，原载《社会月报》1935年4月15日，第1卷第7期，转引自王献军《黎族现代历史资料选编》第二辑，海南出版社2017年版，第204页。
② 李安民：《试论原始人类的食人习俗》，《广西民族研究》1986年第6期。
③ 周去非：《岭外代答校注》，杨武泉注解，中华书局1999年版。
④ 汤春华：《食人俗与百越文化》，《柳州职业技术学院学报》2006年第4期，第84页。

里了。通过一系列的仪式和吃肉行为，子孙后代能从死者那里获得生命延续的力量。安娜·梅格斯在研究巴布亚新几内亚的原始部落民族胡亚人的食人俗时，通过综合考察认定："当死神降临时，死者的血和肉及其生前的个人劳动产品——园艺产品和饲养的猪——全都具有使某些他者增进发育和增进生命力的力量。要是某人未能吃到他或她的同性别父母的尸体，人们就会担心，由于此人放弃了对生命力的合法继承，属于此人的庄稼、孩子、家畜都将变得虚弱无力。出于同样的原因，某个发育迟缓或健康受损的男孩，将会喝到被他称作父亲的男子从静脉中放出来的血。"①桑迪通过考察多个族内食人的族群，得出结论：人肉作为一种肉体途径，是用来沟通特定的人类族群之间代代相传的社会价值和生殖能力的，这些人类族群由于共享同一祖先的某种财富而彼此相关。族内食人俗循环往复，使社会力量不断再生，而人们相信这是通过肉性物质和骨骸在身体上建立起来的，同时也使得生者与死者的结合传之永久②。黎族、壮族等百越后裔民族之食老皆当与此原理相同。而替代性动物，同样具有这样的功能。弗洛伊德在《图腾与禁忌》中指出："献祭的动物被当成族人看待，参加祭奠的人、神和献祭的动物都被认为具有相同的血和同属于相同的部落。在早期，献祭的动物本身是神圣不可侵犯的。只有在神之前，所有族人共享祭物和共同负担屠杀动物的责任之下，才能透过祭物之间和人与神之间相互认同。"③弗雷泽在《金枝》中将其归入顺势巫术，"野蛮人大多认为吃一个动物或一个人的肉，他就不仅获得了该动物或该人的体质特性，而且获得了动物或人的道德和智力的特性。"

食老仪式是一个代代相传的习俗，它的源头在哪里？如无特别神圣的宗教观念，单凭弗雷泽所说的顺势巫术，人类大可选择其他动物作为补充生命

---

①安娜·梅格斯：《食物、性和污染：新几内亚宗教》，New Brunswick N. J. Rutgers University Press, 1984. pp. 121-122, 转引自 P. R. 桑迪：《神圣的饥饿——作为文化系统的食人俗》，郑元者译，中央编译出版社 2004 年版，第 101 页。

②安娜·梅格斯：《食物、性和污染：新几内亚宗教》，New Brunswick N. J. Rutgers University Press, 1984. pp. 121-122, 转引自 P. R. 桑迪：《神圣的饥饿——作为文化系统的食人俗》，郑元者译，中央编译出版社 2004 年版，第 17 页。

③西格蒙德·弗洛伊德：《图腾与禁忌》，赵立玮译，上海人民出版社 2005 年版。

能力或品质的对象。如牛的力量、马的速度、虎的勇猛，如同人类早期祭祀中，常常以部落酋长、国王、贵族及他们的亲属作为祭品，后来才逐渐替代为俘虏、贫民、奴隶和牲畜。因为祭祀的宗教观念有其神圣的源头。这个源头就是他们的祖先，那个最早的创世英雄。

前述布依族《砍牛经》的风俗传说中，有人明确说："吃人肉是为了祭祖宗，吃牛肉也一样可以祭祖宗。"

百越后裔各民族皆有丰富的创世神话，创世的英雄始祖最后去世，化身为大自然的山水草木。此神话内涵与食老的含义至为密切，下面详述之。

创世神话类型的划分，世界各国学者颇有不同。日本学者分为两大类型五种形式，两大类型是指"创造型"和"进化型"，前者分为单神创造和多神创造，后者分为单一物进化为宇宙、两种物进化为宇宙、人或动物的形式形成宇宙。《英国大百科全书》分为六大类：最高的造物主创世、通过生产的创世、世界父母创世、宇宙蛋创世、陆地潜水者创世、尸体化生创世。我国学者分为六类：自生型、胎生型、蛋生型、开辟型、创造型、变成型。但创世神话绝不是按照某一种类型单一发生，常常是不同的母题组合变化，形成多样貌的创世神话。如黎族，宇宙蛋创世，尸体化生创世，多神向一神的演化，修天补地，充满浓重的地域色彩，表现了黎族人民对于自然世界的深刻洞察力。

黎族创世神话中的创世神普遍称为大力神，又叫万界、万家、伟代。他的出生，与盘古神话极其相似。

《万界造天地》流传于陵水县，故事说：

"远古时候，天地未分混混沌沌，好像一个大蛋，有一大团云丝包着。有一天，大蛋轰的一响，蛋里跳出一个巨人就是万界。万界神通广大，万界每日长高一丈，天便每日升高一丈，地也加厚一丈。那时天地漆黑一片。为了使天地光明，她无私地献出自己的眼睛，一只眼睛变为太阳，一只眼睛变为月亮。

万界因劳累过度，倒在了地上。他虽死去，也不忘为人类造福。他的头发长得铺满地，变成了一片片森林，拳头变成山岭，骨头化为石头，肌肉化为泥土，血液化为河流，只剩下一颗心了，这颗心变作灵魂飞到天上，成为住在天地的神。"

神话前半段万界的出生，与盘古相似："天地混沌如鸡子，盘古生其中。万八千岁，天地开辟，阳清为天，阴浊为地。盘古在其中，一日九变，神于天，圣于地。天日高一丈，地日厚一丈，盘古日长一丈。如此万八千岁，天数极高，地数极深，盘古极长。"①

神话后半段之死后化身也与古籍中盘古事迹雷同："首生盘古，垂死化身。气作风云，声为雷霆，左眼为日，右眼为月；四肢五体为四极五岳，血液为江河，经脉为地里，肌肉为田土，发髭为星辰，皮毛为草木，齿骨为金石，精髓为珠玉，汗流为雨泽，身之诸虫，因风所感，化为黎甿。"②

徐整为三国时吴人，则此神话在当时的吴国统治区流传，属于南方神话。则黎族神话与之相似并非偶然。稍晚的南朝（梁）任昉《述异记》中则更为详细地记录了此则神话在各地传播之情形："昔盘古氏之死也，头为四岳，目为日月，脂膏为江河，毛发为草木。秦汉间俗说：盘古氏头为东岳，腹为中岳，左臂为南岳，右臂为北岳，足为西岳。先儒说：盘古氏，泣为江河，气为风，声为雷，目瞳为电。古说：盘古氏喜为晴，怒为阴。吴楚间说：盘古氏夫妻，阴阳之始也。今南海有盘古庙，亘三百余里，俗云后人追葬盘古之魂也。桂林有盘古氏庙，今人祝祀。南海中盘古国，今人皆以盘古为姓。"③从此记载可知，南朝时南方流传盘古神话的情形，特别是百越区之桂林尚有盘古庙，可知其神话在今壮族聚居区的流行程度。黎族之万界是否即为上古的盘古，或者与盘古有着亲缘的关系，目前尚无更多的证据予以说明，再者黎族无文字记载，神话口耳相传，其流变之迹渺茫难寻。

何星亮教授云："各个民族的天神都有其名称，而且，一个民族在不同的历史时期往往也有不同的天神名称。"④当然，各民族不同的天神之间常常

---

①徐整：《三五历记》，载《太平御览》，中华书局1960年版。
②徐整：《五运历年记》，载马骕《绎史》，王利器整理，中华书局2002年版。
③任昉：《述异记》，吉林出版集团有限责任公司2005年版。
④何星亮：《中国自然神与自然崇拜》，上海三联书店1992年版，第62页。

有着文化上的亲缘关系。我们从百越后裔其他民族的类似神话中也许可以窥见一些消息。

布依族流传盘古神话《混沌王》《盘果王》即属于盘古神话的演绎。一个版本说：很早之前，宇宙中只有一个圆蛋，蛋里有个人名叫盘古。他在蛋里什么都看不见，用脚一蹬，蛋壳裂开一条缝。又一蹬，蛋壳破裂，上面为天，下面为地。另一版本说：在很古的年代，宇宙间一片迷蒙。混沌王哈气成雾，扇气成风，宇宙仍然混混沌沌，天地不分，东西南北不辨。这时，盘果王出现了，他用鞭子一挥，把宇宙劈成两半，上浮者为天，下沉者为地，上有日月星辰，下有河流山川，天地从此就开拓出来了。壮族神话《母六甲》说：宇宙中旋转一团大气，越转越急，变成一个蛋的样子，拱屎虫旋转，螟蛉子钻洞，蛋炸开分为三片，天空、大地、海洋。毛南族洪水神话中兄妹婚之故事直接以盘古之名而为夫妻，可以看作盘古神话的影响结果。

茅盾认为，"我们现有的神话是北、中、南三部民族的神话的混合物，所以我们片段的开辟神话也是混合品。始创天地的盘古的神话，本发生于南方，经过了中部文人的采用修改而成为中华民族的神话"[1]。另一些研究中原神话的学者则认为盘古神话是由中原辐射出去的[2]。我们此处持谨慎态度，既不绝对肯定黎族神话与盘古之直接关系，但也认为其中存在一个久远的影响关系。民间文学研究之中常有学者根据少量的文献证据就推断出神话传说从一个文化区向另一文化区传播的结论，我们认为是草率的。文字记录的早晚并不能说明口头文学传承的时间限段。在一个相近的族群中流传类似的神话，则存在文化的必然性。同是流传于陵水县的一则苗族神话，则为这种联系的猜想提供另一佐证。

苗族的这则神话名《盘皇造万物》，盘皇即盘古，不嫌辞费，引录如下：

相传，远古时候，天地未分，混混沌沌，好像一个大蛋，有一大团云丝包着。有一天，大蛋轰的一声响，蛋里跳出一个巨人来，他头顶的彩云上浮

---

[1] 茅盾：《中国神话研究初探》，江苏文艺出版社2009年版。
[2] 张振犁、马卉欣持此观点，详见潜明兹《中国神话学》，上海人民出版社2008年版，第395页。

为天，足下的云丝下凝为地，这个顶天立地的巨人就是开天辟地的盘皇。盘皇神通广大，盘皇每日长高一丈，天便每日升高一丈，地也每日加厚一丈。

天地形成了，但黑乎乎的，什么也看不到。盘皇挖下自己的左眼，往天上一扔，成了太阳，又挖下右眼，成了月亮。他摘下牙齿作星辰，又把白日和黑夜分开来了。他的头发长得铺天盖地，他拔了出来四处散撒，变成了一片片森林。他的两个拳头，一个变成山，一个变成岭，最后把骨头化成了石头，肌肉化成了泥土，血液化成了河流，只剩下一颗心了。这颗心升到了天外，变成了住在天上的神。后来，盘皇神与天仙结了婚，共生了五个仙女，分别嫁给邓、蒋、李、赵、黄五个姓的女婿，这就成了五个姓氏的苗族人。

盘皇一直活了五百六十岁，死后葬在南山。苗族人民都把盘皇视为祖先，逢年过节都要祭祀盘皇①。

可以看出，两个神话如此相似，流传于同一个县，彼此之间肯定存在影响关系。盘皇作为祖先神是海南苗族人民的共同信仰，他们还在重大祭祀日演唱《盘皇歌》以纪念这位神祖。苗族的盘皇又叫"盘太护"，与盘古音近。如此看来，似乎苗族神话影响黎族的可能性较大。然而，在黎族众多的创世神话中，也只有这一则异文受其影响，因此并不能就此否定黎族神话的独创性。

流传于乐东县的《大力神》则表现了始祖神开天辟地的创举。远古时候，天地相距甚近，七个太阳、七个月亮炙烤着人间，大力神把天拱高一万丈，射去多余的日月，创造了繁茂的大自然后死去，临死以巨掌撑住天空，形成五指山。这个神话中，特别表现了他创世的一系列动态过程，与前一神话的静态描述不同：

大力神拱天射日月以后，想：平展展的一片大地，光溜溜的没有山川森林，人们又怎样生息繁殖呢？于是，他从天上取下彩虹当作扁担，拿来地上的道路当作绳索，从海边挑来沙土造山垒岭。从此，大地上便出现了高山峻

---

① 中国民间文学集成全国编辑委员会、《中国民间故事集成·海南卷》编辑委员会：《中国民间故事集成·海南卷》，中国 ISBN 中心出版 2002 年版，第 3 页。

岭，那大大小小的山丘，是从他的大筐里漏下来的泥沙。他还把梳下来的头发往群山上一撒，山上便长出如头发般茂密的森林来。山上的鸟兽们都摇头摆脑，非常感谢大力神为他们造林筑巢的恩德。

有了山岭，还得造鱼虾水族生息的江河湖泊。大力神拼尽力气，用脚尖踢划群山，凿通了大小无数的沟谷，他的汗水流淌在这些谷里，便形成了奔腾的江河。

这里的创造，不是化身，也不是变形，而是实实在在的人类劳动过程的再现。

同样，同属百越后裔的仡佬族有创世巨人由禄，布依族有力嘎，排湾人有咖道，水族有拱恩，他们都是开天辟地的英雄神，与黎族的大力神极其相似。其中水族的《拱恩点恒》也与《大力神》一样，表现了始祖神创世的整个详细过程。

民族祖先化身大自然的神话，其思维基础有两个，一个是泰勒的万物有灵论，一个是列维·布留尔的原始思维互渗律。

在第一个思维特征下，原始思维把自然界的万物与己类比并同化。意大利的维柯认为，人类心灵具有两种与生俱来的能力。第一种，每逢堕在无知的场合，人就把自己当作权衡一切事物的标准。第二种，人对辽远的未知的事物，都根据已熟悉的近在手边的事物去进行判断①。原始人生产力低下，智力发展与儿童近似，他们常把自己周围的一切事物，有生命的无生命的，自然力量或自然现象，都看作是与自我相同的，有生命力的。

在第二个思维特征下，原始人与客体世界混同难分，相信有某种神秘的力量将自身与自然相连，而且可以互相转化。列维·布留尔在《原始思维》中解释说："在原始人的思维的集体表象中，客体现象能够以我们不可思议的方式，同时是它们自身，又是续留在它们里面的神秘的力量、能力、性质、作用。"②桂西北地区的瑶族，也有食老传说，其中一例在荔波县，其方法却

---

① 维柯：《新科学》，朱光潜译，商务印书馆1989年版，第98—99页。
② 列维·布留尔：《原始思维》，丁由译，商务印书馆1985年版，第69—70页。

是砍碎尸体撒到地中，正是祭祀化身的含义。

在人类的蒙昧时期，人死以后不举行埋葬，直接弃之于大自然之中，这是创世祖先垂死化身的社会基础。原始人持有灵魂不灭的观念，人死亡之后，其肉体腐烂，或进入泥土，或为鸟兽攫食，化为了自然界的万物。在后人心目中，人类的始祖是伟大的，他的化身也就超出常人，大者如盘古，化身为宇宙的日月星辰，小者如黎族的琶玛天，化身为海岛的山川地理、森林草木。食老所要祭祀的就是这样的英雄，这样的死亡。

在黎族的丧葬仪式中，巫师常要利用招魂术，把历代的祖先招来，带走死者。然而，要获得祖先的认同，认同的标志男女各有不同，女子则以文身图案的有无为祖先接收与否的标准，男子则以包卵布为标志。黎族如此，其他民族亦多有之。特别是丧葬之中与图腾祖先的同体仪式，尤其突出表达了原始民族强烈渴望得到祖先认同的愿望。杀食老人即是模仿始祖死亡的宗教仪式，同时把自己的肉体献给祖先。由于原始人持有灵肉不分的观念，祖先一旦接受其肉体，其灵魂也可以马上追随祖先而去。因在自然界中，尸体的腐烂需要一个过程，而在食老仪式中，死者的亲人既可通过食肉获得生命力，又很快实现了骨肉分离，也就实现了化身。模仿是形式，献祭是手段，灵魂的归宿才是最后目的。

至于出现老病之时杀食和死后食用两种情况，内涵区别不大，后者是前者的发展。活物祭祀是自古以来各种祭祀中常遵行的严格要求，中外一样，这里不再举例。当原始人对自身价值认识得到提升，亲情伦理得到发展，自然就会由生食变为死后食用。由此看，黎族传说中的塞堆之食老与壮族、布依族死后食老的原始宗教意义是一致的。

由牲畜祭品代替死者，只是食老祭祀的一种演化方式。其实，在人类历史上许多民族出现的弃老习俗，有相当比例是食老祭祀的另一种替代形式。

弃老风俗在人类早期似乎普遍存在过，亚洲以中国和日本最突出。在封建时代，中国许多地方依然存在弃老风俗。例如，在湖北发现大量弃老洞，丹江口市官山镇五龙庄村的一座弃老洞，插门槽和门闩洞是凿刻在洞外的。木制的门，60岁以上的老人被关在里面是无法出来的。有的洞中还有等边三角形石孔，刚好容得下一个头颅，据说是供老人自杀用的。2000年以来，在川、陕、鄂、豫交界的汉水流域发现了大量古代的寄死窑，可容一人大小的窑洞，专门用来寄放失去劳动能力的老人。在山西晋东南也有关于寄死墓的传说。在湖北武当山一带，也流传着古代分食老人肉的传说，寄死窑就在武当山周围。据当地人言，进窑的老人，家里只送三天的饭就不管了。等老人死去再将尸体弄出来安葬。其中有一篇《斗鼠记》的传说遍及许多地方，凡是有弃老习俗之地皆有流传，讲述由弃老到养老的转变。这种以老人的智慧化解难题，确立敬老养老制度的故事，东亚的日本、朝鲜、印度都有广泛之流传。

关于弃老习俗的原因，一般认为是在原始社会早期产生的，原始农业还没有发明，人类只有渔猎和采集活动，生产力低下，物质匮乏，生活资料奇缺，人们时时面临着死亡的威胁。老人丧失劳动能力后，既无能力生产食品，还得他人供养，对于氏族群体来说，是个累赘，而且野外群居、迁徙不定的生活，也难以保证对老人的抚养。此种现象具有普遍性。普列汉诺夫在《艺术论》中说，原始民族遗弃和杀死老人，并非其生性残忍，而是由于野蛮人不得不为自己的生存奋斗条件，杀死非生产人员对社会来说是一种合乎道德的责任。这一观点，用于解释某些民族的弃老行为是合理的。比如因纽特人，把老人放在漂浮的冰山上，随着海水漂走，在严寒中被慢慢冻死。由于北极生存环境恶劣，常难以有充足的食物够养活失去劳动能力的老人。又比如日本小说《楢山节考》中，老人70岁便要被抛弃，献给楢山，就是因为食物短缺的缘故，其风俗中还有只允许长子娶妻和杀婴习俗，也是食物匮乏的缘故。

前面所引普列汉诺夫的观点有一定道理，但不能用以解释所有弃老现象。就像食老风俗的形成既有饥饿性的原因，也有宗教性的原因一样，弃老的原因也不止一个。否则，人类生产力水平已经提高以后，还存在弃老行为，不易理解。中国弃老习俗中，老人在寄死窑中去世以后，其家人还要为其举行葬礼，在山西晋东南还要费时费力为其修建活死人墓，这与因物质匮乏发生的弃老行为绝不相类。当是出于宗教的需要。武当山周围既有弃老习俗，也有食老的传说，说明两者之间有着先后承续的关系。当人们的人性观念、伦理观念完善以后，心理上无法接受亲手杀死父母并食用的残酷行为，但祭祀祖先的观念又是这样顽固，于是采取折中方式，将老人弃于洞中。

第四节 食敌之俗

海南黎族食敌之风俗，除了史图博的调查以外，在神话中未见相关情节。因其同样反映了特殊的原始宗教观念，此处简略论述之。

在史图博的调查中，美孚黎说得较为明确的食人对象就是战争中的敌人和犯罪的小偷。这属于复仇性食人俗。

古代南方有食用外来者人肉之俗。屈原《招魂》："魂兮归来！南方不可以止些。雕题黑齿，得人肉以祀，以其骨为醢些。"此处的南方尚在楚国之南，就是岭南，正是百越聚居之地域。在屈原的时代，对于百越之民的食人俗有着恐怖的想象。据三国时期吴国的万震所著《南州异物志》记载，壮族人的祖先乌浒人，猎人而食之，"在广州之南，交州之北，恒出道间，伺候行族，利得人食之，不贪其财货也"。布依族在送葬途中，要念殡亡经，有这样的句子："走过吃人的地方，你不要站在那里看；走过吃生肉的地方，你不要坐在那里看。"这虽然是对死者亡魂的忠告，但从侧面反映了此地盛行族外食人。族外食人常常是在为了边界问题、争夺生存资源而发生的战争中出现。在每一次战争中都会有被杀者、被俘虏者，常成为食用的对象。这种食用，巫术的意义大于饥饿的意义。

食用敌人的巫术，其意义有三层：第一层，报复敌人，使得敌人永不超生。太平洋岛屿上的萨摩亚人，相邻村庄之间很少处于和平状态，男性俘虏除留下做人质者外全部杀死，有时把俘虏的肉吃掉，以达到报复敌人之目的[1]。我国古代多见此残忍行为。北魏开国皇帝拓跋珪被其子拓跋绍所杀，其他王子又杀死拓跋绍而食之，以报杀父之仇。南朝时，梁将萧颙攻破荥

---

[1] 乔治·穆达克：《我们当代的原始民族》，童恩正译，四川民族研究所，第199页。

阳，为报复守军，杀死 35 名守城士兵，食其五脏。第二层，获取敌人的某种灵魂特质。例如北美洲的印第安易洛魁人，17 世纪以前过着以农业为主的经济生活，其社会组织已经进入部落联盟时期。对于战争中之俘虏，除收养入本族之外，全部杀死，有时要吃掉俘虏的肉，至少吃掉心脏，以获得敌人之勇气与美德①。原始人持灵肉不分的观念，吃了人的肉体，也就同时吸收了他的灵魂和种种品质。第三层，通过用俘虏的肉祭祀神灵，然后再食之，通过共享与神发生联系。古代墨西哥阿兹特克人用俘虏的心脏祭神后，将尸体煮熟吃掉。食用敌人之肉的行为，有时只有一种目的，有时几种目的兼而有之。

存在食敌风俗的美孚黎生活的地区，旧时代部族之间的战争和械斗是很频繁的，一次战争可延续几年，最长的延续到九年。部落之间械斗之时，交战双方的交战手段，主要是通过偷袭方式消灭对方的有生力量。其械斗过程相当残酷，除妇女儿童外，交战双方之俘虏常被砍下头颅、割下耳朵、挑断脚筋，吊在村口示众，并将尸体在野外烧掉②。另外，在战争期间，交战双方会使用一系列带有巫术色彩的宗教手段，防御、威慑对方，削弱对方的力量，增强己方的力量。"如果村民们杀死了入侵的敌人，或在袭击敌村时杀死了敌人，一般要割下死者的首级浅埋在村口，以便能够踏着它出入（镇压巫术）。村民们相信，踩踏敌人的首级可以削弱敌方的力量。如果首级数量过多，那么余下的首级就要被绑在村落周围的竹子上。对于被踩踏的首级，村民们会在四五天后将其挖出，并在附近挖一个深坑掩埋掉。头发则被留下来，用麻绳系好，捆绑在村落周围的竹梢上。"③

敌人头发之魂可以为我所用，既可震慑对手，又可以防御鬼怪。古代传说黄帝杀死蚩尤以后，将蚩尤的像画于旗帜之上，威慑天下。美孚黎如毙敌

---

① 乔治·穆达克：《我们当代的原始民族》，童恩正译，四川民族研究所，第 199 页。
② 符兴恩：《黎族·美孚方言》，银河出版社 2006 年版。
③ 冈田谦、尾邦高雄：《海南岛黎族的社会组织和经济组织》，金山等译，海南出版社 2016 年版，第 60 页。其调查时间为 1942 年 11 月 26 日至 12 月 20 日，3 个峒 27 个村，重点调查了重合村美孚黎，属于现在昌江县。

较多，无法把首级全部带回，村民们只把头发和双耳带回，带回的耳朵用绳子穿起来，悬挂在村庄寨门的门柱之间。村民们相信，悬挂的首级、头发和耳朵能够招来灵魂，而这些灵魂能够保佑他们的村庄。

关于黎族食人传说之问题，可以得出如下结论：

第一，黎族的神话和传说中留下了海南岛曾经存在过食人习俗的印迹。有一些是族内食人，有些是族外食人，有些是妖怪食人，食人俗的民族记忆多样化了。

第二，无论是食老、食婴、食敌，海南岛先民之食人皆为宗教仪式性活动，具有巫术目的，与百越其他民族一样，饥饿性食人俗在传说的文字记载产生的时候已经消失了。

第三，食人俗在神话中，与创世神话和人类再生神话有内在的关联，某种程度上，食人是对祖先仪式的复现。

第四，丧葬仪式中之杀牛仪式，作为食老仪式的替代形式，在百越后裔各民族中普遍流行，保存了图腾崇拜的内涵。

第五，食婴、食老，与某些弃儿、弃老习俗有着内在的关联，后者是前者之演化形式。

第五节　拔牙的宗教意义

百越后裔诸民族雷公报仇型洪水神话里普遍存在雷公拔下牙齿赠给兄妹种葫芦的母题，黎族《黎母的神话》中雷公拔牙赠给黎母，当洪水来临时，雷公牙齿化为一只船，这应当是葫芦的变异形式。这一母题的普遍性与原始先民的拔牙习俗具有直接的关系。

拔牙，我国古文献中又称凿齿、折齿、摘齿、缺齿、断齿、打牙等。考古发现表明，我国拔牙习俗主要流行于东部——东南沿海一带。最早出现于公元前5000年左右的山东北辛文化中期，盛行于山东——苏北的大汶口文化（公元前4500—前2500年），到了山东龙山文化阶段（公元前2410—前1810年）开始衰落。拔牙之俗在苏南、沪、浙、鄂、豫、闽、粤、港、台等地的史前遗址居民中普遍流行，并随着纬度的下降，这些拔牙遗址的年代越往南越晚。汉晋以来，拔牙之俗仍在岭南、西南地区主要是百越族后裔的俚、僚、仡佬、蛮等少数民族以及海南黎族、台湾"山夷"和高山族中流行①。另外，考古学和民族学的资料还表明，拔牙之俗在世界海洋性地区如东亚日本、朝鲜，东南亚的越南、印度尼西亚、泰国等，非洲的埃及、尼罗河流域、东非、尼亚撒湖、赞比西河流域、刚果、几内亚等土著，澳洲、环太平洋的海岛区民族中广泛流行②。此风俗在近海或海岛居民中较为常见。

至于海南黎族所属的岭南地区的拔牙遗迹，史前时期主要出现于广东沿海和香港，广西和海南尚未发现。历史时期的，目前只见于广西，在海南、广东和香港尚未发现③。但海南黎族古代曾有拔牙习俗。《唐大和上东征传》载，鉴真东渡日本失败，漂泊至海南岛，见本地人"雕题凿齿，绣面鼻饮"。

北方大汶口文化史前考古发现拔牙年龄平均 14 岁左右，与后世文献记载中的年龄相当，而且新石器时代拔牙非常普遍，男女人数皆达 60% 以上，主要流行的是拔去一对上颌侧门齿，形成我国拔牙习俗之基本特征。可以说，中国各民族流行拔掉上颌侧门齿的风俗，在拔牙的形态学上属于起源时期的最早形态。

就岭南地区而言，史前时期拔牙的年龄，也多在成年之际。如广东增城县金兰寺村贝丘遗址，可能是在青少年时就已拔去；在佛山市澜石镇河宕贝丘遗址，估计拔牙施行年代仍和个体发育进入成年或性成熟期有关；香港马湾岛北部东湾仔沙堤遗址，拔牙的年龄在 15—17 岁之间④。

岭南地区历史时期考古遗存的拔牙年龄也在青春期左右。柳江流域的鹞鹰岩崖洞葬，拔牙年龄最少的为 17—20 岁，考虑到拔牙以后的齿槽闭合要一二年时间，那么拔牙的实际年龄应在 15—18 岁；红水河流域的古代崖洞

---

① 杨式挺：《略论我国古代的拔牙风俗》，《广西民族研究》2005 年第 3 期，第 146 页。
② 韩康信、中桥孝博：《中国和日本古代仪式的比较研究》一文的"前言"，《考古学报》1998 年第 3 期。
③ 彭书琳：《岭南古代居民拔牙习俗的考古发现》，《南方文物》2009 年第 3 期，第 80 页。
④ 彭书琳：《岭南古代居民拔牙习俗的考古发现》，《南方文物》2009 年第 3 期，第 80—81 页。

葬，拔牙的年龄为18—20岁的男性；右江流域的崖洞葬拔牙年龄为18—20岁；只有南丹里湖乡白裤瑶族地区古代居民为30—40岁①。

历史文献中也多记载了拔牙年龄段。如张华《博物志》："荆州极西南至蜀，诸民曰僚子……生儿既长，拔去上齿各一，以为身饰。"②《溪蛮丛笑》："仡佬之女十五六，敲去右边上一齿。"③李京《云南志略》："土僚蛮，叙州南、乌蒙北皆是，男子十四五则左右击去两齿，然后婚娶。"④

据此可以推测，古代黎族人拔牙的年龄当与岭南其他地区相近。

古人为何要忍受肉体上的痛苦，不顾生理上的残缺而拔牙，一代一代相承几千年？其中的意义，学者们多有讨论，而众说纷纭，刘迎秋在《凿齿习俗内涵与原因刍议》一文中就列出了14种说法。拔牙风俗形成之时，其目的当甚为单纯，必不会有如许多的原因，而其内涵不论如何，一定属于原始宗教的范畴。为论述方便起见，就前人的各种观点做一点辨析是必要的。

第一类观点，完全是后人的臆测，与拔牙的仪式毫无关系。主要有爱美说和饮药说。

"爱美说"较早由严文明先生在《大汶口文化居民的拔牙习俗和族属问题》中提出。此说法的论据，一般出自"他者"的猜测与拔牙之民的自述。张华《博物志》云：荆州极西南界蜀，诸民曰僚子，"僚妇生子，既长，皆拔去上齿各一，以为身饰"。乐史《太平寰宇记》载，川西南"夷僚生子，长则拔去上齿加犬齿各一，以为华饰"。这只是文献记录者的观感而已。台湾泰雅人之大科坎蕃和南澳蕃皆自以"拔牙为美"⑤。台湾邹人拔齿的理由据说也是要成为美女、俊男，得到异性的赞赏。"他者"的猜测自然不足信据，拔牙者的自述也未必可信。仪式的执行者往往不清楚仪式的原始意义，他们的解释只是在原始仪式成为生活的固定习俗以后的自我认同，此类现象颇为常见。

---

① 彭书琳：《岭南古代居民拔牙习俗的考古发现》，《南方文物》2009年第3期，第82—84页。
② 张华：《博物志校证》，范宁校证，中华书局1980年版。
③ 朱辅：《溪蛮丛笑》，台湾商务印书馆1986年版。
④ 王叔武：《云南志略辑校》，云南民族出版社1986年版。
⑤ 何星亮：《近代台湾高山族诸族群的拔牙风俗源流与分布》，《贵州民族研究》2020年第7期，第60—62页。

比如在部落民族中曾普遍存在的文身、穿鼻、贯耳，在他们自己的解释常常是"这样做美丽，否则就不美"，汉族曾经流行了一千多年的女性裹小脚也是如此。因为原始的宗教仪式是有深刻意义的，为举行仪式者带来福祉，是"善"的，所以就是"美"的。此一爱美说的心理基础，与世界不同地域关于美的标准的地域化民族化现象是一致的。

"饮药说"则更不可信。《新唐书·南蛮列传》记载西南"有乌武獠，地多瘴毒，中者不能饮药，故自凿齿"。这纯粹是想当然之辞，无任何的学理依据。吴永章先生说"以饮药防瘴之说，纯为内地人的猜想之辞，缺乏根据，故可置而不论"[1]。

第二类观点，主要从社会功能的角度解说拔牙意义。代表观点有成丁说、婚姻说、服丧说、氏族标志说。

前三种标志功能，日本学者春成秀尔主张是拔牙表示的三种主要意义[2]。这三种在古文献中多有记载。

"成丁说"从上文文献记载中的拔牙年龄可以推知，考古成果也支持这一观点。韩康信先生通过对许多新石器时代遗址拔牙标本的年龄观察，认为拔除上侧门齿的年龄大约是在个体发育进入性成熟的转折时期，这个转变时期的生理现象也是原始居民容易感知和把握的。因而在这个时期实施拔齿，原来最直接的意义很可能是作为承认个人的成年或婚媾资格的一种固定标志[3]。古文献中也有相关证据，《管子·内业篇》记载，"昔者吴干战，未龀，不得入军门，国子摘其齿，遂入，为干国多"。"摘其齿"，应是拔牙。既然拔牙以后才有资格参战，则拔牙为成年的标志可以推知。

"婚姻说"则与"成丁说"存在逻辑上的关系。此说表示青年男女通过拔牙，才能获得婚配资格。宋代乐史《太平寰宇记》卷六六载：唐代贵州（今广西贵港市）俚人"女既嫁，便缺去前齿"。元代李京《云南志略》载："土（都）僚蛮，叙州南、乌蒙北皆是，男子十四五则左右击去两齿，然后婚娶。"台湾

---

[1] 吴永章：《凿齿与黑齿、金齿、银齿考述》，《贵州民族学院学报》1992年第2期，第76页。
[2] 肖平：《中日史前拔牙风俗比较研究》，《东疆学刊》1994年第2期，第61页。
[3] 韩康信：《中国考古遗址中所见的拔齿风俗》，《文物天地》1992年第6期。

少数民族,三国时代沈莹《临海水土记》:"女以嫁,皆缺去前上一齿。"清代郁永河《采硫日记》载台湾高山族,男子婚前凿上门牙旁的两颗侧齿,交给未来的妻子,他未来的妻子也凿同样的两颗牙交付给他。清代黄叔敬后来在《台海使槎录》里也记载了夫妻互相赠予牙齿之事,并且补充说"彼此谨藏,以矢终身不易",牙齿在此处具有特殊的象征意义。与黎族同属于百越后裔的贵州仡佬族,有一则洪水神话的结尾解释了拔牙与结婚的关系。故事说,大洪水之后,只有一对兄妹存活。为了人类的再生,玉皇大帝派织女和龙王谕示兄妹结婚,后他们生下四对男女,彼此婚配繁衍后代,同时定下不准同外族通婚的规矩。结果导致仡佬族的人丁减少,面临种族繁衍的危机。这时玉帝又派织女下凡,命仡佬族打破不准同外族结婚的规矩,禁止族内通婚。谁不遵守要遭雷击。织女还规定孩子到了十四五岁,要举行打牙仪式表示已经成年,才有资格恋爱结婚。刘慧的《也说大汶口文化拔牙习俗的因由》和李耀辉的《大汶口文化拔牙习俗原因及意义探究》质疑"成丁说"和"婚姻说",主要的理由是史前遗址考古发现的拔牙人数只占氏族人口的一部分,还有一部分人没有拔牙的现象无法得到解释。

"服丧说"在古籍中也有记载,明代田汝成《行边纪闻》:"线僚,一曰僚,其种有五……打牙仡佬,父母死,则子妇各折二齿投棺中,云以赠永诀也。"[1]吴永章先生认为投齿于父母棺中的做法,有图腾之遗意,目的是为使祖宗便于辨认其子孙,以便保护其不受侵害,这也可视作巩固民族关系的一种手段[2]。他的这种观点揭示了牙齿所代表的父母与子女之间的生命联系,但目的恐怕非此。

"氏族标志说"则与"成丁说"也有逻辑上的因果关系,因为是成年的标志,于是也就成为氏族的标志。这一说法颇为含混,因为原始部落民的氏族标志只有主要和次要之分,而没有唯一之说,因此,一个氏族中的若干习俗性的现象和事物,都可以作为氏族的标志。张福三教授的这一观点则从神话

---

[1] 田汝成:《行边纪闻》(《滇考》《行边纪闻》《雷波琐记》(合订本),台湾华文书局1968年版。
[2] 吴永章:《凿齿与黑齿、金齿、银齿考述》,《贵州民族学院学报》1992年第2期,第76页。

得出。他认为，百越后裔诸民族流传的洪水神话中，常出现雷公拔牙赠牙的环节，那两个曾经在危难中救助过雷公的兄妹(人类再生的始祖)就是因为雷公赠的牙齿而躲过洪水的浩劫，为人类的再生立下了功劳。他因此推论，雷公是属于崇尚拔牙习俗的氏族的代表，他赠牙给敌对氏族(为不拔牙的氏族)的兄妹，使他们取得了雷公所在的拔牙氏族成员资格，因而也就获得了免受洪水浩劫的护身符①。洪水神话中，内在意义上，雷神是人的祖先。由于此处研究者忽略了雷神和人之间的亲缘关系，强调了氏族部落的敌对关系，把牙齿简单化为洪水灾难的"护身符"，没能深挖背后的深层意义。广西融安地区壮族的洪水神话中则有明确的氏族标志的结论。故事说，洪水之后，为了生育后代，兄妹二人准备结婚，但这违背兄妹不婚的禁律。最后由哥哥拔掉一颗牙齿，表示他是雷公氏族的人，妹妹不拔牙表示他是大力士氏族的后代。两个氏族的青年男女互相通婚，则是符合氏族惯例的。从此壮族就形成拔牙风俗②。这个神话只可以解释男子拔牙，无法解释多数民族之中是男女都拔牙的现象，因此，这种说法只能是当地民众对当地习俗的解释，不具有普遍意义。

第三类观点，围绕拔牙的原始宗教意义展开讨论。主要有模拟巫术说、图腾祖先说、生殖巫术说、献祭说四种。

杨式挺教授认为，拔牙风俗最初的动机和原因，应当是如同人工改变头颅形状、断发文身、雕题文面、穿耳、穿鼻、伤残或切割身体或遗体的某一部位等等之类的一样，都是一种原始信仰仪式③。这一判断无误。只是具体到其原始内涵，学者们的解释，皆不能令人满意。

模拟巫术说，此一观点以张溯、王绚为代表。他们在《论大汶口文化的拔牙和崇獐习俗》中提出，拔牙习俗在大汶口文化流行的时期，同时伴随着以獐牙随葬的习俗。由此，他们推测二者之间存在巫术意义上的关联。他们

---

① 张福三：《凿齿神话的原始内涵》，《思想战线》1987年第4期，第50—51页。
② 莫俊卿：《古代越人的拔牙习俗》，《百越民族史论集》，中国社会科学出版社1982年版，第306—323页。
③ 杨式挺：《略论我国古代的拔牙风俗》，《广西民族研究》2005年第3期，第152页。

认为，大汶口先民青春期拔除上侧门齿与他们的崇獐信仰有关，是模拟巫术的行为，拔掉侧门齿后会突出两个犬齿，由于牙齿变得松弛，使犬齿更有利于生长而更加强壮。而崇獐信仰来源于对于獐的羡慕，獐机敏，擅长奔跑和游泳，为了获得这些能力，于是用獐牙装饰自己。此后王晖在《古"凿齿民"写照：史前獠牙人头像玉雕属性考——兼释史前东南方拔牙习俗与古"凿齿民"形象之矛盾》中更是提出了"拔牙或凿齿是为了在拔牙的部位装上动物的长獠牙"的明确说法。这一观点的缺陷在于，古人是没有办法把獐牙装到牙龈部位的，现有的民族志文献，无论中外，皆无此装饰手段。原始部落民崇尚獠牙，是世界性的现象，有的在脖子部位挂一串獠牙，有的挂在脸部以象征获得野兽的力量，没有植入口中的。因此，这一种推测是不成立的。

生殖巫术说，持这一观点的学者较多。龚维英先生认为，汉族早期洪水神话中拯救了伏羲、女娲兄妹的大葫芦，里面长满了酷似牙齿的葫芦籽，实际上葫芦是女性生殖器的象征，所以在洪水过后，人类从葫芦里再生，这实际上是再生殖的过程。朱狄先生根据一些少数民族的"气从缺齿之处入"的传说，推断原始人类之所以要凿齿，和原始的生殖信仰有关，它使一种类似"气"的神秘物质进入妇女体内而促使她怀孕。至少在我国的一部分地区，凿齿习俗产生的根源在于它是一种生殖巫术[1]。拔牙与生殖具有密切关联，当无问题，但他们没有把牙齿的意义清楚地揭示出来。

学者匡吉从"阴生齿"的神话出发论证拔牙与生殖之间的巫术关系。生活在我国西藏南部的珞巴族传说，他们的始祖斯金金巴巴娜达明和金尼麦包，是天和地交合诞生的女儿和儿子。他们姐弟婚配繁衍人类，然而，姐姐达明"阴生齿"，发生性交障碍，她骑在一个倒掉的树干上，磨掉了自己下处的牙齿，这样，姐弟方能顺利媾合，成为"珞巴族的祖先"[2]。台湾高山族也流传类似故事，说是在新婚之夜，新娘被发现阴户里长着牙齿，直到丈母娘把这些牙齿磨平，新娘才和新郎完成了性生活。再如美洲印第安人传说中有一个

---

[1]朱狄：《信仰时代的文明》，中国青年出版社1999年版。
[2]谷德明：《中国少数民族神话选》，中国民间文艺出版社1987年版。

常见的母题，即必须把阴户中的牙齿打掉，男子才可以安全地同女子交合。研究者认为上述神话思维判断体现了一种口、阴一致的意识。根据顺势巫术产生的原则，同样的因可以产生同样的果。既然阴部无牙可拔，只有拔掉口中的牙，这样，"阴生齿"自然就不复存在了，人类自然可以顺利媾合，繁衍后代。同样，人类通过拔牙这种巫术手段，获得了一个希望得到的结果——既保持了女性繁育的能力，又消弭了其毁灭的能力。这就是拔牙产生的真正原因，亦即拔牙的巫术意义①。

"生殖巫术说"的缺陷在于，可以解释女子拔牙的宗教意义，却无法解释男子的拔牙行为。

图腾祖先说，此观点为陈星灿教授提出。他考察了世界范围内的成人仪式中有一种死而复生的环节，认为拔牙与此仪式相关。他认为，原始人拔牙的目的极可能是为了让图腾和祖先的灵魂进入体内。拔出的牙齿一般都是门齿，拔牙给人带来的痛苦从而引起的昏厥，不仅有利于图腾或祖先的灵魂进入体内，而且拔牙后的空隙给他开了一道畅通无阻的门，灵魂借此才能安全进入体内。一旦灵魂入体，受礼者便安全地"诞生"了②。这一观点与前面所述朱狄之思路近似，只不过朱狄的"气"在这里变成了图腾祖先的灵魂。这一说法较之生殖巫术的观点似乎更为迂曲。

献祭说，为刘慧所提出。她认为拔牙风俗之最初原因在于祈求神灵的原谅及更多的恩赐，将牙齿作为祭物献给神灵，以求安身立命，以期获得更多的食物。其理由是，对父系氏族社会的史前人来说，随着人类控制自然能力的日益扩大，那些操纵自然物和自然力的神灵的权能也相应扩大，人的依赖感和畏惧也随之增加，人们通过献祭以求得神的帮助和原谅来满足自己的需要。拔牙习俗的形成，就是大汶口文化居民献祭行为的结果。而且，拔掉两个侧门齿，既不严重影响啃咬功能，一开口又能明显地表露给神灵。在此意义上，拔掉侧门齿的措施，对大汶口文化时期的人来说，无疑是一种两全的

---

① 匡吉：《拔牙风俗之巫术意义初探——兼论凿齿》，《南方文物》1993年第4期，第98页。
② 陈星灿：《中国新石器时代拔牙风俗新探》，《考古》1996年第4期，第62页。

选择①。献祭说似乎接近了拔牙的原始意义，但作者未展开具体论证，把拔牙与其他献祭行为的功能完全等同，失去了论述的针对性。

拔牙的原始宗教意义，实质上是初民对于生命延续与生命永恒的实用追求。

前人的论述中，常常把牙齿本身的象征意义忽略了。在西方文化中，牙齿常常象征生命力、生育能力、性能力和精子。在古代神话传说里，武士常常从种有龙牙的泥土中生长出来。把七岁男孩拔下的牙齿嵌在黄金或白银上，可以帮助妇女避孕②。此处的牙齿分明是生命之种，具有神秘的力量。嵌在黄金、白银上意味着离开泥土，失去生长能力，故此巫术导致妇女不能怀孕。此与雷公拔牙种植葫芦含义完全相同。在西方，梦的象征体系中，牙齿还被认为与性有联系：咬着或者嚼着食物的坚固牙齿象征勃勃的活力；梦见掉牙齿和牙疼一样，与性交能力和阳痿有关。作为发泄精力的一种方式，手淫会使人梦见掉牙。这里牙齿无疑是旺盛生命力的象征。在中国人的日常预兆中，很早以来就把梦见掉牙与亲人的死亡联系在一起。黎族五大方言区在生活禁忌方面，皆有"梦见牙齿掉落，预示有人死亡"的说法。

牙齿作为生命之种的象征导致形成拔牙的巫术行为，是初民对自身生命长期观察的经验与大自然生物生长规律沟通的结果。

他们观察到，一个生命诞生后，只有牙齿从无到有在生长（指甲与头发也一直在生长，亦具有神秘的巫术功能，江绍原《发须爪》有精彩论说），而且在换牙期脱落再生，不同的人还会在不同的年龄段长出新牙。在他们看来，牙齿具有极强的生命力与繁殖力。人的生命力的旺盛与衰弱在牙齿的形态上也有直观明显的反应，壮年人齿牙致密坚固，老年人朽坏脱落。通过对死亡的观察，他们还发现人的肉体中最为永恒坚固的就是牙齿，头发柔韧无力，骨骼散乱不堪，年久变色朽坏。他们认为人是自然中的一分子，此神秘的牙齿也是自然力的伟大创造。

---

①刘慧：《也说大汶口文化拔牙习俗的因由》，《民俗研究》1996年第4期，第26—29页。
②汉斯·彼德曼：《世界文化象征辞典》，刘玉红译，漓江出版社2000年版，第398页。

远古文化基因的通与变——比较视野下的海南黎族原始宗教专题论稿

原始初民在大自然中找到了与牙齿的对应物，那就是葫芦籽。凡是见过葫芦籽的人，都会有一种鲜明的印象，与人的门牙极其相似。西南地区的一则洪水神话中，雷公牙种下去，发芽、开花，结出一个奇大无比的葫芦。兄妹俩锯开葫芦的盖子一看，葫芦里的景象真是吓人，密密麻麻地生长了无数的牙齿[1]。神话中雷公的牙齿就是种，葫芦中的"牙齿"也是种，是植物的种，也是人种。"没有拔牙就没有葫芦，神话具体叙述的雷公牙齿如何变成葫芦的过程，这与其说是象征人类生殖过程，还不如说是表达一个人的成长过程。"[2]台湾的邵人拔牙仪式完成以后，用左手把牙齿拾起来，埋在主人家的屋柱下[3]。布农人有的埋在粮仓前的中柱之下[4]。这其中暗示牙齿与人的生命和植物的生命都有关系。

当然，在许多瓜类的种子中，与牙齿相似的还有很多。因此，许多瓜类也成为先民的生殖崇拜对象，成为中华民族生殖文化中之奇观。但人们最普遍崇奉的还是葫芦，多子，生殖力强，与子宫相似，小葫芦与胎儿相似，容易种植。感应巫术使得先民们认为人可以从大自然中获取某一类作物的某一特性。生殖繁衍，保存生命是他们的基本需求，葫芦自是他们的最佳选择。而且，在长江流域的河姆渡遗址中出土了人工种植的葫芦，可见距今 7000 余年以前的居民就已经将葫芦作为生活必需品了。初民把人的生命过程与植物的生命过程进行细致类比，当在农业种植发生以后。原始农业中，当作物成熟时，要先选择颗粒饱满的作为种子储存起来，待来年种植时使用，种植葫芦亦必如此。来年的新的作物就是生命的延续。拔牙习俗即仿效农业生产的收获藏种仪式。成人礼意味着生命的成熟，不同民族地区对于成丁的标准划分不一，古代汉族 18 岁行成人礼。此时就要像农业作物的收获一样，取得果实——牙齿，同时也是种子，保存在自己身边。中国民族拔牙普遍在侧

---

[1] 袁珂：《中国神话传说》（上），中国民间文艺出版社 1984 年版，第 53 页。
[2] 张福三：《凿齿神话的原始内涵》，《思想战线》1987 年第 4 期，第 53 页。
[3] 莫俊卿：《古代越人的拔牙习俗》，《百越民族史论集》，中国社会科学出版社 1982 年版，第 306—323 页。
[4] 何星亮：《近代台湾高山族诸族群的拔牙风俗源流与分布》，《贵州民族研究》2020 年第 7 期，第 61 页。

门齿，与其他国家迥异，估计与葫芦信仰相关，牙齿中与葫芦籽最相似的就是门牙，不拔大门牙，估计考虑到咀嚼食物的便利。结婚时凿齿，除表示成熟外，如前引西方说法，恐含有生殖巫术的意义。廖明君说，先有拔牙而后婚嫁是为了让男女双方增强生殖力有利于后代的繁衍[1]。此处生殖力的增强目的在于怀孕，而功能来自那颗作为神奇种子的牙齿。我们看前面所述台湾少数民族，结婚时夫妻互换牙齿保存，其中暗示的意义是鲜明的。至于丧葬之时拔牙放入父母的棺木之中，自然是投下神秘的生命之种，使父母的生命能够获得再生，所关注的还是生命的延续。如此，婚姻、服丧等人生不同阶段的拔牙都得到合理的解释。

拔牙习俗，随着文明的进步，逐步以装饰牙齿代替，越来越成为一种象征行为。装饰牙齿分两种，一种是包以金银，一种是染齿。在20世纪50年代，东方市黎族盛行染齿风俗。青年男女用一种特殊的树皮熬汁把牙齿染黑，据说这样牙齿才好看[2]。《蛮书》载："金齿蛮以金缕片裹其齿，银齿蛮以银。"百越后裔之壮族既有染齿，亦有包齿。20世纪50年代以后，壮族青年盛行以金银包牙，主要是上颌侧门齿。在广西一些偏僻的乡村，至今尚可见漆齿的老妇人。

洪水再生之葫芦与拔牙习俗的产生孰先孰后，难以定论。要之，皆从古人关于生命的认识衍生而来。需要再次强调的是，在后世颇盛行拔牙风俗的广西和海南，史前文化遗址中尚未发现考古遗存。我们期待更多的证据出现，以深化对拔牙古俗的研究。

---

[1] 廖明君：《生殖崇拜的文化解读》，广西人民出版社2006年版，第282页。
[2] 中南民族学院编辑组：《海南岛黎族社会调查》，广西民族出版社1992年版，第446—447页。

第四章　巫术与禁忌

本章所讨论之内容，非黎族全部的宗教巫术和生产生活禁忌。就普遍性而言，选取神话、生产、节庆中的巫术运用展开剖析；就特殊性而言，禁母禁公的黑巫术现象具有本民族的独特意义。

第一节　巫术的广泛性

海南黎族的原始巫术，与世界上其他民族早期的巫术一样，普遍地参与着黎族人民的生活，可以说，是与生活共存的，无处不在，无刻不在。从人的生老病死，到农业和狩猎的生产活动，再到神话的创造，艺术的生产，都处处渗透着巫术思维的强烈影响。巫术对于现实不同领域的影响程度，总是随时随地因主客观条件的不同而发生着变化，但总体上随着时间的推移，人们生活方式和生活观念发生了巨大变化，巫术干预现实的力量呈现衰弱的趋势。

黎族巫术的表现形式也具有多样性。例如最常见的占卜，就有鸡卜、蛋卜、石卜、泥包卜、毛巾卜、米卜、筊杯卜、树皮卜、铁铲卜等。其中，石卜、泥包卜、毛巾卜皆属于蛋卜的替换形式。树皮卜、铁铲卜与筊杯卜原理一致。鸡卜属于百越后裔民族最常见的占卜形式。蛋卜与卵生神话、生殖崇拜有密切关系。米卜则来源于稻魂信仰。全面彻底地讨论黎族的每一巫术现象，非本研究之任务。下面选取几个领域的巫术现象进行讨论。

一、洪水神话中之巫术

黎族洪水神话中之遗民，或为兄妹，或为姐弟，或为男女，还有一类，遗民正常结婚，生下一对子女后再实行兄妹婚。

人类的再生无疑是洪水神话的核心。有学者云："世界各国的洪水神话，其形态无论怎样千差万别，都由两个主要内容组成：一是湮灭世界的大洪水；一是洪水后幸存的少数遗民重新繁衍出新的人类。中国洪水神话在内容上一般也由这两部分构成。不过，它们在具体表述方式和细节上又有自己鲜明的民族风格。"[1]有关人类再生情节的部分，兄妹婚具有典型的特征，而百越后裔诸民族表现尤其突出。"在壮侗语族各族的神话里，都普遍有兄妹亲的情节，说是水淹天下之后，只剩下兄妹俩，他们不愿结亲。但为了繁衍人类，在雷王的苦劝或神仙的启示下，经过若干灵验的显示勉强结合，以延续人类的苗裔。这反映了氏族社会早期的血缘婚转变为族外婚的历史事实。"[2]

兄妹婚的结合经历了种种复杂的占卜程序，陈建宪教授总结雷公报仇型的占卜手段有：A. 山头滚石磨；B. 隔河投线穿针；C. 绕山追逐；D. 让弄碎的乌龟或竹子复原；E. 其他。[3]百越后裔诸族实际情形更为繁复，"如侗族先后经过问竹、问松、问石、烟柱相绕、南山北山两股流水汇合、问棕树、问乌龟、滚石磨等8个程序，兄妹才肯成婚。布依族4个程序，其中抛线穿针最难。壮族经过问乌龟、问竹、问乌鸦、滚石磨、烧火生烟、转山等6个程序。其他民族也都经过几个程序，如仫佬族虽然只有问金龟和转山两个程序，但转山达36圈之多"[4]。同样，黎族之兄妹婚也经过了各种各样的神谕程序。占卜环节的反复出现，说明洪水的人类再生故事是"黎族脱离群婚制，进入人类文明时期而逐渐形成的非血缘婚配观念的产物。它一方面反

---

[1] 陈建宪：《中国洪水神话的类型与分布》，苑利主编《二十世纪中国民俗学经典·神话卷》，学苑出版社2002年版，第349页。

[2] 马学良等主编：《中国少数民族文学史》，中央民族大学出版社1992年版，第113页。

[3] 陈建宪：《中国洪水神话的类型与分布》，苑利主编《二十世纪中国民俗学经典·神话卷》，学苑出版社2002年版，第354页。

[4] 马学良等编：《中国少数民族文学比较研究》，中央民族大学出版社1997年版，第56页。

映出,近亲血缘通婚是一种为'天'所不容的恶行,另一方面为着人类繁衍永存,又无他法的矛盾。聪明的故事编者们,仍然通过'天意',来解决这种貌似不能解决的尖锐矛盾"[1]。

严格说,一般著作将此母题命名为难题或考验是不恰当的,因为主人公兄妹二人并非要冲破重重阻碍达成自己的主观愿望。他们的结合是被迫的,上天或上天的使者告诉他们结婚是天意,为此向他们显示了种种神谕之兆,他们对于神兆的显现是不情愿的,甚至是拒斥的态度。之所以出现那么多反复的占卜过程,是因为他们一直顽强地抵制此种婚姻形式。为了人类的繁衍,上天不得不一次次用神奇的预兆使他们接受上天的旨意。

相较于其他民族之神谕形式,黎族此母题具有自己的特点。第一,神谕形式多样化,共有四种基本形式,许多异文在基本形式的基础上组合变化;第二,神谕之兆过程相对简单,没有其他民族繁杂;第三,神谕中主人公对待占卜结果的态度与其他民族不同;第四,有的母题将婚前的神谕变为婚后的惩戒。下面以四种基本形式为中心,结合上面四点内容展开民族之间的比较分析,阐明黎族之特点。

(一) 由雷公或天神直接证明上天的旨意

《人类的起源》中,叙述神谕的过程:"世界上只有他们两个人了,他们感到了孤单和忧愁,不禁哭了起来。恰好天上的雷公从这里经过,听见哭声,就下来问他们:'你们为什么哭呢?有什么悲伤的事吗?'他们说:'我们没有父母兄弟姐妹,现在世界上都没有其他人了,只有我们兄妹两人。到处都是荒草杂树,今后怎样过日子呢?怎样活下去呢?'雷公说:'不要怕,不要愁,我帮助你们。这样好了,你们就结为夫妻吧!等到生了孩子以后,我会来帮助你们的。'哥哥听他这么说,急起来,忙说道:'不行,我们是兄妹,不能成为夫妻的,雷公会劈死的。'雷公说:'你们不要怕,我就是雷公,不会劈你们的。'兄妹俩却摇摇头,不相信。雷公为了使他们相信,就发起威

---

[1]韩伯泉、郭小东:《黎族民间文学概说》,广东民族学院民族研究所1984年版,第12页。

来。一会儿，天上响起'隆隆隆'的声音，一阵比一阵响，震得地也动起来。不久，只见河水被分开，树木被劈倒。雷公笑着对他们说：'看见了吧，相信我好了。'他们听雷公的话，结成了夫妻。"

上述故事情节中，人类惧怕乱伦招来天打雷劈，这是中国民间传统中的普遍观念。而惩戒的施行者表示可以免除处罚，并证明了自己的身份时，兄妹二人就顺从接受了雷公的建议。这一母题在百越其他民族中是极为少见的，而在黎族的成婚母题中却非常普遍。这是否意味着此一情节是后来衍化形成的呢？还不能武断下结论。此情节似乎未受到其他民族之影响，应是在岛内独立产生。黎族有谚语："天上雷公，人间道公，地下祖公。"这是人们最畏惧的三类神灵代表，雷公鬼的信仰在黎族社会中非常普遍，渗透于他们日常生活的方方面面。"在黎族的传统观念里，雷公是代天执法和行刑之神。雷公一方面能窥见一切人间事，谁做好事谁做坏事，谁有涵养谁没有道德，它都一目了然。所以凡是没有道德和做坏事之人都会受到雷公的惩罚。"[①]在白沙县细水乡之黎族，雷电击毙之人被认为不祥，尸体不得进屋，埋葬时尸体脸面朝下。如雷劈树木，土地之主人必须请鬼公杀牛祭祀。陵水加茂方言之黎族，有所谓"标雷鬼"之禁地，以几个村寨为单位，选择一块荒野，用小木、树枝、瑞草叶等材料搭盖一间简易的小房子设祭坛。如有人无意踩踏此禁地，则十天内必发病[②]。

但是，在另一则神话《姐弟和葫芦瓜的传说》中，雷公劝谕姐弟结婚，然后以劈树、劈石、劈水证明，劈水却失败了。劈开的水又复合了，雷公说了一句奇怪的话以后，二人接受了他的建议。那句话是"水相连，要劈水，劈手打到脚，劈脚打到手"。意思颇为晦涩，似乎是说：水是连在一起的，不能劈开的（暗示姐弟二人不能分离）。如果要劈水成功，除非发生劈手打脚的反常现象，否则这种行为是不被允许的。这里的情节在讲述中有些矛盾，如

[①] 高泽强、潘先锷：《祭祀与避邪——黎族民间信仰文化初探》，云南民族出版社2007年版，第184—185页。

[②] 高泽强、潘先锷：《祭祀与避邪——黎族民间信仰文化初探》，云南民族出版社2007年版，第185页。

要允许姐弟婚的发生，雷劈应当成功，而某一环节却失效了，神给出的理由似乎是黎族人民的固有观念：雷公不能劈水。但前一个神话却劈水成功，颇令人费解。如果从神话象征的角度去看，实则与一系列神谕事件的安排所要表达的人类对血缘婚从拒斥到接受的这个心理过程一样，这里的上天旨意，也并非百分之百的决定，表现了一种折中与勉强。在人类不得不继续繁衍的前提下，上天不得不做出这样一个艰难的有违伦理的决定。只不过，在其他文本中，人类是勉强的接受者，这里上天是勉强的裁决者。

（二）先后问龟、竹以占卜

向自然界的神灵发问寻求选择之道，是神话传说中常见的模式，在百越后裔诸族洪水神话中最为突出。他们所询问的对象基本固定于松、竹、龟，可见其共同渊源。不同的民族，作为神兆环节的一部分，向神灵发问的方式各不相同。黎族之《螃蟹精》经过山龟、竹子、雷公的依次建议，兄妹才成婚。关于龟、竹之问，情节如下："他们为了生存，繁衍后代，走遍天涯海角，始终见不到人的影子。而他们又是同胞兄妹，是不能结婚的。有一天，他们在山上遇见一只大山龟，就问龟说：'龟呀！天下还有人吗？'龟说：'天下再没有人了，就只剩下你兄妹俩，你们就成亲吧！'兄妹听了生气起来，搬起一块大石头，不但把龟压扁了，把龟壳也压成碎片了。兄妹气呼呼地对龟说：'要我们结为夫妻，除非你能把碎片回合原状！'说完，他们又到别处去了。又有一天，他们看见一棵青竹说：'青竹呀！天下还有人吗？'青竹说：'天下再没有人了，就只剩下你兄妹俩，你们就成亲吧！'兄妹又生起气来，把青竹折成一节节的，乱丢在地上，还狠狠地对青竹说：'要我们结为夫妻，除非你能把一节一节的竹子接回原状！'后来，龟壳碎片果然结合起来，折断了的竹子也一节节连接起来了。"然后是雷公劝谕，兄妹惧怕雷劈，雷公劈开大树证明自己的身份，表示他们不会受到惩罚，于是乎兄妹成婚。壮族《布伯的故事》中伏依兄妹也曾问龟、竹，龟、竹死而复生，与黎族几乎一致。毛南、侗、水等族表现出了另外的特点。神话的主人公并未以自然神灵死而复生为结婚之条件，而是在得到必须结婚的回答后，报复了龟、竹、松。毛南族《盘古的故事》中，土地爷建议兄妹结婚，古妹把他推进小石洞；松树让他们成亲，古妹撕碎松树的叶子，用刀砍得松树满身疮疤，诅咒"砍一蔸死绝一蔸"；询问乌龟，得到肯定之暗示，古妹用石头打得龟壳裂开。侗族《捉雷公引起的故事》中姜妹也是在听到松、竹关于兄妹婚的肯定回答之后，痛砍松、竹。砍断的竹子是他们成婚后接上去的。水族《人类的来源》中罗汉竹和鱼老鸹回答了问题后，兄妹二人诅咒罗汉竹长不齐，结疤癞，鱼老鸹被捆脖子。

可以推测，黎族、壮族之问卜情节应是更早的形式，毛南、侗水等族之情节当是后来衍生，突出表达了人对血缘婚的厌恶之情。

黎族之神谕环节单一简略，像兄妹二人隔河穿针引线、山顶推石磨、转山追逐（哥哥从后面追赶妹妹，但要面对面碰上）、点两股烟相合等情节单元，在黎族之中是没有的，但却增加了另外的成婚形式。

二、生产活动中的巫术与禁忌

（一）刀耕火种的生态文化和合亩制的劳动分工

历史上海南岛黎族的经济文化类型，是以稻作犁耕农业文化类型为主导，辅以锄耕农业和狩猎、捕鱼、采集的经济文化类型。在筚路蓝缕艰辛开拓的历史进程中，黎族人民创造出三种农业文明生产形态：山地刀耕火种农业、平原低地稻作农业和丘陵稻作农业。这几种农业形态中历史最为悠久性的，是刀耕火种的生产方式。而这种生产方式，深刻表现了黎族先民在保存自我、征服自然的过程中处理人与自然关系的生态智慧。

首先，我们简要介绍一下黎族刀耕火种的基本程序。

黎族山地的刀耕火种，本地人又叫种山栏，山栏指旱稻。一年一造，耕作不翻土，从山地里收获旱稻、薯类、豆类和瓜菜等。每块地采用轮歇的方式耕种。共分六个程序：

第一，选地。每年农历一月的时候，男子上山选地，一般选树木茂盛的肥沃山地。沙质地种玉米，黏土地种稻子。在选定的"山栏"地周围，打上特殊的草结，俗语叫"插星"，告诉别人，这块地自己已经占有了，别人就不会来。

第二，砍伐。二月间，男女带钩刀上山，先把山地里的小树和杂草清理干净，再由男子爬上大树把树枝砍下来。

第三，焚烧。山地砍伐后，要经过一段时间将砍倒的树木和杂草晒干。三月的时候，在炽热的阳光下顺风点火，烧掉树木和杂草。一直将所有未烧尽的干枝烧完。

第四，种植。山栏地经过雨水浇灌以后进行播种。先种玉米，玉米长到一尺高再种稻谷，间种薯类和豆类，旁边种南瓜，充分利用每一点土地。下种的时候，种子不催芽而直接点种。男子使用一根削尖的木棍，用木棍的尖端在地上戳一个穴，女子挎腰篓跟在后面点种，点完一个用右脚踩土埋住。

第五，管理。山栏地要用篱笆围住，中间搭一个守望的茅屋。在作物的发苗期间，进行除草。作物开始结实的时候，白天赶鸟儿，晚上防卫野猪的破坏。

第六，收获。不同的作物收获的时间是不一样的，七月收玉米，九月、十月收获稻子和瓜菜，十一月收薯类和豆类。收山栏稻的时候，女人们用手镰捻稻穗，收集成一把一把，男子在山栏地里搭起晾晒的木架，把稻穗一把一把插在晾晒架上晒干，到春节前夕才搬回家去。

黎族处于一个以热带雨林为核心的生态系统中。生态人类学家尹绍亭先生曾经称刀耕火种是"森林孕育的农耕文化"。他认为，少数民族刀耕火种农业的良性发展以森林生态系统的平衡和良性循环为前提，如果森林生态系统的平衡遭受破坏，那么刀耕火种农业生态系统就会崩溃。在与森林朝夕相伴的漫漫岁月中，黎族人民深刻地认识到森林与生态系统之间、自然生态系统与农业生态系统之间的生态链关系，并将这种认识娴熟地运用于生产实践中。

首先，他们对山栏地的选择不是任意的，参天大树密集的森林他们是不去破坏的，即使是山栏地树木的砍伐，对大树和小树也不是掘根而起，彻底铲除，大树留干，小树留根。轮歇期间，树木会焕发出新的生命力。在农业活动中，哪几片森林可以砍种，哪几片森林则不能砍伐，都有习惯法的规定，砍伐活动不是毫无节制的。

其次，火的使用得到有效控制。有人将刀耕火种描绘为"一把刀、一把火"。历史文献的记载中说刀耕火种是"烈山泽而焚之"，后来又说南方山地民族"烧山焚林"。乍一看这种文字记载，似乎刀耕火种民族居住的山区山火漫山遍野，草木烧光。如果真是这样，经历千百年，这些地区早已变为焦土了！事实上，海南岛黎族生活的地区是热带森林覆盖率高的地区，是海南岛的肺部。其中一个重要原因，就是黎族在烧山过程中有一套严格的防火措施。黎族一般对村寨的林地实行规划耕种，根据规划顺序逐块砍烧林地，实现轮歇。对于抛荒休闲的林地则认真加以保护，尽量避免发生火灾。每当烧地的时候，并不是胡乱放火。我们前面所讲，烧田是在砍伐完晒干以后，焚烧草木是集中一起进行，周围采取适当隔离措施，不至于影响到该山栏地之外，造成火灾。

再次，轮歇的耕种方式，使得地力得到保护和恢复。刀耕火种既然以"砍"和"烧"作为两道基本工序，必然要破坏森林资源。问题的关键是人类是否履行了保护自然的责任和义务。如果每砍伐一片森林后，采取竭泽而渔的方法，连年播种，最终地力耗尽、荒芜不毛。那么，日积月累，刀耕火种依赖的森林资源将最终耗尽。刀耕火种农业文明要诞生，必然破坏森林资源，刀耕火种文明要延续，必须恢复或重建森林生态系统。这就是人类需求与自然需求在刀耕火种中的对立统一。

与刀耕火种相联系，20世纪解放前夕黎族中保留一种特殊的制度——合亩制，是一种由若干血缘关系的父系家庭组成的共同劳动，按户平分产品的组织。这里再强调一点，刀耕火种是黎族运用的一种特殊的生产方式，但不是唯一方式。通过调查得知，那时实行合亩制的地区包括保亭、琼中、乐东三县交界的五指山中心地带，人口1.3万余人。学者们称实行这种制度的地区叫合亩地区。人口虽不多，对于探讨人类社会制度的发展却具有重大意义。许多研究者对合亩制的性质提出了各种观点，我们这里不去探讨它。我们重点在剖析展示这种曾经存在的独特制度文化的内涵。

合亩是汉称，黎语称为"纹茂"，即血缘近亲组成的家族之意。合作耕种伙有土地就是以前合亩地区黎族农民从事农业生产活动的主要组织形式。

在这种制度中有一套独特的农业分工。黎族合亩地区实行男女分工和年龄分工。男子干主要的农活，女子干次要的农活，老人带小孩，十岁以上的小孩干些家庭副业等辅助劳动。男女分工是主要的分工形式，且极为严格。男子负责犁田、耙田、挑担、种山栏时戳穴和播种等粗重的劳动，妇女则干拔秧、插秧、下山栏种、割稻、养禽畜、舂米、挑水、砍柴、煮饭、照顾小孩等较细致的农活和家务劳动。据20世纪50年代广东少数民族历史调查组的观察，在保亭县毛枝村（今属五指山市）的一次劳动之中，曾出现49个妇女集中在一块半亩地的稻田中捻稻穗，20多个男子驱赶20多头牛在两亩多的一块农田里犁地。男女分工不可逾越。即使在稻谷成熟的时节遇上了风雨需要抢收时，男人们并不会上前面帮助妇女们捻稻子，而妇女们则宁愿把捻下的稻子放在稻田边任由雨水淋湿，也不会帮助男人们挑回去。这里面有原始宗教禁忌的因素。

（二）农业耕作中的巫术与禁忌

每个合亩有一亩头，黎语称为"俄布笼"，原意为"家长"。其职位按班辈、长幼递传，亩头死后由其弟担任，无弟传给长子。担任亩头者，必须具备以下条件：一是长辈，二是能领导生产，懂得生产前后的各种宗教仪式，三是已婚。即使是长子，如果未婚，亩头之位即传给其已婚之弟继任。亩头负责领导合亩的集体生产和分配，调解合亩内各个成员之间或合亩之间的纠纷，执行生产前后的宗教仪式。亩头的妻子协助亩头组织妇女的生产活动。亩头几乎没有任何特权，与大家一起参加生产劳动，有时候的付出还要超过别人。有的学者称这种管理为原始家庭公社的社会形式。

在黎族合亩制农业生产中，伴随一系列的仪式与禁忌。表现了黎族人民对于农业的重视，表达了人们在征服自然的力量不强大的时代所采取的向超自然力量求助的愿望。

农业生产环节的所有神秘仪式都是亩头主持的，下面我们按照生产的环节分别叙述。

第一，播种环节。稻子的播种要选择吉利的日子。比如猪日、虫日都不能播种。这里解释一下，黎族传统的记日的方法，是十二天一个循环，每天对应一种动物，比如猪狗鸡羊牛鼠等。野猪和虫子都是损害庄稼的，恰逢这样的日子自然不宜播种。播种的当天早晨，亩头夫妻二人要到河里洗澡、洗头、穿新衣服。下午，亩头带锄头下田播种，在出工的路上其他人碰见亩头都要回避，亩头一路不能说话。亩头回家后，在门口插一束树叶，严禁外人进入。第二天合亩内其他人才开始正式播种。五天之内，亩头不能和妻子同房，不准睡午觉，不准与异性说话，不准唱歌，不准喝酒，不准吃肉，只能吃鱼，做鱼不能放盐，会把秧苗碱死。五天以后才能照常随意活动。

台湾高山族在播种祭这天，也有许多禁忌。如各家休息不工作，并遵守不能砍树、拔草、争吵、拿针等禁忌，如果不遵守则会影响作物的生长，等到祭田上的小米抽出新芽时，就开始实际的播种。

台湾高山族中的农业耕种前也有相应的祭祀仪式。排湾人祭主家要预先酿制糯米酒，而各家户都要打制糯米糕，在播种祭当天天还未亮时，祭主带着小米种子和酒肉到自家田里，找一块地整理成祭田，并在中央插一根茅草，用左手抓小米少许，闭目洒酒，再以右手播种小米，之后由祭主独自将剩余的肉、酒洒到田中。排湾人祭祀后的隔天早上，每户各派一人，只吃麻糬，禁止饮酒，以女子为主为头目开垦新的田地，这种新田就是"祭田"①。

第二，插秧仪式。亩头先下田插两三株秧苗，然后用竹枝把它严密地围起来，以防牲畜吃掉。下午，亩头的妻子去插一大片，第二天，合亩内其他人才去插秧，等到插秧完毕，才把那些竹子篱笆拆去。亩头的那几株秧苗，象征着稻子的灵魂，如不看管好，受到损害，插秧不能顺利完成，所以，直到插秧完毕，禁忌才解除。

第三，稻子扬花环节。当稻子开始扬花时，亩头夫妻二人拿着稻秆到河边，由别人把稻秆烧了，亩头夫妇用灰洗头，象征着稻子扬花。这是一种交

---

① 张伟豪：《台湾高山族农耕祭仪一瞥》，《中国民族》2012年第1期，第27页。

感巫术。汉族地区有的地方在旧时代,在稻子扬花的时节,夫妻二人在田头过夜,其中的道理与黎族的巫术近似。

第四,收割环节。选择吉日,亩头夫妇洗头穿新衣。上午亩头割下他插的那几株稻子,取回家放在火炉架之上,不能吃,象征着把稻子的灵魂取回来。下午,亩头的妻子割十二把稻子。第二天,合亩内其他妇女才能收割,男人们搭晾晒架子,亩头还要上山割一些白藤叶子挂在架子上辟邪,保护稻子。

第五,吃新谷环节。选择吉日,亩头妻子把收获的十二把谷子舂好,为亩头做饭,如果他的妻子不是本村人,则不能吃第一顿新米饭。之后,合亩内其他人才能开始吃新米。吃完新米,各家男人择吉日,把一支白藤叶放在各家谷仓门口。

台湾的排湾人每到粟的收获季节,新开垦的土地所收的粟,要用来制麻糍、酿酒,献给神灵,然后再分给所有人享用。在这块神圣的田里,吵架或杀蛇是禁忌,会造成粟的歉收,如果有违反,则要举行祭仪,重新进行一次。开垦回来后,大家集合在头目家中分配猎获物,然后由某人手持粟种,高声念唱,祈求丰收,接着才吃饭饮酒。

上面黎族的几个农耕环节的神秘仪式中,最重要的是保护稻魂。在人类的早期,万物有灵观念是他们的思维方式之一,就比如黎族,稻有稻魂,牛有牛魂,酒有酒魂,都有一系列禁忌巫术伴随。当然,这个现象,非黎族所独有,就稻魂而言,中国南方稻作文化区的许多少数民族都有这样的观念和相类似的巫术。黎族的稻魂有民族的特点。在他们的内心世界,稻魂是一对夫妻,他们称其为稻公、稻母,是他们的先祖。每一块稻田都要取稻公、稻母留存。每当稻谷成熟时节,亩头在每块稻田上要绑扎四捆稻子,并放一团米饭在绑扎之处,等待这块稻子割完了,便由亩头的妻子最后收割这四捆稻子。

高山族的排湾人也有这种专门种植的稻子。在开始播粟祭的前一天,要在不同于田地的它处,做一块一平方公尺的祭田,周围用木头做记号。第二天早上,由一名男子或女子,带着小孩,拿着放在路途中的竹筒及一把粟种，令小孩洒水播种。做此事的小孩，在今后的一年之中绝对不可以砍树、摘树叶。到收割时，要先收割这块田里的粟，同时要把"一把"说成"一百"、"两把"说成"两百"、"五把"说成"五百"，以此祈求能从广大农田中收割到大量的农作物①。

黎族的稻公、稻母由亩头管理，放在谷仓的最底层。平时，所有人都不敢也不愿意拿它出来吃，更不能借给别人。否则，粮食将会歉收。等到第二年丰收以后，才把头一年的稻公、稻母拿来酿酒喝，合亩的全体成员都参加，边喝酒边歌唱，庆祝丰收，祝愿人畜两旺。居住在台湾阿里山的邹人也有类似的仪式。第一天将祭田中仅剩的一穗小米，由司祭右手提着猪耳及茅束在小米上挥动五次，然后进入祭田田舍，在最初割取的一穗小米上，挥动猪耳及茅束五次，取穗放入篓中。返回家后，将这两穗小米压在圣粟仓中的其他圣粟上面，并将圣粟与圣粟种分开放置，从此关闭圣粟仓，让粟神在明年除草祭之前会一直留在里面②。

原始初民对客观世界的解释和认识，局限于由已知求未知，认为他们所感受到的周围的一切自然因素和自然力，都和人一样具有灵性、能力，而且这种能力是巨大的、超人的。因此，原始初民在社会实践的基础上，对一切自然因素和自然力的灵魂加以崇拜，这种互渗意识在稻作文化中也十分明显。稻谷的生长过程与人的生长过程有相对应的关系，稻谷的生死轮回也与一些民族如哈尼族所持的人的生死观相对应，稻谷生长的每一阶段如同人一生中的重大时刻一样，具有重大的意义。稻谷生长的每一个阶段都被认为有灵魂丢失的危险，故而秧神、禾神、谷神、米神，及保护谷魂栖身的土地神、田神、仓神等神祇，必须得到人们的尊敬、保护和膜拜。稻草是稻魂寄身处之一③。

有一种特殊的宗教仪式，与稻谷神灵密切相关，就是拜谷仓鬼仪式。这

---

①张伟豪：《台湾高山族农耕祭仪一瞥》，《中国民族》2012年第1期，第27页。
②张伟豪：《台湾高山族农耕祭仪一瞥》，《中国民族》2012年第1期，第28页。
③李子贤、胡立耘：《西南少数民族的稻作文化与稻作神话》，《楚雄师专学报》2000年第1期，第71页。

个仪式在谷仓内举行,参加人员有道公、谷仓主家以及前来敲锣打鼓的帮忙者。整个过程有一系列步骤:

谷仓主家从下午开始做准备工作,如派人请道公,同时置办供品。要杀头十多斤重的猪崽,脱毛煮熟,去掉内脏。再杀只半斤重的小鸡,也要煮熟备好。蒸五小块糯米圆饼和一块大圆饼。另外,准备两碗已脱粒的山栏米,米上各插炷香,倒三杯山栏酒,待一切准备好就等待仪式开始。

当太阳已经下山,据说此时谷仓鬼已悄悄回到了谷仓中,于是晚饭前即可进行拜谷鬼活动。道公带领众人到谷仓面前,主家打开仓门,并把盛放祭品的圆形箩筐垫放在谷仓内的米堆上。道公与谷家主妇依次低头钻入谷仓内,主家点燃香火蹲在仓门内两侧,道公背对谷仓门,跪在米堆上。他的前面便是盛放供品的箩垫,他把自己的神印也放在箩垫里。谷仓里还挤进去一名老者,手里提着酒壶。谷仓里米堆与仓顶的间距很小,无法伸腰,几个人挤在一起,守着一盏如豆的灯火,开始拜谷仓鬼。

仪式正式开始后,谷仓外有数名青年敲锣打鼓,引来一些围观者,其中大都是儿童。谷仓内香火缭绕,道公等人开始低声细语,内容是请山栏鬼、糯米鬼、水稻鬼等都回到谷仓里别走开。请谷仓鬼保佑今年种下的山栏稻高产丰收,不要被野兽和家畜吃掉。道公取出铜头簪,用簪尖和簪杆在当作祭品的米碗里挑米,边挑米边低语吟唱。谷仓主家夫妇焦急地注视着道公能否挑到米,最多挑几粒米。道公一遍遍地挑米失败,最终终于挑上一两粒米于铜簪杆上,可是他和主家都嫌少,弃之,再挑,直至一次能用簪杆挑出四粒以上米粒时,道公会将这几粒稻米交给主家夫妇,他们如获珍宝,稀稀罕罕地把这几粒米倒入随身携带的小瓶中。据说这样山栏命(鬼)和糯米命(鬼)等就被装入小瓶中了,小瓶不离开谷仓,也就等于这些粮食鬼待在谷仓里不走,它们可以使谷仓永不断粮。

道公等人从谷仓内依次爬出,把供品取出,但装米粒的小瓶留在谷仓内。然后在仓房门前烧纸,表示给谷仓鬼送钱。在场的每一位成年人接过道公斟的酒,举杯一饮而尽。谷仓主人将谷仓门封闭落锁,道公将两片红藤叶交叉放在谷仓门上,警告任何人不得惊动谷仓门。封好仓门后,一个月内不得动用该谷仓中的粮食。

在谷仓门前,放一挂鞭炮,然后撤回家中。到家后抽出作为供品的小鸡的股骨占卜,预测来年粮食收成状况。吃掉拜谷仓鬼时所用的猪、鸡等祭品,道公取一只猪腿和若干现钱作为报偿。其余供品由道公、主家人和帮忙者共享[1]。

谷魂信仰是百越农耕文化的一个特征。例如布依族、傣族也有祭祀谷魂的仪式。布依族叫赎谷魂。黔西南一带的赎谷魂仪式一般是在每年的春季择吉日举行,民间认为有几种鬼会偷谷魂,因此需要举行仪式将其赎回,否则将会缺粮。另外"六月六"祭祀天神是布依族中较隆重的节日。每家都要用纸剪成三角旗和纸人纸马,用木棍或竹棍系好插在田边,同时杀鸡祭祀,祈祷庄稼不受害虫和冰雹的侵袭。此外,四月八日的"开秧门节"和秋天的"尝新节",也和布依族稻作文化直接相关[2]。

傣族的谷魂信仰。傣语"牙欢毫"译为汉语是"谷神婆婆"之意,它是一种精灵,是一种存在于人与神之间的超自然体,它不会死而且具有种种神通,是一位有生育能力的女性谷神。

傣族认为每个家庭的田中都有一小块田是整块田的心脏,称为"田头",傣语叫作"好叔牙",它通常是在水源流入的地方,这无疑是原始的土地崇拜的遗风。每年栽种时,都要在所崇拜的"头田"处栽十余棵秧,作为"牙欢毫",而且边栽边说:"请你们好好生长,也保护其他的谷子长得好。"种好了"头田"的"牙欢毫"后,才开始大面积栽种,而且要在"头田"处插一棵几尺长或一丈不等的苦竹或树枝,上边挂一个小竹篓,篓内供有糯米饭、香蕉、腊条,这些东西是供奉"牙欢毫"的。此外还有挂有竹编的鱼和两串完整的鸡蛋壳。黎族也有此种类似风俗。目的在于祈求"牙欢毫"保护谷子成长,年年有余,颗颗谷子都有鸡蛋那么大。这些农耕礼俗至今还可以在勐海、大勐龙等地见得到。收割时,先割下"头田"中种的那几十束谷子,同时也在地

---

[1] 赵春青:《海南岛本地黎民族考古调查报告——方通村的生态环境与本地黎文化》,《考古学研究》2013年版,第36—175页。

[2] 周国茂:《论布依族稻作文化》,《贵州民族研究》1989第3期,第16页。

上拾一些掉落下来的谷穗，同视为"牙欢毫"。在未把"牙欢毫"带回家时要举行交谷魂仪式，主要是念叫谷魂词。傣文经典中的叫谷魂词是："谷子黄了，牙欢毫回来吧！今年从犁田开始，我们都不住地往地上吐口水，我们用金槽把圣洁的水引到田里，使秧苗成长，谷子黄了，我们丰收，但谷子不打不行，我们只好用刀割它，用脚踩它。因此，我们怕牙欢毫生气跑了，跑到龙宫，今年希望不要去了，明年依旧在。今年我们修了新仓，希望你不要跑，牙欢毫，回来吧！"叫谷魂一般由家庭的年长者来叫，叫完之后便把代表"牙欢毫"的谷子送回家。由于怕在途中惊吓着"牙欢毫"，所以在回家的路上不准说话，见人也不打招呼。代表"牙欢毫"的谷子送回家后，挂在谷仓中，保留到第二年。谷子全部打完，第一箩挑回家时，要在仓门口以腊条祭之，并说："请牙欢毫保护谷子不被虫吃，不要发霉。"金平白傣则是把代表"牙欢毫"的谷穗挂在谷仓，还要把头一年的谷子留下一些和新谷子在一起，以便使头一年的"谷魂"感染新谷，使新谷不要生虫、发霉。再倒谷入仓时要用糯米饭祭祀并念道："新谷压旧仓，年年有余粮，谷神保护满仓。"

在日常生活中，也有对"牙欢毫"的崇拜礼俗。洗米时不能将米一次倒入水中，而是要先捧几把放入水中，再逐渐倒入。因为如果一次突然倒入会惊吓着"牙欢毫"。在洗米过程中也必须用手沾米水添三次，向"牙欢毫"表示这是我们不得不吃的东西。洗好的米也不能一次倒入甑子，其理由也与之前相同。装谷入仓和取谷出仓也要选择"吉利"的日子，以防日子不好冲着"牙欢毫"。有关"牙欢毫"的崇拜礼俗是谷物的拟人化，它的目的是以保存谷精的方法求全年保持谷精本身的生命活力，来年庄稼就可以顺利成长，取得好收成[①]。

世界范围内，稻魂信仰也颇为普遍。在法国布列塔尼地区，农民收割最后一捆谷子往往扎成一个大草人。草偶的中间一定夹裹一小捆稻谷。"大谷捆草人"就是稻谷的精灵，唤作五谷妈妈，小谷捆就是五谷女儿。表示女儿

---

① 王文光、方利敏：《傣族稻作文化中的宗教因素初探》，《云南师范大学学报》2006 第 3 期，第 203—205 页。

还没有生下来①。在菲律宾巴厘岛,稻子成熟后农田的主人亲手收割两捆。每捆规定有一百零八根带叶子的稻穗。一捆用线缠起来,叶子不许露在外面,代表男子;另一捆把叶子弯过来作成妇女头发形,代表女子。这对"夫妻"被扛进仓时主人祷祝着:"愿你增长,不断增长!"进仓后"夫妻稻捆"永不食用,哪怕被老鼠啃掉,也不得食用。因为它们象征稻谷的灵魂②。这是与黎族的稻公、稻母信仰相通的。

(三)狩猎活动中的巫术与禁忌

黎族聚居在海南岛中南部,境内群山耸立,丘陵起伏。丰富的山猪、黄猄、山鹿、云豹以及其他飞禽走兽为黎族人民开展狩猎活动提供了天然的场所。

在人类社会发展的早期,渔猎经济占据重要地位。黎族人民进入农耕文明以后,渔猎成为他们的农业生产的有力补充,并形成了独特的文化现象,具有一系列狩猎禁忌与巫术。

首先在禁忌方面,主要是针对女性而言的。由于黎族男女分工严密,狩猎为男子之事,女性不仅不能参加,狩猎期间还有一系列严格规定。

男子上山围猎时,全村剩下的女性、老人小孩不得在村里面走动,必须离开村子到附近树下躲避,等候男子打猎回来才回去。在狩猎的季节里,妇女们都心领神会,自觉遵守禁忌,不与准备或正在出猎的男子交谈。出猎前得举行鸡卜仪式,切忌妇女在场,否则出猎不获;男子上山围猎时,妇女禁忌在家纺织,否则出猎的人会被野兽咬伤;猎获到野猪等大兽时,必须在村寨外打死,不能活着带回村寨,不然会给村寨带来不吉利。海南昌江黎族自治县的哈方言黎族男女在近现代仍然遵守与性别有关的狩猎禁忌。据昌江石碌镇的黎族妇女介绍,禁猎之前,该村男子从狩猎前夜直至狩猎归来这段时间,禁止与女性交谈,否则视为违反狩猎禁忌。当地人认为,一个准备狩猎

---

① 弗雷泽:《金枝》,汪培基、徐育新、张泽石译,商务印书馆2013年版,第674页。
② 弗雷泽:《金枝》,汪培基、徐育新、张泽石译,商务印书馆2013年版,第669页。

的猎手与女性交谈会影响狩猎活动，会造成狩猎所得猎物数量的减少，甚至对狩猎行动的安全造成负面影响。在黎族美孚方言村寨里，甚至是打猎回来得到的猎物，女性也无权分享。这种禁忌与男女地位无关，是由男女分工带来的神秘的性别观念影响的结果。比如，黎族制陶是女性专有的工作，在制陶期间，男子不能参与，烧陶时禁止靠近，否则烧陶会失败。其原理，与狩猎对于女性的禁忌是相同的。

其次，在整个狩猎的过程中，巫术活动贯彻始终。

狩猎开始之前，要举行特定的占卜仪式，以鸡卜为主，有的地方也采用蛋卜的方法。鸡卜是流行于我国南方许多民族的古老的占卜方法，有的用鸡头，有的用鸡脖子，有的用鸡爪，有的用鸡舌。黎族主要使用的是鸡大腿骨，即股骨头。苗族是明代以后逐渐由外地迁入的，由于与黎族杂居，也使用与黎族基本一样的占卜方法。其基本程序是：现杀一只小公鸡，煮熟以后，抽出两根股骨头，常常是右边的骨头代表占卜者（我方），左边的代表要占卜的对象或事物（敌方），然后比较左右两个骨头上的营养孔的多少，营养孔位置距离的远近高低等来判断吉凶。这个占卜活动在黎族苗族生活的许多方面都有体现，比如疾病、生产、祭祀、战争等，狩猎也是其中之一。在狩猎之前，围猎的首领指定村里的一位精通占卜的老人，在村里的空旷之处集中所有参加狩猎的男子，先将用作占卜的鸡杀掉，鸡血洒在地上，老人抽出骨头观察营养孔的位置以定吉凶。

至于蛋卜，则在出猎之前预测收获的多少。其做法是：先在地上画一个十字，然后占卜的人瞄准十字将一个鸡蛋扔到地上。如果鸡蛋破裂，蛋汁向四面溅开，则表示将收获大量猎物。如果只破裂一点，流出了一点汁液，则表示收获少许猎物。如果蛋触地不破，预兆此次出猎毫无收获。连续三次占卜，鸡蛋都不破，则这一次停止出猎。另外，还有至今普遍流行于南方的杯珓占卜，也用于狩猎之前，与汉族民间文化相关，此处不再论述。

我们说鸡卜和蛋卜，在黎族这里成为一种常见的占卜形式，既不是偶然的，也不是唯一的。壮族、仡佬族、傣族等百越后裔民族普遍都有鸡卜与蛋卜的巫术形式。汉代的史书中就记载了越人的这一习俗。《汉书·郊祀志》记载"粤人信鬼,而以鸡卜"。古史中有南方羽民、羽人、羽国的神话传说,学者们认为是鸟的图腾形象。马王堆一号汉墓出土的漆绘棺的盖板和四壁外表,绘有栩栩如生的羽人,有的正在骑马持矛,与持叉的犬人交战,这可能是描绘当地民间流传的关于鸟图腾部落与犬图腾部落打仗的传说。在南方经常出土的百越后裔民族的石寨山型铜鼓上,经常见到有头戴羽冠、身披羽饰、或手舞足蹈、或竞划龙船的羽人形象,也应当是古籍所载的南方地区越人的"羽民""羽人"形象的再现。在海南省博鳌镇的南海博物馆里,就有这种划船的羽人纹饰的铜鼓展出。蛋卜既与鸟图腾相关,也与卵生神话有密切关联。如前文所论,黎族的祖先黎母诞生的神话说,黎母是从一颗蛇蛋中间孕育出来的。

布依族狩猎之前则要举行祭祀山神的仪式。首领猎人每年正月初一,要用一只公鸡敬供山神,请山神保佑在新的一年里获得更大的猎物。敬山神的仪式是,在院里摆上八仙桌,用升子装上大米放在桌上,升内插香三炷和"中硐煤山"牌位,称为"插香米"。还放上酒碗四个,饭碗一个,纸钱三至五张,猎枪也放在供桌上。仪式由猎人首领主持,把野猪头放在供桌中央。猎人首领念念有词:"火塘土地,朝门土地,当门土地,前五里土地,后五里土地,五五二十五里土地,中酮煤山,追山大王,赤脚大仙,追山童子。请你吃野猪头,你们吃生的,我就交生的。今后你们还要保佑打得新的野物,永远保佑。"然后烧化纸钱和牌位,把桌上的酒碗全部倒在地上①。

黎族在狩猎的过程之中,也会运用一定的巫术,使猎枪、弓箭射得更准,吸引猎物主动上门。在五指山地区的黎族许多人家的房前屋后都种着"猎魂草"。猎魂草又称"魂草""山猪药",生长在深山或悬崖处,以及俗名"金不换""花山芋"的绿色草本植物。黎族猎手相信猎魂草能捕捉到猎物的灵魂,并把野兽的"魂"引出深山,让猎人易于捕获。打猎时,猎手将这种有吸引猎物灵魂魔力的猎魂草插在枪管中,这时的猎枪如同有了灵性,不但能

---

① 伍文义:《浅谈布依族古代狩猎习俗——平塘县上莫乡专业猎户的个案分析》,《贵州民族学院学报》2000年第1期,第37页。

保佑猎手打到猎物，并能保佑猎手平安归来。

打猎结束，集体聚餐前，要在围猎的领头人家里摆设香案，点香烛，烧纸衣，供酒肉，念咒语，感谢山神的保佑。猎物的下颌骨则挂在领头人的房梁上，以表示保住兽魂，下次打猎起到招魂的作用。以前，到黎族聚居的地区，在屋里房椽上常可见悬挂着各种动物的下颌骨，有鹿、狐狸、山猪等，既是打猎成果的展示，同时还作为打猎的"招魂"物，以祈求下次打猎能有好的运气。台湾高山族狩猎归来也要举行祭祀仪式。如狩猎之第一天，各家将祭猎肉、祭饭、糯米糕及祖灵篮分别送至正副头人之家。头人则准备酒一缸，酿酒原料为各户所敬献之粟。当日清晨，头人率领社中男子入山狩猎，至黄昏返回，这时由巫师举行告祖祭仪式，以酒和上述祭品献祭，祭毕，然后共聚头人家欢饮①。

三、三月三传说中的巫术文化内涵

三月三节日的文化，并非黎族所独有，"三月三"是中国南方许多民族的民族节日，与中国古代的三月上巳节有渊源。在当代，广西与海南，每年三月三是地方性重要节日，这一日，公职人员放假，政府和民间都举办许多富有民族特色的庆祝活动。

王羲之有《兰亭集序》，里面所写的就是上巳节的活动。这里不专门追溯黎族三月三与汉民族文化的历史渊源，也不展开讲黎族三月三节日中丰富多彩的风俗活动，如祭祖、饮酒、恋爱、服饰、音乐、舞蹈等，这里准备从黎族三月三为题材的民间故事中，挖掘其中所隐藏的丰富的原始宗教文化。

（一）人类繁衍中的巫术

黎族现存的三月三传说故事，有若干种版本，分布于不同地区。这里需要说明的是，黎族有五大支系，哈黎、杞黎、润黎、美孚黎、赛黎。就三月三的节日传统而言，新中国建立后，民族工作者通过调查发现，只有美孚黎

---

①刘如仲、苗学孟：《清代台湾高山族的狩猎与捕鱼》，《农业考古》1986第2期，第346页。

的三月三一直延续这一节俗,别的支系则少见。那是否说明黎族之中,只有美孚黎过三月三,其他支系没有这个节日呢?肯定不是的。通过三月三传说故事版本流传的不同地域可以看出,既有在美孚黎所聚居的东方市流传,也有在杞黎所居住的五指山地区流传,其文化内容大同小异。我们相信,随着黎族文化研究的不断深入,关于不同支系之间三月三节日的相关问题,当会有更多的解答。

这一故事的基本文化主题就是人类的繁衍和农业的生产。这正是农耕文明中有关人类生存的两个基本主题。围绕着这两个基本主题,融合了原始宗教、洪水神话、佛教文化、道教文化、祖先崇拜、巫术文化等文化因素。

海南省东方市流传的"黎族三月三"的传说,以人类种族的繁衍为中心。这则传说的故事大意是,在远古时代,发生了空前的大洪水,平原、山岭、大地上的一切都被淹没了。其中有兄妹二人,天妃和观音,他们抱住了一个巨大的葫芦,随着洪水漂流,一直漂流到海南岛昌化江的燕窝岭,一棵大榕树把他们卡住了。过了不久,洪水退去,这时他们发现,周围一个人也没有。于是他们决定分头寻找亲人,寻找人类。兄妹二人在临行前约定,一年后的三月三回到燕窝岭再会。但是他们走遍了天涯海角,依旧不见人烟,这样他们只能互相依靠,一年年度日,岁月渐渐老去,人种灭亡的危机感袭来。妹妹为了繁衍后代,偷偷在脸上刺上花纹,改变容貌。这样,骗过哥哥,兄妹二人成婚。此后,他们带领子孙,在这片土地上繁衍生息。当天妃与观音去世以后,黎族人民为了纪念他们作为黎族祖先的功德,在每年三月三举行祭祀庆祝活动。因此,三月三成为黎族男女定情的日子。

从当代人的价值观去看,故事是荒诞不经的,完全不可信。但是在民间文化中,在全世界范围内,许多民族都是以这样的方式记录本民族的历史文化。我们中华民族在历史的早期,比如所谓的三皇五帝,也都是传说中的人物。上面这则传说有这样几个关键词,大洪水、兄妹婚、文身、天妃与观音。我们依次来看:

第一,大洪水,并非黎族所独有,英国人类学家弗雷泽在他的著作《〈旧约〉中的民间传说——宗教、神话和律法的比较研究》中,很早就考察了全世界范围内普遍流传的洪水神话,所以,诺亚方舟根本不是什么新鲜事。我们中国远古时期,就有大禹治水的传说。华中师范大学的陈建宪教授,对我国流传的433篇洪水神话故事做过精彩的分析,这篇论文题名《中国洪水神话的类型与分布》。而黎族的这一类型,属于古百越文化体系,与壮族、侗族、布依族等洪水故事属于同一类型。

第二,兄妹婚。乍听之下,难以接受,但这确实是人类社会早期曾经存在的一种血缘婚。从美国人类学家摩尔根的《古代社会》,到马克思主义创始人马克思、恩格斯,都深刻论述了这一现象。就大量的人类学、民俗学材料看,这是世界范围的文化现象。汉族的老祖先伏羲与女娲,在汉代的传说中,就是一对兄妹夫妻,汉画像石中,有他们兄妹相配的图像。古代的汉文典籍中,也多记载人类发生洪水之后,人类面临灭绝时,兄妹二人成婚的难题。那解决难题的方法是多样的,有占卜、有上天的指示,而在黎族这里,则是通过文脸的方式解决。文脸属于文身,是黎族文化一种特有形式。王献军教授有《黎族文身——海南岛黎族的敦煌壁画》一书,对于黎族这一独特的文化现象,做了全方位的深入研究。对于文身的功能,有若干种说法,有追求美、氏族的标志、图腾符号、巫术力量等,而在这则三月三的传说中,文身无疑应是祖先的标志。学者们通过调查研究发现,黎族不同的支系,其文身图案都不相同,而且据一些老辈的黎族妇女讲,在早年的时候,每一个女性都必须文身。否则死后到达另一个世界,祖先不相认。有的在生前没有文脸,去世以后,也要用黑灰在脸上勾出图案。这里,我们不展开讨论。需要强调的是,文身作为族群的符号,这一文化现象,已经成为黎族历史。至于当代时髦青年男女的文身,是另一回事。

第三,天妃观音的名称。这名字令人费解。实际上,这是汉族宗教文化影响黎族宗教的结果。天妃即天后,也就是妈祖,发源于福建,是在全国沿海地区广泛信奉的神灵,也有世界性的意义。中央电视台几次播放电视剧《妈祖》。有位华人甚至说,西方世界,有华人的社区就有妈祖庙。然而,妈祖怎样与黎族发生关联呢,这与海南移民文化相关。海南岛内的汉族都是外来移民,其中,福建、广东移民居多,当他们移民一处,必定把他们原来的民间信仰，携带到新的地方，生根发芽，得到传播。而这一则三月三传说流传的东方市，是福建籍移民的聚居地。在这里汉族与黎族杂居，经过几百年的磨合，他们彼此借鉴对方的文化，对原有的传统进行丰富和补充。妈祖是道教文化的东西，是女性神灵。而在黎族的传说中，把她的性别都改变了，成为男性，而且与佛教的观音菩萨成为兄妹。文化的传播与融合真是一个奇妙的现象。

这则简单的三月三传说，容纳了丰富的巫术文化内涵。这说明，黎族文化在很多方面都不是孤立产生的，是在与其他民族的文化交流中逐步形成的。尤其与汉族文化密切相关，属于中华文化的一个组成部分。同时，也与世界文化声息相通。

(二) 祈雨巫术

另一则流传于保亭地区的三月三来源的传说则以农业生产为主题。这一则传说的故事大意是：在很久以前，七指岭地区遭遇了多年罕见的旱灾，河里的水都干枯了，田里的禾苗都枯死了，山上的野菜也都采光了。正当人们度日如年的时候，槟榔寨里一位叫亚银的小伙子，告诉大家一个离奇的梦，说他昨天梦里遇到一只百灵鸟，鸟儿告诉他要想平息旱灾，必须爬到七指岭的峰顶抓住它。为了族群的生存，亚银决定冒险一试。他准备了旅途必需的物资，便向七指岭进发。由于干旱，旅途中他需要克服食物短缺带来的困难。他越过九十九座山，蹚过九十九条河，历尽艰辛，终于登上了七指岭的顶峰，但是却不见那只百灵鸟。于是，他吹起心爱的鼻箫，随着悠扬的音乐之声，一只美丽的百灵鸟从空中飞来，站在离他不远的大石上。亚银准备捕捉这只鸟儿的时候，它却不见了，站在面前的是一位年轻貌美的姑娘。于是，亚银就带这位姑娘回家，成为他的爱人，给她取名叫邬香。邬香多才多艺，聪明伶俐。白天与大家一起劳动，晚上为大家唱歌跳舞，欢乐的音乐夜夜响彻星空。说来奇怪，从此以后，甘霖普降，万物复苏，山岭大地重新披上了绿装。

但是好景不长，邬香被当地的恶霸盯上了，乘亚银不备，派人将邬香抢走,作为小妾。当亚银得知消息,好似晴天霹雳。他单枪匹马前去营救他的爱人,克服重重困难,斗智斗勇,射死了恶霸,救出了邬香。旱灾解除,恶霸被消灭,当地的黎族人民过上了幸福的日子。这个时候,亚银与邬香化作了一对百灵鸟,一起飞走了。这一天正好是三月三。

我们注意到,黎族的这个民间故事由两个基本情节构成,征服大自然和反抗社会压迫。黎族人民征服自然和反抗压迫的献身精神在这则故事中得到了淋漓尽致的展示。

这个故事有几个关键词:干旱的解除;化鸟。我们依次解读。

一、干旱的解除。故事中,消除干旱的方法是男主人公梦中得到的暗示,找到那只百灵鸟,而那只百灵鸟却变作一位姑娘,成为男主人公的妻子。当他们成双配对,过上幸福生活时,雨从天降,干旱解除。我们看,男女之间的婚恋结合与天降大雨之间似乎有着某种神秘的关联。这个关联就是巫术思维。古人认为,当天气干旱时,是由于天地之间的阴阳不调和导致的,而这个阴阳不调和的主要内容就是人间男女、夫妻的不调和。我国古代典籍中就多有相关之记载。如《礼记·郊特牲》:"天地合而后万物兴焉。"[1]《大戴礼》:"天地之气和即雨。"[2]天与地交合,才能化生万物,也才能产生雨水。天地交合的形成,是地气上升,天气下降,天气与地气在空中合二为一。这是古人根据地的水气上升与天上的水气汇合成云气,云气变化成雨水的现象所得出的认识。在有关天与地的交合的观念中,天被当作了男性的一方,地被当作了女性的一方。英国人类学家弗雷泽称之为交感巫术。我国西汉时期提出"罢黜百家,独尊儒术"的儒家大师董仲舒,他所提出的天人感应学说与此类似。他把人身的器官与天象星辰一一对应比附,社会的某些反常现象会在大自然那里得到某种感应,显示出某种征兆。天旱就是其中之一。董仲舒是这么认为的,也是这么干的。董仲舒《春秋繁露》说:"四时皆以庚子之日令吏民夫妇皆偶处。"[3]《路史·余论》引董仲舒《祈雨法》说:"令吏妻

---

[1] 杨天宇:《礼记译注》,上海古籍出版社2004年版。
[2] 方向东:《大戴礼记汇校集解》,中华书局2000年版。
[3] 苏舆:《春秋繁露义证》,钟哲点校,中华书局1992年版。

各往视其夫,到祈雨而止。"①这都是董仲舒给皇帝出的办法。在我国西南地区的有些少数民族中,在20世纪50年代,举行求雨仪式时,还会跳一些表现男女交媾的舞蹈,唱相关的歌词。实际上,这种求雨巫术是世界性的现象,在弗雷泽的《金枝》中,也记录了若干类似巫术。我们这里就不再举例了。黎族三月三的这则故事中只是把这种巫术形式做了一个更为含蓄的表达。民间创作,其逻辑之关联,常常不是随意而为的。

二、化鸟。这则故事的最后,男女主人公双双化为鸟儿飞走了,与梁山伯祝英台的化蝶何其相似,与汉乐府《孔雀东南飞》的结局几乎完全相同。只不过这则故事是主人公胜利后的化身,后两则故事则是悲剧的结局。我们这里要指出的是,民间故事中的化鸟结局,已经成为黎族民间故事的一种固定模式。在黎族民间故事中,有二十多篇都是人类化鸟的结局模式。其中有的与农业生产相关,主人公化为鸟儿,给百姓带来种子,提醒老百姓及时播种粮食。有的表现家庭的亲情关系,或者是儿子化为鸟儿懊悔地呼喊着母亲的名字,因为他曾经对母亲不孝;或者是母亲死后化为鸟儿,不停地寻找自己的儿子;或者是弟弟化为"哥喂鸟"思念呼唤不幸死去的哥哥。有的表现反抗家庭的虐待,"甘工鸟"则是女儿不堪忍受继母的虐待,化为自由的鸟儿飞走;"叫号鸟"则是欺负弟弟的哥嫂最终受到惩罚,化为"叫号鸟"不停地哀鸣乞求。有的是追求幸福的爱情,化身为鸟,惩治恶人。

黎族的化鸟传说这么多,这么丰富,不是偶然的,如前所述,与黎族对鸟的崇拜密切相关。

第二节 "早发的神箭"中的巫术内涵及其历史意蕴

百越后裔诸民族普遍具有竹图腾信仰,历史久远,积淀深厚,因此衍生一种与之相关的造反英雄故事类型——"早发的神箭",蕴含着丰富的巫术文化。

---

① 罗泌:《路史》,李锐、蔡卓、李家信点校,浙江古籍出版社2018年版。

黎族共有详略不同的异文九篇，其中六篇都是地名传说。《烧仔山》《落笔洞》《船岭的传说》《皇帝洞》《杨都总》《浅拉嘎》，此外尚有一篇《杀皇帝》，一篇历史人物传说《李德裕治贼》，还有一篇英雄史诗《帕隆》，正在整理之中。

此故事壮族亦有《莫一大王》《简宜的故事》《独子王的传说》《蜜蜂王》《李铃仔》《龙恭王》《石览王》《神弓宝剑》，侗族有《吴勉》，布依族有《德者的故事》《金竹师的传说》，仡佬族有《竹生的故事》，京族有《田头公》，仡佬族有《稼》，毛南族有《覃三九》《莫六》，傣族有《布岗》。可见，此类型故事在各民族居住的不同地区，都有异文传播，特别是常常依据当地的地理环境衍生出不同的版本，但其核心大都是一个造反英雄失败的故事。如壮族之故事流传于贵港、浦北、百色、柳城、罗城等地，侗族《吴勉》的故事在侗族居住的贵州、广西、湖南交界地区都有流传。

此故事类型被丁乃通先生编为592"险避魔箭"型，刘守华先生称为"早发的神箭。"他将故事的梗概总结如下：

1. 密谋取代皇帝做天下。（a）朝廷大臣想篡位；（b）风水先生发现了一处龙脉，想让自己的或他人的后代做天子；（c）某少数民族出于对汉族皇帝或土王的憎恨，想取代他自己做皇帝。

2. 神弓神箭。他们用（a）竹子做成，（b）桃木做成，（c）用神秘法术炼成。只要箭一离弦即可穿透重重障碍射中皇帝，但必须在指定的日子和时辰射出才有效。

3. 竹人竹马。主人公住地生长着一片茂密的竹林，当（a）神箭射中皇帝，（b）那位准备做皇帝的圣胎顺利出生时，竹林炸裂，竹中就会生出威武雄壮的兵马来帮他打天下。

4. 提前发射。由于（a）主人公性急，（b）妻子和母亲的疏忽，（c）他人的有意破坏，未到规定时间就将神箭射出，或圣胎早产。

5. 失败被害。结果神箭射到皇帝座椅或空中其他物品上，未能杀死皇帝，皇帝派兵征剿；因时辰未到，竹林炸裂后竹人竹马均未成形，不能作战。主人公（a）用计逃脱，（b）被砍头，（c）尸体变成蚂蜂复仇，终于蜇死皇帝。

刘先生说,这是一个讲述主人公以神秘手段企图推翻旧王朝,改朝换代,自己做皇帝而未能成功,饮恨千古的悲壮故事。虽篇幅不长,却具备英雄史诗的气魄与风格,闪耀出夺目的光彩。记录成文的许多篇目,今天读来依然扣人心弦,发人深思[①]。

黎族流传在三亚、乐东、昌江等地的六篇地名传说都属于"早发的神箭"故事系列,然而都只是口头传播中的部分记忆,并非完整的故事形态。而且相对于典型情节元素,或多或少发生了变异。我们此处只举故事较为全面的一篇以做说明,见其故事流传情况。

《落笔洞》。英雄的名字叫董公殿。他的母亲和外公在出海捕鱼时渔船被官船撞翻。外公去世,母亲被一位小伙子所救,小伙子是天上的神仙。二人同宿一夜后就离去。母亲怀孕三年才生下董公殿。他到九岁还不会讲话,十周岁那天上集市,突然开口要一条大鲤鱼。回家剥开大鲤鱼,里面有三支箭、一张弓、一把宝剑、三支笔和一台墨砚。宝剑上刻有"崖州董公殿"几个字。那时皇帝欺压黎民,抢掠财宝和女人,董公殿准备设计杀死皇帝。在前一天晚上睡觉前他告诉母亲,第二天早晨四时叫醒他。母亲问为什么,他不肯讲。一晚上,他不停地问母亲时间,母亲有点烦了。当听到鸡叫头遍就说时间到了(实际时辰未到)。董公殿取出弓箭,用力向北射去,利箭飞进皇宫射穿了皇帝的龙椅。皇帝发现箭上的名字,随即发兵捉拿董公殿。

董公殿发箭后,便将家中的谷子、粟子和玉米各量一斗,分别用三个水缸把他们浸起来,密封好。然后分别写上"三个月成士兵""三个月成马""三个月成兵器"的字样。可是不满三月,官军已登上了海岛。他把缸中的法宝倾倒在场上,变出了手持利刃骑马的士兵。然而由于时日未满,兵马力量不足。他们边打边退。母亲也被暗箭射死。他们被巨石挡住了去路,董公殿用最后一支箭射开石头,出现大洞,他们钻进石洞,再也出不来了。日久年

[①] 刘守华:《楚文化中的民间故事——〈早发的神箭〉文化形态剖析》,载《比较故事学论考》,黑龙江人民出版社2003年版,第286页。

长,变为石像。

较之壮、侗、仡佬等族之同类传说,黎族显得相当简略。但从各处传说中提取不同要素,发现壮、侗诸族故事中之相关母题,黎族也无不具备。下面我们依据情节复杂的造反故事去看散落在海南岛山水之中的故事碎片。通过这些晶莹的碎片,我们可以想象完整艺术品的辉煌灿烂与悲壮之美。

第一点:神奇的出生。《烧仔山》和《船岭的传说》中之神婴在母亲腹中即能说话,《落笔洞》怀孕三年,《浅拉嘎》怀孕两年三个月,仡佬族之《稼》怀孕三年六个月。

第二点:神奇的能力。《皇帝洞》中的神婴力大无穷,善飞腾跳跃;《浅拉嘎》主角三天会说话,六天会走路,在摇篮中就能回答知府刁难之问题;《吴勉》中的主角一出生会言语,三岁满山跑,五岁会骑牛;《稼》中的主角三月会走路,五月会讲话。

第三点:箭射皇帝的原因是为父报仇,造反者都没有父亲,与母亲相依为命。《皇帝洞》为父报仇,《浅拉嘎》为父报仇……《吴勉》《莫一大王》和《稼》皆同此因。

第四点:得到神奇的弓箭。黎族故事中获得宝物是由于哑巴的孩子突然开口说话要买大鲤鱼,剖开鱼肚取出神兵(《杨都总》);《稼》是用水中的犀牛神毛变化(犀牛为父亲的灵魂所化);《莫一大王》也是在水潭见到父亲所化的神牛,神牛赠宝珠,主人公吞下肚中获得神异力量;《吴勉》是炼了七七四十九天;《皇帝洞》是拿旧犁头炼制。

第五点:用神奇的赶山鞭(竹子所制)赶山挡官兵(《吴勉》),黎族缺少这个情节。当为情节遗失,黎族地名传说《七仙岭》有兄弟二人赶石造岭之情节。

第六点:主人公受招安在京做官(或本来即京中官员)(《莫一大王》《田头公》),骑飞马或穿飞靴朝出暮归,在京城和家乡来回穿梭,被皇帝发现抓捕。黎族无此情节,其余各族亦不一定有,或为在原故事基础上的增扩。

第七点:早发的神箭。黎族的各地传说虽残缺不全,但这个核心情节皆保留了下来,射神箭的都是神婴或神童(有的一出生即射箭)为黎族所独有

（估计受到在黎族大量流传的怪异儿故事之影响）。造反英雄叮嘱母亲在夜间指定时间叫醒他，但时间往往提前。有的是因为神婴不停地问，母亲烦了，随口说时间到（《船岭的传说》）；有的说是母亲报仇心切，提前叫醒儿子（《皇帝洞》）；《吴勉》则是因为黄鼠狼打翻了铜锣，引起了鸡鸣提前（著名的《莫一大王》无此情节）。神箭射出，射中皇帝的龙椅。皇帝发现箭上刻有造反者的名字，随即发兵捉拿。

第八点：提前用法术造下的神兵因时间问题失灵。前举《落笔洞》造反者在缸中炼的兵马因火候未到不能发挥应有之效力；《莫一大王》中扎草人、种竹子制作神兵，因错过时机而失效；《稼》中主人公用一根犀牛毛扎草人需49天；《布岗》在竹节里养兵马，纸箱里有纸人纸马，天机泄露，时辰未到，法术不灵。

第九点：杀不死的英雄。莫一大王头刚砍下，就飞上了天空，张嘴对官兵哈哈大笑；吴勉被砍下头，母亲连喊三声"我的好儿子吴勉"，立即复活；田头公被砍掉头，看监斩官走了，刑场无人，自己双手推起头安上去；《杀皇帝》中之神童自己抓起头放在脖子上回家。

第十点：死亡的问题。《杀皇帝》中之神童回家问母亲："砍了鸡头接在南瓜上能生吗？割了葱头接在菜上能长吗？"母亲说不能。神童于是死去。莫一大王问村人："树砍了还会发芽吗？割了薯藤，薯条还会长吗？"得到肯定之回答。问母亲："人头掉下来还会活吗？"母亲回答说不能，他随即死去。田头公问牧童："牛吃了草还能再长吗？"问村姑："韭菜割了还能在长吗？"问母亲："鸡割了头还会再活吗？"得到否定回答后即死去。《布岗》中的傣王被埋在鹅卵石中始死去。

第十一点：死后的化身。最典型的是死后埋葬的地方长出神奇的竹子，为英雄灵魂所化。黎族之《杀皇帝》中神童死去，埋葬的地方长出竹子，竹尾飞起来插到皇帝的床上，边叫"杀皇帝、杀皇帝"。皇帝派的人听见竹内有人说话："竹子裂开就去杀皇帝。"皇帝听闻火烧竹村。《李德裕治贼》中李德裕死后。葬在神蛙岭，墓上长有刺竹，竹子长老，破开有神兵。由于叛徒告密，刺竹砍不死，洒狗血，竹内冲出人马，与贼兵厮杀。《帕隆》中主人公死后生长出大刺竹，里面的神兵因敌人之破坏而未炼成。《田头公》却是完成了复仇的结局。主人公的灵魂化为竹子，皇帝出现，见到漂亮竹子，用来做轿杠，过桥时折断淹死皇帝。大体上，结局是悲剧性的。《莫一大王》和《稼》的人头没有埋葬，而是放在缸中修炼，也是因母亲的错误提前打开，飞出无数蜜蜂，飞到京城蜇了皇帝，但死不了人。这两篇故事化生是特殊的，英雄化蜂为黎族所无(莫一大王种竹炼神兵，而非死后幻化)。但我们联系前文可知，蜂在黎族的竹图腾神话中是一位引路的神灵。段成式《西阳杂俎》前集卷三七记载有"竹蜜蜂"，"好在野竹上结窠，窠大如鸡子"。则黎族以蜜蜂引路，壮族以人头化蜂，有其生活观察之依据。

"早发的神箭"故事是关于一位反抗英雄的悲剧，特色情节是竹神兵，是在竹图腾崇拜圈广泛流传的故事。刘守华先生云："在中国漫长的封建社会里，皇帝作为最高统治者，不仅对臣民拥有生杀予夺的无限权力，还有根深蒂固的'君权神授'的传统理念作掩护，被神圣的灵光所笼罩。反皇帝即'大逆不道'，更遭'天诛地灭'。而在我研究的这类故事里，想改朝换代，自己当皇帝的人是那么多；甚至乡野小民，也胆敢萌发起兵打天下坐江山的野心。这种文化心态不禁令人惊愕。"[①]黎族之情节虽残缺不全，但其衍化出了多种形态，表现出了多种文化因素的综合影响。如《浅拉嘎》由一位造反英雄演化成兄弟二人前仆后继，神婴被害，其弟长大后继续战斗，由于神婴所化的竹兵法力不足而失败。《皇帝洞》是兄弟二人争夺统治权的斗争，兄害弟，神童复仇。《杀皇帝》中神童是皇帝的外孙，《李德裕治贼》的主人公是历史上贬谪官员。特别是正在整理的史诗《帕隆》更表现了其历史文化传播的复杂性。

这些造反故事是与当地人民反抗的历史记忆血脉相通的。蓝鸿恩先生说广西壮族的此类故事"有一个特点，即流传这类故事的地方，都一定附会该地方的造反人物混合在一起，而这些造反人物，一定都是和该地土司老爷的

[①] 刘守华：《楚文化中的民间故事》，《比较故事学论考》，黑龙江人民出版社2003年版，第290页。

姓氏一样的"①。这一故事在湖北、湖南部分地区流传，有"天子山""天子坟""天子洼"的遗迹，张家界关于向天子(向氏为地方少数民族豪酋家族)造反遗迹点将台、金交椅、解甲峪等。黎族之传说地点也有历史的依据。落笔洞已经考古挖掘证明，在新石器时代，洞内即有人类居住，而且留存下丰富的遗物。昌江黎族自治县的皇帝洞也是一处军事遗址。皇帝洞位于昌江县王下乡牙迫村东的五勒岭，隔南尧河与牙迫村对峙。洞穴总面积5000余平方米，可容纳万人。洞内有石柱、石笋、石钟等，姿态万千。最引人注目的是，洞口有一道石墙，高约3米，为古代防御工事。1984年，文物工作者在洞内收集了大量文物，有陶片、石刀、石斧，还有一副少年骨骼，经鉴定为新石器时代遗址②。虽然无法证实神话传说与具体某一次历史事件的直接关系，仅从故事地点的考古发现即可断言，此故事有着悠久的历史文化渊源。

故事中主人公的姓名是较为模糊的，但我们回顾历史，在此故事流传的地方皆曾上演过轰轰烈烈的反抗压迫的斗争之壮烈悲剧。在漫长的封建时代，从汉代以来，黎族人民对历代王朝的压迫之反抗从来就没有间断过，元明清三代之斗争尤为频繁而剧烈。云代苏天爵《建北时政事五》称："海南黎蛮为梗，有司视为故常。"③如"早发的神箭"故事流传的三亚地区，在明嘉靖二十八年爆发了那燕和符门钦领导的大起义，声势甚大，东至陵水，西至昌化，七百余里阻绝不通。他们常据险以守，立排栅，挖壕堑，悬木垒石，以强弓利箭、皮盔角甲聚集山村，与官军周旋一年之久，后遭残酷镇压，5000多黎民先后被杀④。道光九年十二月崖州黎亚鸡起义，带有明确反封建剥削性质。黎西鸡病死后，张红顶、张西基继续领导反抗斗争，多次大败清兵，清廷震惊，导致雷琼道以下的总兵、知州、知府等大小官员均被革职。后两广总督李鸿宾亲自督战，剿抚并用，经历六年之后，战斗才平息⑤。那些声

---

①蓝鸿恩：《广西民间文学散论》，广西人民出版社1981年版，第228页。
②海南省昌江黎族自治县地方志编辑委员会：《昌江县志》，新华出版社1998年版，第217页。
③吴永章：《黎族史》，广东人民出版社1997年版，第193页。
④吴永章：《黎族史》，广东人民出版社1997年版，第304—305页。
⑤吴永章：《黎族史》，广东人民出版社1997年版，第448—449页。

势浩大的,具有传奇色彩的斗争故事,对于经历过的人民是刻骨铭心的。战斗到哪里,"早发的神箭"故事就会以哪里的地理地貌为依据传播开来。《浅拉嘎》就明确记录了造反者攻打崖州城之事。武齐纠合青年练兵,即为攻打崖州城做准备,结果叛徒告密,崖州府官兵提前来包围村寨展开战斗。直接描写的就是农民反抗之事迹。

《皇帝洞》《将军石》《船岭的传说》等传奇故事,是黎族人民无数次大大小小反抗斗争凝成的篇章。

海南黎族还保存着更为古老的英雄史诗《帕隆》,据之可以探索此类故事的源头。

《帕隆》作为海南省黎族古籍整理项目,尚在进行之中。高泽强教授根据调查,对《帕隆》的主要内容做了简介:能够演唱全部完整故事的老人都去世了,现在只能根据不同人记忆的不同部分进行连缀整理,整部英雄史诗分为七个部分:教母智斗伟代;守西瓜园得宝;调教懒惰兄长;初战告捷;两族和亲;被捕就义;竹筒里练兵。据高泽强的《黎族长篇叙事——帕隆》,其基本内容简括如下。

《教母智斗伟代(国王或皇帝)》:

此部分形容帕隆幼儿时的神异之处,非凡之能。母亲下田插秧,将襁褓中的帕隆吊在大榕树下。皇帝路过,刁难母亲:"今天插了多少棵秧?"帕隆反问:"你来的时候马走了多少步?留下多少脚印?过了多少棵树?"皇帝气急败坏,要抓他,抓不到。(《浅拉嘎》中是知府刁难母亲,方法与此相同,神婴破之。)

《守西瓜得宝》和《调教懒惰兄长》:

母亲去世,帕隆受尽兄嫂的欺侮,十二岁看守西瓜园,用计骗猴子被尊为猴祖,然后偷走猴子的宝竹筒,要什么有什么。他用宝竹筒变出牛赠给村民。哥哥想致富,偷取竹筒,变出的牛瞎眼跛脚。哥哥砸烂竹筒。帕隆又将之变为鱼篓,鱼儿自动进入,哥哥效法却变出粪便,又把鱼篓烧掉。弟弟把鱼篓灰捏成团变为灵石,用来打猎收获颇丰。哥哥效法反受伤害,将其扔进水潭。帕隆设法寻找灵石,石头被大鱼吞下。有一个路过的妇人也要那条鱼，帕隆夺之，妇人淹死。剖开鱼肚，里面是一把闪亮的宝剑。(此为"狗耕田"故事之变体，在黎族民间故事中多有流传。核心情节都是竹筒变鱼篓，鱼篓变灰，灰变灵石，灵石变刀剑。但又各有差异，《一个怪竹筒》没有变刀剑之环节。白沙的一篇异文，哥哥在拿宝石打猎中失效身死，宝石消失；五指山的《弟弟的奇遇》有大鱼吞石情节，老妇人抓住大鱼，水涨她吓跑。鱼没有剖开，而是直接变为姑娘，是狗耕田和螺女型的混合；乐东的《三兄妹》中的竹筒是龙给的。最后鱼腹中取小刀，被雷公偷走，出现闪电。)

《初战告捷》和《两族和亲》：

为了预防死去的外族妇人之族人来复仇，帕隆组织村民练兵器，习骑射。外族果然来攻，他设机关，挥长剑，大败敌军两次。三十岁的帕隆未曾婚娶，外族以公主和亲。他过起了恩爱的三口之家的幸福生活。宝剑藏在梁上，公主不知。有一次无意中发现宝剑，在父亲的命令之下偷回本族。("早发神箭"反抗皇权之主题此处没有，变成两族之血亲复仇。至于练习兵马，在《浅拉嘎》中武齐为准备为兄复仇，组织村中青年练习刀箭之术。)

《被捕就义》：

外族再次入侵。帕隆失去宝剑，失败被捕，刀砍、火烧、油煎皆无恙，反而害了敌人自己。最后敌人用黑狗血洒在他的身上，用一种草叶将他杀害。死后埋在大路边。(莫一大王与稼也是杀不死，狗血洒之，法术失灵。)

《竹筒里练兵》：

三年后，埋葬帕隆的那块地方长出茂密的大刺竹。外族官兵骑马经过，刺竹将其打下马，而且听到竹子中人喊马嘶、刀剑相击之声。外族国王派人砍竹不死。用三牲祭祀，再洒黑狗血，才逐个砍掉。最后一个大竹砍开，雷电交加，许多正在练习战斗之技的大人小孩死在竹中。如果晚一年，竹筒中将走出精兵强将。(时间的禁忌，与《浅拉嘎》近似，人马未成，《莫一大王》所种之竹亦功败垂成。)

我们看《帕隆》之故事与"早发的神箭"有若干相似相同的情节，而主题却非反抗皇权，是两民族之争战，又糅合了民间故事中的若干类型，成为一个充满矛盾的叙事体。第一部分已暗示了皇帝对帕隆的憎恶，后面却无回应。但是我们仔细剥离剖析，会发现《帕隆》深厚的历史渊源。

高泽强教授评论说："几千年来，黎族人民在海南岛上休养生息，不断繁衍，《帕隆》的故事情节也随着历史的发展而发展，尤其是在流传过程中，经过民间千百年来口口传唱，当今我们所了解到的《帕隆》，可能与原先的《帕隆》已有些差异。但从七个部分的简单展开中看，里面涉及了稻作文化、渔猎文化、宗教文化、军事文化等等方面，它一方面反映了远古时代黎族人民为民族的生存勇于斗争的精神，一方面又体现出远古时代黎族人民的经济生活和生活方式；既有神话般浪漫的色彩，又有英雄史诗般的悲壮。所以，这是一部全景式、全方位地向人们展示远古时代黎族人民一幅幅社会历史画卷的长篇故事，它应是我国少数民族口碑文献少有的以叙事为主、夹叙夹唱夹议的长篇故事。"[1]《帕隆》之故事还与贬谪文化、图腾文化结合在一起，使李德裕这位唐代伟大的政治家成为黎族的守护神。如前文图腾部分所述，李德裕化为竹神，保护黎族人民，明显是受到帕隆传说之影响。在一个人物被血亲神化以后，他已经具有了新的身份。

高泽强从古文献中发现了骆越的一段争战历史与《初战告捷》和《两族和亲》的部分情节的相似性，认为可以作为揭示黎族先民与安阳王历史渊源之重要佐证。我们循着这条线索往下追索。

这则文献是郦道元《水经注》卷三七引《交州外域记》关于骆越的一段历史传说。传说云："交趾未有郡县之时……设雒王、雒侯、主诸郡县，雒将铜印青绶。后蜀王子将兵三万，来讨雒侯。蜀王子因称安阳王。后南越王尉佗举众攻安阳王。安阳王有神人皋通，下辅佑安阳王，治神弩一张，一发杀三百人。南越王知不可战，却军驻武宁县。越遣太子名始，降服安阳王，称臣事之。安阳王不知通神人，遇之无道，通便去，语王曰：'能持此弩王天下，不能持此弩者亡天下。'通去，安阳王有女名媚珠，见始端正，珠与始交通，始问珠，令取父弩视之。始见弩便盗，以锯，弩折，遂败，安阳王下船径出于海。越遂服诸骆将。"南朝宋沈怀远之《南越志》却说"越兵至，乃杀安

---

[1] 海南民族研究所：《拂拭历史尘埃：黎族古籍研究》，云南民族出版社2006年版。

第四章　巫术与禁忌

阳王"。

两则传说差异甚多，高泽强教授指出四点，战争胜负之关键，一在神箭，一在神弩；一以公主为间谍，一以太子为间谍；一为失宝剑而亡，一为失神弩而败；主人公结局一亡一逃。

需注意者，在"早发的神箭"故事和《帕隆》、李德裕的传说中多出现叛徒或奸细出卖之情节，受到安阳王公主无意中出卖了自己的父亲情节之影响。

差异虽多，不影响传说与历史之间深远的渊源。安阳王公元前257年开始统治骆越地区。据清徐延旭《越南辑略》引欧阳忞《舆地广记》云："君长为骆王，臣佐为骆侯，设诸骆将，传十八世后，后蜀王子讨雒王，灭之，自称安阳王，居此。"安阳王统治之都城，据徐中舒《〈交州外域记〉蜀王子安阳王史迹笺证》，考证其位置相当于广西南部，越南北部区域。据考古发掘，都城具体位于今越南河内市东北方之东英县。"骆越地理位置位于今广西南部和西南部，广东西南部和海南岛以及越南北部。"①在安阳王在位之几十年间，海南属于其统辖之区。

《交州外域记》约成书于三国时代，其故事当是安阳王被灭之后其民族遗民造作出来的神奇故事，所谓神弩的神异之力自不必相信，但荒诞的情节却隐含了丰富的历史信息。这则传说在安阳王曾经统治的区域一直流传。到十五世纪，越南杂史《岭南摭怪》中记录一则《金龟传》，当是《交州外域记》中传说之延续，抑或另一版本之延续。故事较之前者远为复杂，共分两部分，金龟助安阳王筑城和两王之交战。神弩之制作须以金龟之爪为扳机始成，金龟代替了神人皋通。安阳王失败，金龟驮其入海。公主羞耻而亡。越南后代民间传说《喇叭城的传说》沿袭《金龟传》而略有变化，其中神弓为龟甲所制，结局是安阳王杀死女儿后自杀。处于古骆越统治区的广西龙州县亦流传一则《神弓宝剑》之传说。神龟成为反面角色，是一个妖精，它的四脚可做弓箭之扳手。斗争双方成为骆越与瓯越，王子带上"和辑百越"之宝剑离开，此剑之

---

①陈国强等：《百越民族史》，中国社会科学出版社1988年版，第251页。

象征意义大于实际功用。王八精挑拨其间，变作假王子骗走神弓之扳指。两国误会之后，骆越发兵攻打瓯越，王子为平息事态自杀。公主最后用宝剑杀死王八精。此则传说颇为曲折，改造甚多，但较之黎族《帕隆》，保留的原始意味较多。黎族之神剑出现，似乎与此故事颇有关联。

几则后世传说皆流传于安阳王统辖之骆越，其他地区罕见此故事之流传，说明安阳王统治覆灭的神话传说主要在骆越统治区内流传，没有波及更远地区。

"早发的神箭"故事则与安阳王灭国之历史无甚关系，当属于安阳王族属之另一传播系统。古籍中未见相似记载。已知此传说较早附会的是唐代人物。广西钦州有《蜂王的传说》，崇左、龙州等地流传《简宜的故事》，此二故事附会于钦州僚人宁悌原，曾于唐代中进士，后因进谏唐玄宗，违逆皇帝圣旨而辞官还乡。死后，唐肃宗为他平反，立寺以祭。此人物之事迹载于地方志，纯为虚构。《蜂王的故事》中主人公名"驾二郎"，"驾二"古越音是"谏议"之谐音[1]。而"简宜"与"谏议"同音。如同黎族之相关传说，此故事在传说地之山岭留下了英雄遗迹，石刀、石剑、石人、石马、石凳，一切生活用具皆化石，是造反英雄最后之归宿（《皇帝洞》《浅拉嘎》《落笔洞》），《蜂王的传说》说当地的众仁岭上留下了架二郎居住的石楼，有石台、石凳、石床、石椅，砂锅碗碟亦为石制。《简宜的故事》也有大片的竹林与山上的山洞的遗迹。这与黎族的故事皆非常相似。据此我们可知，此故事附会于唐人，说明同类故事最晚在唐代即已流传。需注意者，骆越区之龙州也有此故事之流传，与《神弓宝剑》同时在一地传播，此与海南黎族相似，只是未混淆。进一步考察历史，可推知，"早发的神箭"之源头亦当与安阳王有深远之联系。

灭骆而王之安阳王为先秦蜀国之开明王之后。公元前316年梁惠王派司马错伐蜀。蜀君开明王十二世及太子被杀，秦继续立蜀王后裔为蜀侯，但旋立旋杀，治蜀三十年左右，公元前285年废侯设守，又移万户秦民入蜀。蜀王子泮率三万古蜀遗民向南迁移，当在灭国之后，具体时间尚存争议；但从

---

[1] 农学冠：《岭南神话解读》，广西民族出版社2000年版，第123页。

蜀国灭亡到安阳王立国相距甚久，可知蜀移民经历了漫长的迁徙，其南下迁移途经之处为百越聚居之区。蒙文通《越史丛考》收《安阳王杂考》一文，从语音角度进一步论证说："开、安二字音近字通，明阳二字古音皆在阳部，本常通用……故余决安阳之即开明即蜀开明民后裔之南迁者也。"[1]《金龟传》及越南后来流传之故事，主要是关于安阳王建国及灭国之事迹。盖一国家一民族，其建立与灭亡为民族记忆中最重要之部分，关于建国、灭亡之传说，中外历史中各古国所在多有之。建国是他们的辉煌史，灭国是痛史。《金龟传》前一部分记载安阳王建螺城，屡建屡崩，在一只神龟的协助下才成功。此为安阳王祖先世代相守之神异传说，相守而不失。干宝《搜神记》卷一三曾记载了张仪灭蜀之后筑成都之传说："秦惠王二十七年，使张仪筑成都城，屡颓。忽有大龟浮于江；至东子城东南而毙。仪以问巫，巫曰：'依龟筑之便就。'故名'龟化城'。"成都建城得名远在司马错灭蜀之前，当属古老之本地传说，与《金龟传》一样，当为古蜀王开国建城之传说。所谓"龟化城"与开明民先世"鳖灵"（或写作鳖令）有关。《蜀王本纪》："荆有一人名鳖灵，其尸亡去，荆人求之不得。鳖灵尸随水上。"罗开玉先生认为，所谓"鳖灵"并非人名，不过是蜀国开明氏的龟鳖图腾[2]。开明氏既以之为图腾，世代以之为国家之保护神，故安阳王建新的都城需要神龟之助，建造护国神弩要神龟之脚爪。我们还发现一个有趣之情节，流传于百越之"早发的神箭"故事，主人公英雄之宝物，除极少数为自己炼制之外，都取之于水牛之神灵，莫一大王吞食水中神牛之宝珠，稼获得水中犀牛之毫毛，黎族之多篇故事讲主人公之神箭取之于鱼腹之中，帕隆之宝剑亦取之于鱼，一则异文则云剖鳖鱼之腹而得宝剑。

而且，莫一大王与稼的宝物皆是他们的父亲所化（有牛图腾的因素），黎族的《落笔洞》和《船岭的传说》中，神婴的父亲皆从天上而来，有神异出身。这些现象应该不是偶然的。

---

[1] 蒙文通：《越史丛考》，人民出版社1983年版，第66页。
[2] 罗开玉：《"鳖灵决玉山"纵横谈——兼析〈蜀王本纪〉的写作背景》，《四川师范学院学报》1984年第4期，第74页。

尚有一点核心的情节，竹神化兵马所反映的竹图腾的信仰，亦为开明氏的原始宗教。一般认为，古蜀之族为楚地的百濮人，受楚王的挤压迁蜀立国。濮人称为僰。《礼记·王制》云："屏之远方，西方曰棘，"郑玄注云"棘当僰"。《蜀中名胜记》解释"僰人"之义云："以棘围之，故其字从棘从人。"唐代段成式《酉阳杂俎》云："棘竹，一名笆竹，节皆有刺，数十茎为丛，南夷种以为城。"棘竹即刺竹。蜀之竹图腾，僰族为古汉族之后裔。徐中舒《论巴蜀文化》云："因为他们居于僰围之中，所以就称为僰人。"沈汇《哀牢文化新探——倭奴即哀牢说》说"蜀"与"竹"古音可通，认为蜀王即竹王[①]。沈汇《夜郎考》文集之二也云："今彝族传说认为蜀王与竹王同是一个人。"屈小强在《巴蜀民族——部落集团共同图腾是竹》对其有精详考证[②]。

竹王神话之发源地夜郎亦为百濮之一支，另有濮人支系"古句町国"，历史上统辖壮族所居住的西林、隆林、田林等地，其国王"母波"之名即"花竹王"。另外开明氏曾经统治过的乐山、彭山等地，大都建有"竹王祠""竹王庙"，有学者甚至认为："汉夜郎国居民即所谓'夜郎人'乃是由开明氏失国后其王族南逃至遁水流域与土人结合而成，开明蜀国、汉夜郎国其王族同源，皆为古濮人后裔。"[③]开明氏政权灭亡，乃民族之大事，面对强大的秦国，蜀人弱小，他们亡国之后，皆造作神话意图反秦而再建故国。安阳王与赵陀之间地位相当，皆是汉王朝所属百越诸侯国，故其传说的基础是两国对垒。秦蜀之间实力是悬殊的，蜀国灭亡以后以反抗者的心态造作神话传说，以激励民族遗民，并以此宽慰失败来自天意。观后世诸民族的生活区域，此故事流传非常广泛，凡有反抗发生过的地方，皆留下一处处和反抗英雄相关的遗迹，其激励被压迫民族反抗的意图是显而易见的。

蜀国后裔在灭国之后及向南迁徙的岁月里，其灭国的故事（反抗强权）在

[①]沈汇：《哀牢文化新探——倭奴即哀牢说》，《社会科学战线》1985年第3期，第130—139页。

[②]屈小强：《巴蜀民族——部落集团的共同图腾是竹》，《四川师范大学学报》1992年第3期，第89—96页。

[③]李伯章：《蜀开明氏族属试探——兼释"故大夜郎国"与"汉夜郎国"》，《贵州文史丛刊》1994年版，第27—32页。

各地传播开来,当时各族之间频繁的部落之争及与秦汉王朝之间的战争也加速了此故事的传播速度。司马迁曾说"瓯骆相攻,南越动摇"①。可见部族战争的激烈。一个民族记忆之痛莫过于亡国之事。秦始皇公元前211年统一六国后,即派屠睢率五十万大军向岭南百越之地进军,许多百越小国被灭。《淮南子·人间训》记载了一则西瓯国反抗秦军的悲壮剧。西瓯人在首领译吁宋的率领下,同秦军顽强作战,大败秦兵,杀统帅屠睢,伏尸流血数十万,使秦军陷于进退两难之境,惶惶不可终日,三年不解甲。西瓯君长译吁宋阵亡之后,他们又推举新统帅继续斗争。不过,西瓯最终在公元前的202年被攻陷。西瓯活动区域主要在桂江流域与珠江中游一带,在当今两广交界之区,其民族聚居,"包含了古代骆越人,东瓯越人,楚人和中原人,等等"②。这些灭族的战争大大加速了故事的流传,以作亡民之精神寄托。在今靠近桂西南的肇庆四云县,曾有天子岭的传说。南宋王象《舆地纪胜》卷九六云:"旧传有人姓黄,居岭下,状貌魁岸,家亦富饶。其祖父葬于岭间。隶职广州,每乘二竹朝往夕还,一日,家人误断竹,乃不得去。后有占气者云:'此地有天子气。'逐断山形,掘其父祖墓,发棺见尸,若蚂蛭成文,有'天子'二字,盖'子'字未成也。遂灭其家。后因号曰'天子岭',或嫌其名,曰'天资'。"

我们再回视黎族之传说。安阳王立国越北,其种族记忆亦随之传播。我们认为,前一灭国传说传播通过两条渠道,即未建国之前由岭南传入海南,建国后再传播。在黎族人民的历史记忆中,两次亡国的传说极易混同。故出现《帕隆》之混杂形式,另有一篇《皇帝洞》亦表现出混合的特征,玉皇大帝派龙神在海南繁衍后代,龙子为兄弟二人。哥哥为争夺统治权,把弟弟杀掉。主人公为弟弟的后代,他立志为父报仇,最后失败。越人断发文身以象龙子,暗示故事的族群为百越之族。兄弟之关系即骆越与南越之诸侯关系。故事是安阳王与赵佗战争的记忆变形。而后面伯父杀害主人公后,掰开手

---

① 司马迁:《史记》,中华书局1959年版。
② 梁钊韬:《西瓯族源初探》,《学术研究》1978年第1期,第129—135页。

掌，写着"长大当皇，除恶扶善"，却是"早发的神箭"主题。

另外，黎族传说中竹兵出现，明确为刺竹。刺竹为黎族防备外来入侵的天然屏障，很多村寨四周密植刺竹，只留一个出口，易守难攻①。在《杨都总》故事中，主人公即生出于麻竹头村，四周是密不透风、盘根错节的刺竹。故事开头还有关于竹子的神异现象："倏然间，霹雳一声巨响，震天撼地，有三株似圆石柱粗的大麻竹拔地而起，直指苍穹，节节竹眼长得像个人头儿，每片包衣顶端还长着锋利的箭尖儿。"百越后裔之布依族亦有种竹保寨习俗，贵州平塘一带农村，祭祀四棵带根的竹子，祭司拜之为"四位濮老"，祭祀后栽于村寨的四方路口，护佑平安②。《酉阳杂俎》还说刺竹之根"大如酒瓮"，其酷似人头的竹眼和巨大的竹根，确能激发古人的想象。

刘守华先生认为"早发的神箭"是为中国所特有，主要流行于楚地的故事。他是以考察湖南、湖北之相应故事为基础，兼及西南、岭南的前提下得出此结论的。他指的楚文化范围很广，就古楚国而言，自有其合理性。

通过以上的考察，我们可以在楚文化的范围再度具体化。"早发的神箭"的故事以与楚文化甚有渊源的古蜀国的灭亡事件为中心，由蜀之移民四处传播，以竹图腾文化信仰在百越后裔诸族中的普遍性为故事接受的前提，以秦汉时代中央王朝讨伐百越为催化剂，各民族很快接受了蜀国灭亡的传说，并改造成自己部族灭亡与反抗的神话。这是故事在早期传播的心理基础。民族的聚居，部族的迁徙成为其传播的途径。蜀族后裔一路南迁，在南迁的途中向各族诉说其灭亡的神奇故事。当到达越南北部建立新的国家，其故事成为民族的痛史，必延续不衰，身处其统治区的骆越之民，便把古蜀国灭亡的传说代代相传，与安阳王建国与灭亡的神话一样，同时成为一个地域人民的心理记忆。同时也是关于古蜀国英雄失败的悲剧。时间一久，口头流传，无文字记载，相似的两个故事便发生了混合变形，这是民间故事在传播中常见的现象，而在有些骆越地区，后世两个故事虽有变形，尚各自流传。这就是

---

① 王辉山：《黎族竹文化》，《拂拭历史尘埃：黎族古籍研究》，云南民族出版社 2006 年版。
② 罗曲：《布依族的竹崇拜》，《西南民族大学院学报》2000 年第 11 期，第 43—46 页。

《帕隆》情节混杂的根本原因。同传布于其他地区的亡国传说一样，进入漫长的封建时代，生活在不同地域的人们却常共同遭受封建统治者的压迫和剥削，因反抗斗争此起彼伏，刀光剑影，是普通老百姓"天子梦"的折射。和各地附会的天子坟、将军洞、皇帝洞等地名相联系的"早发的神箭"故事更是遍地开花，并在其他民间故事类型的影响下，产生了各种变异形式。但不管怎么变，因竹图腾信仰之制约，其主要流传地更集中于西南和南部的古百越地区。黎族作为骆越人的后裔，它的此类神话传说则极为典型地表现了古代百越文化的精神特质，并与黎族人民的反抗史及海南岛的贬谪文化相结合，形成其独具特色的故事形态①。

第三节　禁母、禁公与琵琶鬼

本节所论禁公、禁母等巫觋现象皆为黎族古代历史上曾经出现过的文化现象，在当代社会已消失。禁母无疑属于黎族原始宗教之范畴，但不全部是，其表现形式呈现出地域的多样性和受汉族文化影响的复杂性。在合亩制的核心区域，禁母保留着其原始宗教的本来面目，在其他地区，由于传入道教之路径不同，受道教影响的程度不同，"禁"的形态也各有不同，或者在原始宗教的内核外，附上了一层道教色彩；或者被道教文化所替换，留下一个原有的名称。还有一种情况是，在关于禁公的问题上，汉族传来的黑巫术也反过来受到了黎族原始宗教之影响。

禁母这种由鬼怪或超自然力附着在妇女身上危害于人的"巫术"，在百越后裔诸民族种亦多见，而且广泛现存于我国西南少数民族之宗教生活中，其实质有同有异。通过比较，我们能够更加清晰地归纳出黎族"禁"的性质与特点。

本节需要讨论的有如下几个问题：禁鬼之来源；禁母禁人之类型；禁人之方法；查禁之方法；除禁之方法；禁母与禁公之比较；与傣族琵琶鬼之

---

①此节内容已发表于《海南热带海洋学报》2018年第4期。

比较。

一、禁鬼之来源和性质

黎族之禁母与苗族之蛊婆并不相同，苗族之蛊婆虽也主要传于女性之身，但其蛊，似乎为有形之蛊与无形之鬼的结合，所以蛊婆必养蛊，或蛇蛊，或蛙蛊，或金蚕蛊之类，其蛊毒为代代相承而不去，不施蛊则反害自身，此为唐宋以来所流传的南方之巫蛊共有的特点。黎族之禁母，大部分来源于"禁鬼"，或者说禁鬼之附身，其最原始的阶段，形式即是禁鬼附身，借人形而禁人。有学者将禁母禁人分为两大类，即"主观上禁人"和"客观上禁人"，"客观上禁人"是因为禁母灵魂不洁化为"禁鬼"，危害他人，等道公查出她是禁母后才恍然大悟，所以她本人也很乐意洗澡①。这种观点为学界接受，大部分将之归于黑巫术而讨论之。实际上，将禁鬼附体作祟于人归之于黑巫术，是错误的。所谓黑巫术，必是人为主动，借助于一定的法具施术于目的对象，但"禁鬼"是无意识的，不当归于此类，应当是鬼怪利用妖术害人之类型。

"禁鬼"，有的称作"蒙鬼""梦鬼"，附于女性之身为祟。但这究竟是一种什么鬼，无人能说清，其起源如何，亦无任何记载。袁枚《子不语》中较早记载了关于禁母之传说："广东崖州黎女有禁魇婆，能禁咒人致死。其术取所咒之人须发，或吐余槟榔，纳竹筒中，夜间赤身仰卧山顶，对星月施咒语，咒至七日，其人必死，遍体无伤。但能魇黎人，不能魇汉人。"袁枚所记为口耳相传之异闻，非亲见，不可尽信。这里禁母完全是一个巫婆之形象。由当代调查资料看，秉此术者多为男性之"禁公"，由汉族道教传入。可见，清代中叶关于禁母之想象，已经受到了汉族巫蛊传说之影响。稍后之张庆长在《黎歧纪闻》中也有相关之记载，文中云："崖陵之间有禁婆，能隐伤人。其术窃取人发，缚绣针上，诵咒语，垂入水际，能使鱼来吞人，吞之则其人痛不可当，受害家知之，逼令求解，仍诵咒语，使鱼吐出发针，可立

---

① 中南民族学院编辑组：《海南岛黎族社会调查》上册，广西民族出版社 1992 年版，第 102 页。

解，或有刺入树内者，其术一也。"汉人之想象较之袁枚所记更为奇特。刘世馨《粤屑》卷二："黎女有禁魇婆，能咒人致死，其术传女不传男，有禁魇婆，无禁魇公。"由典籍记载可推断，禁母之事迹传播于汉区，似乎不早于清代。

三亚槟榔村有一则关于禁母起源的传说，从中可以看出禁母变化的一种早期形态。从前有一对青年男女，女的非常漂亮，男的也很英俊，两人很要好，一起在"隆闺"里自由恋爱。这时男的不知女的是禁母。后来有人告诉他对方是禁母后，男的便不和她在"隆闺"里谈恋爱了。这个姑娘眼见自己的情人移情别恋，很气愤。一天晚上，她便披头散发，潜伏于路旁，想等她的旧情人路过时害死他。当晚该青年果然路过此地，这个姑娘马上从草丛中跃出。男青年行进之际，突然有人挡其去路，天色黑暗，不知是人是鬼，他于是拔出钩刀，把她砍死，并把头手脚砍断，弃诸四方，只留尸身于路上。翌日，这个姑娘的父母不见女儿回家，母亲便跑到"隆闺"找她。当母亲进入"隆闺"时，见女儿用被覆盖全身，便走至床前，把被揭开一看，大吃一惊，原来女儿僵死在床上，尸体完整，身无伤痕。她马上跑回家告诉丈夫。丈夫到"隆闺"门口看了，果然属实，两人遂返家讨论其女儿的死讯。

男青年当天晚上杀死了披头散发的"鬼"后，翌晨便跑到杀鬼的地方看看究竟是怎么一回事。但到了那地方却一点东西也没见到，路上也没有一点血迹，弃于四周的肢体都不翼而飞。他觉得很奇怪，信步而行，偶至那位姑娘的家，他便想探听一下她的近况。恰巧她的父母在谈论她的死讯。这时男青年才知道昨晚杀死的就是那位他所抛弃的姑娘；同时知道她的尸体已在"隆闺"内。他因此知道这是禁母鬼在作祟，否则已被砍碎的尸体怎么能重合成完整的尸身呢？自这件事件之后就有杀禁母之事产生[①]。

显然，槟榔村的这个禁母传说还不是最原初的禁母形式，只可用于解释槟榔村的禁母状况，主观报复是禁人之动机。附体之禁鬼从何而来，故事并

[①] 中南民族学院编辑组：《海南岛黎族社会调查》下册，广西民族出版社1992年版，第227—228页。

未说明。颇可注意者，三亚某些地区，禁母又叫禁婆，又名琵琶鬼，我们怀疑其与傣族之琵琶鬼之间有文化传播之联系。

傣族之琵琶鬼，又叫"皮迫""屁迫""披魄""披拔"，意为恶鬼，被认为是最凶恶的一种鬼。傣族人认为这种鬼会附在一般人身上，而被它附身的人也就成为"琵琶鬼"①。这与黎族禁母之恐怖，禁鬼之附身，在形式上一般无二。西双版纳傣族有一神话传说解释"琵琶鬼"之来源，与上述黎族之传说有一定共性。故事讲述，勐巴拉那西的国王有两个儿子，长子名罕宝，次子罕香，国王让他们俩去世界上著名的勐西拉学习本领。三年后学成本领，在归国途中，兄弟二人展示身体随意变化的法术，哥哥用诡计害死弟弟，弟弟变成一只斑鸠。最后弟弟的灵魂和心悄悄钻进哥哥体内报仇，哥哥变成了一个疯子，喊着"我是琵琶鬼，我是琵琶鬼，我要吃活鸡，我要吃人心，我要喝人血，我害怕火和豺狗的犬牙"。人们见罕宝疯成这样，又恨又怕，就追赶他，准备捉来烧死，他听见后十分害怕，一个人逃入森林②。

在上面的两则故事中，都有报仇之成分，形体都可以变化，黎族故事中的女恋人被附体后，禁鬼可以化作她的模样。傣族传说中的弟弟则前后几次变化，以灵魂入体，使兄长发疯。两则故事说明，禁鬼以形体变化之魔法害人，为其作法之手段。在人们的印象里，似乎禁鬼、琵琶鬼就是人鬼所化而来，但并不明晰，究竟还是模糊的。从黎族调查的资料看，此鬼似乎并非异常凶恶，其附身之目的似乎只是为了吃东西。兹举例说明：

乐东县毛或村（今属五指山市番阳镇）：群众认为"禁母"之能"禁人"，完全因为她的灵魂不好，想吃别家的牲畜。这不洁的灵魂经常离体而出，徘徊在别家门口，若听到谁家响起锣鼓声，便闯进去把人家弄病。病人要杀牛宰猪来做鬼，于是它便可以大吃一顿，或者谁在十字路口碰到它，回家也会患重病。但是禁母自己不懂得这回事，也不知道自己有着这样的"灵魂"。当灵魂出外禁人时，她和平日一样，照常劳动生产或料理家务③。此处"灵魂不

---

① 赵桅：《傣族"琵琶鬼"现象的起源历史浅述》，《民族史研究》2010年版，第279页。
② 岩温扁、岩温勒：《琵琶鬼的故事》，载《版纳》1981年第2期，第62页。
③ 中南民族学院编辑组：《海南岛黎族社会调查》上册，广西民族出版社1992年版，第172页。

洁"并非本人之灵魂不洁,而是由于禁鬼附体而不洁,道教徒所谓"有不干净上身",出外之灵魂非本人之灵魂,而为附体之灵魂,否则灵魂外出而自身依然生产劳动自如,难以解释。

白沙县牙开村:"禁母"不懂用什么方法去禁人,只因她命运不好,身上附上了一种"蒙鬼",这种"蒙鬼"专喜欢吃别人的东西,若它看见哪一家比较富裕,猪牛很多,便通过"禁母"那不洁的灵魂去禁病对方,被禁者生病后以祭品供奉,这样"蒙鬼"便有机会大吃一顿了①。

白沙县番满村:禁母禁人只因她身上附有一种"蒙鬼",当"蒙鬼"需要吃东西时,便作祟使别人生病②。

保亭县什柄村:一般传说禁母去禁别人,不是她主动地去弄什么巫术,而是因为她的灵魂不安分,常常出去作弄别人以取得饮食③。

白沙县番响村:妇女身上附有一种"梦鬼",这种"梦鬼"因贪吃的缘故而去作弄别人生病,病人请道公来供奉拜祭一番,梦鬼得而饱餐一顿④。

乐东县头塘乡(今名头塘村):禁母,严格说就是禁母鬼上了身的人,她之所以禁人,也只是由于附于其身上的禁母鬼作祟,他们贪食而去禁别人治病⑤。

乐东县福报村:禁母不是主观上去害别人,而是因有不洁之魂附于其身。因此禁母本人是不懂得自己是禁母的。有时家中有人病,查鬼时竟然查出病人的家属是禁母。这原因据说是当"禁鬼"不能使别人生病时,为了贪食,不得不禁家里的人生病⑥。

白沙县南溪乡(今名南开乡):据说禁母是指那些因有一个心地不纯洁的鬼魂占有她的肉体,因而常禁别人,以求满足它的贪欲;但被占有其肉体的

---

① 中南民族学院编辑组:《海南岛黎族社会调查》上册,广西民族出版社1992年版,第301页。
② 中南民族学院编辑组:《海南岛黎族社会调查》上册,广西民族出版社1992年版,第342页。
③ 中南民族学院编辑组:《海南岛黎族社会调查》上册,广西民族出版社1992年版,第408页。
④ 中南民族学院编辑组:《海南岛黎族社会调查》上册,广西民族出版社1992年版,第565页。
⑤ 中南民族学院编辑组:《海南岛黎族社会调查》下册,广西民族出版社1992年版,第22—23页。
⑥ 中南民族学院编辑组:《海南岛黎族社会调查》下册,广西民族出版社1992年版,第93页。

妇人，自己却一无所知。自不洁灵魂占有其肉体后，该鬼魂便四出找寻食物，但因为它是鬼，所以只能领受祭品。因此必须使人们生病，使他们杀牲做鬼，它才可以饱餐一顿①。

保亭县毛淋村：禁母禁人，并不是她用什么巫术来预先摆布害人，只是她的灵魂不安分，无论白昼或黑夜都出去魂游，一旦有人碰上这游魂，便会得病，一定得破费来做鬼以满足这游魂需索，但谁也不能说出这游魂究竟是什么东西②。

"禁鬼"在本质上与黎族信奉的其他的鬼并无二致，祖先鬼、雷公鬼、风鬼、水鬼、猴子鬼等，皆可直接作祟于人致病，病人家属多请巫师作法驱之，一般多有食物祭品以满足其需求。禁鬼与其他鬼唯一不同之处是需依附于一个中介之身，再作祟他人。禁鬼不直接作祟于人，当与鬼灵之性质有关。我们怀疑此禁鬼之来源当为婴儿鬼。

史图博在20世纪30年代调查黎族时，发现了一种婴儿魂现象。"他们特别恐惧死去的小孩子的精灵。因此，死了小孩子的父母要穿白色丧服。孩子死后，在短期内若家人生病，就认为此病是由于孩子发怒的精灵所引起的，或者认为这是精灵在要求供物，即认为精灵爱吃牛肉，他们就把水牛来供拜。他们认为，死去的孩子的精灵与其母亲之间是有着某种联系的，即妇女由于得到已死去的孩子的精灵帮助，能够施用巫术。"③死去的婴儿渴求食物，与母亲的巫术有神秘之联系，此两点与禁母相同。禁鬼是为食物而祟人，颇为可怕，婴儿精灵所需要之供祭是最隆重之水牛，可见此鬼之重要。我们还没有在别的文献中见到类似的描述。

婴儿是渴求与母亲待在一起的。我国新石器时代之墓葬，婴儿常常埋藏在住房之周围，这种婴儿鬼与母亲的亲密关系在世界上其他地区也广泛存在。黎族之葬婴儿，对于初出生不久即亡故者，不用棺木，就草草埋葬。这就容易引起婴儿鬼的不满与需索行为。我国秦汉时期即有此种关于婴儿鬼之

---

①中南民族学院编辑组：《海南岛黎族社会调查》下册，广西民族出版社1992年版，第293页。
②中南民族学院编辑组：《海南岛黎族社会调查》下册，广西民族出版社1992年版，第547页。
③史图博：《海南岛民族志》，中国科学院广东民族研究所2016年排印本，第56页。

习俗。《睡虎地秦简·日书》甲种《诘咎》:"鬼婴儿恒为人号曰'鼠我食',是哀乳之鬼。"鼠即予。鬼婴儿通过哭喊向人索要食物,当把裸露出来的婴儿骨骸重新埋好后,哭喊声即停止。这是由于没有得到正式埋葬而作祟。《日书·诘咎》:"人毋故一室人皆疫,或死或病,丈夫女子隋须羸发黄目,是宎宎人生为鬼,以沙人一升挃其舂曰,以黍肉食宎人,则止矣。"有学者解宎为婴儿。这是通过作祟于家人而求取食物,与黎族情况类似。黎族之禁母和傣族之琵琶鬼皆主要以女性为主,在女性间传染,多为已婚女性,也有未婚女性,或在16岁以上或在20岁以上,已到结婚之龄。此禁鬼非为求色,而为求食,依附于女性,定性为婴儿鬼是颇为恰当的①。然此点身份尚需更多之证据证明之。

黎族有些地方传说禁鬼化作小鬼禁人,身长不及一尺;有的地方说禁母之魂可以化作好几个小鬼作祟。这似乎在某种程度上暗示了禁鬼与婴儿鬼之关系。在古代,黎族婴幼儿夭折率很高。

保亭黎族认为,禁公禁母身边有一定数量的禁仔,禁仔饿了就闹着禁公禁母去施禁②。毛盖乡禁母禁人时由"小鬼"作祟。此小鬼身高不及一公尺,手指甲长得很长,由禁母灵魂变来,有的禁母会变出两三个。小鬼在禁母日常用的小箩中取出一张五寸长的小弓,把禁母的禁包,用弓射进病人的身体,从此病人之命运操控在禁母手里③。

二、禁母之类型

在黎族社会中,禁母被认为是具有禁人能力(黑巫术)的女性。其具有传染性,受人歧视,多不可根除,常受到所在社区之孤立。不仅本人受到精神压迫,还连累全家。除禁之手段有驱赶禁鬼、驱赶禁母、殴打、杀害等。此

---

①乐东县永益乡老村认为禁母身份为女性的原因是妇女穿得筒裙特别美丽,才吸引禁母鬼。其他地区未见此种说法。
②王萍昆:《保亭地区黎族禁公禁母的概念》,1983年3月,未刊稿。
③中南民族学院编辑组:《海南岛黎族社会调查》上册,广西民族出版社1992年版,第447—450页。

类有某种鬼魂或超自然力附体之女性为祟的宗教现象，在百越后裔民族及西南许多少数民族中具有普遍性。

景颇族有枇杷鬼（受傣族之影响），多系女鬼，是一种恶鬼，专门附在人身上，使其家破人亡，断子绝孙，寨子遭殃，瘟疫蔓延。女性一旦被指为枇杷鬼，轻则被逐出村寨，重则被活活烧死，全家人同时遭受众人鄙视。

阿昌族老人说披拍鬼（即琵琶鬼）就像《西游记》里面吸血的妖精一样，专门吃人的心，使人昏迷不醒说胡话①。

傣族之琵琶鬼，属于较凶恶的鬼，若被琵琶鬼附身，此人必死无疑。被认为是琵琶鬼的人，不但她本人要遭殃，而且家人都得受牵连，他们将被赶出村寨，住房随之被焚烧。傣族由于攥这种所谓"琵琶鬼"，害得多少人无家可归，他们认为琵琶鬼随着生育繁衍可以传给子孙后代②。

壮族也有一种被指名道姓称为"倍呀"的人。她们并不是被明确为放蛊之人，而是指她们的言语具有巫术效应。她们预言的恶果可通过她们的言语化解。这种人在村里地位十分低下，不能主动与人打招呼，不能随便与人交往，更不能对自己分外的事发表议论。人们往往把许多意外灾祸归罪于这些人③。

海南黎族之禁母，由于地理分布零散和支系差别，显现出一定的复杂性，其形态非一般描述者所叙述的单一种类。其原始宗教在汉族道教巫术之影响下，关于禁母的概念，表现了影响的多层次性。禁母类型，细分有以下几种。

第一种，为禁鬼所祟，身体为禁鬼之依附体，与禁鬼之间无其他任何关联。

上面第一部分所叙禁母，多为此类。《海南岛黎族社会调查》将此一类归

---

①朱和双：《云南梁河阿昌族原始宗教中的巫蛊信仰》，《宗教学研究》2007年第1期，第127页。
②岩香宰主编、西娜撰文：《说煞道佛：西双版纳宗教研究》，西南人民出版社2006年版，第24页。
③吕大吉、林耀华主编：《中国各民族原始宗教资料集成·壮族》，凌树东调查，中国社会科学出版社1998年版，第585页。

为"客观上禁人"类型,因为其灵魂不洁化为禁鬼,危害他人。此种说法自相矛盾,既然是女性灵魂化为禁鬼,必为主观禁人。此类禁母,从来不知道也不参与禁鬼害人,禁鬼作恶之同时,禁母正常生产劳动,无知无觉。因此之故,将这类女性划归为禁母是不严谨的,汉语"禁"之命义,即有巫术之性质,而此种类型似宜称为"妖术"或"妖鬼术"更为合适。

这种类型的"禁母"应属于黎族所固有,是最为原始的形态。在原始宗教发生的早期,人为鬼神役使控制,对其有屈服顺从之态度。依照黎族之鬼神观念,人之生老病死都受到鬼神的控制与威胁,人生的每一个阶段,生活的每一个环节,都充斥着各种防御巫术的活动,不如此不足以保证生命的正常运转。这种类型一般保存于黎族核心区,特别是合亩制地区。汉族文化由外向内的辐射影响力,逐渐由强变弱。

第二种,禁母灵魂不安分。

禁母虽不懂得什么巫术,但常常出去作弄别人以取得饱食,只要人们碰上她的游魂,便倒霉生病或者死亡(保亭县什柄村)。这类禁母非鬼魂附体,而是自身之灵魂有问题,其灵魂之本性有欠缺,有作弄他人之倾向,虽本人不自知,但永存体内。因之这类禁母具有传染性,会将禁魂传给子女。第一种"禁母"除禁之后恢复正常,与同村人和睦相处,不受歧视。而这种禁母受人歧视,一旦被指认为禁母,终日哭泣,不敢接近他人,生怕惹起祸端,而且连累她家中的儿女也受歧视。女儿没人来谈婚事,也没人愿意把女儿嫁到他们家做媳妇。这一点与傣族之琵琶鬼有相同之处。在人们的意念中,似乎将此类禁母归为主观禁人,因此处罚手段常常是杀害。这种类型之禁母非黎族所固有,乃是受汉族影响下的产物。

黎族之原始宗教观念之中,"善鬼""恶鬼"不分。黎族人认为天地山川的一切东西都是有灵性的东西,黎族称它们为"鬼"。鬼既凶恶又强于人,人不能得罪它们,如果得罪了它们,或会使人生病,或会使生产歉收。只有讨好它们才能得到好处。黎族关于人的灵魂,也是善恶不分的,最具代表性的即祖先鬼之观念。黎族人在现实社会的人生礼仪、生产、节庆之中多要祭祀祖先,祈求祖先之保佑,但祖先鬼也常祟人致病,需要在患病时常常祭祀。

其善恶是不分明的，与汉族之祖先护佑子孙之观念并不一致。在原始宗教之灵魂观中，道德观念是混沌不分明的。在原始父系公社中，集体主义、平均主义的观念至上，人与人之间不存在生产生活上的根本性矛盾，每个公社氏族成员的灵魂性质都是一样的，没有优劣好坏之分。

第三种，禁母为无意识禁人，但禁母限定在一定范围，具有了阶级内容和地域差别。

这种禁母禁人，似乎受到神秘的力量的驱使，有迫不得已的成分。民国抚黎专员陈汉光云："禁婆往往入山林中，自坐自卧，谓为发禁。故传当发禁时，如有黎人与她遭遇，必被她害死。所以黎人往往采樵或往来山林中，若遇一个妇女自坐自卧者，必即杀之，盖谓她为禁婆发禁，我不先杀她，她必害我。"①

这种类型，其"禁"人之实质还保留原始宗教之外壳，但在外壳上已具有了阶级社会之变异色彩。最早的禁鬼依附之禁母，皆成年妇女，不分贫富，不分本村外村，本姓外姓，皆有成为禁母之可能。如乐东县永富乡老村，禁母多是家庭贫苦之人，富人很少被指为禁母，禁母在年龄、长相方面虽无限定，但从外地迁居入本地的外来妇女极易被指认为禁母。据史图博之调查，黎族人对于外来者抱着极大的戒心与恐惧。"他们认为那些从未见过的外人，是会用巫术来加害他们的。起初他们对我们是非常恐惧的，因而，在回答我的问题时，总是极其谨慎。在多数的场合下，与其说是要告诉我，宁可说是要迷惑我，这样说可能比较恰当。"②"别处的人能放出精灵，并能使人生病，大约是到病情严重的时候，要用鸡来供拜精灵，请它饶恕。"③"黎族把衣服的布片或他们本身所使用的东西卖给我们时，常常把这些放在火上烘，这是把物品与他们的身体的关系用巫术来加以破坏。很明显，这样做无非是为了

---

①王兴端：《琼崖黎人社会概观》，原载1934年《琼农》，《黎族现代历史资料选辑》（第一辑），海南出版社2016年版，第62页。
②史图博：《海南岛民族志》，中国科学院广东民族研究所2016年排印本，第55页。
③史图博：《海南岛民族志》，中国科学院广东民族研究所2016年排印本，第56页。

使买者如果对这些物品施加巫术,也不能对他们起任何作用。"①"我起初向打空村的村长问候时,根据汉族之习惯,很有礼貌地问他的名字,他恐惧地介绍说姓'陈',后来才知道那个村子的人都是姓'傅'的。由于他恐惧我知道了他的名字,会对他使用不好的巫术力量。"②当一个外来移民进入村庄,本村一旦有疾病灾祸发生,村民自然将怀疑的目光指向陌生的外来者,外来女性成为禁母的重点人群。由此,也可以推断出,本地的禁母概念或宗教现象,是由外地传播而来的。这一种可以看作第一种之变化形式。

第四种,禁母主观禁人,采用巫术手段伤害他人,与禁公没有区别。

主观上禁人之禁母非黎族原始宗教所固有,为受汉族影响衍生出来的形式,具体就是禁公之影响。这一类黑巫术发生在黎族边缘区,是与汉族接触较早较深之地区。面对主观禁人之禁母,不同地区采取之方法大同小异,有被除、驱逐、杀害,有些农村几种形式同时存在。这种巫术在禁母之家需要传授习得,陵水县北光乡(今属隆广镇),女儿到16岁以上,其母教她"禁术"。

在黎族原始公社的合亩制地区,其道德规范和道德行为、道德观念决定了不可能出现主观暗害他人的巫术。有黑巫术也发生在村与村、峒与峒发生战争、械斗之时,在合亩内奉行着集体主义道德准则。一个合亩,一个氏族一般是同血缘关系,其个人利益与集体利益高度一致。为了在严酷的自然环境中生存,维护氏族和合亩的集体利益成为合亩内每个成员的最高义务和神圣职责。因此在其内部成员之间的人际关系方面,高度的自然和谐是其总体特征,即使有矛盾也是微不足道的。人们共同劳动,协作生产,平均分配,休戚与共,没有根本的出于私人利益的矛盾,遵行着互相关心、互相帮助的规则。合亩的公共财产共有,农业产品平均分配,失去劳动能力的鳏寡孤独和残疾少幼,也都得到与大家相等的一份,不受歧视与鄙弃。一家有难,大家相助③。很难相信,在这样的村社环境之中,会发生巫术害人之事件,会

---

① 史图博:《海南岛民族志》,中国科学院广东民族研究所2016年排印本,第57页。
② 史图博:《海南岛民族志》,中国科学院广东民族研究所2016年排印本,第57页。
③ 王养民、马姿燕:《黎族文化初探》,广西民族出版社1993年版,第41—43页。

产生主观禁人之禁母。

但在合亩制后期出现了贫富差距，私有制逐渐在社会关系中占据统治地位，为此类黑巫术的滋生提供了合适的土壤，遂广泛传播于黎族许多地区。

三、禁公与禁母之关系

禁公为施行黑巫术之男性，非黎族所固有，乃汉族传来，但对禁母现象具有直接而具体之影响，使得黎族的这种原始宗教形式发生了变化，产生了各种具有程度差异的新的表现形式，而且"禁公"这种汉文化的概念在黎族原始宗教的影响下，也发生了一些变化。

禁公的身份主要是法术持有者的巫师，他们人为主观施禁，致人伤病死亡。

海南岛黎族社会之施行黑巫术者，据1954—1955年之调查统计，禁母占统治地位，"调查点中，除了东方县美孚黎的两个点外，其他均有禁母问题发生(共二十二个点)，其中以禁母问题最普遍，禁公只发生于以下的八个点中：白沙县细水乡、牙开村、番响村、番满村、南溪乡；乐东县的毛农村、保亭县的什柄村、琼中县的堑对村。禁公分布地区绝大部分是受道教影响较深的地区"[①]。这种判断大致不错，还需深入仔细分析。

禁公分布之八个点，其中六个点多由北部传入，只乐东、保亭两地从南部传入，道教传播最广泛之地区在海南岛北部，主要为汉人聚居区，故白沙、琼中等地受其影响甚深，具体表现上有细微之差别。上面对二十二个点之统计分析不太准确，白沙县细水乡是没有禁公的，但本村道公了解本地黎地区有禁公之存在，并了解其禁人之大致法术，及除禁之大致过程。这正说明禁公这一现象属外来传播所致。在细水乡地区仅仅还停留在知识传闻之阶段，没有进入宗教实践。而三亚的槟榔乡(今为凤凰镇槟榔村)之前有过禁公现象，但禁公之角色已经由禁母代替，故禁公现象消失。

禁公巫术的传播主要在黎族外围与汉族毗邻之区，但也逐渐向内渗透，

[①] 中南民族学院编辑组：《海南岛黎族社会调查》上册，广西民族出版社1992年版，第101页。

说明其传播未久，其形态没有显现整齐划一之趋势，而是呈现出无序性。"禁公在八个点中，有三个点是不分贫富的，有三个点是贫苦的人或外来户。从职业方面看，其中有四个点是娘母和道公。禁公只在一个点中已有阶级内容，而在一些点却仍保留较原始的性质。"①

在禁公巫术传播之地区，或多或少对原有"禁母"现象产生了影响。

第一，禁公对禁母基本没有产生影响。一种是禁公巫术基本没有传入该地区，如乐东县头塘村、乐东县福报村，都没有禁公，但禁母之形态还保留原始性质，白沙县细水乡也是如此。如头塘村，当地人认为祖宗传下来的只有禁母鬼，与道教无关。禁母无贫富之分，只限于女性，采用驱邪之方法除禁而非暴力杀害。还有一种是禁公巫术传入该地，但对禁母现象没有产生影响，出现了两者并存的状况，如乐东毛或村、白沙之牙开村、番满村，皆属此类。

第二，禁公对禁母产生局部之影响。有两种情况，一种是在禁公、禁母并存之地区，禁母文化在禁公之影响下发生了某些局部之变化。如白沙县番满村，禁母有"蒙鬼"附身，命不好，与病者无矛盾，无贫富之分，基本上保持了原始形态，但也出现了部分禁母有意识施行黑巫术之情况。再如保亭县番文乡什柄村，禁公在当地被称为"斧头"，人们处理禁母（天意害人）的方法与"斧头"一致，都是杀死。另一种是没有禁公只有禁母之地区，禁母现象发生了局部变化。禁母禁人已成为主观行为，利用"小鬼""禁包"施法危害他人，因而对待禁母的处罚手段常常是杀死，但用驱邪之方法除禁依然保留。说明原始的形式和汉化的形式并存，其原始宗教没有完全瓦解。乐东多港村，无禁公，禁母为原始的无意识类型，但也偶尔出现了杀害禁母之情况。有一种观点认为，凡是有禁公的地方禁母可以免于死难②。这种说法过于武断。由上面例子可以看出，禁公禁母并存之地区，受杀害禁公的影响，禁母偶尔也会被杀死。

---

① 中南民族学院编辑组：《海南岛黎族社会调查》上册，广西民族出版社1992年版，第102页。
② 中南民族学院编辑组：《海南岛黎族社会调查》上册，广西民族出版社1992年版，第103页。

在合亩制地区的有些村庄，人们在婚丧礼仪中要供奉禁鬼，这是颇为特殊的现象，其他地区很少见到。如毛枝村，在举行婚礼仪式时，当女方来到男方家，在正式进餐之前，由男方一名妇女用芭蕉叶盛点饭皮放在屋角，供禁鬼吃，让它不要打扰新娘①。毛道乡则在新娘到达后，饭前有两个环节举行祭祀驱邪仪式，两次仪式中都包括"禁公""禁母"鬼，在毛道乡百姓的心中，禁公同禁母是一样的，也是由一种鬼魂依附产生。这可以看作他们关于禁母的固有观念，当禁公概念传入以后，用禁母的特征同化禁公，可以视作禁母对禁公反向的影响。

第三，禁母在禁公之影响下，与禁公同化，没有区别。

这是禁公巫术在传播过程中，经过传播者的层层强化，外来神秘强大的黑巫术使他们对两者的区别逐渐模糊。如五指山市太平村黎族认为："禁是在黎族地区广为流传的，与道公相对，会摄人灵魂，以法术置他人于死地的魔鬼子。一般女人被称禁母，男人被称禁公。其作法时一般选取在晚上8点至凌晨2点，将身子抬起，头朝下，两眼伸入土壤，搜寻人的灵魂，然后向上喷出火焰。禁母作法时，遇上的人胸前如果有环形光亮，3日内必死无疑。"②保亭县有些黎族认为禁公禁母都是吃人肉的魔鬼。他们身边有一定数量的禁仔。禁仔饿了就闹着禁公禁母去施禁。禁公、禁母要吃人肉时，自己亲自到路口、田头、村边等地伪装起来，化形为异物——或变木头、石头，或变牛、羊、猪、狗、猫等，等待来人。无论变什么物体，浑身都发出了强光，并有两只大眼睛。当过路人见此情景，有的立即瘫软，昏倒失去知觉，甚至当场死去。有的过不久就要发病，也死去。这时禁公、禁母、禁仔们就饱餐一顿。在这里，禁母享用的食物由一般的祭祀食品，进一步演化为尸体。

第四，禁母在禁公之影响下，完全禁公化，且禁公消失或未出现，只有禁母之形式。

---

①中南民族学院编辑组：《海南岛黎族社会调查》下册，广西民族出版社1992年版，第92页。
②董小俊：《海南岛五指山市太平村黎族》，《五指山脚下的耕耘》，云南民族出版社2004年版，第62页。

第四章　巫术与禁忌

三亚市槟榔村在20世纪50年代调查时无禁公,人们对此名称感到生疏。但有老人说,许久之前有过禁公,处理他的方法也和禁母一样。这说明以前是有过禁公巫术的,三亚地区之禁公多为道公等神巫类人员,而在这个地区,道公社会地位较之核心区较高,由社会地位决定着黑巫术实施者的身份。槟榔村黎族固有之娘母已消失,由文、武道公主持宗教事务,但他们对于查鬼做鬼并不积极,故彼此间自然不易为争夺生意产生矛盾,互相诬指为禁公的社会基础薄弱。另外,决定谁是黑巫术施行者的权力主要在道公之手里,那些贫穷、无地位的女性很容易被定为禁母。这里的禁母是有意禁人,以法术害死她的对手。处理禁母之方法,多为杀死。这里的禁母相当于白沙县番响村之禁公。据说20世纪初曾杀死了三个禁母①。有一个关于禁母来源之说法,似乎可以说明本村禁母以前有过更为古老的形式。本村禁母来源有两种,一是由病人梦见某某人"禁"他,病者乃将此梦告于村人。从此,被梦者便被公认为禁母。二是由武道公查鬼时查出。这两种形式是近一两代才有的。还有一种过去有,近百年已消失。如果病者病重,又没有梦见谁"禁"他,请道公查也查不出有人"禁"他。在这种情况下便召集全村妇女,需她们跳栏,如跳不过去的便是禁母。详细情况已不得而知。跳栏极有可能是对禁母灵魂之考验,跳栏需神情专注,不可分神,而原始禁母是邪魂附体之人,身体内多出一个灵魂,无法专心致志,故容易通过跳栏查出。另外,这种方法遴选出的禁母,贫富皆有可能出现,与槟榔村20世纪50年代之前主要以穷人为禁母是迥然不同的。由此可以推知,本村最早之禁母绝不是现在的形态。禁公巫术影响强大,禁母原有之灵魂附体消失,只空留禁母之名,而存禁公之实。

第五,禁母还有一种过渡状态,也当是受到禁公影响之结果。

此种类型之禁母为被迫有意识禁人,为无意禁人向有意禁人过渡之状态。韩立收教授记录了这一类型。他说,禁母附体之妇女,一般为中老年已婚妇女(30岁以上)。至于禁术是怎么回事,人们只知道禁鬼是通过禁母采

---

①中南民族学院编辑组:《海南岛黎族社会调查》下册,广西民族出版社1992年版,第209页。

用神秘的方法秘密实施的黑巫术,具体情况弄不清楚。由于禁母被禁鬼完全控制,不"放禁"就难受,严重的会导致自己生病,甚至死亡,放禁纯属无奈,迫不得已。禁母禁不了别人,就可能会禁自己家人①。这个材料来源作者并没有加以注释说明,不清楚是哪一个支系哪一个地区的黎族所固有。此种类型近似于西南民族之巫蛊。例如苗族,多蓄养害人之物,是为蛊毒,蛊毒附身,必须定期释放害人。"蛊妇眼红,如不放蛊,自己要生病,脸变黄色。放蛊中一人,蛊妇自己可保无病三年;中一牛,可保一年;中一树,可保三个月。"②当然,这纯粹是人们对蛊妇的想象。黎族禁母之此种情况与蛊妇相似,此种"禁人巫术"虽为被迫,但属于有意识行为,处于有意识报复与无意识禁人之中间阶段。应当是在禁公巫术影响下,其原始形式发生的演变。虽然在黎族社会中没见到关于"养蛊"之传说,但在有些地方的除禁法术中,有一种方法是用藤麻之类制作成蜈蚣与蛇等毒物,对之鞭打,驱除禁鬼,这又表明似乎在黎族之观念中有"巫蛊"之存在。若要证实,还需进一步调查。

从以上考察可知,禁公作为汉族道教巫术文化的黑巫术实施者,对于禁母产生了程度不一的影响。从其分布的地理空间看,处于黎族的外围,由外围向核心辐射,越是外围,残酷的处罚手段越普遍,越到核心越温和。有学者认为,最初禁母的解禁方法与禁公相同,也是遭到杀害后解禁。由于近代以来国家政权对于黎族地区的统治的加强,杀人行为受到遏制,并逐渐出现了"洗澡改名"的象征性仪式③。我们认为,这一观点是不符合客观文化情势的,把禁母解禁的发展逻辑完全颠倒了。

四、禁母禁人之方法——兼与禁公比较

合亩制核心区之禁母,属黎族所固有。因其本质为禁鬼附体,控制人身

---

① 韩立收:《"查禁"与"除禁"——黎族"禁"习惯法研究》,上海大学出版社2012年版,第64页。
② 凌纯声、芮逸夫:《湘西苗族调查报告》,民族出版社2003年版。
③ 王献军、程昭星:《黎族现代史1912—1949》,海南出版社2019年版,第374页。

而施法术，近似于妖术。"灵魂变化"为其特征。民众对于这种禁母的施禁术一般是模糊的，因其与祖先鬼、天狗鬼、猴子鬼等祟人特征近似，充满神秘感。但总体而言，禁鬼灵魂变化祟人是原始禁母施禁的特点。

禁母禁人有两种形式，一是直接禁人，一是间接禁人。

第一种，是禁鬼之魂直接缠上受害对象。"自不洁鬼魂占有其人体后，该鬼魂便四出寻找食物；但因它是鬼，所以只能领受祭品。为此，它就必须弄致人们生病，使他们杀牲做鬼，它便饱餐一顿。这鬼魂常在路上尤其是十字路口，凡遇有持食物经过的人，它就纠缠到其身上。该人返家后吃了刚才所携之食物后即患病不起，乃延娘母替其查鬼，结果查出禁母来。"①"据说这是一种附在男人或女人身上的精灵，当这个附有'梦鬼'的人到别人家看见小孩或牲畜时说了几句称赞的话，不久小孩或牲畜就会生病，要做鬼禳解。"②禁公禁母要吃人肉时，会到路口、田头、村边隐藏起来，化形为其他形象，或者是木头、石头，或者是猪、牛、羊之类，等待路过的人，准备随时实施害人的行为③。由此可见，这是一种妖鬼术而非黑巫术。

第二种，间接禁人，是妖鬼术与黑巫术的结合形式。是在汉族道教法术的影响下变异的结果。"据说，禁母禁人时是由一小鬼来作祟的。这种小鬼的模样，据群众描述身高不及一公尺，手指甲长得很"，这是由禁母的灵魂变来的，有的可以变出两三个。这小鬼受禁母的指使去禁病或禁死她所仇恨的人。据说，小鬼在接到禁母的指示时，即在禁母日常所用的小箩中取出一张五寸的小弓，把禁母的禁包(据说是用一破衣服的碎布内包有蜂蜡和猪毛，大小形状和桂圆一样)，然后用弓射进病人的身体，从此病人的命运便操在这小鬼手里④。这是保亭毛盖乡什告村之情况。这里无禁公，禁母行为属于有意识禁人，最后要处死。其灵魂变化与指挥小鬼尚有原始灵魂附体的影

---

① 中南民族学院编辑组：《海南岛黎族社会调查》上册，广西民族出版社1992年版，第293页。
② 中南民族学院编辑组：《海南岛黎族社会调查》上册，广西民族出版社1992年版，第353页。
③ 王萍昆：《保亭地区黎族禁公禁母的概念》，1983年3月，未刊稿。
④ 中南民族学院编辑组：《海南岛黎族社会调查》上册，广西民族出版社1992年版，第448—449页。

响，禁包则是黑巫术的工具。把禁包射入人体是利用魔法的直接伤害术，其中蜂蜡、猪毛具有神秘的法力，很明显，这是对刀箭伤人行为的巫术模仿。但较之我国古代常见的偶像伤害术，又是较为原始的形式。

《红楼梦》中之马道婆在第二十五回施魔法诅咒王熙凤与贾宝玉，就属于偶像伤害术。其方法是，用木头等物件刻成仇家偶像，并写上仇家姓名、生辰等，秘藏于盒子之中，然后经常用针刺偶人，或用脑箍戴在偶像头上，或用纸剪成许多魔鬼的形象放置在偶像身边，同时配合念咒语。这样，每当用针刺偶像时，仇家就会在相应部位发生剧痛①。西汉武帝时的戾太子巫蛊案也属于此类巫术。这种巫术在全世界原始民族中颇为盛行，弗洛伊德说："通常，最普通用来伤害敌人的魔法，即是以简易的材料做成敌人模样。塑像是否像她并不重要，只要能将它塑造成像即可。其后，对塑像的破坏都将连带发生在敌人身上。"②

与禁母相较，禁公之巫术即完全成为法术高强的人的行为，禁公中鬼怪的因素消失了，打上了更多道教的色彩。

1953—1954年调查的点中，有四个调查点明确说明了禁公施法的方式。

第一种，单纯放禁包。牙开村如此。其做法是，用一张树叶包一卷头发做成禁包，然后将禁包放在被禁者的床边，这样对方便受禁而得病③。调查未说明头发之来源，极有可能来自受害对象。一则所谓"禁包"为道公制造的概念，禁包常常是道公在患者家作法时搜寻得到，自属于患者家所有；二则偶像伤害术还有替代形式，即不用偶像，而用受害对象的毛发、指甲、衣物等替代物，巫师取以施法，也是我国民间最常用的黑巫术。

第二种，书写名字的纸条镇压术。此术多地使用。保亭县番文乡把别人的名字写在纸上，持斧头和钉子把纸钉在三岔路口秘密的地方（人多可以践踏），纸霉烂了人便会生病而死亡④。此与汉武帝时江充在太子宫中挖出桐木

---

① 詹鄞鑫：《古代巫蛊术》，《文史知识》1988年第10期，第39页。
② 弗洛伊德：《图腾与禁忌》，中国民间文艺出版社1986年版，第101页。
③ 中南民族学院编辑组：《海南岛黎族社会调查》上册，广西民族出版社1992年版，第301页。
④ 中南民族学院编辑组：《海南岛黎族社会调查》上册，广西民族出版社1992年版，第408页。

人近似，秦汉时期多以桐木人为施咒作法之偶像，因为桐木易于腐烂，埋在地下，因相似律的感应巫术，仇人的生命随着桐木的腐烂而消亡。白沙县南溪乡禁公运用此禁术有四种略带差异的方式。一是把被禁者的姓名写在纸上（据说他所写的名姓犹如鬼画符，识字的人看了也莫名其妙），把它拿到山上埋在土里，从此某人的运气不好，常常患病，甚至一命呜呼。埋藏地点不选择，没有标志，禁公自己也再找不到。此与上述番文乡方法近似。二是将有名姓的纸条埋在灶下泥土中，从此被禁者合家都受到危害，家人相继生病，循环往复，永无止境。此种方式距离被害者更近，黑巫术的危害面扩大了。三是将有名姓的纸条放进山上的松树树洞里，并用泥土封口。意思是禁闭其灵魂，直至生病死亡。四是禁包埋在村旁，但里面混合了烂布、头发、姓名，与第一种效果相同。

第三种，驱使诸神。此种巫术完全是道士的把戏。道士在驱邪禳灾的法事中，常常会有一个环节，即呼请其所供奉的道教诸神，以神力协助其赶走妖鬼邪魔。然而，有些道士以此法行使黑巫术。琼中县堑对乡不仅钉埋对方之姓名，而且还要烧元宝香烛念咒语，呼唤老爷公、五海公、五雷公、五雷守尸公、十案公、冷灶公等各路神灵，陈述自己的想法，表明要禁对方的意愿，祈求各路神灵协力禁对方，务必使对方患病，让病者家属来请自己去解禁，将来以更多的酒食报答诸位公鬼。这样祈祷后，据说诸位公鬼也就按照他的请求作法，对方便患起病来[1]。禁公此种法术与禁母役使"小鬼"相似，只不过禁母役使之小鬼由禁母之灵魂幻化而来，但其目的似乎一致，皆为食用祭品。此处，道教诸神善恶不分，应该是受到黎族原始宗教之中鬼神善恶不分传统之影响，诸神贪食也受到禁鬼贪食的影响。

第四种，驱使木偶作法。保亭县番文乡禁公制作"小草人"神偶，命"小草人"持小弓箭伤害仇人。此法为偶像伤害术之变体。在中国古代，多见此种巫术。例如南朝时期陈朝的陈高宗之子陈叔坚对皇帝陈叔宝怨恨不已，于是做木偶道士施法术，"刻木人为偶人，衣以道士之服，施机关，能拜跪，

---

[1] 中南民族学院编辑组：《海南岛黎族社会调查》上册，广西民族出版社1992年版，第666页。

昼夜于日月下醮之，祝诅于上"①。两者之区别仅在于，后者更加精细巧妙而已。

第五种，禁公变幻形体直接加害于人。这是在禁母之禁鬼影响下，民众产生的一种想象，这种想象发生于合亩制地区而非汉化边缘区，说明道教巫术在传入核心区以后，反过来受到禁母观念的影响，被禁母同化。前文已述及此例，此处略过。

综上比较，禁母与禁公之施法具有本质性差别。禁母是在禁鬼控制下的妖鬼术，主要是鬼魂控制生人；禁公法术是人控制鬼神。尽管在两类现象的传播过程中，由于彼此接触，互相影响，出现了一些变体形式，但基本差别还是明显的。禁公的汉语概念，尽管在黎族有些地区还没有出现，但从其发音看，当为汉语借词，只有禁鬼属于黎族固有之观念，许多地方称其为"梦鬼"或"蒙鬼"。在黎族腹地，由于道教传入的时间不长，道教巫术替换黎族原始宗教巫术的行为，就显得自发而无序，没有能够呈现形式上整齐划一、概念上明确一致的分布格局。

总体上看，由禁鬼控制的无意识禁人的行为，在1949年以后逐渐式微，代之而起的是有意识禁人行为，禁母之巫术越来越趋同于禁公。由于20世纪80年代以来道公作法活动渐趋频繁，道公黑巫术的影响力，远远超过了禁母。此点后文再论。

五、查禁之方法

在黎族社会中，如何确定禁公禁母的身份，需要种种不同的程序和方法，其中有的属于原始巫术，有的属于道教范畴。

一般认为，一个人被认定为禁母有四种原因：一是她所在的母系血缘的人曾经被人们指为禁母；二是甲乙两人互相打骂后，其中一方患病，而诬指另一方的妻子为禁母；三是病人梦见某人害他，而诬指该人为禁母者；四是道公替病人查鬼时查出某人为禁母。

---

①姚思廉：《陈书·长沙王叔坚传》，中华书局2021年修订本。

上面第一种结果不用道公复查即为社会所公认,第二、三种则多由道士复查才为社会所公认(三亚槟榔乡仅仅由病人梦见即确认禁母身份,此例甚少),第四种占主要地位。查禁公则比较简单,第一种方法不见,多是第二种和第四种①。

具有传染性是黎族禁母作为原始宗教现象的特征之一,禁公则不具有传染性,属于人格主体的自主行为。关于第三种,梦兆预言现实是人类早期的灵魂观念之一。据泰勒之观点,梦的生理现象是人类灵魂观念产生的原因之一,早期人类将梦境中发生的事件与现实生活等同。黎族因为病人的心理幻像和梦境就确定禁母身份,可见此种观念之根深蒂固。

被认定为禁母的多为普通人,禁公则多为道公、娘母等法术持有者。确定禁母的现实利益动机是混合的、笼统的,有的只是无意识,是由于鬼魂贪食,有的只是个人矛盾,并无非常固定化的动因。而禁公之认定,主要起因于巫师职业者的贪婪引起的矛盾。黎族民众对于此种情状常常叙述得非常明确。白沙县南溪乡有一位娘母被指为禁公,据说村里人请他查鬼他总是查到大鬼,多要杀牛或杀猪,许多人家因此一贫如洗。村人产生怀疑,质问他查出大鬼的动机(因为杀牛、猪等祭品,娘母可以分得一条腿),娘母怒而不言,返回家后施法禁村里人,先后被禁死35人(实质上是村人的巫术想象,黎族地区疾病发生率很高,治愈率极低,当有瘟疫发生时,死亡的人口数量巨大)。很明显,村人多病,村中多鬼,客观上为道公娘母等法术人员牟利提供了条件。因此,神道人员彼此之间也会产生利益上的矛盾冲突,作法也是一门生意。本村查出的禁公多数为外村道公,当为两村道公之间的利益矛盾所致②。

据调查,20世纪90年代,道公之间的此种利益冲突依然存在。本地黎地区的道公使用一些害人的黑巫术,使人发病,发疯直至死亡。本地一位村民符亚书说自己多次受到黑巫术之伤害,他说:"我家养猪就不曾养大过,

---

① 中南民族学院编辑组:《海南岛黎族社会调查》上册,广西民族出版社1992年版,第101—102页。

② 韩立收:《"查禁"与"除禁"——黎族"禁"习惯法研究》,上海大学出版社2012年版,第111页。

我知道猪一到快长大的时候道公就要来我家,他不来一切正常,只要道公一来我家,家里非出事不可,要么家人生病,要么出现其他灾祸。出事后,非请道公不可,否则吃啥药也不能治好病。道公一来,就要杀猪搞鬼,病人的病马上就好了。"符亚书的妻子忽然发冷发热,疟疾发作,他马上联想到前几天道公来过家里施法所致。在白沙县方通村,道公之间时有互相拆台互相攻击的事情发生。某一位道公给病人治病,本来就要治好了,另一位道公暗中使用黑巫术使病人病情再度恶化,这样病人还要请来另一位道公才能把病治好。方通村附近方圆数十里有好几个道公,有时给一位病人治病,要把这些道公请个遍,来一位道公要搞鬼一次,杀猪宰鸡饮酒吃饭不说,还要给道公送肉送钱,因此,请道公治一场病,要花一大笔钱,甚至为此倾家荡产。在方通村,甚至道公家属也恨道公。符洪全是一位道公之子,却不止一次讲述道公为非作歹、横行霸道的事情,他咬牙切齿地说:"我恨不得把大大小小的道公全部杀掉。"[①]时至20世纪90年代,对于道公的巫术想象尚有如此巨大之危害,无怪乎对于禁公之处罚常常要杀死了。所谓法术之高低,既有偶然之因素,一般人想象之因素,还有道公自我吹嘘之因素。法术高黑巫术就厉害,为自己带来巨大收益的同时也带来巨大风险。在方通村的黎族百姓会出现如此笃信的恐惧状态,与黎族固有的原始宗教观念是密切相关的。可以说,如果缺乏这样的宗教基础,道公之黑巫术不会有如此大的魔力。

道士本为道教的法术之士,为驱邪卫道而存在,掌握着神鬼世界的秩序,为人类守卫、防止妖鬼世界对人的世界的侵害。如同普通人之中分道德的善恶,道士之中也分善恶。在中国古代的文献中,多有道士施行黑巫术的记载。在道教大量传入黎族地区的明清时期,当时的古典小说中多有凡间道士以邪术害人的情节,他们往往为了满足个人的贪欲,助纣为虐。如《封神演义》中的吕岳,《女仙外史》中的奎道人,皆为当时民间关于黑巫术想象的文学记录。《聊斋志异》中,记录了更多纯粹民间巫术的危害。《妖术》中,

---

[①] 赵春青:《海南岛本地黎民族考古调查报告——方通村的生态环境与本地黎文化》,《考古学研究》2013年版,第36—175页。

一位占卜相面的先生预言于公生命之危险，要求支付十两银子以保命，于公拒绝支付。相面者利用纸人、木偶、土偶施展黑巫术，企图杀死于公。《长治女子》中的道士，为一己私欲，利用女子的生辰八字施法，将其剖心杀害，控制其灵魂。黎族道公之黑巫术，并不是新鲜玩意，当是从汉族传来。

在民间宗教之中，道士之间为争夺私利而互斗，亦非黎族地区所独有。在壮族的一些地区，民间道教中有师公和道公等宗教主持者，作法行道，祛病消灾，其中师公相当于黎族地区之武道公，道公相当于黎族的文道公。在法事活动中，他们各有职司，主次有别，有时互相配合，有时又互有竞争。法事活动完成后，总是牵涉到经济利益分配问题，他们也总是会强调自己在超度亡灵方面的不可替代之作用①。民国时期就发生过师公与道公为经济利益斗法的事件。上林县古登村的道公有一次在另一个村庄做太清醮。道公没有等师公到现场配合，就独自完成了祭祀仪式。结果孤魂野鬼四处游走，做法事的五名道公第二天全部惨死。村里不得不请师公再举行一次法事。这是从崇拜师公高强法术的民众口中宣讲出来的②。实际上，也有可能是师公捏造传播的结果。无非是为了突出师公的重要性，最终原因还是师公与道公在经济利益分配方面的矛盾。他们常常互相造作谣言抬高自己，贬低对方，与前述黎族道公的行为本质上毫无二致。

当出现黑巫术祟人的事件，要查出施术之人，除了前面提到的实际征兆外，还需要通过一定的巫术或法术仪式，才能最终确定那个人。查禁之方式，禁公与禁母有本质区别，又有联系。禁公无一例外需要道公作法才能查出，而禁母大部分则只需通过更为原始简单的石卜确定。下面分别论述。

禁母之查禁，主要有两种，石卜和道士作法。

石卜查禁为原始方式。黎族大部分地区皆有石卜之俗。其方法是，一段竹枝或筷子，中间用绳子吊一块石头（或鸡蛋、泥包、毛巾），占卜者挨个询

---

① 覃延桂：《仪式共生与主体性形塑：广西上林县古登村壮族师公与道公考察》，《广西师范大学学报》2014 年第 4 期，第 119 页。

② 覃延桂：《仪式共生与主体性形塑：广西上林县古登村壮族师公与道公考察》，《广西师范大学学报》2014 年第 4 期，第 112 页。

问作祟的鬼怪,当念到某一个鬼怪名字时,石头动起来,即确定作祟者。黎族查鬼普遍用此方法,禁鬼亦无例外。在没有禁公出现的地区,查禁基本上用石卜。

石卜的主持者,有些是普通人,有些是娘母和道公。乐东县福报村查禁鬼,由病人家属自己做。查禁母有两种问法,一种是"是某某村人禁我吗",另一种是"是某某人禁我吗"。如石头按照查鬼的人假设的方向移动,便定为禁母作怪。有时也请娘母或道公,但主要是依靠自己[①]。乐东永益乡老村则由道公做泥包卜,多港村则娘母用石卜查禁,如果娘母失败,再请道公来查。

石卜尽管简单,其卜问程序也显示了民众对于禁鬼之慎重,差错或查不准,对病者无损,对指为禁母之人则至关重要。有些地方的石卜,在场所有人皆经过石卜确定该人为禁母后,才会作法驱邪。有些地方查鬼之逻辑顺序异常细密。合亩制地区之毛道乡,采用由远到近之排除法,据20世纪50年代调查,他们的程序是:人患病时,便怀疑被禁,即用一土块,以藤系之,悬于小竹竿上成丁字形,查鬼者蹲在地上低头,双手持竹竿两端,地上放米一撮,口中念词:如毛枝峒禁,请你动。如土块不动,即念毛道峒,随即把各个村名陆续念出,如土块仍然不动,一直念到家内各妇女名字;这种问法是从远到近,从疏到亲。如果念到外峒人时土块动了,就杀鸡、猪做鬼,不查禁母之名;如属于本峒则再查具体的村庄,最后查到个人。如果不是外村,则查出某人后,确定其为禁母,但不敢公开说出禁母的名字,因为害怕连累自己也被禁[②]。白沙番满乡之石卜,与毛道乡有所不同。当占卜者拿起手中的工具便开始发问:"有蒙鬼吗?"若泥包向外移动,便认为真的有蒙鬼作怪,跟着再把全村各户的户主姓名逐一念出,若念至某家泥包向外移动,便认为某家有蒙鬼。占卜者再把这家所有成年人名字逐一念过,从老年念到年轻,念至某人时泥包向外移动,认定她为禁母。必须全村懂得石卜之人都

[①] 中南民族学院编辑组:《海南岛黎族社会调查》下册,广西民族出版社1992年版,第92页。
[②] 广东省编辑组:《黎族社会历史调查》,民族出版社2009年版,第62页。

查出同一人，才能确定其为禁母①。此种查法表示了他们对于查禁母的慎重态度。白沙县番响村同时存在禁公、禁母，查法不同，禁母依然采用传统的泥包卜形式。但在有些地区，禁母的传统查法则消失了，代之以道公的法术仪式。

道士作法查禁的地方，如禁公、禁母同时并存，两类查法没有区别，这是禁母现象受道教文化影响所致。方法基本上有两种，降公查禁与抬公查禁。

第一，降公查禁。

这种方法的具体程序是：道公扮作鬼神降神附体，全身颤抖，口念咒语，以鬼神之口气与病人对话，最后说出病人因受禁而致病，但不说出禁母、禁公之名字。如乐东毛或村，查禁时，准备一碗白米，三支香，三个铜钱。道士作法时，全身颤动，闭起眼睛，不断打筊杯卜卦，直到查出作祟者②。常常在降神之前，道公为了增强法术的可信度，要事先对病人进行观察询问，何时得病，病人之轻重，病人最近与何人发生过矛盾，是否梦见有人对自己施禁③。

所谓的降公，一是降神，一是降鬼。降神即正义之神灵附体，协助道公查鬼。如：保亭县番文乡即用降神之手段。查禁在广场上公开举行，仪式严肃而隆重。指定某一天，全村男女齐集广场，男女分开，有次序地坐于两旁。广场中间摆一张桌子，供奉七爷公，焚香拜祝。道公身穿便服，头裹毛巾，插着一根香，手持一把戒刀，刀把上悬挂几枚铜钱。道公念一会儿咒语，杀一只鸡，将鸡血放入酒钵之中，每一个到会之人喝一口血酒。接着道公又做起法事，用筊杯占卜问七爷公，出现阴、阳、敕（全俯、全仰、一俯一仰）三种情况后，即得到七爷公之答复。这时道公口中念念有词，呼呼怪叫，表示七爷公已经附身。一面挥动戒刀，拍桌拍地，同时旁边一人敲锣配合。一会儿道公突然进入半昏迷状态，呼呼怪叫不绝。有两名助手拿着绳索

---

① 广东省编辑组：《黎族社会历史调查》，民族出版社2009年版，第343页。
② 中南民族学院编辑组：《海南岛黎族社会调查》上册，广西民族出版社1992年版，第172页。
③ 中南民族学院编辑组：《海南岛黎族社会调查》上册，广西民族出版社1992年版，第301页。

或藤条追随着道公东奔西跑。道公手持戒刀，环绕于众人之中查禁。人们都战战兢兢，惊惶祈求："祖公青天有眼，查出真正的禁母和斧头（斧头指禁公），不要冤枉了好人。"道公经过了四五次的环绕周旋之后，选定了对象，便祭起戒刀，拿在手里，用戒刀斩人，刀向谁砍去，谁便是禁母或斧头[1]。可以看出，这个仪式完全是道教的内容。

降鬼，白沙县番满村道公用此法。道公在病人家里，供奉香烛米钱，打筊杯占卜，全身抖动。一个助手问："你是蒙鬼吗？"若道公不答，则再问："是什么鬼呀？"道公如仍然不应，则再问："是禁公吗？"如果道公答应了，法事便停止，表明已经查出禁公。但是道公并不马上宣布禁公的姓名，等围观的人群散去以后才告诉病人家属[2]。较之降神仪式，降鬼仪式简单一些。

有些地方降公查禁，需要经过几名道士轮流作法，确定是同一人之后，才最终认定施禁者。这与前面所述石卜的慎重态度是一致的。

第二，抬公查禁。

抬公查禁，一定是集中全村的民众，做大型法事。保亭县毛盖乡用此法。过程如下：当病人久病不愈时，其家人即向当地的总管、哨官、头家之类提出申请查禁母，希望他们支持做一次抬公查禁。于是众人捐钱捐酒，以备杀猪饮酒之用。当天，全乡民众集中于村前草坪之上，男女分列两边，由总管或哨官当众讲话，说明情况。然后杀一只鸡，在场的男子喝血酒，并问各人："如果查出你的妻子或母亲是禁母时，你会埋怨吗？如果杀死她，你认为如何？"各人回答："若查出，我没有什么意见。"接着，道公焚香念咒，抬着神像先经过男子们这边，再经过女方一边，突然把木偶放在某一位妇女身上，这便是禁母。据说，未举行仪式以前，病人家属已经与道公商量好，指定某人为禁母，抬公查禁只是例行手续而已[3]。

无论是石卜，还是降公、抬公，都不是独立于黎族巫术系统之外的实践

---

[1] 中南民族学院编辑组：《海南岛黎族社会调查》上册，广西民族出版社1992年版，第407页。
[2] 中南民族学院编辑组：《海南岛黎族社会调查》上册，广西民族出版社1992年版，第342—343页。
[3] 中南民族学院编辑组：《海南岛黎族社会调查》上册，广西民族出版社1992年版，第449页。

活动，与遇到疾病灾疫时查其他的鬼怪相比，其程序只有细节上的差异。

六、解禁：供奉与禳解

解禁属于制裁禁母、禁公活动中的一个环节，指在病者家中作法，解除禁鬼对于病人的缠祟。

解禁的实质是使禁鬼离开病人，普遍的手段是向禁鬼供奉祭品，满足其欲望，促使其离开病人。此外尚有鸡、狗、猪血驱邪、挖出禁符、搏斗反击等手段。有的解禁是受害者直接与禁母搏斗，甚至杀死禁母。

一般的祭品为生猪、生狗、生鸡，并扎一大两小三个稻草人（病人的替代物），用树叶包一些饭和一点酒糟，在漆黑的夜里，道公或娘母、老人和病人家属静悄悄拿着祭品至三岔路口陈列，他们指着禁者所在的方向，呼唤其名字，请她的灵魂来领受祭品。拜过之后，用刀杀死牺牲，便算安定了禁魂①。解禁之时所供奉的祭品，不同地方各有差异，表明他们对禁鬼性质认知的差别。白沙番响村需要供生蚂蚁三只、小鱼两条、石块数片、五个螺壳作祭品，道公口中念："我送你去后，今后你不要再来。"这里的供品并非食品，倒像是小孩子的玩耍之物，这是禁鬼为婴儿鬼的又一条佐证。乐东毛或村的供品则更为稀奇，病人家需要准备牛肚、牛肠、牛肝各一副，二尺长的大鱼一条，小鱼十二条，白鸟、白鼠、白羊各一只，大石头一块（按：这些供品中有些是食品，有些是稀奇玩物，当为婴儿鬼所准备）。但这些祭品很难备全，便只能再鼓动民众威胁禁公解禁②。保亭毛淋村则是在河边祭祀，通过筊杯占卜确定禁魂是否已经来领受祭品，于是将猪、狗、羊杀掉，就地煮熟，再做一回仪式，解禁完成。

五指山市福关村的祭品甚为简单，用一点酒菜，酒放在碗里，然后用筷子敲，边敲边念咒语，意思是请禁母来享用一点酒饭③。白沙儋州村则是针对性地供奉祭品。如果禁鬼导致了牛患病，就用芭蕉叶做一只水牛献给禁

---

① 中南民族学院编辑组：《海南岛黎族社会调查》上册，广西民族出版社1992年版，第409页。
② 中南民族学院编辑组：《海南岛黎族社会调查》上册，广西民族出版社1992年版，第173页。
③ 本书编写组：《黎族田野调查》，海南省民族学会编印2006年版，第95—96页。

鬼，猪生病则在猪笼里装上石头祭祀禁鬼①。

用动物血驱邪是供奉之外用的比较多的解禁手段，关于五指山地区的记载较集中。五指山市福关村有三种方法。一种是道公杀一只鸡，大也不行，小也不行。把鸡血摆在那里，念咒两次。一种是杀猪禳解，猪血放在一边，加一点猪毛，毛与猪血不得混在一起（既有供奉又有驱邪之意）。一种是猪和狗合起来禳解，针对重病人。不用狗毛，狗不能吃。道公先牵着狗围着病人转五圈，边转边念咒。然后到病人遇到禁母的地方，用锄头挖出病人的灵魂，这时会挖出一个铜钱（道公的把戏），通过作法，查出铜钱的指向②。五指山市太平村的禳解仪式则另有不同。准备禳解驱魔时，准备桌案，案上放一碗米，插上点燃的香。与一般主持生老病死祭祀仪式不同的是，祭品不再是煮熟的公鸡，而是用白公鸡或黑公鸡斩头驱邪。随后再杀小公鸡一只，取腿骨占卜，以定吉凶。如果是吉，则表示战胜了禁母，全家平安；如果是凶，则需要另择一日再做法事。第二次作法时须杀黑狗，用狗血驱邪③。

抛弃黑巫术的施法工具，是另一种禳解之法。白沙县番满村解禁时，道公手持宝剑在病人房间内挖出"禁符"，或者在竹筒里，或者在泥穴中，与禁包原理一致。道公将其拿到村外烧掉，解禁完成④。

防御和反击也是一种禳解之法。头塘村采用巫术防御的手段。道公把两个陶钵放在病人家的门口，这样禁母便不能再作祟于患者。这其中的原理不得而知。

保亭地区的解禁，是受害者直接反击，杀死禁公或禁母。当人们遇到禁公禁母施法时，立即咬破手指，口含鲜血，喷向对方。然后取刀与之搏斗，直至把其砍成碎块，撒向四面八方⑤。

---

① 中南民族学院编辑组：《海南岛黎族社会调查》下册，广西民族出版社1992年版，第353页。
② 本书编写组：《黎族田野调查》，海南省民族学会编印2006年版，第95—96页。
③ 董小俊：《海南岛五指山市太平村黎族》，刘明哲主编《五指山脚下的耕耘》，云南民族出版社2004年版。
④ 中南民族学院编辑组：《海南岛黎族社会调查》上册，广西民族出版社1992年版，第343页。
⑤ 王萍昆：《保亭地区黎族禁公禁母的概念》，1983年3月，未刊稿，《中国各民族原始宗教资料集成·黎族卷》，中国社会科学出版社1998年版，第724页。

七、除禁：驱赶与镇压

解禁只是暂时地将禁鬼与病人分开，主要通过献祭的方式，将其送走。禁鬼尽管脱离了病人，还有可能作祟于他人。因此，就需要更为彻底的清除仪式，从形式上赶走禁鬼。一般采用武力、恐吓等一系列措施，用洗身、过火、捉鬼等各种方法，彻底消除禁鬼的威胁。这主要是针对禁母采用的手段。对待禁公的手段又不同，一般以赌咒发誓为过渡，最终以消灭肉体的方式清除其危害。禁母除禁对付的是妖鬼，禁公除禁残害的是活人。一个带有原始宗教的浓厚色彩，一个具有道教黑巫术的野蛮与残酷。

我们认为，驱赶"禁鬼"仪式既表现了黎族人民浓厚的巫术情结，又显示了他们的民族性格中温和的部分。

（一）驱除方式

乐东县毛或村有比较典型的赶禁鬼仪式，经过洗澡、禁闭、重新做人三个前后连续的巫术环节，即完成赶禁鬼的仪式。首先由被禁鬼缠附之人所在的村庄派出两位公认的不怕鬼魂骚扰的代表，由他们二人组织本村村民鸣锣敲鼓，向天放枪，通知周围村庄的村民也来参加。民众聚集起来后，他们就到被认定为"禁母"的家里，把禁母带走，开始举行一系列仪式。

第一步：洗澡。

领头的两个人陪同禁母走在最前面，众人跟随其后，一边鸣锣，一边放枪。到了河边以后，领头人让禁母跳进河，民众同时从河的两岸假装向禁母瞄准射击，象征将禁母击毙。禁母从上游漂至下游不远的地方，把旧衣服脱光，换上新的衣服（东方市西方村则是将禁母所用之物全部烧毁，借别人的衣服穿）。这时洗澡仪式结束。（按：以水被除晦气为全世界各国宗教中常见之仪式，黎族的日常生活中，凡生育、婚姻、丧葬、疾病、农业生产，处处可见以水驱邪的环节。）每当有人去世的时候，人们都用清水为死者洗身，然后穿寿衣。凡参加送葬的人归来时，都要拿柚子叶或荔枝叶蘸一点清水点在自己身上，死者之直系亲属还必须下溪水中洗浴净身，以示被除晦气。陵水县哈方言黎族,生下男婴后,当客人拜访离开时,家人要将客人的足迹扫掉,尘土倒进木盆中,再倒入开水浸泡,以防他人的生魂伤害婴儿。加茂方言的黎族如果有人溺水而死,要砍下芒草秆在村口搭一个拱门,底下放置一盆清水,焚烧一堆干稻草,在道公念咒祭鬼完毕以后,全村人从拱门底下穿过,随后伸手入盆里用清水洗脸,以示净身驱邪①。

更换衣服则近似于伪装,改变了服装就等于换了一个人,使禁鬼认不出。在黎族人民的思维观念中,一切鬼魂都有凶恶难缠的一面,也是幼稚的可以随意欺骗的。

第二步:禁闭。

禁母洗澡回家后,在家禁闭四天,遵守一系列禁忌规则。首先改名以避开禁鬼。黎族人对于姓名之禁忌非常敏感,个人之姓名,忌讳为生人所知晓,去世祖先的名字不允许随便提及,提起的话会遭到祖先鬼的骚扰。日常生活之中,结婚、生子、死亡,皆有改名之习俗。领头人待在禁母家喝酒,监督禁母四天内不得外出。(按:四天之规定,当为受道教影响所致。)汉族民间有"神三鬼四"之俗语,禁鬼为恶鬼而非神灵,故对它的禁忌选四天,也有的地方禁闭日期为三天。禁闭期间,禁母遵守饮食禁忌和劳动生产禁忌,以示象征性地隐藏消失,不留生命活动的印迹,使得禁鬼无处可寻。同时禁母不得吃青菜、辣椒(白沙牙开村禁食南瓜和有角的牲畜,含义不明),不准煮饭、织布、捉跳蚤。全村的村民也在四天之中不准舂米和下田劳作。此项禁忌在丧葬仪式中颇为常见,其原理与禁母不劳动一样,象征全村销声匿迹,这样死去的鬼魂找不见生人,就不会产生危害。

第三步:重新做人仪式。

禁闭满四天以后,由"禁母"家杀猪,在家门口做"重新做人"仪式。先由领头人把碗、筷子、猪血、鸡蛋等逐一递给禁母,以示食物禁忌解除。禁母把麻绳编制的蛇、蜈蚣鞭打一顿,象征教训禁鬼。领头人把挑水担子放在禁母身上,以示解除劳动禁忌。领头人问禁母:"以后还去不去禁人?"禁母

---

① 高泽强、潘先锷:《祭祀与避邪——黎族民间信仰文化初探》,第47页。

回答:"不去了!"答完便把挑水担子放下。领头人做了下田耕作的姿势,表示全村的生产禁忌解除。领头人当众宣布,禁母已经变成好人了,今后和我们一道下田劳动。至此全部除禁过程结束。(在四天以后的问答环节,白沙县番满村是由道公扮演禁母的角色,另一人发问。)

驱赶禁鬼以后,禁母恢复正常的社会地位,与大家一起劳动,不受歧视。以后如果再查出,则再做一次驱鬼仪式。白沙县南溪乡则是做一次永绝后患。东方报烈村如发现再禁人,则把禁母赶出村庄。东方罗田乡的禁母为有意禁人,但除禁使用的方法还是传统的过火堆、洗澡等,严重时杀害禁母。

乐东永益村的除禁原理与毛或村相同,但具体方法稍有差异,禁忌要求更加严格。要经过捉禁鬼、过火堆、禁闭、解禁四个阶段。

捉禁鬼仪式:道公来到禁母家,手拿一个瓦罐,内装猪肉,开始用海南话念咒语,咒语之内容是将禁鬼赶进瓦罐里(禁鬼贪吃),念咒完毕,道公用一道自己画的鬼符封好罐口,用绳子缠好,表示禁鬼已经被装在罐子里。最后把罐子拿到村边埋在地下,从今以后禁鬼再不能害人。捉禁鬼的方式多样,乐东福报村是由道公查验禁鬼依附在禁母家的哪种器物上,随即将该物品抛弃到村外。

过火堆仪式:禁母家预先准备好三四天的水和饭。到了举行仪式的那一天,由道公带领村民到禁母家,把全家人赶出屋子,撵到村外不远处,然后向天鸣枪,吓跑禁鬼。人群返回村里时,由道公领先跨过燃着的火堆(将禁鬼阻隔在外),禁母及其家人相继跨过去,跨过之后全家换新衣,改名。(按:跨火堆是中国民间普遍使用的一种驱邪方法。)自从原始人类发明了火,其对于野兽的震慑,让人联想到火对于一切鬼怪之镇压作用,黎族的婚丧习俗中,多见跨火堆仪式。

禁闭仪式:禁母和家人回家后,门口要插青叶。道公在门口放一个香炉,既是震慑鬼魂之法器,又是禁止外人闯入的标志。三天之内外人不得进入,全家不出门,不生产,不挑水。禁母忌讳吃有藤蔓植物的叶子。三天后家人之禁忌解除。但在此后的三年,禁母还有一系列禁忌,处于孤立状态。禁母天未亮前不能去挑水,不能在天黑以后回家以防禁鬼附身。村里人在一年之内不敢和她接近，禁母也不能参加村里的婚丧仪式和节庆聚会，不能与人谈恋爱、结婚，不能探亲访友，不能借穿他人的衣服，不得与他人说笑、唱歌。

解禁仪式：一年期满，禁母家请道公做最后一件法事，把门口的香炉和树叶去掉，把插在禁母发髻上的一支香拔掉。禁母家要杀一头猪款待道公、村长和有声望的长老，他们共同做证，禁鬼已经赶跑，禁母已经清白，不要再叫她禁母。

赶禁母实际上是赶鬼仪式，除了上述几种典型的法术意外，在不同地方还会在个别环节上存在差异。其他的除禁的巫术行为有：

第一，鞭打禁母。乐东头塘村在驱赶禁母赴河里洗澡的途中，要在禁母背后绑上一块树皮，边跑边打，去除禁鬼。白沙县南溪乡则是禁母蹲在家门口，身披草席，娘母鞭打之，禁母随后逃向河边。白沙县番满村则是鞭打禁母的卧席。

第二，杀禁母仪式。保亭县毛淋村，有杀死禁母的行为，同时也存在一种杀禁母的象征性仪式。其办法是，扎一个稻草人，象征禁母，杀一只小白鸡，鸡血盛入碗里，用筊杯占卜三次，然后把稻草人带到村边砍烂，大声喊"砍禁母"。

第三，埋狗头仪式。乐东福报村，捉住禁鬼后，道公要在门口杀一条黑狗，并把狗头埋在门口地下。狗魂守着门口，禁鬼不敢进入。东方罗田乡(今为板桥镇田头村)则将狗头埋在村外十字路口。

以犬被除灾疫，抵御恶鬼，我国古已有之。在商代甲骨卜辞中，已经有利用犬禳除灾疫的记载，如《甲骨文合集》32112："甲寅卜，其帝方一羌、一牛、九犬。已卯卜：不降役(疫)。"《殷墟小屯村村南甲骨》363："丁巳贞：其宁役于四方，其三犬。"《睡虎地秦简》之《日书》甲种病篇："庚辛有疾，外鬼伤死为祟，得之犬肉，鲜卵白色，甲乙病，丙有间，丁酢犬肉。"王子今教授认为犬应该具有某种潜在的力量，可能予鬼魂以危害[①]。秦汉时期广泛应

[①] 王子今：《睡虎地秦简日书甲种疏证》，湖北教育出版社2003年版，第183页。

用犬御灾禳鬼。《史记·秦本纪》载秦德公二年，初伏，以狗御蛊。张守节《史记正义》云："蛊者，热毒恶气为伤害人，故磔狗以御之。"《史记·封禅书》："德公作伏祠，磔狗邑四门，以御蛊菑。"实质上即是防御鬼怪的侵害。

百越后裔诸民族中，以犬厌胜之巫术亦颇为流行。壮族崇狗之风甚为浓厚。在左江崖壁画上就有关于狗崇拜的图案。崇左一带的壮族，春节时结草为狗像，身上披挂彩带，于村口供奉。有的地方村口有石狗，期望驱鬼禳灾，保佑村寨平安。宁明一带的壮族认为，如有灾难，就将狗血涂洒在房屋四周①。水族也以犬御寨，春夏期间举行驱鬼扫寨的活动，用枣刺把村寨围起来，寨门口用大木刀搭成鬼架子，架子上陈设有狗的下颌骨，据说能拒恶鬼于村外②。

在黎族民间，黑狗血最具威力，是镇恶鬼、治妖怪的最佳法宝。凡被雷劈、枪伤、落树、溺水等非正常死亡者，丧家都要请道公在村口杀一只黑狗祭鬼。祭祀完毕，割下一小块狗的耳朵，用红布包成三角状，给小孩子带在身上，或者将狗牙用绳子穿起来挂在脖子上，可以达到避邪的目的。乐东抱由镇哈黎，在祭祀祖先鬼时，要拿一支竹签将狗的嘴巴、鼻子串在一起，吊挂在自家门楣上，下颌骨钉在墙上，以拒鬼进屋③。

第四，道符避邪仪式。在赶禁母鬼的法术中，大多数内容属于黎族固有的宗教形式。但在有些地方，赶鬼活动中掺入了道教内容。最突出的表现就是各种道符之运用。黎族纸符之用至为广泛。白沙番响村在捉禁鬼埋掉以后，道公返回禁母家，用墨写三张灵符，一张布做的缝在禁母上衣背面，另外两张纸的，一张贴在家门口，一张贴在灶旁。过火堆仪式前，道公用手势在酒杯内画一道符，将酒杯埋在屋外地下，上面架干柴焚烧，待烧成炭后，道公准备带禁母过火堆。道公将五张灵符逐一投进火中焚烧，最后一张刚刚

---

①覃彩銮：《壮族古代犬祭初探——广西左江崖壁画动物图像辨释》，《贵州民族研究》1989年第3期，第71—80页。

②陈国安：《水族的宗教信仰》，宋常恩编《中国少数民族宗教初编》，云南民族出版社1985年版，第354页。

③高泽强、潘先锷：《祭祀与避邪——黎族民间信仰文化初探》，云南民族出版社2007年版，第42页。

烧完时，道公与禁母跨过火堆①。(按：禁母背后的道符实为驱邪之用，使得禁鬼不得近身，并非歧视性标志。这张符永远不取下，直至衣服烂掉，符上写有"除邪禁鬼清煞"字样。)乐东福报村在驱除禁鬼仪式结束以后，在禁母的家门口插两块木牌，画上符咒，防禁鬼再来②。乐东头塘村，在把禁母赶出房子以后，几个人把道公写的字符贴在禁母房门口及牛圈等地，门前、房后都插上木符。

第五，捆绑禁母仪式。白沙县儋州村，禁母与"梦鬼"附身，道公用绳子捆绑她全身，过片刻以后，把绳子解开烧掉，据说如此可将禁鬼赶走③。此为接触巫术，鬼的灵魂由禁母之身转移至绳索，销毁绳索，梦鬼就逃跑了。此术为黎族赶鬼时常用。民国时期，在患疟疾的病人家，道士作法时，要将病人捆住，如捆贼一般，并用长藤把房屋四周也围绕起来，经过一连串法术仪式后，将病人身上和屋外的藤条都抛弃到村外④。

(二) 镇压方式

镇压方式原为对付禁公之用，黎族部分地区受其影响，禁母也被杀害，因方法一致，故此处并列叙述。

道公主持杀害禁公禁母之前，常有审问、发誓环节，作为不再禁人的保证。白沙县牙开村捉住禁公，道公将禁公食指刺破，滴血至碗中，与鸡血相混，强迫禁公饮下这碗血水，并对众人发誓："以后我再不去禁人了，若是查出，大家可以将我杀死。"因平时患病之人甚多，禁公最终被杀死的可能性极大。白沙番响村(现为琼中红毛镇)参与誓言仪式的其他人也要发言。保甲长说："今天我们来喝酒是当你的证人，以后你不要再去禁人了，并且不要

---

①中南民族学院编辑组：《海南岛黎族社会调查》上册，广西民族出版社1992年版，第567—568页。

②中南民族学院编辑组：《海南岛黎族社会调查》下册，广西民族出版社1992年版，第93页。

③中南民族学院编辑组：《海南岛黎族社会调查》下册，广西民族出版社1992年版，第353页。

④伍瑞麟、何元炯：《海南岛黎人的婚丧及捉鬼风俗》，原载《资治》第4卷第1期，《海南现代历史资料选编》第二辑，海南出版社2017年版，第374页。

说我们要了你的钱,否则会把你杀掉。"病人家属发言:"以后你不要说他们要了你的钱,说了我们也会杀死你的。"①白沙县南溪乡则是进行公开审问,有时长达三四天时间,禁公的身份是"罪犯"。

杀死禁公禁母有暗杀,有公开杀,有杀一人,有杀全家,有些地方因疾疫肆虐,杀害禁母的频率甚高,数量甚多。

公开杀害,多得到民众和当时政府行政管理者的支持后所为。病人家将控告信交给乡公所,乡长即强迫被诬指为禁公的亲属盖手印同意,将禁公捕捉杀死。乡长雇佣刽子手二人,将禁公带至指定刑场,用大刀将头颅砍下。死者家属还须向刽子手支付费用②。公开杀害禁公禁母多掺杂着个人利益,团董、村长、地主常借机敲诈,有势力的家族为防止被杀死禁公的家属报复,竟将其全家暗杀,财物抢劫一空。保亭毛盖乡(今名毛感乡),禁母在抬公查禁之后,经过一系列酷刑,奄奄一息抬回家中,丈夫在强大的精神压力下,主动将妻子毒死③。三亚槟榔村则乘丈夫不在家时,将禁母暗杀,或枪杀,或刀砍,或木棍打死④。

禁母被杀,其状甚惨,经过一系列折磨之后,常被活埋。民国时期的旅行者在海南岛曾目睹杀禁母的场景。文中记载说:"打禁婆(注:即禁母)之日,合村男女,咸集一空地上,男子皆持兵刃棍棒立外围,妇女立于男子前,面皆内向,作大围形。女巫立于圜中,喃喃念词,跳跟叫号,状如疯狂。……女巫乃张目遍视,指一中年妇,谓是黎婆,诸男子皆自后面突出,兵刃齐下,妇人哀号滚转,瞬息无声,其状之惨,诚可谓毕生所未见。"据当地人讲述,五六年之中杀死禁母十余人,有时间隔半月则杀一禁母,甚至出现一人生病连杀数人之情况。刀砍、棒杀、火烧、活埋,种种手段,至为残忍⑤。据彭程万记载,活埋是处罚禁母常见的形式,不仅残忍而且牵连一片。

---

① 中南民族学院编辑组:《海南岛黎族社会调查》上册,广西民族出版社1992年版,第568页。
② 中南民族学院编辑组:《海南岛黎族社会调查》上册,广西民族出版社1992年版,第569页。
③ 中南民族学院编辑组:《海南岛黎族社会调查》上册,广西民族出版社1992年版,第449页。
④ 中南民族学院编辑组:《海南岛黎族社会调查》下册,广西民族出版社1992年版,第229页。
⑤ K.T.:《琼州苗黎记》,《黎族现代历史资料选编》第一辑,海南出版社2016年版,第206—207页。

陵水县有姊妹三人,姐姐被指为禁母,遭到杀害,两个妹妹生命也受到威胁,后逃到传教士那里才保全了性命①。因此,琼崖抚黎专员公署于1933年10月颁布的《黎人治罪条例》中,第四、五、六条皆针对杀禁母行为而制定。原文引于此:"第四条,延巫术降神意图指人为禁婆者,均处以一年以上七年以下的监禁。第五条,将被指为禁婆之人殴伤者,处以一年以上,五年以下的监禁。第六条,将被指为禁婆之人活埋或用其他方法杀死者,枪毙。"②

国民党政府在黎族地区的惩罚条例产生了一定正面作用,有些地方杀禁母的现象得到了遏制。据20世纪50年代的调查,白沙县南溪乡黎族群众就说,抗日战争以前,不敢杀害禁公。据说假如群众把禁公杀死,那么他的家属会跑到国民党政府那里告发,这样便会祸及全村及全峒。因此,尽管查出禁公,众人也不敢动他,所以既无捕捉禁公的事件发生,也无杀害禁公之举动。1949年新中国建立以后,巫风大减,但其余脉绵延不绝,相关民事纠纷不断,刑事案件屡有发生。禁公、禁母还是不得不承受不幸命运带来的伤害。

八、禁母的命运——与傣族之比较

海南黎族之禁母,其无意识禁人的类型,为禁鬼附体所导致的一种妖鬼术,与禁公性质有着本质的不同,属于黎族原始宗教固有之形式。这种以女性为"巫"作祟害人的观念,在我国南方的许多少数民族中有着广泛的传播,其中影响最大的是巫蛊信仰。某些女性偷偷奉养某种"蛊",便会为"蛊"所控制,常常在被迫之下放蛊害人,不害人则反害己,苗族叫"蛊婆""蛊女",彝族叫"养药王",白族叫"养药鬼",阿昌族叫"歹"。巫蛊信仰的一个特点是巫女主动或被迫供养一种具有超自然力的毒物,定期放出危害于人。就此点而言,巫蛊与黎族的禁母在性质上是不同的。黎族之禁母,是无形之鬼附体,在鬼魂的控制之下作祟于人,被鬼魂控制的活人常常是无意识的,也不

---

① 彭程万、殷汝骊:《琼崖黎民之状况及其风俗与教育》,原载1922年第11期《地学杂志》,《黎族现代历史资料选编》第一辑,海南出版社2016年版,第13页。
② 王兴瑞:《琼崖黎境概况》,原载1946年《边政公论》第5卷第1期,《黎族现代历史资料选编》第一辑,海南出版社2016年版,第391页。

用养什么特殊的蛊毒。

傣族、瑶族、珞巴族等几个民族的巫女现象与黎族高度近似。傣族之"琵琶鬼",又叫皮迫鬼、枇杷鬼,琵琶是魔鬼附身之意。此鬼是一种凶恶的鬼灵,身份不清,随时出来作恶,伤害人畜。西藏隆子县崩尼人的"则如"指鬼附于某人躯体后,而做出害人行为的人,被鬼附者本人不知道。(按:汉族民间也有此种情况,传说被某些妖鬼附体的人,会做出一些异乎寻常的举动,神智清醒之后,当事人对自己的行为茫然无知。)如果经过卜卦之后断定村内外有死者或病人被其所害,此人就被称为"鬼人",群众会将其杀死,尸体做特殊处理,或将其驱逐。"鬼人"的家属不做血族复仇①。拉萨市苏龙人的"布贡",西藏米林县博嘎尔人的"窝朗木供",与崩尼人的"则如"相同。瑶族之布努瑶民间有迷信所谓"掏鬼""放鬼""禁鬼"之类的魔法,认为有的"挪公"能够运用魔法致人生病、死亡。凡是这种人,在村寨之中将受到民众的驱逐或杀害②。

黎族与傣族同属百越后裔民族,禁母与琵琶鬼之间高度近似(黎族也有将其称为"琵琶鬼"的现象)。通过比较,发现两族之间此类女性在性质、身份、地位、命运方面,具有原始宗教的同一性,又具有历史演变的相似性。

(一) 鬼魂的依附者

黎族禁母的原始特征是有恶鬼附体,称之为禁鬼、梦鬼、蒙鬼、琵琶鬼,傣族称之为琵琶鬼、猴子鬼,贪吃是此鬼的唯一爱好,为食用祭品而祟人生病。两个民族的两种鬼都存在由无意识害人向有意识害人的转化路线,存在害人巫术的两种动机模式。

---

① 吕大吉、林耀华主编:《中国各民族原始宗教资料集成:傣族卷·哈尼族卷·景颇族卷·孟—高棉语族群体卷·普米族卷·珞巴族卷·阿昌族卷》,中国社会科学出版社1999年版,第705页。

② 吕大吉、林耀华主编:《中国各民族原始宗教资料集成:土家族卷·瑶族卷·壮族卷·黎族卷》,中国社会科学出版社1998年版,第245页。

(二)女性专有,兼及男性

此种巫术的施行者,从调查资料看,绝大多数是女性(黎族的禁公是外来形态)。如有男性,则多为家人、恋人、朋友,受传染所致,为数甚少。此类巫女的年龄以成年为主,横跨各个年龄段。在原始的形态中,认定此类巫女美丑不分,贫富无别,同一村寨之中一视同仁,成年女性都有被指为禁母、琵琶鬼的可能。到阶级分化以后,巫女的身份偏向于贫穷、丑陋的女子,其行为怪异,孤僻寡言(傣族的一些漂亮年轻女性也容易被指为禁母,常常是是村寨首领贪图美色,妄图霸占其身体而诬陷)。在1953—1954年的调查中,海南岛黎族19个点,12个点的禁母确认不分贫富,这些点都处于黎族的中心区,如乐东县的头塘村、毛或村,东方县的抱烈村,白沙县的南溪乡、红星乡等,其余七个点多在靠近汉族的边缘区。在黎族边缘区的陵水县北光乡、崖县槟榔乡等地,如果要明目张胆地说对方是禁母,必须先考虑一下她的家庭家族人口的多寡,如果家族人多,即使是寡妇,别人也不敢惹她。就整个禁母分布地区而言,中心地区比较原始,越到边缘区越存在阶级内容[1]。傣族之琵琶鬼,极富和极贫的都容易被指为琵琶鬼,长相漂亮的和与人关系相处不好的女性也是琵琶鬼的重点指认对象[2]。相较而言,黎族中没有专门针对能力出众、相貌出众的女子的指控,富裕人家也不会成为专门的目标。这类女性在行为方面怪异孤僻的个性,两族有相近之处。有调查者记载:"禁母的常见形象是一个被病态的意志和怨恨所支配的人,她们没有正常的邻里和团体意识。她们常被人们认为在处理与他人关系时表现出怨恨的情绪,她们中很多人都出了名的爱吵架,尽管人们并不清楚这和巫术是不是有必然联系。实际上,是这种行为导致她们的名声出了问题,因为几乎没什么比把自己的邻人称为女巫婆(禁母)更能损害其公共关系和个人感情的了。从诸多被调查的案例来看,笔者有一种强烈的印象,即某人上述的不良

---

[1] 中南民族学院编辑组:《海南岛黎族社会调查》上册,广西民族出版社1992年版,第102页。
[2] 赵桅:《黎族文化分类下的琵琶鬼现象的解读——以西双版纳傣族为例》,《中央民族大学学报》2011年第2期,第58页。

个性通常会被人们用来加强对此人的怀疑。"①性格阴郁、不善交际的女性，常常成为怀疑的对象，与人们对于鬼魂鬼鬼祟祟、不见天日的固定想象模式有着密切关联。

(三)遗传性与传染性

傣族的琵琶鬼具有完全的遗传性。一个人为琵琶鬼，其全家都是琵琶鬼，具有极强的传染性。因与琵琶鬼人家通婚或亲近也会成为琵琶鬼。在傣族社会，如果有人不惧怕鬼而与有鬼人家通婚或密切来往，那么这些胆大者也会被人们视为有鬼，就像病毒传染一样，越是接近传染源的人，感染的几率也就越大②。

黎族禁母的遗传特征不如傣族琵琶鬼之普遍，只在一些地区具有传染性。其传染性与遗传性不并存。乐东县毛或村、白沙县牙开村，如果男子与禁母一起喝酒，或者到"隆闺"与人谈恋爱，就会传染禁鬼，具备禁人的能力③。但这两个村禁母家庭的子女婚姻并未受到影响。保亭县之什柄村，这种家庭，女儿难以出嫁，儿子不易娶妻④。禁母之传染媒介有可能是某些物品，并不一定非得与禁母接触才会传染。乐东县头塘村村民认为，禁母可以通过衣服传染，凡有禁母的地方，邻近之人或要好之人亦被指为禁母⑤。乐东县永益村道公容日新说，别人如果用了禁母日常所用的生产工具或生活用具，穿过她的衣服或与她的子女结婚，会成为禁母。据说本村有一位贫苦的汉族妇女，因偷了禁母所用的水缸回家，自己被传染成为禁母⑥。东方县西方乡(今东方市东河镇西方村)美孚黎认为本地原来没有禁母，有人从哈黎那里买了棉被而受到传染，出现禁母⑦。

---

① 张太教：《人类学视野下的黎族女巫问题》，《海南大学学报》2007年第2期，第123页。
② 赵桅：《傣族琵琶鬼现象的起源历史浅述》，《民族史研究》，第291页。
③ 中南民族学院编辑组：《海南岛黎族社会调查》上册，广西民族出版社1992年版，第172页。
④ 中南民族学院编辑组：《海南岛黎族社会调查》上册，广西民族出版社1992年版，第408页。
⑤ 中南民族学院编辑组：《海南岛黎族社会调查》下册，广西民族出版社1992年版，第24页。
⑥ 中南民族学院编辑组：《海南岛黎族社会调查》下册，广西民族出版社1992年版，第143页。
⑦ 中南民族学院编辑组：《海南岛黎族社会调查》下册，广西民族出版社1992年版，第434页。

(四)社会地位

原始的禁母不分贫富和社会地位,但进入阶级社会以后,贫穷之人被指为禁母的趋势越来越明显,只有少数地区还保留着平等的原则。傣族的琵琶鬼则完全倒向弱势群体(部分富裕之家在他人的嫉妒之下,也会被诬陷为琵琶鬼),因为傣族的封建化进程较之黎族更为彻底。傣族实行等级内婚制,在婚姻方面各个等级之间界限严格,琵琶鬼之地位处于最低下的"滚很召"阶层,自然被大部分阶层排除在婚姻圈之外。同时,琵琶鬼不能出任官职,不能当和尚,不能与外寨通婚①。黎族汉化程度较深的地区,禁母多为贫穷之家,或孤苦无依的老妇、寡妇,汉族的道公、娘母、村长、保甲长及其家属均不会被怀疑为禁母②。外来移民作为弱势群体也容易被指为禁母③。东方县田头村1936年杀死一名寡妇,1953年又赶跑了一个寡妇。即使是禁母身份平等的地区,女性一旦被指为禁母,无形中在心理上会受到压抑,她们身穿独特标志的衣服,在很长时间内禁止参加公众活动,禁止与人交往,在一个社区中完全被孤立。她们在心理上受到的歧视是终生的,在实质上被驱逐了。有的全家则像瘟疫一样被驱赶走,有的被赶到村外的山中居住,有的迁往别的村庄④。

傣族之琵琶鬼阶级性非常突出,在傣族聚居的西双版纳地区,许多被指为琵琶鬼的人都属于贫困家庭。例如,曼允傣寨的地主绅岩烧想要霸占贫农朱曼家的大鱼塘和黑心森林,便诬陷朱曼为琵琶鬼,在1963年连她的女儿一起被赶走。曼乱典寨的贫农朱陶孟龙,被地主叭岩香岩强奸四次以后,地主又想霸占她的女儿,没有得逞,便诬陷其为琵琶鬼,于1953年、1957年

---

① 赵桅:《傣族文化分类下的琵琶鬼现象解读》,《中央民族大学学报》2011年第2期,第56页。
② 中南民族学院编辑组:《海南岛黎族社会调查》上册,广西民族出版社1992年版,第566页。
③ 中南民族学院编辑组:《海南岛黎族社会调查》下册,广西民族出版社1992年版,第143页。
④ 韩立收:《"禁"之罪与罚——黎族传统"禁"习惯法概述》,《甘肃政法学院学报》2012年第2期,第43页。

两次被驱赶①。

(五) 被惩罚的命运

傣族对于琵琶鬼的惩罚,较之海南黎族更为严酷。琵琶鬼普遍会遭到驱逐,甚至是杀害。如花腰傣,一旦认为村寨中某人是琵琶鬼,一定会坚决除掉,被认为是琵琶鬼的人大多被抄家,并驱逐出寨子,有的甚至被打伤打死。有时候被逼无奈,自己的亲人也会下手。参与杀害琵琶鬼的人,不但无罪,还被认为是为村寨除害的"英雄"②。由于遭驱赶的人家越来越多,就形成了一些"琵琶鬼"村寨,如曼允寨、曼桂寨。这些村子的人不能再回到原来的寨子,周围的傣族群体也不与他们通婚,他们只能自行联姻,或与外族联姻。总之,"琵琶鬼"寨在傣族人的心目中,是恐怖和邪恶的象征,人们采取避而远之的态度。

黎族对禁母之惩罚,只有极少数地区采取驱赶或杀害的方式,大部分地区采用巫术仪式禳解除禁。黎族杀害禁母的行为,就残酷性而言,如前文所述,不亚于傣族。如果不是1949年中华人民共和国建立以后政府采取严格的法律措施,任由其自然演化,对禁母的温和禳解发展成严厉惩处是极有可能的。

关于杀害禁母的残酷行为,这里不再多讲,需要补充一点的是,凡严厉惩处禁母的区域,皆为汉化程度深,阶级意识鲜明的地方。据了解,将禁母全家杀绝的有陵水县四区、白沙县细水乡、崖县槟榔乡。杀害禁母全家后,有的地方甚至烧毁他们的房屋。白沙县红星乡番响村更为凶残,被害的禁母家属还要被迫付给刽子手杀人费,有的多达100多大洋③。对禁母的惩处力度常常与社会势力的大小联系在一起,这一点与傣族相同。如陵水县北光乡,如果禁母家族势力弱小,那么一般是被暗杀。如家族人口众多,便会有两种惩处方式:一种是残忍到把全家族杀死,这种暗杀往往是病人之家联合

---

①云南省历史研究所:《西双版纳傣族小乘佛教及原始宗教的调查材料》,云南省历史研究所编印1979年版,第67页。
②杨世华:《花腰傣习惯法初论》,《学术探索》2003年第4期,第95—96页。
③中南民族学院编辑组:《海南岛黎族社会调查》上册,广西民族出版社1992年版,第103页。

众多亲属一起行凶；另一种情况是当病人家属知道某人是"禁母"，但因家族大不敢杀她时，只得向天呼叫："如果你不放我家病人好，那么一定把你杀掉！"[1]只能采取威胁的手段了。

由至亲出面指证巫女，黎族与傣族一样，也有同类现象。在合亩制地区，原始禁鬼信仰氛围浓厚，民众笃信不疑。禁母没有贫富和社会等级之差别，导致病人的亲属有时也会被指认为禁母。例如五指山毛道乡南冲村的亩头王老东之妻子，在1949年以后还被指为最厉害的禁母；报曼村的王礼文认为自己母亲是禁母，并且在1950年还动员她坦白；抗班村的王敢欧的儿子患病时，查禁人认为自己的姑母就是禁母[2]。五指山地区的亩头王老贵，查出自己的姐妹是禁母，也加以杀害[3]。另外一种亲人杀害禁母的情况，是迫于现实的压力，两种心理动机有别。保亭县什告村在1949年以前，当众人对禁母严刑拷打之后，她的丈夫不敢收容自己的妻子。他担心病人一旦死去，他不仅要杀死妻子，还得赔偿做法事的全部费用。在此利益权衡之下，他主动将妻子杀死[4]。

黎族的禁母与傣族的琵琶鬼，其神秘恐怖的无数危害是早期人类想象的结果，最早起源于瘟疫。后来，其巫术的对象、范围都大大扩展了，这种假想的恶鬼在长时间的各种形式的传播中，其威力不断增强。傣族村寨只要发生一些难以解释的怪现象，如公鸡打鸣、米煮不熟，也归罪于琵琶鬼[5]。黎族认为，凡是牛瘟死病，禾虫生害，都与禁母有关[6]。

黎族和傣族生活的地区，在中国古代瘴疠严重，疟疾流行，人们的生命时时受到疾病的威胁。在医疗水平低劣的时代，大多数严重疾病无法得到有效治疗，疾病死亡率很高。这样在族群中会造成长期的紧张气氛和极大的公共心理压力，而女巫的想象，为这一压力找到了一个宣泄口。于是禁母和琵

---

[1] 中南民族学院编辑组：《海南岛黎族社会调查》下册，广西民族出版社1992年版，第588页。
[2] 广东省编辑组：《黎族社会历史调查》，民族出版社2009年版，第62页。
[3] 朱晖、朱赤：《合亩制地区土豪头目王老贵》，《黎族历史专辑（续）》，海南出版公司1994年版。
[4] 中南民族学院编辑组：《海南岛黎族社会调查》上册，广西民族出版社1992年版，第449—450页。
[5] 赵世林、伍琼华：《傣族文化志》，云南民族出版社1997年版，第80页。
[6] 中南民族学院编辑组：《海南岛黎族社会调查》上册，广西民族出版社1992年版，第406页。

琵鬼成了疾病的"替罪羊"。随着医疗条件的改善和水平的提高，生活卫生习惯的改良，宗教观念的转变，这一现象呈现出逐渐衰弱、消亡的趋势。

黎族与傣族女巫文化现象的起源、传播、影响关系，是需要进一步论证的课题。

总体上说，黎族的禁母是疾病的"代罪羔羊"，没有发展出更为复杂的形式。在传统的黎族单个农村内部，社会关系和人际交往是较为单一的，人与人的平等关系具有普遍性。人之间的冲突常常表现为群体与群体、村庄与村庄之间的资源争夺，在一个群体内部，比如原始的合亩制农耕团体，生产资料是共有的，产品分配也是平均的，缺乏产生紧张人际关系的经济基础。在一个族群内部，人们最难以解决的，或者给他们带来持续重大的精神压力问题，最主要的就是疾病。无法预知的死亡，无法治愈的绝症，族群内的每一个人都会经历到。神秘的不可知的病患，常归之于各种各样的鬼魂，如风鬼、水鬼、太阳鬼、猴子鬼，自也可以归之于禁母鬼（琵琶鬼），只不过这个鬼具有一个特性，为其他鬼所无，那就是依附于一个成年女性为中介来作祟，实现自己饮食的目的。这类女性的选择，表现了"代罪羔羊"的一般身份特征，老弱者、边缘人，在村里常常是寡妇、孤僻者、外来者。

王明珂教授在《羌在汉藏之间》一书中曾讨论羌族的"毒药猫"现象，与禁母鬼近似，但更为复杂，两者以女性为灾害制造者的社会认同是一致的。他关于"毒药猫"的社会性质的论断，有助于我们扩大视野更为深入地理解禁母鬼现象。他说："从更一般性的意义来说，'毒药猫故事'不止广布于岷江上游的村寨人群间，它也广泛存在于世界各人群间；无论是在土著，或是现代土著人之间。这便是为何在许多社会中，女人、弱势群体与社会边缘人常被视为有毒的、污染的、潜在的叛徒或破坏者。在社会动荡骚乱之时，他们常成为代罪羔羊。这也说明了人类似乎一直生活在群体各自建构的'村寨'之中。"①前引史图博《海南岛民族志》所述民国时代黎族核心区民众对于外来闯入者的戒备与恐惧心理，是我们理解禁母现象的最佳切入点。

---

① 王明珂：《羌在汉藏之间》，中华书局2008年版，第112页。

参考文献

古籍之部

[1]〔汉〕刘向.说苑校证[M].向宗鲁校证.北京：中华书局，1987.

[2]〔汉〕王充.论衡校释[M].黄晖校释.北京：中华书局，1990.

[3]〔汉〕袁康.越绝书校注[M].张仲清校注.上海：上海古籍出版社，1985.

[4]〔汉〕赵晔.吴越春秋校注[M].张觉校注.长沙：岳麓书社，2006.

[5]〔汉〕杨孚.异物志辑佚校注[M].吴永章校注.广州：广东人民出版社，2010.

[6]〔汉〕王逸.楚辞章句[M].上海：上海古籍出版社，2018.

[7]〔晋〕张华.博物志校证[M].范宁校证.北京：中华书局，1980.

[8]〔晋〕皇甫谧.帝王世纪[M].陆吉点校.济南：齐鲁书社，2010.

[9]〔晋〕常璩.华阳国志[M].严茜子点校.济南：齐鲁书社，2010.

[10]〔晋〕嵇含.南方草木状[M].上海：上海古籍出版社，1993.

[11]〔晋〕干宝，陶潜.搜神记辑校搜神后记辑校[M].李剑国辑校，北京：中华书局，2019.

[12]〔南朝·宋〕范晔.后汉书[M].〔唐〕李贤，等注.北京：中华书局，2000.

[13]〔南朝·梁〕任昉.述异记[M].长春：吉林出版集团有限责任公

司，2005.

［14］［北魏］郦道元．水经注校证［M］．陈桥驿校证．北京：中华书局，2013.

［15］［北齐］魏收．魏书［M］．何德章修订．北京：中华书局，2017.

［16］［唐］姚思廉．陈书［M］．北京：中华书局，2021.

［17］［唐］徐坚．初学记［M］．北京：中华书局，2004.

［18］［唐］郑处诲．明皇杂录［M］．田廷柱校点．北京：中华书局，1994.

［19］［唐］段成式．酉阳杂俎［M］．方南生点校．北京：中华书局，1981.

［20］［唐］刘恂．岭表录异校补［M］．商璧，潘博校补．南宁：广西民族出版社，1988.

［21］［唐］李肇．唐国史补校注［M］．聂清风校注．北京：中华书局，2021.

［22］［唐］裴铏．裴铏传奇［M］．周楞伽辑注．上海：上海古籍出版社，1980.

［23］［后晋］刘昫．旧唐书［M］．北京：中华书局，1975.

［24］［宋］乐史．太平寰宇记［M］．王文楚点校．北京：中华书局，2008.

［25］［宋］赵汝适．诸蕃志校注［M］．冯承钧校注．北京：中华书局，1956.

［26］［宋］徐锴．说文解字系传［M］．北京：中华书局，1987.

［27］［宋］李昉．太平广记［M］．北京：中华书局，1961.

［28］［宋］祝穆．方舆胜览［M］．北京：中华书局，2003.

［29］［宋］李昉．太平御览［M］．北京：中华书局，1960.

［30］［宋］蔡絛．铁围山丛谈［M］．冯惠民校．北京：中华书局，1983.

［31］［宋］洪兴祖．楚辞补注［M］．白化文，等点校．北京：中华书局，1983.

［32］［宋］罗泌．路史［M］．李锐，蔡卓，李家信点校．杭州：浙江古籍出版社，2018.

［33］［宋］周去非．岭外代答校注［M］．杨武泉校注．北京：中华书

局，1999.

［34］〔明〕唐胄．正德琼台志［M］．彭静中点校．海口：海南出版社，2006.

［35］〔清〕张嶲等．光绪崖州志［M］．郭沫若点校．广州：广东人民出版社，1983.

［36］〔清〕徐元诰．国语集解［M］．王树民，沈长云点校．北京：中华书局，2002.

［37］〔清〕严如煜．洋防辑要［M］．台北：学生书局，1984.

［38］〔清〕顾炎武．天下郡国利病书［M］．上海：上海古籍出版社，2012.

［39］〔清〕段玉裁．说文解字注［M］．万献初整理．北京：中华书局，2013.

［40］〔清〕屈大均．广东新语［M］．北京：中华书局，1997.

［41］〔清〕孙诒让．墨子间诂［M］．孙启治点校．北京：中华书局，2001.

［42］〔清〕郭庆藩．庄子集释［M］．王孝鱼点校．北京：中华书局，2006.

［43］〔清〕王先慎．韩非子集解［M］．钟哲点校．北京：中华书局，1998.

［44］〔清〕苏舆．春秋繁露义证［M］．钟哲点校．北京：中华书局，1992.

［45］〔清〕马骕．绎史［M］．王利器整理．北京：中华书局，2002.

［46］本社．编纬书集成［M］．上海：上海古籍出版社，1994.

［47］杨伯峻．春秋左传注［M］．北京：中华书局，2016.

［48］袁珂．山海经校注．成都：巴蜀书社，1993.

［49］杨天宇．礼记译注［M］．上海：上海古籍出版社，2004.

［50］黄寿祺，张善文．周易译注［M］．北京：中华书局，2016.

［51］许维遹．吕氏春秋集释［M］．梁运华整理．北京：中华书局，2009.

［52］程俊英、蒋见元．诗经注析［M］．北京：中华书局，1991.

［53］王子今．睡虎地秦简日书甲种疏证［M］．武汉：湖北教育出版社，2003.

［54］杨伯峻．列子集释［M］．北京：中华书局，1997.

［55］刘琳，等．宋会要辑稿［M］．上海：上海古籍出版社，2014.

[56]王叔武. 云南志略辑校[M]. 昆明：云南民族出版社，1986.

[57]方向东. 大戴礼记汇校集解[M]. 北京：中华书局，2000.

[58]刘文典. 淮南鸿烈集解[M]. 北京：中华书局，1997.

今人著述之部

[59]吕大吉. 宗教学通论新编[M]. 北京：中国社会科学出版社，2010.

[60]蒋炳钊，吴春明主编. 林惠祥文集[M]. 厦门：厦门大学出版社，2012.

[61]陈国强，等. 百越民族史[M]. 北京：中国社会科学出版社，1988.

[62]吴春明. 从百越土著到南岛海洋文化[M]. 北京：文物出版社，2012.

[63]梁庭望. 中国南方少数民族宗教[M]. 西宁：青海人民出版社，2011.

[64]吕大吉，林耀华主编. 中国各民族原始宗教资料集成：土家族卷·瑶族卷·壮族卷·黎族卷[M]. 北京：中国社会科学出版社，1998.

[65]吕大吉，林耀华主编. 中国各民族原始宗教资料集成：傣族卷·哈尼族卷·景颇族卷·孟—高棉语族群体卷·普米族卷·珞巴族卷[M]. 北京：中国社会科学出版社，1999.

[66]吕大吉，林耀华主编. 中国各民族原始宗教资料集成：拉祜族卷·高山族卷·畲族卷[M]. 北京：中国社会科学出版社，2012.

[67]吕大吉，林耀华主编. 中国各民族原始宗教资料集成：布依族卷·侗族卷·仡佬族卷[M]. 北京：中国社会科学出版社，2012.

[68]吕大吉，林耀华主编. 中国各民族原始宗教资料集成：苗族卷·水族卷[M]. 北京：中国社会科学出版社，2013.

[69]王献军. 黎族文身——海南岛黎族的敦煌壁画[M]. 北京：民族出版社，2016.

[70]吴永章. 黎族史[M]. 广州：广东人民出版社，1997.

[71]高泽强,潘先锷.祭祀与避邪——黎族民间信仰文化初探[M].昆明:云南民族出版社,2007.

[72]林日举,等.海南少数民族宗教信仰研究[M].海口:海南出版社,2015.

[73]詹贤武,邢植朝.海南黎族和台湾少数民族民俗比较[M].海口:南方出版社,2010.

[74]陈国强编.高山族古代史料辑录[M].厦门大学历史系考古教研室,1981.

[75]中南民族学院本书编辑组.海南岛黎族社会调查[M].南宁:广西民族出版社,1992.

[76]鹿忆鹿.洪水神话:以中国南方民族与台湾原住民为中心[M].台北:里仁书局,2002.

[77]娄子匡主编.国立北京大学中国民俗学会民俗丛书:专号(2),民族篇[M].台北:东方文化书局,1974.

[78]何光岳.百越源流史[M].南昌:江西教育出版社,1989.

[79]陈国强,等.百越民族史[M].北京:中国社会科学出版社,1988.

[80]彭适凡.中国南方考古与百越民族研究[M].北京:科学出版社,2009.

[81]吴春明.从百越土著到南岛海洋文化[M].北京:文物出版社,2012.

[82]王文光.百越民族发展演变史[M].北京:民族出版社,2007.

[83]罗香林.百越源流与文化[M].台北:台湾国立编译馆,1978.

[84]王学萍.中国黎族[M].北京:民族出版社,2004.

[85]刘黎明.灰暗的想象:中国古代民间社会巫术信仰研究[M].成都:巴蜀书社,2014.

[86]林日举.海南史[M].长春:吉林人民出版社,2002.

[87]王养民,马姿燕.黎族文化初探[M].南宁:广西民族出版社,1993.

[88]刘耀荃.黎族历史纪年辑要[M].广州：广东省民族研究所，1982.

[89]符桂花.黎族民间故事大集[M].海口：海南出版社，2010.

[90]孙有康，李和弟.五指山传[M].广州：暨南大学出版社，1990.

[91]中国科学院民族研究所广东少数民族社会历史调查组编.黎族古代历史资料[M].海南出版社，2016.

[92]詹慈.黎族研究参考资料选辑（第一辑）[M].广州：广东省民族研究所，1983.

[93]中华文化通志编委会编.中华文化通志·第3典民族文化·侗、水、毛南、仫佬、黎族文化志[M].上海：上海人民出版社，1998.

[94]中华文化通志编委会编.中华文化通志·第3典民族文化·壮、布依、傣、仡佬、京族文化志[M].上海：上海人民出版社，1998.

[95]欧阳若修，等.壮族文学史[M].南宁：广西人民出版社，1986.

[96]韦其麟.壮族民间文学概观[M].南宁：广西人民出版社，1988.

[97]文明英.黎族民间文学概论[M].昆明：云南民族出版社，2016.

[98]岩峰，等.傣族文学史[M].昆明：云南民族出版社，1995.

[99]杨权.侗族民间文学史[M].北京：中央民族学院出版社，1992.

[100]《侗族文学史》编写组编.侗族文学史[M].贵阳：贵州民族出版社，1988.

[101]范禹.水族文学史[M].贵阳：贵州人民出版社，1987.

[102]苏维光，等.京族文学史[M].南宁：广西教育出版社，1993.

[103]王戈丁.仫佬族毛难族京族文学概况[M].南宁：广西人民出版社，1982.

[104]蒙国荣，等.毛南族文学史[M].南宁：广西人民出版社，1992.

[105]田兵，等.布依族文学史[M].南宁：广西民族出版社，1983.

[106]龙殿宝.仫佬族文学史[M].南宁：广西教育出版社，1993.

[107]本书编委会编.中华民族故事大系（第三、四、六、七、九、十一、十二、十三、十五卷）[M].上海：上海文艺出版社，1995.

[108]马学良，等.中国少数民族文学史[M].北京：中央民族大学出

版社，2001.

[109]刘亚虎．南方史诗论[M]．呼和浩特：内蒙古大学出版社，1999.

[110]丁乃通．中国民间故事类型索引[M]．李杨，等译，春风文艺出版社，1983.

[111]刘守华，等．中国民间故事类型研究[M]．武汉：华中师范大学出版社，2002.

[112]王明珂．羌在汉藏之间[M]．北京：中华书局，2008.

[113]赵世林，伍琼华．傣族文化志[M]．昆明：云南民族出版社,1997.

[114]海南省政协文史资料委员会编．海南文史资料第九辑黎族历史专辑(续)[M]．海口：海南出版公司，1994.

[115]王献军，等选编．黎族现代历史资料选编第一辑[M]．海口：海南出版社，2016.

[116]王献军，陈有济选编．海南现代历史资料选编第二辑[M]．海口：海南出版社，2017.

[117]宋常恩编．中国少数民族宗教初编[M]．昆明：云南民族出版社，1985.

[118]海南省民族研究所．五指山脚下的耕耘[M]．昆明：云南民族出版社，2004.

[119]本书编写组．黎族田野调查[M]．海南省民族学会编印，2006.

[120]韩立收．"查禁"与"除禁"——黎族"禁"习惯法研究[M]．上海：上海大学出版社，2012.

[121]王献军，程昭星．黎族现代史：1912—1949[M]．海口：海南出版社，2019.

[122]凌纯声，芮逸夫．湘西苗族调查报告[M]．北京：民族出版社，2003.

[123]岩香宰主编，西娜撰文．说煞道佛：西双版纳宗教研究[M]．昆明：云南人民出版社，2006.

[124]海南省民族研究所．拂拭历史尘埃：黎族古籍研究[M]．昆明：

云南民族出版社，2006.

[125]蒙文通．越史丛考[M]．北京：人民出版社，1983.

[126]农学冠．岭南神话解读[M]．南宁：广西民族出版社，2000.

[127]海南省昌江黎族自治县地方志编辑委员会．昌江县志[M]．北京：新华出版社，1998.

[128]蓝鸿恩．广西民间文学散论[M]．南宁：广西人民出版社，1981.

[129]刘守华．比较故事学论考[M]．哈尔滨：黑龙江人民出版社，2003.

[130]苑利主编．二十世纪中国民俗学经典·神话卷[M]．北京：学苑出版社，2002.

[131]马学良，等编．中国少数民族文学比较研究[M]．北京：中央民族大学出版社，1997.

[132]廖明君．生殖崇拜的文化解读[M]．南宁：广西人民出版社，2006.

[133]袁珂．中国神话传说[M]．北京：中国民间文艺出版社，1984.

[134]百越民族史研究会编．百越民族史论集[M]．北京：中国社会科学出版社，1982.

[135]朱狄．信仰时代的文明[M]．北京：中国青年出版社，1999.

[136]谷德明．中国少数民族神话选[M]．北京：中国民间文艺出版社，1987.

[137]符兴恩．黎族·美孚方言[M]．香港：银河出版社，2006.

[138]中国民间文学集成全国编辑委员会，《中国民间故事集成·海南卷》编辑委员会．中国民间故事集成·海南卷[M]．北京：中国ISBN中心，2002.

[139]潜明兹．中国神话学[M]．上海：上海人民出版社，2008.

[140]何星亮．中国自然神与自然崇拜[M]．上海：上海三联书店，1992.

[141]茅盾．中国神话研究初探[M]．苏州：江苏文艺出版社，2009.

[142]李文海编．民国时期社会调查丛编·一编(少数民族卷)[M]．福州：福建教育出版社，2014.

[143]陈铭枢．海南岛民族志[M]．海口：海南出版社，2004．

[144]吴嵘．贵州侗族民间信仰调查[M]．北京：人民出版社，2014．

[145]闻一多．神话与诗[M]．武汉：武汉大学出版社，2009．

[146]杨树达．积微居小学述林[M]．北京：中国社会科学出版社，1954．

[147]夏渌．评康殷文字学[M]．武汉：武汉大学出版社，1991．

[148]王宪昭．中国少数民族神话共性问题探讨[M]．北京：中央民族大学出版社，2013．

[149]潘先锷．黎族苗族调查文集[M]．北京：中国国际出版社，2009．

[150]郭小东等著．失落的文明——史图博《海南岛民族志》研究[M]．武汉：武汉大学出版社，2013．

[151]范军．选择与适应——海南牙开村黎族习俗变迁研究[M]．北京：中国社会科学出版社，2018．

[152]王国全．黎族风情[M]．广东省民族研究所，1986．

[153]胡新生．中国古代巫术[M]．济南：山东人民出版社，2005．

[154]陈久金．中国少数民族天文学史[M]．北京：中国科学技术出版社，2012．

[155]陈久金．星象解码[M]．北京：群言出版社，2004．

[156]丁山．中国古代宗教与神话考[M]．上海：上海书店出版社，2011．

[157]陈梦家．殷墟卜辞综述[M]．北京：中华书局，1988．

[158]姚宝瑄．中国各民族神话[M]．太原：书海出版社，2014．

[159]蓝鸿恩编．壮族民间故事选[M]．上海：上海文艺出版社，1984．

[160]刘亚虎．南方史诗论[M]．呼和浩特：内蒙古大学出版社，1999．

[161]《中国各民族宗教与神话大词典》编审委员会编．中国各民族宗教与神话大词典[M]．北京：学苑出版社，1990．

[162]苏英博主编．中国黎族大辞典[M]．广州：中山大学出版社，1994．

[163]李玄伯．中国古代社会新研[M]．上海：开明书店，1949．

[164]朱天顺．中国古代宗教初探[M]．上海：上海人民出版社，1982．

[165]袁珂．神话学论文集[M]．上海：上海古籍出版社，1982．

[166]王宪昭.中国各民族人类起源神话母题概览[M].北京：民族出版社，2009.

[167]蒋廷瑜.铜鼓艺术研究[M].南宁：广西人民出版社，1988.

[168]孙作云文集[M].开封：河南大学出版社，2003.

[169]杨堃.民族研究文集[M].北京：民族出版社，1991.

[170]徐山.雷神崇拜[M].上海：上海三联书店，1992.

[171]武利华，王黎琳编.徐州汉画像石[M].南京：江苏美术出版社，1985.

[172]邢植朝.黎族文化溯源[M].广州：中山大学出版社，1993.

[173]毛星，等.中国少数民族文学[M].长沙：湖南人民出版社，1983.

[174]张紫晨.中国民俗与民俗学[M].杭州：浙江人民出版社，1990.

[175]苑利主编.二十世纪中国民俗学经典：信仰民俗卷[M].北京：社会科学文献出版社，2002.

[176]原中国科学院广东民族研究所编.黎族古代历史资料[M].海口：海南出版社，2015.

[177]曾昭璇.海南岛自然地理[M].北京：科学出版社，1989.

[178]巴苏亚·伊努哲努.邹族——库巴之火：台湾邹人部落神话研究[M].台中：晨星出版社，1997.

[179]潘芙.台湾原住民族的历史源流[M].台北：台原出版社，1998.

[180]浦忠成.叙事性口传文学的表述——台湾原住民特富野部落历史文化的追溯[M].台北：里仁书局，2000.

[181]施始来.八代湾的神话[M].台中：晨星出版社，1992.

[182]陈国强，林嘉煌.高山族文化[M].北京：学林出版社，1988.

[183]李露露.热带雨林的开拓者——海南黎寨调查纪实[M].昆明：云南人民出版社，2003.

[184]庞珂.中国非物质文化遗产：天涯土陶技艺[M].海口：南海出版公司，2014.

[185]赵国华.生殖崇拜文化论[M].北京：中国社会科学出版社,1990.

[186]户晓辉.地母之歌——中国彩陶与岩画的生死母体[M].上海：上海文化出版社,2001.

[187]苏秉琦.中国文明起源新探[M].上海：上海三联书店,1999.

[188]农冠品.女神·歌仙·英雄[M].南宁：广西民族出版社,1992.

[189]广西少数民族古籍整理出版规划办公室编著.毛南族民歌[M].南宁：广西民族出版社,1999.

[190]龙殿宝主编.中国少数民族大辞典·仫佬族卷[M].北京：中国大百科全书出版社,2014.

[191]符桂花.清代黎族风俗图[M].海口：海南出版社,2007.

[192]李福清.神话与鬼话：台湾原住民神话故事比较研究[M].北京：社会科学文献出版社,2001.

[193]侯宽昭主编.广州植物志[M].北京：科学出版社,1956.

[194]古添洪,陈慧桦编.从比较神话到文学[M].台北：东大图书公司,1983.

[195]刘守华.中国民间故事类型研究[M].武汉：华中师范大学出版社,2002.

[196]李天明,等主编.海南椰文化,民俗三月三[M].海口：南海出版社,1992.

[197]中国民族民间舞蹈集成编辑部编.中国民族民间舞蹈集成·海南卷[M].北京：中国ISBN中心,1999.

[198]袁礼辉.远山信仰的魔力——仫佬族崇拜与祭祀[M].北京：民族出版社,2012.

[199]南宁地区文联广西民俗学会编.壮族风情录[M].北京：人民出版社,1991.

[200]张劲松.中国鬼信仰[M].北京：中国华侨出版公司,1991.

[201]张跃,周大鸣.黎族：海南岛五指山市福关村调查[M].昆明：云南大学出版社,2004.

[202]刘亚虎.中国南方民族文学关系史·南方卷[M].北京：人民文学出版社,1997.

[203]郝思德,黄万波.三亚落笔洞[M].海口：南方出版社,1998.

[204]董继宏,曲道德编著.中国鹿文化[M].长春：吉林人民出版社,2011.

[205]王建成.海南民族风情[M].北京：民族出版社,2004.

[206]丘振声.壮族图腾考[M].南宁：广西人民出版社,2006.

[207]何星亮.中国少数民族图腾崇拜[M].北京：五洲传播出版社,2006.

[208]王玉波.中国古代的家[M].北京：商务印书馆,1997.

[209]陶立璠,李耀宗.中国少数民族神话传说选[M].成都：四川民族出版社,1985.

[210]宋兆麟.巫与巫术[M].成都：四川民族出版社,1989.

[211]莫俊卿.壮侗语民族历史文化研究[M].北京：中央民族大学出版社,2010.

[212]王进.中国西南少数民族图腾研究[M].上海：上海三联书店,2016.

[213]《中国神话》编辑委员会编.中国神话第1集[M].北京：中国民间文艺出版社,1987.

[214]符和积.黎族史科专辑第七辑[M].海口：南海出版公司,1993.

[215]孙海兰,焦勇勤.符号与记忆——黎族织锦文化研究[M].上海：上海大学出版社,2012.

[216]蓝鸿恩.广西民间文学散论[M].南宁：广西民族出版社,1981.

[217]中国民间文艺研究会理论研究部.中国民间传说论文集[M].北京：中国民间文艺出版社,1986.

[218]余天炽,等.古南越国史[M].南宁：广西人民出版社,1988.

[219]玉时阶.壮族民间宗教文化[M].北京：民族出版社,2004.

[220]宋兆麟.中国风俗通史：原始社会卷[M].上海：上海文艺出版

社，2001.

[221]马昌仪．中国灵魂信仰[M]．上海：上海文艺出版社，1998.

[222]陈建宪．中国洪水再殖型神话研究[M]．西安：陕西师范大学出版社，2019.

[223]王仁湘．凡世与神界：中国早期信仰的考古学观察[M]．上海：上海古籍出版社，2018.

[224]詹鄞鑫．神灵与祭祀：中国传统宗教综论[M]．苏州：江苏古籍出版社，1992.

[225][德]史图博．海南岛民族志[M]．黎族研究资料选译第四辑，中国科学院广东民族研究所，2016.

[226][英]弗雷泽．金枝[M]．汪培基，徐育新、张泽石译，北京：商务印书馆，2013.

[227][德]恩斯特·卡西尔．人论[M]．甘阳，译，上海：上海译文出版社，1985.

[228][德]费尔巴哈．宗教本质讲演录[M]．上海：商务印书馆，1937.

[229][法]让·谢瓦利埃，等编．世界文化象征辞典[M]．《世界文化象征词典》编写组，译，长沙：湖南文艺出版社，1994.

[230][英]弗雷泽．旧约中的民间传说——宗教神话和律法的比较研究[M]．叶舒宪，户晓辉，译，西安：陕西师范大学出版社，2012.

[231]马克思恩格斯选集[M]．北京：人民出版社，1972.

[232][法]沙利·安什林．宗教的起源[M]．杨永，等，译，北京：三联书店，1964.

[233][法]古朗士．希腊罗马古代社会研究[M]．李玄伯，译，上海：上海文艺出版社，1990.

[234]苏联科学院米克鲁霍·马克莱民族学研究所编．美洲印第安人[M]．史国纲，译，北京：三联书店，1960.

[235][法]列维·斯特劳斯．图腾制度[M]．渠敬东，译，北京：商务印书馆，2012.

[236][苏]托卡列夫 C.A. 世界各民族历史上的宗教[M]. 北京：中国社会科学出版社，1988.

[237][英]爱德华·泰勒. 原始文化[M]. 连树声，译，桂林：广西师范大学出版社，2005.

[238][苏]海通. 图腾崇拜[M]. 何星亮，译，上海：上海文艺出版社，1993.

[239][美]P.R. 桑迪. 神圣的饥饿——作为文化系统的食人俗[M]. 郑元者，译，北京：中央编译出版社，2004.

[240][美]乔治·穆达克. 我们当代的原始民族[M]. 童恩正，译，四川民族研究所，1980.

[241][意]维柯. 新科学[M]. 朱光潜，译，北京：商务印书馆，1989.

[242][法]列维·布留尔. 原始思维[M]. 丁由，译，北京：商务印书馆，1985.

[243][日]冈田谦，尾邦高雄. 海南岛黎族的社会组织和经济组织[M]. 金山，等，译，海口：海南出版社，2016.

[244][德]汉斯·彼德曼. 世界文化象征辞典[M]. 刘玉红，译，广州：漓江出版社，2000.

[245][奥]弗洛伊德. 图腾与禁忌[M]. 赵立玮，译，上海：上海人民出版社，2005.

[246][法]萨维纳. 海南岛志[M]. 辛世彪，译，广州：漓江出版社，2012.

[247][美]香便文. 海南纪行[M]. 辛世彪，译，广州：漓江出版社，2012.

[248]美国长老会海南岛传教团. 棕榈之岛：清末民初美国传教士看海南[M]. 王翔，译，海口：南海出版公司，2001.

后记

本书讨论的几个主题，主要是历史的，不是现实的。海南黎族若还有原始宗教，仅仅是散碎的遗存而已，就连散碎的那些内容，也不能保证其"原始"的面貌。原始宗教的内在功能结构也不是本书研究的目的，故不重在现象的独立分析，而侧重于描述比较，借此探索黎族文化的源头，以及百越古文化在历史中的分流与变异。

本书稿为2017年度海南省哲学社会科学规划课题"黎族与百越后裔其它民族原始宗教信仰比较研究"结项成果。书稿的内容结构以章标目，实在是名不副实，因本书所讨论的黎族原始宗教，远不能涵盖其全部内容，只是就兴趣所及，专题论列而已，因此，章与章之间缺乏逻辑的关联，各部分篇幅的不均衡，都是需要读者谅解的。

我的硕士、博士都是修习古典文学，到海南工作以后，却"不务正业"，胡乱闯入黎族历史文化的领域。黎族历史文化恢诡谲怪、迷人眼目，其诱惑力实在是大。没有宗教学、人类学、民族学的学术训练，却"硬"要写原始宗教的题目，在行家看来，未免自不量力。在我，恰是兴趣第一，尝试为上。数年之间，我徜徉于神秘的原始文化之中，研究工作的理性目的倒还在其次，探索未知的乐趣常常减缓了写作带来的紧张情绪。

感谢海南省特色重点学科民族学给予出版经费支持，感谢出版社编辑的辛勤校对！

本书浅尝辄止，未能探骊得珠。读者能在阅读中获得一点求知的快乐，是作者小小的期望。本人学殖浅陋，书中的错误在所不免，敬请读者批评指正！

2022 年桃月
于三亚